KB212467

새벽별은
거목(樗木) 위에서 빛나고

隨想文集

새벽별은
저목(樗木) 위에서 빛나고

隨想文集

김흔중 지음

대한민국이여 영원하라 !

엘맨

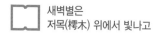

머리말

　금년(2015)은 일제 식민지의 굴레로부터 해방되어 광복 제70주년이 되는 뜻 깊은 해이다. 그리고 금년 6월 25일은 참혹(慘酷)했던 동족상잔(同族相殘)의 남침전쟁이 발발한 지 제65주년이 되는 날이다. 불과 5년의 시차를 두고 일어난 8·15 광복의 국경일(國慶日)과 6·25 남침의 국난일(國難日)은 참으로 역사적 희비(喜悲)가 교차되는 날이기에 결코 잊을 수가 없다.

　필자는 국토를 잃은 일제 강점기에 농촌에서 태어나 헐벗고 굶주리며 어렵게 자랐다. 또한 국민(초등)학교에 다닐 때 교장이 일본 사람이었고 담임 선생은 김흔중을 창씨개명(創氏改名)이 된 '가내미스 긴주'라고 불렀다. 오직 일본 말과 일본 문자만을 강제로 배우고 사용하며 일본학생이 되어야만 했다. 그 당시에는 가난하여 찬 서리가 내릴 때에도 신발이 없이 맨발로 학교에 다녔다. 학교 정문에 들어서면 먼저 신사(神祠)에 참배한 후, 교실에 들어가 공부를 했다. 심지어 일본 군모와 군복에 긴 일본칼(닛본도)을 찬 '에다기'선생으로부터 토요일 마다 어린 나이에 사열 등 군사훈련을 받아야 했다. 이처럼 원통(冤痛)하게도 국토와 주권을 잃고 문자와 언어를 잃었으나 국민학교 3학년 때에 해방의 광복을 맞이하게 되었다.

　필자는 해방을 맞이할 당시 열 살의 어린 나이로 코흘리개였지만 일제 말기의 참상이 생생하게 떠오른다. 그 때 광복의 환희(歡喜)에 감격하여 외치던 온 국민의 함성이 아직도 필자의 이저(耳低)에 머물러 있다.

필자는 중학교 2학년 때에 6·25 남침의 참화를 당했고 고등학교 1학년 때 정전협정('53.7.27)이 체결되어 휴전상태가 지금까지 지속되고 있다. 휴전 이후 치열한 전투만 멈췄을 뿐 전쟁은 끝나지 않았다. 북한의 핵무기, 미사일, 생화학무기 등 비대칭군사력의 위협이 한층 고조(高調)되고 있어 아직도 일촉즉발(一觸即發)의 위기에 처해 있다.

필자는 대학을 졸업하자 선망의 대상이던 해병대 장교로 임관된 후 6년 간 초급장교 배출을 위한 사관후보생 및 초군반 과정의 구대장·중대장의 중책을 맡았던 경력에 가장 자부심을 갖는다. 또한 베트남전의 원정군인 청룡부대 지휘관(중대장)으로 참전하여 북 베트남 '정규군' 및 '베트콩'(남 베트남해방전선)을 상대로 정글 속에서 생사가 엇갈린 전쟁을 했다. 당시 정글 속 전투를 생각하면 참전했던 부하들을 몽매간(夢寐間)에 잊을 수가 없다.

현역 복무의 마지막에 해병연평부대 부대장의 중책을 맡아 서해 5개 도서 가운데 전략적으로 가장 중요한 연평도 도서방어에 빈틈없이 만전(萬全)을 기했다. 필자는 해병대 장교생활을 마치고 전역할 때('87.02.28) 국가를 위해 젊음을 바친 헌신에 보람도 있었지만 해병대를 너무 사랑했기 때문에 군복을 벗는 순간 해병대 전통의 상징인 팔각모와 빨간 명찰에 애증(愛憎)이 교차하기도 했다.

필자는 전역 후에도 현역생활 못지않게 NGO의 보수단체에서 다년간 우국충정으로 사회활동에 헌신적으로 참여했다. 또한 기독교 목사로 늦게 임직하여 목회의 사명을 다했고, 이스라엘을 비롯해 성경기록 현장의 모든 성지를 직접 두루 답사한 후 기독교인들에게 필요한 저서인 『성지순례의

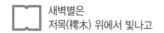
새벽별은
저목(樗木) 위에서 빛나고

실제, 『성서의 역사와 지리』, 『성막과 제사』 등 10여 권의 책을 저술했으며, 강단에서 후학들에게 다년간 강의를 하며 열정을 쏟기도 했다.

누구든지 역사의 현장에서 태어나 성장하며 눈으로 보고, 귀로 듣고, 가슴으로 느끼며 몸소 체험하게 되면 그가 실제적인 산증인이 되는 것이다. 필자는 현대사의 소용돌이 속에서 온갖 수난의 고통을 스스로 체험했기 때문에 산증인이라는 긍지를 갖는다. 그래서 지난 2011년 『선견적 시국진단』이라는 표제로 당시 시평(時評)의 저서를 출간한 바 있다.

금년 광복 제70주년에 즈음하여 필자의 80년 인생역정(人生歷程)의 발자취를 성찰하며 지난 7년 동안에 걸쳐 인터넷을 비롯한 여러 곳에 발표한 '수필·산문·수기·시·시평(時評)' 등의 원고를 정리하여 "새벽별은 저목(樗木) 위에서 빛나고"라는 수상문집(隨想文集)을 출간하게 되었다. 오직 하나님의 은총과 소천하신 부모님의 은혜로 생각하며 감사한다.

다만 졸저가 혼탁한 사회를 정화(淨化)시키고, 국가안보와 우국충정의 정신을 고취(鼓吹)하며, 남북통일에 일말(一抹)이라도 기여할 수 있기를 간구(懇求)한다. 끝으로 졸저의 출판에 축사를 써 주신 막역(莫逆)의 도수희 박사, 오경식 박사에게 심심한 감사를 드린다. 또한 출판을 위해 수고해 주신 엘맨출판사 이규종 사장에게 감사한다.

2015년 8월 15일

八達山 一隅에서 김 흔 중 謹識

靑波 金炘中 近影
김 흔 중

平齋 權漢周 先生 揮毫

(虎死留皮 人死留名)
南泉 金萬峰 先生 揮毫

祝 辭

도 수 희 박사

靑波(김흔중 목사)『隨想文集』의 출판을 心祝합니다. 아시는 바와 같이 청파께서 80 평생 동안 心血을 기울여 집필하신 玉稿를 정성껏 다듬어 알맞게 편집하여 品位있게 간행한 珠玉같은 책입니다. 이처럼 귀한 『수상문집』에 부족한 축사를 실리게 되어 송구하면서도 기쁘기 그지없습니다.

여러 모로 부족한 나는 안타깝게도 청파『수상문집』의 詩文을 감히 論評할 능력이 없습니다. 실로 高邁한 人品이 빚어낸 글들이 실린 청파『수상문집』입니다. 稀貴한 良書임을 共感하는 바이기에 거듭 축하할 따름입니다.

청파와 나는 아주 莫逆한 사이입니다. 고등학교와 대학교의 동기동창생으로 책상에 나란히 앉아 학업을 닦으며 서로의 미래를 설계하였던 아주 절친한 學友입니다. 아니 보다 더 가까운 竹馬故友입니다. 그래서 60여 년 세월이 흘렀어도 만나면 여전히 반갑고 전화 통화가 시작되면 언제나 胸襟을 털어놓는 바람에 시간이 가는 줄도 모르게 길어집니다. 이처럼 隔意없이 절친한데도 불구하고 여전히 청파는 나의 畏友입니다.

청파는 威風이 당당합니다. 나란히 앉아 있을 때나 함께 걸어 갈 때면 八旬老人답지 않게 紅顔에다 꼿꼿한 몸매의 당당함이 나약한 나를 위축되게 합니다. 나도 저런 풍모로 태어나 아직도 저렇게 건장하면 얼마나 좋을까 하고 은근히 부러운 것입니다. 남달리 出衆한 風采에다 80평생 갈고닦은 多彩로운 삶의 결실이 그의 몸속에 緋緞필처럼 차곡차곡 쌓여 있습니다. 그래서 나에게는 羨望의 畏友인 것입니다. 또한 靑波는 그의 雅號답게 항상 푸른 물결(靑波)같은 청춘입니다. 茫茫大海의 푸른 파도처럼 잔잔한 때면 이웃에 한없는 慈善을 베풀어 줍니다. 그러나 불의와 국가안보에 直面하면 지체 없이 거친 파도로 변합니다. 때로는 온유 겸손하고 때로는 사나운 파도가 되는 靑波이기에 두려운 벗인 것입니다.

청파는 다재다능한 人才입니다. 젊어서는 월남전의 유능한 지휘관으로 용맹을 떨쳐 국위를 선양하였는가 하면 전역하기 직전에는 해병연평부대 부대장으로 연평도 방어에 사명을 다했고 또한 수도 서울의 관문인 강화도를 해병 강화수색부대 주무 작전참모로서 강화도 본도 및 5개섬을 철통같이 방어한 護國勇士였습니다. 그런 중에도 詩, 時評, 安保 칼럼 등을 지속적으로 발표하여 나이 八旬에 『수상문집』을 세상에 내놓았으니 놀라운 快擧입니다. 게다가 청파 『수상문집』의 수준은 文人으로 대접해도 손색이 없을 만큼 훌륭합니다. 이렇듯 文武兼全한 청파는 놀랍게도 기독교의 성직자입니다. 그것도 평범한 성직자가 아니라 『성서의 역사와 지리』를 비롯한 성서 지리의 독특한 저서 등을 무려 10권이나 발간한 독보적인 성서지리학자이기도 합니다.

  젊은 날의 그처럼 용맹스럽던 해병대 장교의 威容은 이미 간데없고, 이제 청파는 溫柔하고 謙虛한 성직자가 되어 스스로를 항상 낮추고, 이웃을 섬기며 국가와 민족을 위해 노심초사하는 爲民愛國의 표상으로 변신했습니다. 청파는 남달리 근면하고 성실하고 검소합니다. 그 정도가 모든 이의 모범이 될 만큼 철두철미합니다. 언제나 往來할 때는 시내버스·전철·무궁화호가 청파의 자가용입니다. 모처럼 만나 식사대접을 한번 잘 하려고 별러봤자 매번 허사입니다. 그는 소국밥이면 만족하다며 그 이상의 대접은 사양하기 때문입니다. 비록 낮은 곳이라 할지라도 청파가 계시는 자리는 어느 곳이나 높아집니다. 그 德分에 나도 덩달아 높아진 자리에 있게 되어 영광스럽게 됩니다. 청파의 『수상문집』을 一讀하면 내가 결코 過讚하지 않았다는 사실을 누구나 切感하게 될 것입니다. 이렇듯 값진 청파의 삶이 너무나 부럽고 존경스럽기에 그는 나의 畏友인 것입니다.

  지혜로운 솔로몬왕의 잠언 중에 "白髮은 승리의 면류관이다."란 一句가 있습니다. 누구나 '면류관'이란 말에 귀가 솔깃해집니다. 그러나 모든 백발이 승리의 '면류관'이 되는 것은 아닙니다. 여기에는 준엄한 조건이 뒤따릅니다. 바로 뒤에 "義로

새벽별은
저목(樗木) 위에서 빛나고

운 길에서 얻으리라"는 단서가 있기 때문입니다.

　80평생을 義롭게 사신 畏友여! 敬愛하는 靑波여! '榮譽'로운 勝利의 冕旒冠'을 쓰시고 天壽를 누리시게. 부디 萬壽無疆하시게.

2015년 8월 3일

連山 都守熙 謹祝

━━━━━ 連山 都守熙 博士님 經歷 紹介 ━━━━━

○ 충남대학교 인문대학장(현 명예교수)　　○ 한글학회 학술상 수상

○ 미국.일리노이대학 객원교수　　　　　　○ 세종문화상(학술부문) 수상

○ 이탈리아.국립동양학대학 초빙교수　　　○ 一石국어상 수상

○ 한국언어문학회 회장　　　　　　　　　○ 5.16민족상(학예부문)수상

○ 한국어문연구회 회장　　　　　　　　　○ 충청남도 문화상(학술부문) 수상

○ 한국지명학회 회장(초대)(지명연구대가)　○ Who's who in the world

○ 백제학회 고문(백제어연구 대가)　　　　　(세계인명사전)에 등재

━━━━━ 저자 김 흔 중 목사 ━━━━━

祝 辭

청파와 함께 했던 날들을 회고하며

오 경 식 박사

　청파의 팔십인생의 발자취와 살아있는 불굴의 정신이 담긴 "수상문집"의 출간을 진심으로 축하합니다.

　인생은 칠십부터라 이르더니 이제는 바야흐로 백세시대로 회자되고 있으니 세월이 흐를수록 더욱 단단해지고 활력이 넘쳐나는걸 보면 청파를 두고 하는말인것 같구 려!

　김형! 내 언제인가 운동을 마치고 마을 조그마한 탕속에 들어앉아 눈을 감고 있었는데 마침 탕속에 함께있던 노인 한분이 큰소리로 , 하나. 둘, 셋의 셈을 시작하는데 68, 69를 지나 70은 훌적 뛰어 넘고 라고 하드니 이어 80에 이르러서는 칠순이구나 라고 외우고, 이내 90을 세면서는 이제 팔순에 이르럿구나 하고 당당하게 외치는 겁니다. 노인이다 보니 착각한게 아닌가 생각하면서 참고 기다리다가 그냥 지나칠수 없어 할아버지, 어찌하여 팔십을 칠순이라고 하십니까? 라고 말을 건냈더니 애끼 이사람, 나 아직 할아버지 아니야, 내년이면 나이 구십에 팔순을 맞는데 아직도 무어든지 할수있어! 하면서 다시 100을 향해 힘차게 달려가는 모습을 직접 목격한 일이 있었지요. 인생칠십 고래희에서 인생백세 고래희로 일약 도약하고 있었오.

　김형! 현재 우리주변을 살펴보면 옛부터의 관습이나 제반 사회의 규범이 나이 칠십을 정점으로 삼기 때문에 이 고개를 매우 힘들게 넘고 있고, 넘었을 경우 의식적이든 무의식적이든 상당히 지쳐있는 모습을 보이거나 노인으로서의 대접 받기를 은근이 바라면서 일손을 놓고 주변을 정리하는가 하면 아예 문밖 출입을 자제하는 모습도 보게 되는데 청파는 그와는 반대로 흔히 말하듯 나이를 거꾸로 먹는지 노익장을 과시하며 단단한 근력과 금석도 투과할수 있는 정신력으로 많은 업적과 봉사로 주위로 부터 칭송을 듣고 있으니 정말 존경스럽고 친구로서 자부심을 갖게도 합니다. 그러기에 우리 모두가 장군 다운 장군으로 존경 받는 주월 한국군 초대 사령관은 유언에 따라 장군묘역이 아닌 사병묘역에 묻힌 고 채명신 장군 까지도 살아 생전에 육군출신이 아닌 해병대 장교 출신인 청파를 가리키며 "김흔중 목사 같은 인물 열사람만 있어도 나라를 똑바로 이끌어 갈것이다"라는 찬사를 공개적으로 힘주어 말하지 않았던가!

　그간 나라를 위해 젊음을 다 바치고 뒤늦게 목회자로 들어선 청파는 더더욱 복음의 전도와 선교에 그 뒤와 비할바 없이 앞장서 성지를 순례하며 그곳에서 얻은 존귀한 영험을 여러권의 책자로 엮어 세상에 내놓았고, 교회에서의 설교와 후학들을 위해 대학강단에서의 열강은 물론 크고작은 보수단체의 초청에 의한 안보 및 통일 강연은 열린입을 다물수 없게 만든다는 좋은 평판이 나 있지요.

　청파는 팔순에 들어선게 아니라 분명 새로운 도전과 기회를 하나님으로 부터 특명을 받았으니 지금껏 해온 것 처럼 강직함과 성실 그리고 투지로 더 많은 일을 해주기 바랍니다. 통상 덕망이 있고 현명한 사람은 기회주의적인 임기응변이나 권모술수를 떠나서 오직 불의를 멀리하며 자신이 지혜롭게 연마한 실력과 부단한 노력으로 새롭게 창조하고 다듬어 가는게 아닙니까? 바로 청파를 두고 일컫는 말이기도 합니다.

김형! 세월이 빨라 벌서 팔순에 올라섰으니 주저하거나 망설이지 말고 더욱 강건하게 주변에 잡다하게 얽혀있는 일들을 하나씩 풀고 다듬어 가면서 평소 청파가 입버릇 처럼 내쏟는 깨끗하고 튼튼한 나라 대한민국을 만들고, 자유와 평화의 통일국가를 건설해야 하지 않겠소.! 간절한 소망이 반드시 성취되기를 바라오.

나는 지금 멀리 미국땅에 있지만 그간 가까이에서 침식을 같이하며 흉금을 터놓고 생활했던 막역한 해병대 장교 동기생으로서 솔직한 바램입니다. 부디 영육간에 강건하기를 바라며, 남은 여생에 초지일관해서 인생의 금자탑을 쌓기를 바라는 동시에 천국에 가서 황금 면류관을 소유하기를 진심으로 기원합니다.

2015. 8. 6

미국 Apple Valley에서 吳 敬 植 謹白

吳敬植 博士님 經歷 紹介

○-경희대학교 법과대학 졸업   ○ 광주여자대학교 총장(초대)

○ 서울대학교 행정대학원 졸업(석사))   ○ California Western University 총장

○ 경희대학교 대학원 졸업(법학박사)   ○ 대통령표창(1976년)

○ 대통령 경호실 근무 (간부)   ○ 홍조근정훈장(1982년)

○ 인천직업훈련원 원장(인천 포리텍대학)   ○공로표창 다수

○ 광주여자전문대학 총장

저자 김 흔 중 목사

이스라엘, 하이파 항에서 출항하여 키프로스 섬으로
항해중에 지중해의 선상에서 일출 장관을 촬영했다.
(1997. 9. 23. 김흔중 목사)

主要 畫報
(김흔중 행적)

해병대 발상 기념탑이다.
(경남 진해 덕산, 골프장 내)
〈한번 해병은 영원한 해병이다〉

**San Francisco Christian
University & Seminary**

名譽神學博士・宣敎學博士

김 흔 중 생가(生家)의 모습

▲이웃집   ▲본가

▲생가의 사진이 없어 페허에 복원한 그림의 모습이다.
(姜四郎 畵伯의 作品)

대학교 시절 나의 집은 전기도 없고, 연탄불도 없어 아궁이에 뗄감으로 밥을 지어야 했다. 어머님은 시계가 없어서 저목 위에 떠오른 새벽별을 보고 일어나 밥을 지어 주셨고, 나는 새벽 용안역 5시 30분 발 대전행 통학 열차를 타기 위해 오리(약2Km) 거리의 용안역(현 용동역)을 향해 시골길을 홀로 걸었고, 기적 소리를 듣고 자주 뛰어 갓갓으로 기차에 뛰어 오르기도 했다.

대학 졸업연도는 가정교사를 했기에 어려움이 없었으나 통학 3년간은 아침, 저녁의 밥그릇에 고봉의 푸짐한 꽁 보리밥 두 그릇은 어머님의 사랑이 듬뿍 감긴 꿀맛 같은 밥이었다.

또한 3년간은 점심 도시락이 없어 학교 세면장의 수돗물로 빈 배를 채우고, 하교하여 통상 밤 9시경 집으로 돌아올 때 기차역에서 하차하여 밤길을 걸어 귀가할 때 허기를 면키 위해 생콩을 씹으며 걸었던 추억이 생생하다. (오늘도 변함 없이 새벽별은 저목 위에서 빛나고 있으리라.)

복숭아 과수원

6.25 전쟁 당시부터 부모님과 함께 복숭아 과수원(약 3천평) 안의 초가삼간 집에서 기거했다. 그 과수원 집에는 외할머님과 어머님이 별세하신 애절함이 서려 있다. 또한 어렵게 대학을 다니며 청운의 젊은 꿈을 펼쳤다. 그당시 복숭아 꽃이 곱게 피었고, 큰 백도 복숭아가 주렁주렁 달렸던 추억은 잊을 수가 없다. 그러나 정부의 토지개발로 평생 잊을 수 없던 과수원의 집은 아쉽게도 헐려졌고 과수원 조차 전부 살아져 버렸다.

범사에 감사하며

■ 월남전 참전기간 : 1968. 12. 7 ∼ 1970. 1. 6

■ 청룡부대장 모범중대 표창 받음   : 1969. 8. 5

■ 주월군사령관 모범중대 표창 받음 : 1969. 9. 6

청룡부대 제1대대 3중대 중대장 대위 김흔중

(1969. 4. 5~ 1969. 10. 19)

"개선문"은 큰 기둥 4개를 세우고 지붕을 올려 중대방석(타원형 제방진지 300m×250m)의 출입문으로 세웠으며, 진지안에서 작전을 위해 나갈 때는 장병들이 "이기자"라는 현판을 볼수 있도록 했고, 작전을 미치고 돌아올 때는 개선하고 돌아온 승리감을 상징하는 "개선문"의 현판이 보이 도록한 승리의 문이다.(김흔중 중대장이 세움 : 1969년 5월)

전(全) 해군 · 해병 대대급 지휘성공사례 경연대회에서 발표하고 있다.
(1981. 8. 4. 해군참모총장 최우수상 수상, 중령 김흔중)

김종곤 해군 참모총장으로 부터 최우수대대 표창장 및 포상금을 받고 있다.
(1980. 1. 30. 진해 해군작전사령부에서 제 31대대장 중령 김흔중)

야외훈련 시 정신교육을 하고 있다.
(1984. 9. 17. 해병연평부대 부대장 대령 김흔중)

최상화 해군 참모총장으로 부터 이기백 국방부장관이 주는
전역장(轉役狀)을 받고 있다.(1978. 2. 28. 대령 김흔중)

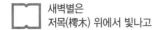

김흔중 목사 임직 및 선교사 파송 예배를 마치고
(1996. 10. 7. 해군중앙교회 : 설교 이헌제 목사)

김흔중 목사 이스라엘 선교사 파송 축하행사이다.
(해병 청룡회 현소환 회장 외 임원들에게 감사한다.)
(1996. 10. 20. 롯데호텔 소연회실)

그리스, 사도 바울이 갇혔던 "빌립보 감옥" 입구 이다.
(1997. 9. 23. 감옥 앞에서 김흔중 목사)

예루살렘, 예수님의 수난길을 십자가를 메고 앞장 서 출발했다.
(1996. 11. 7. 김흔중 목사)

양문교회 출입문 벽위의 현판이다.
(1998. 12. 6. 설립, 담임목사 김흔중)

한민족복음화선교회
수원양문교회 설립예배후 현판식이다 (1998. 12. 6)

이스라엘, 갈멜산 정상의 엘리야 승리의 동상이다.
(바알신과 앗세라신 선지자 850명을 엘리야 선지자가 혼자서
무찔러 칼 끝이 굽었다.) (1997. 2. 4. 선교사와 함께)

키프로스 (구브로)의 "바울기념교회"이다.
(성경에 "사울"이 "바울"로 이름이 바뀌는 계기가 되었다.)
(1997. 10. 22. 김흔중)

그리스, 아크로폴리스언덕 "파르테논 신전"이다.
(유네스코에서 인류문화재 1호로 지정했다.)
(1997. 9. 24. 김흔중)

터키, 하란의 "토담집"에서 생활하는 가족들이다.
(4명까지 허용, 일부다처제이다, 1997. 10. 1. 김흔중목사)

시내산 정상에서 해뜨기전 손전등을 켜놓고 설교을 하고 있다.
(성지순례자들에게 1996. 11. 11. 김흔중 목사)

요르단, 느보산 모세기념교회에서
(1997. 10. 11. 김흔중)

이란, "다니엘의 무덤" 이다.
건물안에 목조사각 조형물 안에 무덤이 있다.(2009. 10. 5. 김흔중목사)

이란, "에스더"와 "모르드개"의 무덤이다.
건물안에 사각 목조 조형물안의 무덤이 두개 나란히 있다.
(2009. 10. 5. 김흔중)

터키, 다소의 "사도 바울 생가의 우물"이다.(김흔중)
(1997. 10. 2. 바울 처럼 어린아이가 바라보고 있다.)

김진영 장로, 이필섭 장로, 김영관 장로, 김흔중 목사, 홍은혜 권사,
정인균 장로, 이정린 장로, 전상환 장로, 박환인 장로
(2014. 7. 11. 축하 케이크 절단을 위하여)

동국대학교 행정대학원장의 석사학위 수여식이다.
(1979년도 : 민병천 행정대학원장)

연세대학교 연합신학대학원 목지과를 마치고 (2000. 11. 4)
(해병사관 제48기 김성남 목사와 함께)

명예신학박사 학위를 받은 후, 인사하고 있다.
(2003. 3. 20. 한국교회100주년기념관 김흔중 목사)

연세대학교 연합신학대학원 목지과를 마치고
(2000. 11. 4. 김흔중 목사)

안보결의 대회에서 김흔중 목사가 격려사를 하고 있다.
(2007. 8. 5. 종로 기독교회관 강당에서)

병역의무미필근절대책협의회 주최 좌담회를 하며
(채명신 장군 과 김흔중 대표회장)
(2000. 8. 29. 한국기독장교연합회 사무실에서)

부활절 구국집회에서 사회를 보고 있다.
(2004. 4. 11. 광화문 앞에서 김흔중 목사)

4대 악법저지 구국집회에서 사회를 보고 있다.
(2004. 10. 9. KBS본관 앞에서 김흔중 목사)
(동참했던 김상철 변호사는 2012. 12. 13. 별세했다.)

상해 대한민국임시정부청사 앞에 서 있다.(2010. 08. 16)
새시대새사람연합 총 재 김 흔 중(목사)
전 평안남도(5도) 도지사 정중열 (장로)

독립기념관 광장에서 동기생들과 함께 만세 부른다.(2010. 3. 18)
(대한민국 만세, 해병대 만세, 해병사관 32기만세)

판문점을 방문하여 JSA의 스위스 및 스웨덴 대표(대령)에게
감사패를 주었다.
안보와 경제살리기 운동본부 임원일동(2005. 6. 7)
(윤호영, 최동희, 김경례, 박세직, 김흔중, 김동권, 유제섭, 김한식)

판문점 남북회담장 북측 의자 뒤에 서서 남북 분단의 비극적 역사를
상기하고 있다.(2005. 6. 7. 안경본 임원 일동)

병역의무미필 근절대책협의회를 발족시켰다.(대표회장 김흔중)
(2005. 6. 27. 한국기독교 100주년기념관)

새시대 새사람 연합
출범기념 감사예배 순서를 맡은 직분자들이다.(2007. 8. 17)
(이용선, 최상범, 이정수)
(박환인, 조지현, 채명신, 김흔중, 조주태, 유재섭, 신현구)

연평도 포격에 분노한 시민들의 궐기대회이다.
(2011. 11. 26. 수원역전 광장, 연사 김흔중)

연평도 포격에 분노한 해병전우들의 궐기대회이다.
(2011. 11. 25. 서울 광화문 면세점 앞, 연사 김흔중)
(가수 김흥국이 태극기를 들고 서 있다)

김흔중(목사), 훈 센(총리), 김범일(장로), 이원영(대사),
이관수(통역관), 김도삼(사장), 대사관실(사무관)
(2002. 4. 20. 회담을 마치고 기념사진 촬영)

캄보디아 "훈센" 총리실에서 회담을 하고 있다(2002. 4. 20)
(가나안 농군학교 설립 추진을 위한)

고희기념행사에 참석해 주신 귀분들과 함께(2005. 12. 2)
뒤 줄 : 강진봉, 이동성, 유시종, 이명복, 송석구, 이재규, 김무일, 김승택
앞 줄 : 김도후, 김영관, 홍은혜, 김흔중, 채명신, 박세직

고희기념행사 중 케이크 컷팅을 하고 있다.
(2005. 12. 2. 해군회관)

대통령 출마 준비선언 기자회견시 마지막 순서에서
만세삼창을 하고 있다.(2011. 10. 19. 김흔중)

강화도 청소년유격동지회 총회에 연사로 참석했다.
(이준 전 국방장관, 채명신 주월 초대사령관, 김흔중 목사)
(2010. 2. 24. 강화도 커피숍에서)

이화장의 이승만 대통령
동상 앞에서 이승만 박사
아들 이인수 박사와 함께하고
있다(2014. 4. 23. 김흔중)

천안 독립기념관에 명인들의
어록 기념비가 세워져 있다.
1919년 3월 31일에 유관순이
남긴 기도문이 비문에 각자되어
있다. (1993년, 김흔중 촬영)

41

김흔중의 이모 저모

김흔중이 아래 로고를 직접 도안했다

대한민국이여 영원하라

병역의무 미필
정치인 근절대책협의회

대한민국 새시대 새사람연합

대한민국 안보와
경제살리기국민운동본부

서울성서지리교육원

터키, 다소의 클레오파트라 문이다
(1997. 10. 02. 김흔중)

스웨덴, 스톡홀름의 노벨문학상 시상식전당이다
(2002. 10. 17. 김흔중)

광복 70년, 인생 80년

光復70년 : 2015. 8. 15   人生80년 : 2015. 12. 2

·待望·
한반도 통일 · 한민족 통합

독일의 베들린에 세워진
독일 통일의 상징인 브란덴부르크 문 앞에서
(2015. 3. 7. 3차 답사 김흔중)

진심으로 축하합니다

대통령 박근혜

2014년 4월 20일

I033389372A   경(봉황(경축))

A008303D16_0042

김흔중 위원님 귀하

예수님의 부활을 축하합니다.
부활절은 온 세계의 평화와 화해를
일구는 희망의 상징이 되었습니다.
기독교선교 130주년을 맞이한 한국
교회의 성숙한 역량으로 우리 국민들이
새 시대의 희망찬 미래를 맞이할 수
있도록 기도해 주시기 바랍니다.
생명과 기쁨이 충만한 부활절이 되기를
기도드립니다.

**박근혜 대통령이 보내준
부활절 축전이다(2014. 4. 20)**

박정희 대통령의 휘호이다

祝 青波金炘中博士古稀紀念

護國安保
國泰民安

二○○五年十二月二日
大韓民國第十二代
大統領全斗煥

전두환 전 대통령의
김흔중 고희기념 축하의 휘호이다(2005. 12. 02)

謹賀新年

雪中待春

丙戌元旦

全斗煥

전두환 전 대통령이 보내준
연하의 친필이다(2006. 1. 5)

김흔중이 받은 훈장 및 기장들이다.
(충무무공훈장, 보국훈장삼일장, 미국동성무공훈장,
월남최고 엽성무공훈장)

김흔중의 서재에서
(2010. 12. 02. 김흔중 목사)

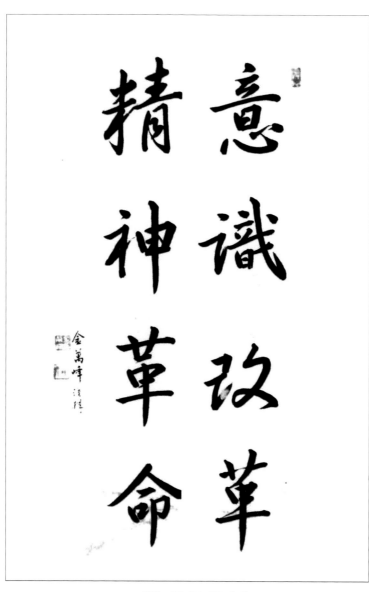

意識改革
精神革命

대한민국 국민들에게
절실한 현실적인 요청이다.

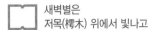

새벽별은
저목(樗木) 위에서 빛나고

盛年不重來
성년불중래

一日難再晨
일일난재신

목사임직 및 선교사 파송예배에서 축도를 하고있다.
목사로서 최초의 축도이다.
(1996. 10. 7. 해군중앙교회 본당에서 김흔중 목사)

오직
나로 나된 것은
하나님과
부모님 은혜이다

맥아더 유엔군사령관이 기함(旗艦) 마운트 매킨리호 함상에서
인천상륙작전을 지휘하고 있다.
뒤에 알몬드 육군 소장과 휘트니 육군 준장 등이 서 있다.(1950. 9. 15)

맥아더 장군이 아니었다면
한반도가 적화될번 했다.

인천 자유공원의 맥아더 장군 동상이다.
(2014. 9.15. 김흔중)

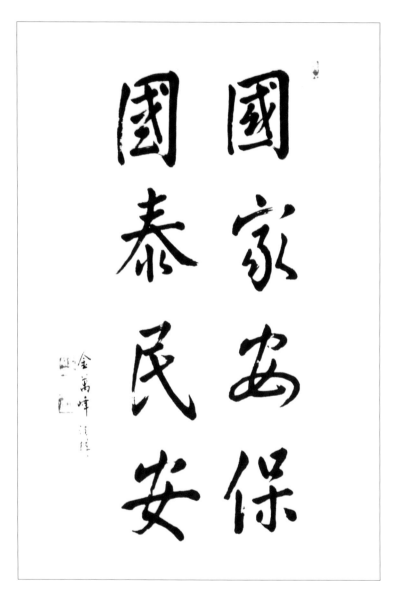

국가 안보 없는 통일과 평화는 없다

베트남 적화통일을 교훈으로 삼아야한다

월남 최고 엽성무공훈장을 받고 있다.

(1969. 9. 26 해병 대위 김흔중)

월남 제1군사령관이 월남 최고훈장의 메달을 나의
목에 걸어 주었지만 월남이 패망(1975. 4. 30)하여
탈출하지 않았으면 죽었을 것이다.
북한의 적화통일전략에 경종의 교훈이 되어야 한다.

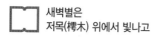

새벽별은
저목(樗木) 위에서 빛나고

목 차

제2장 김흔중의 칼럼(時論, 隨筆, 散文, 手記, 詩)

(2008–2015년 : 7년간)

제3장 부록(참고자료)

제1장
김흔중의 발자취
(出生에서 傘壽까지)

隨筆,

散文,

手記,

詩

새벽별은
저목(樗木) 위에서 빛나고

새벽별이
이른 새벽 동녘에 떠올라
오늘도 푸른 하늘에서 휘영청 빛난다.

그 별은
초가집 울타리 저목(樗木) 위에서
새벽을 알리며 여명의 아침을 열어 간다.

나의 어머님은
수탉의 울음소리를 듣고 일어나
새벽별과 함께 나에게 사랑을 쏟으셨다.

전깃불이 없는 부엌에서
비가 내리거나 흰 눈이 쌓일 때도
아궁이에 땔감으로 밥을 정성껏 지으셨다.

새벽 밥을 재촉하여 먹고
4시30분경 책가방 들고 시골 산길 따라
2km거리의 기차역을 향해 혼자서 걸었다.

대학생활 3년간
호남선 기차에 몸을 싣고

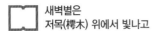
용동역에서 대전역을 왕복하며 통학했다.

오전 수강을 끝내고 점심시간에
세면장을 찾아가 도시락 대신
남 몰래 수돗물로 빈 배를 실컷 채웠다.

수업을 마치고 오후 5시경
대전역에서 통학 열차를 타면
증기기관차가 자주 고장나 연착했다.

집에 돌아오면
밤 10시가 넘을 때가 많았고
꽁보리밥을 늘 고봉으로 담아 주셨다.

대학 2학년 재학중에
육군에 학도병으로 입영하여
1년6개월간 단기복무하고 복학했다.

대전에서 1년간
가정교사를 하며 배불리 먹고
대학 등록금 전액 면제받아 공부했다.

대학을 졸업하자.
친구의 권유로 해병대 장교 모병에 응시
모교 출신 56명 중에 나 혼자서 합격했다.

무척 고뇌를 했지만
대학교수의 꿈을 접고
해병대 장교로 인생의 행로를 바꾸었다.

한학자이신 아버지께서
新舊兼全과 文武兼全을 강조하셨고
사서삼경 핵심교훈이 인격지침이 되었다.

나의 젊음을 해병대에 바치고
국가를 위해 헌신할 수 있었으며
떳떳한 생활로 후회 없는 삶을 살았다.

내 나이 벌써 팔순이다.
부모님의 사랑과 은혜에 감사드리며
저목 위의 새벽별 바라보며 눈시울을 적신다.

이제, 성경의 계시록에(22장 16절)
주님을 광명한 새벽별이라 했으니
새 하늘 새 땅에서 부모님을 뵙고자 한다.

　　　　　(2014. 12. 2. 不肯 김흔중)
* 註 : 저목(樗木)은 참가죽나무를 말한다.

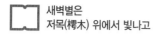
고고지성의 추상
(呱呱之聲의 追想)

그날!

초가집 곳간에 곡식을 거두어 들여 풍성하게 풍요가 넘쳐났다. 오늘도 소망의 새 아침에 수탉의 간드러진 울음소리에 어둠이 사라지며 여명이 밝아 오고 있었다. 천진스러운 종달새들이 잠에서 깨어나 울타리 나뭇가지 사이를 이리저리 날며 아침을 찬미하고 있었다.

시골집 뒤안의 장독대 뒤에 큰 기둥감으로 곧게 자란 참가죽나무(저목, 樗木)의 푸른 가지에 한 쌍의 까치가 둥지 밖에 나란히 앉아 기쁜 소식을 전하며 정겹게 지저귀고, 안방 마루밑에서 귀를 쫑긋이 세워 엿듣던 삽살사리도 뜰에 나와 꼬리를 흔들며 아양을 떨었다.

육중한 토종의 흑돼지란 놈은 먹이를 달라고 꿀꿀대며 구유를 맴돌고 있는데, 마굿간의 송아지는 누런 어미소의 곁을 떠나 목을 길게 늘이며 외양간에서 폴딱폴딱 뛰어 나왔다.

토종 큰 암탉의 날개 품에 포근히 잠자고 나온 천진한 노란 병아리들도 어미가 모이를 쪼아 부르는 소리에 우르르 모여들었다.

이들 육축들의 교태(嬌態)와 어우러진 소리의 구성진 무도회는 새 아침을 흥겹게 만들었다. 시골집 울안 대나무 숲속의 참새들도 늦잠에서 놀라 깨어 푸른 하늘에 훨훨 날아 갈 소망의 꿈을 펼치고 있었다.

그날!

붉은 태양이 동산 마루에 솟아 오르는 서광의 아침에 시골 초가집의 싸리문이 열리고, 소담스러운 빨간 고추와 검정 숯덩이 몇개가 꽂힌 새끼 삼줄이 싸리문에 내걸렸다. 그 싸리문 앞을 지나가는 농부들이 발걸음을 멈추고 새 생명의 고고지성(呱呱之聲)에 귀를 기울이며 축복해 주었으리라.

어머니께서 마흔살에 7남매(남4, 여3) 중 막내를 병자년(丙子年), 시월(十月), 열아흐렛날((十九日), 축시(丑時)에 해산의 고통을 잊으시고 기뻐하셨을 자애로우신 어머님과 엄격하신 아버님의 망극하신 은혜에 감사하며 산수(傘壽)의 아침에 경건한 마음으로 하나님께 진심으로 감사를 드린다.

(傘壽를 맞으며 金炘中)

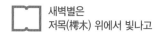

새벽별은
저목(樗木) 위에서 빛나고

고향집

초가집 안방에	초가 지붕 위에
고귀한 생명이	무지개를 펼친 후
첫 울음 토했다.	황혼이 짙었다.

해가 밝혀 주고	그러나 흔적만
달이 품어 주며	화백 그림으로
별이 사랑 줬다.	벽에 걸려 있다.

(2014. 5. 18. 김흔중)

김흔중 생가의 사진이 없어 폐허에 그림으로 복원했다.
(姜四郎 畵伯의 作品)

78

父母님 靈前에

　하늘보다 높고 바다보다 넓은 罔極하신 父母님의 恩惠에 감사하며 拱手로 敬虔히 揖拜하여 追慕하옵니다.

　아버님께서는 功績을 많이 쌓으셨기에 자손들에게 자랑스러운 儆齊 金容煥 初代 龍東敬老院長 功績碑가 江京驛 다음의 龍東驛 인근에 위치한 龍東敬老院에 세워져 있습니다.

　그간 부모님을 각각 두곳 先山의 幽宅(父:용동면 화실, 母: 용동면 오동정)에 모셨으나 이곳 時安公園墓地로 옮겨 合葬하여 奉安했습니다. 오늘부터는 文衡山 山脈의 精氣가 뻗어 내리고 山水가 秀麗하여 名勝地로 이름있는 時安公園墓地의 소나무묘역 陽地바른 이곳 墓所에서 千軍萬馬와 같은 이웃들과 함께 復活하실 때까지 平安히 安息하옵소서.

(2009년 7월 1일, 不肖 子 炘中 揖拜)

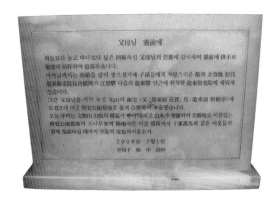

부모님의 묘소를 이장하며 그 크신 사랑과 은혜에
감사하며 부모님 영전에 드리는 패를 만들었다.
(2009. 7. 1. 父母恩惠, 昊天罔極)

79

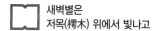

새벽별은
저목(樗木) 위에서 빛나고

진혼(鎭魂)

조국을 위해 산화한 피우지 못한 꽃봉오리여

암흑의 장막 걷으시고 서광의 하늘문 여셨네

태극기는 중앙청에 다시 휘날리고

비둘기는 남산에 평화로이 날으니

아— 그날 감격의 눈물은 흐르고

초목도 흐느꼈네

장하도다 호국의 영령이여 젊은 해병혼이여

한 많은 역사의 사연을 잊으시고

고이 잠드소서 평안히 쉬옵소서

(1982. 9. 28. 김흔중)

※ 위 진혼시는 서울 연희동

　　해병대104고지전적비 하단 좌측면에

　　음각으로 각자되어 있다.

연희동 "해병대 104고지전적비"이다
(1982. 9. 28. 건립, 실무담당 김흔중 중령)

연희동, "해병대 104고지전적비"이다(제막식 : 1982. 9. 28)
• 실무담당 : 김흔중 중령　　• 설계 : 장양순 교수(45기)
• 공사담당 : 제2해병사단 공병중대 지원

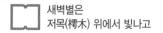
무릉도원
(武陵桃源)

나는 복숭아 과수원 집에서 대학교를 다녔다.
고등학교 때에 나무를 접붙이는 것을 보았고
아버님이 접붙일 때 나도 접을 붙여보았으며
접붙인 나무가 자라는 모습이 무척 신기했다.

접을 붙이는 방법은 절접, 아접, 활접이 있다.
절접은 참가지를 꺾어 돌나무에 접을 붙이고
아접은 참가지 눈을 돌 나무가지에 접붙이며
활접은 나뭇가지를 땅에 휘어묻어 뿌리 낸다.

복숭아 씨의 원나무에 참가지를 접을 붙인다.
접붙이는 시기는 이른봄 물이 오르기 전이며
접붙여서 땅에 묻으면 참가지에서 싹이 돋고
싹이 나 1년간 나무로 자라면 이식을 한다.

이식한 나무가 삼 년이 되면 복숭아가 열린다.
오년이상 되면 큰 복숭아가 주렁주렁 열리고
이른봄에 무성한 가지에 복숭아 꽃이 화사한
과수원은 완전히 무릉도원을 방불케했다.

紅桃花는 꽃의 종류로 복숭아 꽃의 일종이다.
白桃花는 흰 꽃이지만 紅桃花는 붉은 꽃이며.

두 꽃의 나무는 같지만 두 꽃의 색깔이 다르고
꽃은 되어도 복숭아가 열리지 않는 정원수이다.

정원을 가꾼 아버님의 솜씨가 눈에 선하진다.
백도화의 원가지에다 홍도화의 아접을 붙여서
한 나뭇가지에 붉은 꽃과 흰 꽃이 섞여서 핀
복사꽃정원이 잊혀지지 않고 늘 기억에 남는다.

복숭아 과수원을 생각하면 가슴이 설렌된다.
학교 다닐 때의 추억이 새롭고 아쉽기만 하지만
또다시 되찾을 수 없는 흘러간 과거를 반추하며
무릉 도원의 나그네 인생에 삶의 가치를 찾는다.

(2014. 3. 19. 김흔중)

복숭아 과수원

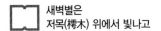

복숭아 과수원

6 · 25전쟁 발발 당시부터
부모님과 함께
과수원 집에서 기거했다.
그 집에는
외할머님과 어머님이 별세하신
애절함이 서려 있다.
또한
어렵게 대학을 다니며
청운의 젊은 꿈을 펼칠 때
복숭아꽃이 화사하게 피었고,
큰 복숭아가 주렁주렁 달렸던
추억은 잊을 수 없다.
그러나
평생 잊을 수 없는 과수원 집은
아쉽게도 헐려졌고,
개발사업의 추진으로
아버지께서 일궜던 (3천평)
과수원 조차 사라져 버렸다.
그래서
마음속 깊이 자리잡은
부모님의 한없는 은혜와
젊은 날의 추억은
아쉽다 못해 마음이 저려 온다.

(2014. 2. 7. 김흔중)

84

時安(시안)

시간마저 편히 잠든다는
영원한 안식처이기에
최고의 명당으로
이곳을 時安이라 부른다.

산등성에 文衡山이
우뚝 솟아 정기 솟구치고
좌우의 산줄기가
사라서 꿈틀대며 생동한다.

탁 트인 들판에
능원천이 가로질러 흐르고
멀리 案山의 봉우리에
부모님의 사랑이 서려 있다.

王陵을 모신다는
양지바른 묘지공원에
꽃들이 만발해 아름답고
丹楓, 雪景이 철따라 仙界다.

이곳 時安공원 묘지가
부모님의 안식처가 되어
부활의 때가 올 때까지
평안하게 쉬시길 기원한다.

(2011. 10. 02. 不肖 金炘中)

부모님 묘소(소나무구역 1열B73호)
시안공원묘지로 화장하여 이장했다(2009. 7. 1)

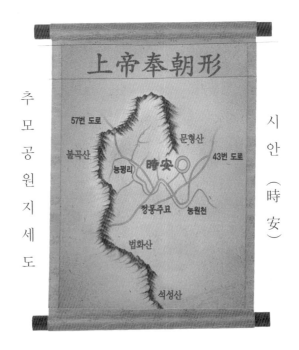

彼恨(피한)

나의 조국 금수강산
두 동강이로 허리를 잘라
강화도를 휘감아
한강수는 유유히 흐르고

하루에도 두 차례
거슬러 오르고 다시 내려가는
피눈물 고인 짙은 물줄기

뚝 건너
한 많은 사연이 있어
애절한 신음소리 끊이지 않고

한 핏줄 내 형제를 바라보며
손짓해도 못 본체 외면하면
목놓아 다시 불러 보아도
메아리조차 허공으로 빗겨가니

좁은 가슴에 스미는 설움일랑
이곳에 묻어 두고
찬란한 미래의 꿈으로
비둘기 나래를 펴리니

가까우면서도 멀고 먼
강 건너에
아름다운 무지개다리 놓아
단숨에 가고 오며
통일의 찬가를 부르리라.

(1974 11. 3)
강화도 최북단 7 5 8 OP에서
북녘땅을 바라보며
해병소령 김흔중 씀

〈강화도 최북단 제적봉 평화전망대
광장에 彼恨記念詩碑가 세워져 있다〉

피한의 최초 빗돌

**필자가 직접 돌에 彼恨을 써서 정으로 쪼아서
강화도 758 OP에 세웠다(1974.11.3)**

피한(彼恨) 詩碑이다.

建立經緯

　강화도 남단의 마니산은 단군성조의 개국역사가 서린 천제 단이 있고 국가의 변란이 있을 때마다 조정에서는 강화도로 천도를 고려하는 등 국가존망의 위기에 관련된 역사적 최후보루의 중심이 된 강화도였다.

강화도는 민족수난의 역사와 함께한 애환이 서린 섬이다. 즉 몽고의 침입을 받아 개경에서 강화도로 천도하여 39년간의 임시 수도였고, 개경 환도를 반대하며 대몽골 항쟁으로 강화도를 끝까지 고수하려던 삼별초는 세력이 확산되면서 친몽정책에 반기를 들고 난을 일으키기도 했다. 그 후 조선조 말에는 병인양요, 신미양요가 있었고 일본의 운양호사건등 불. 미. 일의 잇 다른 해상침략행위는 결국 일본의 강화도불평등조약으로 한 일합방의 치욕적인 역사를 초래하고 말았다.

이곳 강화도는 남북분단이 있은 후 해병부대가 도서방어를 담당하게 되었다. 현재는 막강한 부대규모로 방어하고 있지만 최초에는 특수수색부대가 강화도 부속도서까지 방어의 책임을 맡고 있었다. 그 당시 작전장교의 중책을 맡고 있던 김흔중 소령은 수시로 주야간 순찰을 하면서 강화도 최북단의 758 OP에 올라가 한강하구의 뚝 건너 북녘의 북한 땅을 눈으로 내려다 바라보며 남북 분단의 한을 마음속으로 느끼며 피한(彼恨) 이라는 감회의 시를 썼고. 자필의 붓글을 돌에 써서 직접 정으로 각자하여 비석 (높이75Cm,폭 40Cm) 을 OP에 세웠었다. 그러나 세월이 벌써 35년이 흘렀다. 그 당시 758 OP지역에는 강화평화전망대라는 이름의 웅장한 건물이 세워지게 되자 2009년 2월18일 새 모습의 피한 (彼恨) 의 기념시비를 평화전망대 광장의 모퉁이에 세우게 되었다.

제막식에 강화도 6.25참전청소년유격동지회 회원들이 군복을 입고
참석했다. 강성원(해병사관, 34기) 전우의 사회로 뜻깊은 제막식의
행사를 가졌다.(2009. 2. 18)

옮겨서 세운 彼恨 詩碑에서 필자

피그말리온 효과(Pygmalion effect)

부모님의 얼굴을 떠올리면 가슴이 무너진다.
칠남매 중 막내로 어머니 나이 40세에 태어나
애지중지 사랑으로 키우시고 공부하게 하셨다.

국민(초등)학교 1학년 때까지 어머니의 젖을
먹고 자랐고 어머니 젖을 만지며 잠들었으니
팔순 될 때까지 건강은 오직 어머니 젖 힘이다.

아버지는 남달리 태몽을 꾸셨다고 말씀하셨다
구기자 나무에서 빨간 구기자 열매 따셨다며
한학자로서 엄격하셨지만 항상 희망을 주셨다.

어릴때 외할머니 집에 자주 갈 때면 외할머니와
어머니는 네형제 중에 훌륭한 한 인물이 난다고
어느 예언자가 말했다며 나에게 소망을 주셨다.

부모님과 외할머님의 피그말리온 효과가 컸다
나는 훌륭한 인물이라기 보다 평범한 존재이며
나라 위하여 젊음을 헌신한 보람이 있을 뿐이다.

가진 것이 없지만 자족하며 풍요롭게 사라간다.
불의를 싫어하며 정의를 위하여 주먹을 쥐고
무명하지만 유명한자 처럼 명예롭게 살고 있다.

오직 하나님이 택해주신 종이 된 것에 감사한다
후회없이 살았고 미련없이 살며 미래를 위하여
하나님과 부모님의 크신 은혜에 감사하며 산다.

(2014. 7. 15. 김흔중)

풍어의 연평도 노래기념비이다.
작사 : 김흔중
작곡 : 길옥윤

풍어의 연평도 노래기념비 앞에서 축도하고 있다.
(2009. 4. 15. 32기동기 역대 회장과 함께)

풍어의 연평도 노래

김흔중 작사
길옥윤 작곡

1. 바다에 우뚝 솟은 연평 섬 마을
   살기좋은 복된 터전 즐거운 곳에
   고기떼 모여 든다 배를 띄우자
   어기여차 여기여차 노를 저어라
   오늘은 수평선에 희망은 있다.

2. 서해의 황금 어장 연평 앞 바다
   풍요로운 삶의 터전 낭만의 고향
   갈매기 모여 든다 노래 부르자
   어기여차 어기여차 장단 맞춰라
   영원한 희망 속에 기쁨이 있다.

(1983. 8. 18)

〈해병연평부대장, 대령 김흔중이 작사하여
저명했던 고 길옥윤 작곡가의 작곡으로
가수 권성희가 노래를 불렀다〉

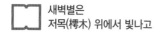

부채질 사랑

시골에서 기승을 부리는
여름철 모기가
밤만 되면 괴롭히는데
마당의 화로 안에서
모락모락 타오르는 연기에
모기는 어디론지 줄행랑친다.

멍석 위의 화로 옆에 누어
어머니의 팔을 베개 삼아
나는 천진하게 잠들었으며
달려드는 모기를 부채로
쫓아 주시던 어머니의
사랑이 불현듯이 떠오른다

모기가 웽하고 달려들면
계속 부채질로 쫓아 주신
어머니의 사랑이 생생하며
혹서기의 여름철이 닥치니
선풍기와 에어컨 시대에
옛날 부채질 사랑이 그립다.

(2014. 7. 20. 김흔중)

사모곡(思母曲)

환절기의 체감이 바뀔 무렵엔
어머니 생각에 가슴 무너지고
사라 숨쉬는 것조차 송구하다.

칠남매를 낳으시고 키우시면서
수많은 그 고통의 인내에 의해
이렇게 막내아들이 존재한다.

어머니의 따뜻한 가슴의 품에
사랑의 체온을 느껴 보고 싶어
몸부림쳐도 헛된 꿈일 뿐이다.

어언 팔순이 닥쳐 홀로 외롭고
가슴 쓰릴 때에 어머니 모습이
문득 떠오르며 모정이 그립다.

(2014. 10. 5. 김흔중)

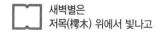
족적(足跡)

바닷가
백사장 위의 발자국이
파도에 밀려 사라지고
낭만의 흔적 조차 묻히니

인생의
무상한 발걸음의 행적이
어언 세월 속에 사라지고
흰 구름이 태산을 넘는다.

추석에
가족들이 한자리에 모였고
친손자 손녀, 외손자 손녀들
나의 삶에 꽃피워 열매되니.

여생에
모래 위의 발자국이 되고
태산을 넘는 구름 될지라도
내 족적은 헛되지 않으리라.

추석을 보낸 후
(2014. 9. 9. 김흔중)

96

팽나무

내 고향이 그리워도
옛 모습은 찾을 길 없어
세월이 야속하다 탓 할건가

푸르른 팽나무 그늘 아래
왕골 돗자리 깔고
삼복 더위를 식히던 쉼터에

아버지께서 한학자들과
부르시던 시조 가락이
내 심장에 잔잔히 고동친다

너는 신구겸비하라,
문무겸전하라 하신
교훈의 말씀도 새로워진다

어언 나이 팔순이 되어
어버이 은혜가 넘쳐나고
인생의 황혼이 짙어가는데

고목의 팽나무는 사라지고
오직 헌 돗자리만 남아
백발의 무상을 일깨워 준다.

(2014. 5. 8. 어버이날에 김흔중)

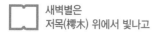
새벽별은
저목(樗木) 위에서 빛나고

부비트랩
(booby trap)

정글속 작전에 불시의 폭발로
박 상병이 공중에서 분해되어
온몸이 형체없이 흩어졌으며
삽시간 땅에 우수수 떨어졌다.

위생병이 판초에 모아 동여서
헬기로 후송한 전쟁의 비극이
생생이 떠올라 가슴을 찢는다.

현충원 묘비앞에 머리를 숙여
간절하게 명복을 기원했지만
악몽같은 순간이 되사라나며
숨통이 터질 고통에 신음한다.

(재임중 3명 전사, 6명 부상)
제59회 현충일에
(2014. 6. 6. 김흔중)

동기생 고 박종빈 묘비 곁에 서 있는 유화선이다.

(2013. 6. 4)

유화선 동기생도 애석하게 졸지에 별세했다.

(2015. 1. 6)

현충일 추모행사를 마치고
(2014. 6. 6. 김흔중)

99

팔달산 노옹
(八達山 老翁)

사시사철 따라

창밖으로 바라 보이고

책상에 앉아 바라보며

바라보면 볼수록

가슴에 닿는 팔달산이다.

정조대왕의 행궁에　　　　　팔달산을 가슴에 품고

효심이 서려 있고　　　　　서장대에 오르며

정약용의 수원 화성에　　　화양루에서 땀 식히는

역사가 꿈틀댄다.　　　　　그가 팔달산 노옹이다.

(2012. 6. 10. 김흔중)

※김흔중의 닉네임이 팔달산 노옹이다.

팔달산(八達山)(표고146m)
(좌:수원시민회관, 중앙:수원중앙도서관, 우:유림회관)

본향 집

나그네
봇짐 지고 떠나는
인생의 험난한 길이며

다 같이
이 세상 고향 떠나
저 하늘나라 여행인데

험산 준령을
구름 타고 넘어
종착하는 본향 집에

새 하늘이 밝고
새 땅이 기름지니
영원토록 살으리라.

(2014. 6. 2. 김흔중)

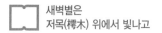

안행(雁行)

북녘 하늘에
기러기 형제들이
질서있게 날아 가며

삼각의 편대로
하늘을 가르고
날개 치며 비행한다.

끼럭 끼럭 소리로
서로 장단 맞추어
한껏 우정을 다짐하며

다시 돌아 오련만
미련을 남기지 않고
제트기 같이 돌진하니

희미하게 사라지며
하늘 속에 묻히니
흔적은 아스므레하다.

창공의 기러기떼
사라진 뒷 모습에
우리의 인생길이 있다.

(2014. 3. 1. 김흔중)

〈雁行이 몇이냐고요?
7남매중 막내인데
내 나이 팔순이 되어
이제 외 기러기 됐소〉

나의 원시시대 생활을 회고해 본다(1)
(일제시대의 생활수기)

우리집은 초가 삼간에 사랑채가 있었고 헛간이 있었다.
소 외양간, 돼지우리, 닭장, 개집 등 가축들 세상이었다.
텃밭에 상추, 쑥갓, 시금치, 가지, 파, 마늘, 당근, 아욱이 많다
감자, 오이, 완두콩, 돔보, 방콩, 땅콩, 토마토가 열렸다.

가을 김장을 위해 무, 배추, 고추, 생강을 많이 심었다.
김장 후 큰 무를 땅속에 묻었다 겨울 밤에 꺼내 먹었다.
밭에 콩을 심어 수확하면 가마솥에 삶아 메주를 만든다.
항아리의 물에 메주, 소금을 넣어 간장을 만들어 먹었다.

간장이 숙성되어 메주가 물 위쪽으로 뜨면 건져 낸다.
그 메주를 주무른 후 다져서 맛있는 된장을 만들었다.
음식 가운데 된장국이 일품이고 된장찌개는 맛이 좋다.
간장과 된장은 오래 오래 묵을 수록 맛이 더 좋아진다.

일제식민지 시대는 먹을 양식이 없어 굶주리며 살았다.
농촌에서 벼 농사지어 수확하면 전부 공출로 빼앗겼다.
쌀밥을 먹기란 참으로 어려웠고 보리밥을 먹어야 했다.
보릿고개 때가 되면 초근목피로 겨우 연명하며 살았다.

출산한 임산부가 먹지 못해 부앙이 나면 얼굴이 부었다.
겨우 미역국을 끓여 먹어 부기를 내리는 산후조리였다.

호박을 삶아 먹고 죽을 먹으며 신생아에게 젖을 먹였다.
어린애가 영양실조에 걸리고 질병에 의해 많이 죽었다.

밭에는 고구마, 감자. 옥수수를 많이 심어 수확을 했다.
논밭 없으면 호구지책의 문제가 제일 어려워 빈궁했다.
농토가 많으면 부자이고 적으면 가난뱅이의 생활을 한다.
빈부의 격차는 농토가 좌우되었고 지주와 소작이 생겼다.

헛간의 변소에 화장지가 없어 공책, 신문지를 사용했다.
부락의 공동변소에는 볏짚을 화장지 대용으로 사용했다.
변을 본 후 볏짚으로 항문을 닦았던 원시시대에 살았다.
오늘날 두루마리 화장지와 크리넥스는 격세지감이 있다.

성냥이 없어 화로에 씨불을 묻어 불을 재생하기도 했다.
부싯돌로 차돌을 마찰해 불똥을 튕겨 부푼 쑥에 부쳤다.
대팻밥의 화살촉에 유황을 묻혀 화로 불씨에서 점화했다.
해방 후 성냥이 나왔고, 6·25전란 후 라이타가 출현했다.

전깃불은 상상도 못했으며 등잔불이 방안을 밝혀 주었다.
호롱불도 석유가 없어 가난한 집은 초저녁에 일찍 잤다.
여름 밤의 반딧불에, 겨울밤의 흰눈에 비춰 책을 읽었다.
형설지공은 반딧불과 흰눈을 통해 성공한 교훈을 말한다.
시골에는 시계가 없어 해를 보고 햇시계를 사용해야 했다.
새벽에 닭장에서 숫탉이 울어 새벽을 알리면 잠에서 깼다.
북두칠성이 북쪽 방향을 알리고, 샛별이 새벽에 떠올랐다.

동쪽의 무지개는 소낙비를, 서쪽 무지개는 가뭄을 알렸다.

공동 우물물을 길어다 항아리에 부어 놓고 며칠씩 먹었다.
우물가에서 빨래를 빤 후 빨랫줄에 널어서 건조하였다.
우물물은 1년에 한 번 완전히 퍼내고 청결하게 청소했다.
우물가에는 오래된 향나무가 있고 참 가죽나무가 서 있다.

우리집 정원에는 아름다운 꽃들과 목련화가 피어 있었다.
매화나무, 앵두나무, 붉은 장미, 수국, 튤립 등 꽃이 폈다.
선인장도 한목 했고, 나무를 타고 올라간 능소화도 폈다.
복숭화 과수원의 봄철 복사꽃은 황홀경의 극치를 이뤘다.

사랑채의 뜰 모퉁이에 꿀벌통 두 개가 이중으로 놓여있다.
토종 꿀벌들이 꽃피는 봄철, 가을철에는 바쁘게 일한다.
꿀을 따는 시기에 꿀따는 통을 씻어 꿀먹는 것이 재미였다.
꿀을 너무 많이 먹어 뱃속에 불나는 듯한 고통을 당했다.

부화장에 가서 병아리 2백마리를 사와 양계를 하게 됐다.
사과 박스 몇개에 처음 사온 병아리를 나눠 넣고 키웠다.
겨울이라 구멍뚫은 깡통 안에 등잔불로 온도를 유지했다.
바깥의 닭장으로 옮겨져 자라 백여마리가 달걀을 낳았다.

고등학교 때의 양계에도 추억이 새롭고 기억이 생생하다.
논에는 개구리가 많았기에 개구리를 잡는 총을 만들었다.

대나무에 굵은 철사를 관통시켜 고무줄로 땡겼다 놓는다.
뾰쪽한 철사 끝이 개구리에 명중되면 큰 깡통에 담는다.

잡아 온 개구리를 버려진 가마솥에 넣고 끓이면 구수했다.
삶은 개구리와 쌀겨를 섞어서 사료로 먹이면 일품이었다.
닭들이 잘 자랐지만 원시적인 방법이라 죽은 닭도 많았다.
레그혼종 흰 암탉과 장탉 몇마리가 사랑하며 알을 낳았다.

집 오리를 2백여 마리 키우며 관심을 많이 가지게 되었다.
집에서 3백미터 거리에 큰 방죽이 있어 오리를 몰고 갔다.
방죽에 오가는 길이 꾸불꾸불 오르락 내리락 험한 길이다.
날이 저물면 오리들이 집을 찾아오고 알도 집에서 낳았다.

암탉이 둥지에서 알을 21일간 품으면 병아리를 까게 된다.
병아리를 양 날개에 품고 보호하며 어미가 사랑을 배푼다.
먹이가 있으면 소리내어 쪼으며 새끼를 불러 먹도록 한다.
어미소의 송아지 사랑, 어미개의 강아지 사랑도 기특했다.

(2014. 4. 30. 김흔중)

나의 원시시대 생활을 회고해 본다(2)
(의식주의 생활수기)

오늘날 북한에서는 식의주라고 우선순위를 바꿔 부른다.
김일성이 매년 연두사에서 이밥에 고기국 먹이겠다 했다.
김정일이 300만명 이상 굶겨 죽였고, 인권을 유린하였다.
김정은이 28세에 세습하여 경제가 계속 악화되는 상태다.

오늘날의 북한같이 일제시대에 배고파서 죽지못해 살았다.
식민지 생활은 노예 생활로서 대단히 비참한 생활이었다.
농촌에서 피땀흘려 농사를 지어 수확하면 전부 빼앗겼다.
땅속의 단지에 숨긴 쌀로 명절, 제사, 생일에 밥을 지었다.

굶주리고 헐벗고 추어서 고생했던 과거는 잊을 수가 없다.
살기 위해 먹는지, 먹기 위해 사는 것인지 의문이 많았다.
가난이 죄인지, 죄가 가난인지, 가난 해결이 큰 문제이었다.
공부를 해야하는 목적은 출세이고 가난 극복였다 .

밭에 목화를 심어 흰 목화 꽃이 핀 후 흰 목화송이를 땄다.
흰 목화를 솜틀집에 가서 솜을 만들어 이불 솜을 만든다.
솜을 고치로 만들어 물래로 돌려 실을 뽑아 내어 감는다.
실은 바느질 실로 사용하고, 베틀에서 천을 짜기도 한다.

베틀에서 일정 넓이의 날줄에 북속의 씨줄로 베천을 짠다.
흰천을 손으로 잘 제단하여 가족들의 옷을 만들어 입었다.

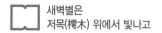

물감으로 흰천을 염색하여 보기 좋은 색깔로 입기도 했다.
누에, 모시, 대마로 명주옷, 모시옷, 삼베옷을 지어 입었다.

초가 삼간에 사랑채, 헛간, 마구간 등이 있는 집에 살았다
시골은 가족들이 큰 이불을 함께 덮고 자는 것이 통례였다.
바닥 요가 없었고 구들이 따뜻해서 이불 덮으면 만족했다.
점차 침구가 개선되어 요를 깔고, 이불을 각각 덮게 됐다.

가족이 많아 재래식 큰 솥에 밥을 하고 국을 끓여 먹었다.
아궁이에 불을 때서 밥을 할때 끓어 넘은 후 자치게 된다.
산의 나무를 땔감으로 사용했기 때문에 민둥산이 많았다.
연탄불과 전깃불을 사용하게 되면서 산림녹화를 이루었다.

집에 감나무, 자두나무, 석류나무, 밤나무, 앵두나무가 있었다.
울안의 넓은 텃밭은 철따라 무공해의 채소를 먹게 했다.
상추, 쑥갓의 쌈을 먹고, 고추, 오이를 고추장에 찍어 먹었다.
밥의 대용으로 고구마, 감자, 옥수수, 쑥떡을 먹기도 했다.

논에 가서 붕어 잡고 웅덩이에서 가물치, 메기를 잡았다.
논의 물코에 용수를 박아 놓으면 피라미가 많이 모여든다.
추수한 후 논에서 잡은 우렁 넣은 쑥국이 일미였다.
가뭄이 심할 때에 실강에서 가래를 짚어서 잉어도 잡았다.

명절이 되면 가족들이 모여 제사를 지낸 후 성묘를 갔다.
해방된 후 삶이 윤택해지자 명절에 조청을 만들어 먹었다

또한 강정을 만들고 각종 과를 만들고 술도 빚어 마셨다.
항아리에 술을 빚어 먹다가 시어지면 소주를 내려 먹었다.

어릴 때 보았던 결혼식은 오직 전통혼례식으로 치뤄졌다.
신랑은 조랑 말 타고 신부는 가마 타고 가는 모습을 봤다.
해방 전 신랑 신부가 각각 일력거 타고 가는 모습도 봤다.
신랑은 삼일만에 처가에 오면 청년들에게 업혀가 매달렸다.

시골의 장례문화인 전통적 상두군의 상여소리가 쟁쟁하다
부모님이 별세하여 선산에 모셨다가 공원묘지로 이장했다.
오래전 부모도 떠나셨고 칠남매중 막내인 나만 사라 있다.
나그네인생길에 후회 없이 살았고 후회 없이 살다 가련다.

(2014. 5. 2. 김흔중)

나의 원시시대 생활을 회고해 본다(3)
(학창시절의 생활수기)

어릴 때에 유치원이 없어 유치원 근처에도 가보지 못했다.
친구와 땅따먹기, 딱지치기, 못치기, 제기차기, 자치기를 했다.
뒷산 공판재에서 자주 씨름하며 힘이 세서 늘상 이겼었다.

일본의 식민지 치하에 국민학교(초등)에 입학하게 되었다.
일곱살에 입학시험을 보았지만 체중미달로 불합격하였고.
여덟살에 입학하면서 "가네미쓰 긴주"로 창씨개명을 했다.

국민학교 들어가 일본의 문자와 언어를 배우기 시작했다.
우리 말을 사용하면 선생이 회초리로 인정없이 때렸고.
학교 정문에 들어서면 동편 언덕 신사에 절을 해야 했다.

점심 도시락은 꽁보리 밥에 장아찌 반찬이 통상적이었다.
일본 교장 딸인 사치꼬는 빨간 매실을 박은 쌀밥이었고.
모두가 꽁보리 밥에 자주 방귀를 뀌고 서로 시치미 뗀다.

토요일이 되면 전교생이 사열훈련의 군사훈련이 있었다.
일본 군인 복장, 군모 쓴 칼찬 에다끼 선생은 무서웠고.
학생들도 사열할 때 바지 무릎밑에 천으로 각반을 둘렀다.

여름 방학에 마초를 베어 말려 개학시 학교에 가져 갔다.
겨울 방학에 솔공이, 아카시아, 목화나무 껍질을 벗겨갔고.

유기 그릇, 학교 종, 철봉대 등은 군수품 재료로 뺏어 갔다.

학교에 맨발로 다녔고 서리가 내려야만 짚신을 신었다.
점차로 검정 고무신, 흰 고무신, 운동화로 바뀌었고,
양말을 실로 짜서 직접 만들어 신고 장갑도 손으로 짰다.
겨울에 감기에 걸리면 코가 입 가까이 흐르며 훌쩍였다.
손수건이 없어 코를 소매끝으로 씻어서 감밥이 되어 있고
까까 머리의 표피에 둥글게 기계독이 있는 학생이 많았다.

어머니가 지어준 바지, 저고리를 입고 국민학교에 다녔다.
여름철에는 잠뱅이를 입었고, 팬티는 누구나 입지 못했고,
명절에 아버지가 강경시장에서 양복을 입혀보고 사주셨다.

초등학교 3학년 때에 천자문을 배우고 서예 연습을 했다.
신문지도 없어 붓글씨 연습이 어려웠기에 고민이 많았고,
판자를 대패로 밀어 노란 밀추를 발라 붓글씨를 연습했다.

국민학교 3학년 때 해방되어 일제수난의 역사를 체험했다.
참혹했던 6 · 25동족상잔의 전쟁이 중학 2학년 때 일어났고,
국민학교 5리, 중학교 10리,고등학교 20리를 걸어 다녔다.

국민학교 때는 흰보자기에 책을 싸서 허리에 메고 다녔다.
중학교에 들어가 교복, 교모, 책가방에 제법 의젓해 졌고
고등학교 때 수업료를 내지못해 자주 수업을 받지 못했다.

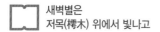

대학 다닐 때도 전깃불이 없어 등잔불 밑에서 공부했다.
과수원 집에 시계가 없어 새벽별이 시계를 대신 하였고.
어머님이 지어주신 새벽밥을 먹고 용동―대전간 통학했다.

대학 4년 과정에 두 번 휴학했다. 세번은 허용치 않는다.
3학년 1학기 재학 중 군대에 가서 제적을 면하도록 했고.
복무기간이 3년인데 학적보유자로 1년 6개월을 복무했다.

복학을 하지 않으면 잔여 복무기간을 다시 복무해야 한다.
우수성적으로 등록금 전액 면제의 혜택을 받기도 했었고
대학졸업 후 교수의 꿈이 해병대 장교로 진로가 바뀌었다.

〈나의 나된 것은 하나님과 부모님의 크신 은혜이다〉

(2014. 5. 4. 김흔중)

은사님들의 은혜에 감사하며
(사제간에 얽힌 학창수기)

은사(恩師)는 가르침을 받은 은혜로운 스승을 말한다.
그 부모에 그 자녀라는 말을 많이 듣게 되는 것이며
그 스승에 그 제자라는 말을 많이 듣게 되는 것이다.

나이 팔십이 닥치니 잊을 수 없는 스승이 떠 오른다.
초등학교 때 장석철, 중학교 때 백남규, 고등학교 때
김혁수 선생님, 대학 때 김순동 교수님이 생각난다.

초등학교 3학년 때 해방되어 일본책을 버리게 됐다.
시골 이웃집에 살던 장석철 선생은 사랑이 넘쳤고
혹한에 오버자락에 감싸준 등굣 길의 추억이 새롭다.

중학교에 들어가 영어 공부에 재미붙여 열심을 냈다.
2학년 때 6·25로 어려웠으나, 백남규 영어선생님의
사랑으로 3개반 통틀어 우등상을 받아 잊을 수 없다.

취직을 고려해 강경상고에 진학 3대1 경쟁에 합격했다.
6·25 발발 2년후로 수업료를 내지 못해 수업시간에
쫓겨나기도 했으나, 오직 김혁수 선생님께 감사한다.

대학교 4년간 모진 고통이 인생에 밑걸음이 되었다.

3년간 기차통학으로 점심을 굶으면서 공부를 했으며
두 번 휴학해 졸업했고 김순동 한문교수님께 감사한다.

대학 학측에 두번 휴학만 허용되어 육군에 입영했다.
학적 보유자로서 1년6개월간 단기복무하고 전역했고
복학후 대학에 면회왔던 안우백 중위를 잊지 못한다.

연세대학교 연합신학대학원 민경배 박사께 감사한다.
세상을 떠나신 잊지 못할 모든 스승님에게 감사하며
나의 영원한 스승이며 참 목자이신 주님께 감사한다.

(2014. 5. 15. 스승의 날에, 김흔중)

君, 師, 父
三位一體 시대가
있었다

물컷들에게 물려 시달렸던 옛 추억
(지난날의 생활수기)

통상 "물컷"이라고 발음을 하지만 "물컷"이 표준어이다.
물컷은 사람의 살을 물어 피를 빨아 먹는 벌레를 칭하며
여름철의 시골에는 모기, 빈대, 이, 벼룩 등 물컷이 많았다.

특히 일제 식민지 치하 및 6 · 25 전화시에 물컷이 많았다.
늙은이들은 지긋지긋하게 물컷과 매일 싸우며 사라왔고.
젊은 세대는 물컷에 대해 알수도 없고 알려 하지 않는다.

이(蝨)는 겨울철 옷속의 내복에 붙어서 피부를 물어댄다.
내복을 벗어 이를 보면 양손 엄지 손톱으로 눌러 죽이고.
이를 한참 잡으면 손톱에 피가 많이 묻어서 징그러웠다.

여름철에 빈대란 놈이 잠자리에 내려와 손발을 물었다.
이에게 물리면 가렵지만 빈대에 물리면 피부가 부르트고.
이는 주야로 내복 속에 있지만 빈대는 밤에만 나타난다.

모기는 해가 지면 사람에 접근해 얼굴과 손등을 찌른다.
모기장이 없어 화롯불로 연기를 피워 모기를 쫓아 내고.
어머니가 부채질하여 모기를 쫓아 주시면 잠을 잤다.

여름철에 종종 벼룩에게 물려 가려워 긁으면 더 가렵다.
개를 키우면 개에 벼룩이 많아 사람에게 피해를 주었고.

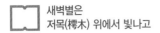

벼룩은 너무 작아 잡기도 어렵고 잘 뛰어 달아나 버린다.

겨울철 못먹고 못입던 일제시대에 이에 물리며 살았다.
여름철 모기, 빈대, 벼룩에 물리며 잠을 설치며 살았고.
일제시대와 6ㆍ25 남침시 수난속에 민초들이 생활했다.

사병들이 동내의를 벗으면 이가 너무 많아 흉측했었다.
일요일 따뜻한 한낮에 잔디밭 위에 내의를 널어 놓으면
내의 위에 이 수백 마리가 꿈틀 대면 털털 털어냈었다.

문명의 시대에 접어들어 물컷들도 수난을 당해야 했다.
당시 DDT의 출현으로 물컷들을 박멸하는 계기가 됐고.
DDT가루 및 분무는 이, 빈대, 모기, 벼룩의 살충제였다.

오늘날 격세지감이 있지만 물컷은 씻은 듯이 사라졌다.
DDT 보다 좋은 약이 많지만 각종 암과 질병이 괴롭히니.
첨단의학의 시대에 자신이 장수의 명의가 되어야 한다.

우리 사회가 병들고 부패하여 치유가 절실한 시점이다.
우리 주변에 종북 세력의 물컷들이 극성을 부리고 있고.
DDT 보다 더 효력있는 정의와 공법의 투약이 절실하다.

삼복 더위에

(2015. 7. 15. 김흔중)

겨울 새벽 하늘의 싸늘한 눈썹달
(사촌형과의 혈연고별기)

　눈썹달은 눈썹 같은 모양을 한 하늘에 떠있는 달이다. 이 달은 하늘에 초승달과 그믐달로 떠있어 사랑하는 연인의 아름다운 눈썹일 수 있고, 수심에 찬 싸늘한 눈썹으로 보일 수도 있다.

　대전광역시에 있는 대전병원 사촌형 빈소를 찾아 조문을 한 후, 대전종합터미널 매직 사우나(찜질방)에서 밤을 새우고 새벽 기도를 드리기 위해 추운 겨울 새벽에 교회의 십자가를 찾고 있을 때 멀리 새벽 하늘의 눈썹달이 무척 외롭고 차갑게 보였다.

　여름철 새벽 하늘의 눈썹달은 낭만이 넘쳐 난다. 그러나 오늘 겨울 하늘의 눈썹달은 나그네 인생길에 야속할 뿐이었다. 고층 건물 사이로 멀리 보이는 교회의 십자가를 바라보며 무작정 걸었다. 대전종합터미널 앞 인근 교회인 "제자들교회"에 도착했다. 모든 교회는 만민이 기도하는 집이다. 그 교회에 들어가 많은 성도들과 새벽기도를 드리게 되었다. 강단에서 목사님이 예수님이 죽은 자를 살리신 말씀을 가지고 설교하셨는데 은혜가 넘쳤다. 마침 생사에 대한 설교였기에 감동이 되었다. 오직 주님만이 구원의 능력이시며 생사화복을 주관하시는 권능의 주님이신 것이다.

　대전은 내가 눈물을 흘리며 공부했던 곳이다. 또한 친척들이 많이 살고 있어서 잊지 못할 친척 형들이 많았다. 친형, 사촌형, 육촌형 등 4명이 동갑이었다. 이 형들은 나보다 여섯살 위였다. 친형은 6・25전쟁으로 인해 65년 전에 인민의용군으로 끌려가 행방불명이 되었다. 육촌형도 63년 전 또 15년전 두 분이 세상을 떠났고 사촌형은 오래 살았지만 이제 86세로 세상을 떠나 이제 생존한 형은 한 사람도 없게 되었다. 인생이 허무하게 생각되지만 사람이 한 번 태어나면 언젠가 모두 죽게 되고 육체는 흙에 묻히지

만, 때가 되면 영육간에 부활하게 된다. 그래서 허무한 인생을 살지만 믿는
자들게게는 부활의 소망을 있는 것이다.

제자들교회에서 새벽기도를 마치고 나오니 여명이 밝아 왔지만 버스와
택시의 통행은 한산했다. 택시를 잡아타고 대전병원 장례식장에 도착하여
07시경 가족들과 영결식을 마쳤다. 화장장으로 리무진 영구차로 떠나게
되어 고인이 된 형과 마지막으로 고별하게 되었다.

고인이 된 형은 64년 전 제주도 육군훈련소에 근무했었지만 6·25전쟁
에 참전치 않아서 현충원에 안장되지 못하고 호국묘지에 묻힐 자격만이 허
용되었다. 그래서 재향군인회에서 관리하는 임실호국원 호국묘역에 안장
되었다.

영결식이 끝나고 난 후, 대전발 KTX나 새마을호를 탈수가 없어 가장 빠
른 시간의 무궁화호로 상경하며 창밖을 내다 보노라니 80평생 사라온 과
거가 불현듯 주마등처럼 스쳐간다.

8·15해방, 6·25전쟁, 월남전쟁 등 수난 속에 사라온 과거가 눈앞에 아
련하게 스쳐 지나간다.

(2015. 1. 15. 김흔중)

소에 얽힌 잊지 못할 사연
(학창시절의 체험수기)

나는 악몽 같은 일제 식민지 생활과 6·25전쟁 참화의 수난의 역사를 겪으며 초, 중, 고의 어려운 학창생활을 보냈다.

당시 초야의 농촌생활은 거의 논밭 농사에 의존하는 어려운 농경 생활이었다. 농촌 마을에서는 중학교는 고사하고 초등학교(국민)도 보내지 못하는 어려운 가정도 있었다. 그러나 우리 60여호의 화배(花盃)마을은 거의 남여학생이 초등학교(동급생: 남4,여2)에 다닐 수 있었다. 더더욱 대학교에 다닌다는 것은 하늘에서 별따기나 다름이 없었다.

우리 집은 과수원이 있었고 중류의 생활 수준이었으며 소를 키웠다. 소를 키우는 집은 한 마을에 서 너집뿐이었다. 소는 그 집의 재산목록 1호인 것이다. 소는 농번기에 논밭을 쟁기로 갈아주고 구루마(달구지)로 짐을 운반해 주는 큰 일을 한다. 오늘날 경운기와 트럭의 역할을 해 주었다. 또한 소가 새끼를 나면 큰 경사였다. 송아지를 2년을 키우게 되면 큰소가 되어 시장에 내다 팔면 큰 목돈이 되기 때문이다.

시골에서 고등학교와 대학교를 다닌다는 것은 참 어려운 일이다. 소유하고 있는 논밭을 팔고 소를 팔아야 등록금이 마련되었다. 그래서 나는 고등학교와 대학교를 부유한 가정의 아이들처럼 다닐 수 없어 점심을 굶으며 한숨을 내쉬면서 학교를 다녔다.

그러나 내 뒷바라지를 하기 위해 희생한 아버지와 형들의 사랑을 잊을 수 없다. 우리집 소가 오직 등록금의 밑천이었다. 그리고 고등학교와 대학교 다닐 때 소와 관련된 세 번의 잊을 수 없는 사연을 가지고 있다.

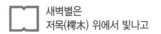

첫번째 사연

고등학교 3년간은 6 · 25전쟁의 참화로 농촌은 너무나 어려웠다. 고등학교 1학년 때 휴전이 되었다. 명문고로 이름난 강경상고(江商)까지는 우리 집에서 8Km의 거리였다. 일제시대는 한반도에서 3대 시장으로 대구, 강경, 평양이 꼽혔다. 지금은 강경이 새우젖으로 겨우 이름이 나있을 뿐이다. 나는 강경상고 3대1의 경쟁율을 뚫고 합격하여 고등학교를 다니게 되었는데 수업료와 점심을 먹을 수 없어 어려움이 많았다. 수업료를 내지 못해 수업을 받지 못하고 교실에서 쫓겨난 기억들은 오늘날까지 마음에 상처로 남아 있다.

소와 관련된 첫번째 사연은 고등학교 시절이다. 고구마 네가마를 소 달구지에 싣고 강경시장에 가서 팔아 수업료를 내고 수업시간에 교실로 들어가 공부한 가슴 아픈 사연이 기억에 생생하다.

고등학교를 졸업하고 등록금이 적은 국립대학인 충남대학교에 들어갔다. 등록금을 내지 못해 두 번 휴학한 후 군에 입대하여 학적 보유자의 혜택으로 1년 6개월 단기 복무(당시연한:3년)하고 복학하여 4학년 때 성적 최우수자로 등록금 전액 면제의 혜택을 받게 된 것을 잊을 수 없다. 장학금제도가 전연 없었던 당시는 가정교사자리를 얻는 것은 큰 횡재였다. 그래서 오늘날 무상급식, 등록금 융자, 각종 장학금 제도에 격세지감을 느낀다.

두번째의 사연

대학교에다닐 때 여름방학 기간의 음력7월 보름날 밤이었다. 여름철엔 소 외양간은 날씨가 덥기 때문에 간자(簡子,나무막대)를 출입문 중앙에 걸쳐 채워 놓는다. 그런데 소 도둑이 우리 소를 밤에 끌어 가려고 간자를 내려 놓는 소리를 아버지께서 잠을 자시다가 방에서 듣고 소리를 지르셨다. 그날은 보름이라 대낮처럼 휘영청 밝았다. 나는 산으로 도망치는 소 도둑

120

을 추격하여 150m지점의 소나무 숲속에서 잡았다. 나이는 50세 중반쯤 되는 것 같았다. 잡아서 쓰러뜨리고 발길로 차며 혼쭐을 냈다. 그를 놓아 주니 70m쯤 가더니 밝은 달밤에 노래를 크게 부르며 사라져 버렸다. 그 후 10일만에 소 도둑이 다시와서 우리집 소를 밤에 감쪽같이 끌고가 버렸다. 아침 일찍 마을 사람들을 총동원하여 찾아보았으나 경비만 많이 나고 헛수고를 했다. 도둑은 잡지 말고 불이야 소리를 지르며 쫓으라는 평범한 속담이 있다. 그런데 나는 젊은 혈기로 도둑을 잡아 통쾌하게 혼쭐냈다는 당시 잘못된 만족감을 오늘날까지 후회한다. 그 당시 소를 잃어버린 허탈함은 나 보다도 부모님은 더하셨을 것이다. 소를 잃은 후 등록금을 해결하는데 어려움이 가중되었다.

세번째 사연

큰 소를 팔아 작은 소를 사게 되면 남은 차액을 등록금으로 충당하여 보태게 된다. 큰 소를 팔아 작은 소로 사서 반년 정도 되어 큰 소가 될 무렵, 등록금 준비 때문에 다시 시장에 내다 팔려고 했다. 마침 마을 친구의 아버지가 소를 팔려고 시장에 가게 되어 나도 우리집 소를 끌고 뒤를 따랐다. 아버지께서 딴 볼일이 있어 내가 직접 우시장에 가게 되었다. 황등시장까지는 약 5km거리인데 울창한 숲속 길로 가게 되었다. 그런데 갑자기 우리 소가 무릎을 꿇고 주저 앉아 꼼짝도 하지 않았다 큰 눈방울만 굴리고 있었다. 깜짝 놀랐다. 앞에 가고 있던 친구 아버지를 부르며 사정을 알렸다. 친구 아버지가 뒤돌아와 함께 소를 일으키려 했으나 꿈쩍을 하지 않았다. 하는 수 없이 친구 아버지 혼자 가도록 하고 답답한 심정으로 십여분간 소를 바라보며 한숨을 쉬고 있었다. 소의 머리를 쓰다듬으며 집으로 돌아 가자 일어나라 말하며 고삐줄을 흔드니 벌떡 일어나는 것이다. 나는 소가 시장에 팔려가기 싫어 주저앉은 것을 생각하자 가슴이 울컥하며 눈물이 나려고 했다. 그 소를 다시 집으로 끌고 왔던 그날의 기억은 뇌리에서 지금도 지워지지 않고 있다.

어디서든 소를 보면 예사로 보이지 않는다. 소는 육중하고 무게가 있으며, 무뚝뚝하지만, 잔꾀 부리지 않으며, 순종하며, 열심히 일하며, 주인에게 충성하는 소의 좋은 성품을 신뢰하게 된다. 나는 소가 새끼를 낳는 모습도 보았다. 어미 소가 낳은 새끼의 태를 벗기고 혀로 핥아 물기를 말려 준다. 사자성어에 지독지애(舐犢之愛)는 어미소가 새끼 송아지를 핥아주는 사랑을 말한다. 즉 부모의 지극한 사랑을 비유로 말하는 것이다. 어미소가 새끼 송아지를 물기가 마를 때까지 핥아주면 송아지가 다리를 펴며 즉시 일어나 걷는다.

사람은 돌이 지나야 겨우 걷는데 송아지는 태어나자 걷는 모습이 참 신기했다. 송아지가 어미 젖꼭지를 물고 젖이 잘 나오도록 툭툭 받으며 젖을 빨아 먹고 어미를 졸졸 따라다니는 귀여운 모습도 잊을 수가 없다.

우리 집은 가축들의 세상이었다. 소, 개, 돼지. 닭, 오리, 토끼 등을 길렀던 추억은 아름다운 추억으로 생생하게 떠오른다. 그리고 처마의 제비집에서 새끼들에게 먹이를 주는 제비들, 장독대 뒤 참가죽나무에서 까치의 지저귀는 아침 소식, 울타리 나뭇가지의 종달새들의 율동, 대나무 숲속의 참새들의 합창 등 온갖 코러스(chorus)들이 귓전에 스친다.

(2015. 2. 10. 김흔중)

초등학교에서 해병학교까지
(교육현장의 체험수기)

　나의 본관(本官)은 광산(光山)으로 우리 조상들은 대대로 충남의 연산, 두계(계룡대), 논산지역에 집성촌을 이루고 사라왔다. 어릴 때 아버지를 따라 충남 연산(連山) 돈암서원(遯巖書院)에 모시는 조선조(朝鮮祖)의 명현(名賢)이신 나의 13대조 사계 김장생((沙溪, 金長生) 할아버지의 묘소에서의 시제(時祭)인 세일사(歲一祀)에 자주 참석했고, 나의 자녀들과 함께 고향에 가면 먼저 묘소에 가서 참배하기도 했다. 그런 지역 연고 탓에 내 본적은 전 충남지역인 대전광역시 중구 선화동이 됐다.

　그러나 나는 강경과 육군 제2훈련소로부터 약 8km지역의 전북 땅인 익산군 용동면 화배(花盃)부락의 농촌 마을에서 4남 3녀의 막내아들로 태어났다. 우리 집의 아침 밥상은 두 개의 밥상이 형수에 의해 들어 왔다. 한 밥상은 어머님과 형님들이 겸상을 하고 다른 한 작은 상에는 아버지와 내가 겸상으로 마주 앉아 식사를 했다. 나는 아버지로부터 밥상머리에서 많은 교훈의 말씀을 듣고 자랐다 그 밥상머리 교육은 나의 인격 형성에 큰 영향을 미쳤고, 정의롭게 사라 온 밑바탕이 되었다. 아버지는 온고지신(溫故知新)에 바탕을 둔 신구겸전(新舊兼全)을 해야 한다는 충고도 해 주셨다.

　아버지께서는 조선조 말에 태어나셔서 초등학교도 다니지 못한 한학자이셨지만 21세기를 내다 보신 선각자적인 말씀을 자주 해 주셨다. 그러나 오늘날도 나는 구각(舊殼)을 벗지 못한 사고 속에 살고 있어 안타까운 점도 있다. 나의 고향은 두메산골이 아닌 60여호의 농촌마을로 한학자도 많았고, 독립운동가로 활동했던 인물과 연희전문학교 출신의 대학교수가 배출된 모범적인 마을이었다.

　내가 초등학교 3학년 재학시 해방을 맞이했고, 중학교 2학년 때에는

6·25의 전쟁으로 인해 살림은 궁핍을 면치 못했다. 모든 학생들이 신발이 없어 맨발로 학교에 다녔고, 서리가 내리기 시작하면 새끼를 꼬아 만든 '와라지'를 신었다. 겨울철에도 검정고무신을 신었고 내복은 커녕 팬티조차 입지 못한 채 솜바지 저고리를 입고 학교에 다녔다. 그러나 나는 양복을 입을 수 있어 부모님에게 감사했다. 집에서 약 2km의 거리에 위치한 흥왕(興旺) 초등학교를 등·학교할 때면 논두렁 길과 야산의 산길을 걸으며 미래의 꿈을 키웠다. 같은 부락에서 4명의 동급생 남학생이 같이 통학을 했다. 6학년 때에는 중학교 진학을 앞두고 저녁 늦게 귀가할 때가 많았다. 야간의 깜깜한 밤 산속의 좁은 오솔길을 일렬로 걸으며 집으로 돌아가는 산길은 주위에 무덤들이 있어 귀신이 나온다는 두려움 때문에 무섭기 짝이 없었다.

그래서 서로 맨 뒤에 따라 가기를 싫어했다. 네 명 중 가장 키가 작은 나는 맨 뒤에 따라갔고 항상 제일 큰 키의 최기남이가 맨 앞장서고 그 다음 키의 장근석이가 두 번째. 유석준이가 내 앞에서 걸어갔다. 나는 한두 번도 아니고 매일 맨 뒤에서 가는 것에 불만이 있었다. 그래서 가위 바위 보를 해서 지는 사람이 맨 뒤에 가는 것으로 제안하여 공평하게 밤길의 공포를 맛보게 하였다. 그런데 초등학교에 같이 다니던 한 부락 친구 네 명 중두 명(최기남, 유석준)은 오래전에 세상을 떠났고, 한명(장석근)도 얼마전에 세상을 떠나 인생무상을 느낀다.

당시 시골의 초등학교에 일본인 교장이 전부 배치되었다. 그래서 교장의 딸도 우리와 같은 학교에서 공부를 했다. 교장의 딸인 '사치고'와 한 반이되었다. 점심시간에 "사치고"는 흰쌀밥 가운데에 붉은 매실을 박아 놓은 도시락을 맛있게 먹었다. 그러나 우리들은 도시락을 가져오지 못하거나 도시락을 가져왔다 해도 꽁보리 밥이었다.

나는 초등학교에 들어가자 창씨개명되어 '가네미쓰 긴주'라는 이름으로 출석부에 기록되어 호명되었다. 출석을 부를 때 내 이름이 호명되면 "하이!"라고 크게 답변해야 했다. 더욱이 입학하자 마자 한국말은 한마디도 사용할 수 없었다. 당시 조선말을 사용하면 회초리로 심하게 매를 맞았다.

일제치하에 공부했던 탓에 해방될 당시 일본말을 불편없이 구사했다. 그래서 지금도 일본말을 부분적으로 알아 들을 수 있다. 제2차 세계대전 종전으로 일본의 패망이 임박했을 때 초등학생들에게까지 군사훈련의 일환으로 토요일마다 사열과 분열훈련이 실시됐다. 그 훈련의 전담선생인 '에다기'는 일본 군모에, 군복을 입고, 닛본도(긴칼)를 차고 사열대에 올라서서 호령을 했다. 그리고 방공훈련을 일주일에 한번씩 실시하기 위하여 학교 주변에 방공호를 파서 부락 단위로 학생들이 대피하도록 했다. 1945년 7월의 어느 날이었다. 실제 상황의 대피를 하게 되었는데 교실에서 나와 푸른 하늘을 바라보니 B-29 한 대가 꽁무니에 흰 줄을 길게 내뿜으며 접근하다가 잠시 멈추는 듯 하더니 비행기에서 검은 물체가 떨어지고 나서 "꽝" 하는 폭발음이 들렸다.

흥왕초등학교 부근으로 호남선 철로가 지나고 있는데(강경-함열) B-29에서 12칸의 철교를 목표로 폭탄을 투하했으나 명중되지 않은 것이다. 일본은 패망 직전에 군수물자가 부족하여 초등학교에 설치되어 있는 철봉의 쇠파이프를 수거해 가고, 수업의 시작과 종료의 시간을 알리는 철제의 종도 떼어 갔다. 어린 열 살의 내 눈에 비친 한심한 모습이었다. 어린 학생들이 여름방학 기간에 풀을 베어 말려서 군마(軍馬)의 먹이(馬草)를 준비해서 개학하면 가져가 학교의 창고에 쌓았다. 겨울방학 기간에는 아카시아 껍질과 목화대의 껍질을 벗겨 학교에 짊어지고 갔다. 또한 기름을 짜기 위해 소나무의 솔공이를 잘라 모았고, 아주까리 열매를 모으기도 했다. 당시 시골에선 조상 대대로 물려받은 놋그릇이 많이 사용되었으나 놋그릇마저 일본 사람들이 몽땅 빼앗아 갔다. 더욱이 농촌에서 농사를 지으면 벼는 전부 공

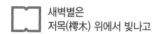

출하여 쌀 한 톨도 먹을 수 없어 쌀밥은 생각조차도 못했다.

그래도 옹기단지에 쌀을 담아 땅에 묻어 숨겨 놓았다가 조상의 제사상에 쌀밥을 올리고, 명절과 생일날에 가족들과 쌀밥을 지어먹기도 했다. 그 당시 먹을 것이 없어 주로 고구마를 많이 먹었고. 무를 먹고 트림을 하면 냄새가 고약했다. 목숨을 부지하기 보존을 위해 풀씨를 털어 볶아먹고, 초근목피로연명을 해야 했다. 가정의 화장실은 옹기독(항아리)을 묻어 널빤지 두 개를 걸쳐놓고 그 곳에 앉아 대소변을 보았다. 그리고 휴지가 없어 학생들이 사용한 공책이나 신문지를 사용했다. 더욱 마을의 공중변소에는 볏짚으로 휴지를 대용했다.

당시 일본 경찰을 순사 (巡査)라고 불렀다. 어린아이가 울면 순사가 온다고 하면 울음을 멈출 정도로 공포의 대상이었을 정도로 일본의 탄압과 약탈이 극심했다. 나는 함열(咸悅) 중학교에 다녔는데 그다지 어려움이 없이 공부를 열심히 했다. 한 학년에 3개 학급으로 남녀 공학이었다. 특히 영어 공부에 취미를 가지고 열성을 다했으며 백남규 영어 선생님의 사랑을 많이 받았다. 백 선생님이 영어시간에 한국어를 전혀 사용하지 않고 영어로만 강의해 주셨기에 교육 성과가 컸다. 나는 열심히 공부한 결과로 우등 상을 받기도 했다.

중학교 2학년 때에 6·25전쟁이 발발하자 열심히 공부하던 책을 전부 묶어서 학교의 창고에 보관했다가 수복되자 다시 되돌려 받아 학업을 계속했다. 그러나 충남 강경상업고등학교에 들어가면서 문제가 발생했다. 강상 (江商)은 전통이 있는 명문의 상업고등학교였다. 그래서 경쟁률 3대 1의 높은 관문을 통과하여 입학했다. 그러나 수업료를 내지 못하면 수업을 받을 수 없었다.

집에서 8km 거리 정도 떨어져 있는 학교에 갔다 와서 한숨을 쉰 적이 많았다. 이때부터 빈부의 격차, 신분상의 차등에 대한 회의적 저항의식과 반

126

발 심리가 싹트기 시작한 것 같다. 고등학교에서 정상적으로 공부할 수 없었고 자본주의에 대한 비판적인 생각이 움텄다. 한국적 자본주의에 의한 배금주의(mammonism)와 금권민주주의(plutodemocracy)에 대한 부정적인 생각은 지금도 변함이 없다.

나는 대학교 진학에 있어 등록금이 적은 국립대학교를 선택해야 했다. 그래서 충남대학교에 뜻을 두게 된 것이다. 하지만 대학교에 다니며 졸업년도는 가정교사를 했기에 큰 애로가 없었다. 그러나 3년간은 아침과 저녁 두끼만 밥을 먹었으며 점심시간에는 수돗물로 배를 채웠고, 두 번 휴학을 하고 고등고시 준비를 했으나 시험도 보지 못하고 무산되었다.

세 번의 휴학은 학칙에 허용되지 않아 육군에 자원 입대하여 일동에 위치한 제90병기 대대 인사과에 복무하다가 학적보유자(SO)에 대한 혜택으로 1년 6개월의 단기 복무를 하고 상병으로 제대 후 복학하여 열심히 공부했다. 그 당시에는 장학금제도와 학자금지원제도가 없었고, 겨우 성적최우수자에게 혜택을 주는 등록금면제 제도가 있었다. 나는 졸업년도에 등록금전액 면제의 혜택을 받았고, 대학원에 진학하여 대학교수의 꿈을 실현하고자 했다.

그러나 대학교수가 되겠다는 비전은 무산되고 말았으며 해병대 장교로의 진출이 나의 인생 행로를 바꿔 놓았다.

대학졸업을 앞두고 있을 때 해병대 사관후보생 모집광고가 있었다. 나는 국방의무를 마쳤고 해병대 장교에 대한 관심은 전혀 없었다. 그러나 나의 고등학교 동기이자 대학교 동창인 황용찬(법학과)은 군복무를 하지 않았기에 나와 함께 시험에 응시하자고 부추겼다. 그래서 친구에 의해 끌려가 시험에 응시했으나 충남대학교에서 응시한 56명 가운데 오직 나한 사람 만이 합격의 영예를 차지했다.

처음에는 대학교수의 꿈을 접어야 하는 기로에 서게 되어 무척 갈등이 되었다. 당시 고등학교 동기이자 같은 국문학을 전공하고 조교로 있던 도

수희(都守熙, 현 충남대 명예교수, 백제어연구 대가)를 찾아가서 자문을 구
했다. 그는 해병대 장교가 되는 것도 좋지 않겠느냐며 지지를 해주었다. 그
래서 심사숙고 끝에 해병학교 입교의 뜻을 굳혔다. 친구의 한 마디 권고가
나의 행로를 바꿔 놓은 셈이다. 나는 해병학교 가입교를 거쳐 신체검사에
통과되어 머리를 삭발하고 제32기 사관후보생으로 정식 입교하게 되었다.
해병학교에서 소정의 후보생 과정을 마치고 해병소위 계급장의 정복을 입
고 휴가를 얻어 고향을 향했다.

먼저 부모님에게 큰절을 하고 무릎 꿇고 앉았을 때에 아버지께서 "너는
장교로서 무관이 되었으니 문무겸전(文武兼全)을 해야 한다"는 교훈의 말
씀이 내 마음 속에 각인되었다. 그 말씀은 우리 역사상 무단정치(武斷政治)
와 문약정치(文弱政治)의 문제점을 지적해 주신 것이다. 해병학교에 입교
하고 보니 인간개조(人間改造)라는 큰 현판이 현관 안에 부착되어 있었다.
나는 인간개조라는 사자성어를 보며 어떻게 인간을 개조할 수 있겠는가 하
고 회의적이었으나 그러나 훈련을 통해 인간개조는 해병정신의 정수(精髓)
라고 확신하게 되었다. 나는 해병대 장교생활을 통해 인간개조가 완전히
이루어졌다고 확신한다.

오로지 불굴의 해병정신이 나의 존재가치의 결정적인 요인이 되었기 때
문이다.

나는 오늘날 육체와 정신적 차원을 넘어 지상에서 천상을 향한 영적 개
조를 위한 사역에도 정진하고 있다. 당시 해병대 장교가 되기 위해서는 수
많은 극한 상황을 극복해야만 했다. 인간개조의 해병학교 용광로에서 제련
(製鍊)되어야 하며, 구멍 뚫린 다이아몬드에 수많은 땀방울을 쏟아 그 결정
(結晶)의 입자로 다이아몬드 공간이 메워져야 했다.

나는 해병대 소위로 임관하여 전역할 때까지 최선을 다하면서 국가와 해
병대을 위해 젊음을 바쳤고, 앞으로 더욱 절차탁마(切磋琢磨)하여 문무겸

전(文武兼全)의 차원에서 남은 여생을 국가, 사회, 종교에 기여하는 3박자 인생을 살아 후회나 미련이 없이 여생을 마감하려 한다. 해병대 장교가 된 자긍심과 자부심은 내가 눈감을 때까지 변함이 없을 것이다.

(2015. 3. 5. 김흔중)

필자가 받은
국가유공자증이다.
(1993. 6. 1)

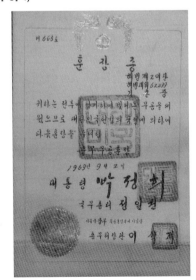

필자가 받은
충무무공훈장이다.
(1969. 9. 2)

해병대 장교는 해병학교의 용광로에서 제련된다
(1963~1970년, 해병대 장교교육 훈육수기)

해병학교는 해병대 초급장교를 배출하는 산실인 동시에 요람이다. 해병학교에서 매년 1개 기수의 사관후보생이 입교하여, 소정의 교육을 이수한 후 해병대 소위로 임관된다. 그러나 월남 파병기간에는 소대장의 추가 충원소요 발생으로 1년에 2개 기수를 배출한 적도 있다. 그리고 해병학교 기초반 과정(6개월)을 육군에서는 초등군사반(초군반)이라고 한다. 해병학교 기초반 과정에서는 초급장교(해병소위)의 기본교육을 실시했다.

나의 해병학교 사관후보생 시절

나는 제32기 사관후보생으로 해병학교에 입교하여 소정의 교육을 마치고 해병 소위로 임관했고, 제11기 기초반과정을 수료한 후, 포항의 제1사단 소대장으로서 초급장교의 늠름한 위용을 견지했다. 해병학교가 용광로라면 중대장, 구대장은 대장간의 대장장이와 같은 소임을 담당한다. 그래서 담금질과 망치질을 잘해야 해병대 및 국가에서 요구하는 낫과 칼 그리고 보습이 만들어지고 용도에 따라 농기구가 만들어지듯 해병대 장교가 정예 해병으로 육성된다는 것이 나의 신념이었다.

이러한 신념은 지금도 변함이 없다. 그래서 훈련기간에 천국과 지옥을 수없이 오고가는 훈련에 의한 연단이 요구되는 것이다. 해병대 대원들은 "누구나 해병이 될 수 있다면 나는 해병대를 선택하지 않았을 것이다"라고 자신있게 말한다 "해병학교의 용광로에서 제련되지 않은 장교는 장교가 아니다"라고 나는 주장하고 싶다. 그렇다고 타군인 "육, 해, 공군의 장교가 아니다"라는 폄하의 뜻은 아니다.

나는 해병학교의 입교 초에 고된 훈련에 시달리다 보니 퇴교할까, 끝까지 참고 견딜까 하는 생각이 수없이 교차되어 퇴교 의사를 밝혔지만 관철되지 않았다. 그후 인내하며 분발하여 선착순 구보에 99%는 내가 1등을 차지했고, 동기생 중에서 제일 고생을 적게 하고 임관했다. 나는 해병사관 32기의 한 사람이 되었다는 것과 해병대 장교가 되었다는데 자긍심을 가졌다.

왜냐하면 사관후보생 160여명 모집에 충남대학교에서 56명이 응시해서 나 혼자 합격했을 뿐 아니라 129명(30명 퇴교) 임관시 서울대학교 법대 출신 5명을 비롯해서 서울대, 연세대. 고려대 출신이 주류를 이룬 32기로 임관되었기 때문이다. 나는 해병대에서 가장 인정받는 노른자위 기수라 평가받는 30-35기 중에 32기로 임관된 것을 무척 자랑스럽게 생각했다. 더욱 구대장으로 선발된 것을 금상첨화(錦上添花)생각했다.

우리 동기생들은 기초반과정을 수료하고 포항, 김포, 백령도 등 해병부대에 소대장 요원으로 배치됐다. 당시 우리 32기 사관후보생 및 기초반의 중대장 조형구(고 예비역 대령) 대위는 나에게 앞으로 구대장 감이라 하며 소대장을 성공적으로 잘 마치라고 격려해 주었다. 그래서 조형구 중대장이 나를 34기 구대장으로 추천한 것이다. 조형구 중대장은 우리 32기 중대장을 맡기 전에 해병대 사령부 의장대장을 역임했다.

의장대장 당시에 이승만 정권하에 이기붕 부통령의 아들 이강석이 육군 의장대장을 맡고 있어, 이강석과 절친한 관계로 이강석과 조형구 중대장 사이에 많은 화제의 비화가 숨어 있기도 했다. 조형구 중대장의 호탕한 성품, 절도 있는 동작의 기풍을 지금도 잊을 수가 없다. 그러나 이미 고인이 되어 대전 국립묘지에 안타깝게 비석만이 지키고 있다. 나는 동기생 오경식(캘포니아웨스턴대학 총장) 소위와 함께 1965년 1월 5일 해병학교 구대장으로 발령을 받았다. 본래 34기 구대장은 31기의 중위에서 선발되어야 했다.

그러나 32기에서 소위(6월 1일 중위진급 예정)인데도 오경식과 필자가 선발된 것이다. 그래서 포항역에서 열차에 몸을 싣고 오경식과 나란히 앉아 오순도순 대화를 나누며 구대장의 꿈에 흠뻑 젖었다. 그래서 그때부터 지금까지 오경식과 관포지교(管鮑之交)의 우정을 간직하게 된 것이다. 34기의 선임 구대장으로 대위 진급예정인 이강직(해사14기. 중령 예편) 중위와 전역을 앞둔 안병훈(해병사관 30기, 조선일보사 부사장 역임) 중위는 얼마간 같이 구대장으로 수고했다. 나는 해병장교의 선망의 대상이 되는 구대장의 사명을 수행하기 위하여 남다른 소신과 원칙을 세웠다. 내가 교육받을 때 구대장들의 장점과 단점을 종합 검토하여, 장점을 취하여 후배 장교를 배출하는데 최선을 다할 것을 결심했다.

오늘날 되돌아 보면 너무나 원리 원칙에 충실해 잔혹했던 것 같다. 그러나 나는 개인적인 감정이나 사심에 치우치지 않고, 원칙에 벗어난 행위는 용납지 않았다. 그러한 소신을 가지고 구대장, 중대장의 사명을 다했다. 특히 체력이 약하고, 인내력이 부족한 피교육자들은 고된 훈련을 극복하기가 무척 힘들어 내가 악마같이 보였을 것이다. 내가 훈련 과정에서 체험한 개혁적 정신교육과 철저한 체력단련 훈련을 후배들에게 적용시켰다. 분명한 것은 "적당(適當)이가 아닌 용어보다" 철저(徹底)라는 용어가 적용되었을 뿐이다.

인간 개조(人間改造)

해병학교 교육훈련은 육체적, 정신적 혁명으로 인간개조가 되어야 한다는 것이 나의 소신이며, 선배 구대장들이 선험적(先驗的)으로 모범을 보였다. 그래서 중대장, 구대장은 대장간의 대장장이로 불린다. 오늘날엔 인간개조라는 용어 자체에 이의를 제기할 것이다. 그러나 내가 훈련을 받으며 체험을 했고, 후배들에게 적용했던 인간개조적 측면의 기억을 되살려 기술

132

해 보고자 한다. 해병학교에 입교하면 머리를 삭발해야 한다. 먼저 3정문 전봇대 돌아오기 구보의 담금질에 나는 매번 1등으로 돌아 왔다.

그러나 선착순 달리기를 할 때 후미에 도착하면 뒤에서부터 잘라서 여러 번 반복해서 후미 도착자는 야구방망이로 궁둥이를 후리쳐 맞았다. 빳다를 맞을 때마다 항문에 뜨거운 불이 붙는다. 아홉 번 반복의 선착순에 매번 후미에 끼면 아홉 대의 빳다를 맞아야 한다. 이러한 훈련에 적응을 못하면 퇴교의 대상이 되는 것이다. 그래서 장교로서 지휘관의 직책을 수행하기 위해서는 대원들보다 월등하게 체력과 투지, 강한 인내력이 요구되는 것이다.

해병학교에 입교한 초기의 2주간은 제식훈련과 총검술로 입에서 쓴내, 단내가 나고 육신은 고달파 쓰러질 것 같다. 밤만 되면 해병학교는 마치 지옥과 같았다. 특별훈련이 야간에 이루어지기 때문이다. 저녁만 되면 구대장들이 광란(狂亂)하듯 설치니 악마란 호칭이 당연할 것이다.

팬티바람의 포복, 팬티바람에 완전무장 총검술, 수시로 3정문 전봇대 선착순, 완전무장 천자봉 선착순, 비무장 구보로 시작하여 단계적으로 단독무장 구보, 완전무장 구보로 발전했다. 구보를 하게 되면 묵직한 철모를 쓰고 무거운 M 1 소총을 앞에총 자세를 하고 뛸 때 정신이 오락가락하고 정신이 몽롱해 지면 자신도 모르게 쓰려져 낙오되는 후보생이 있기 마련이다.

그러면 낙오된 동기생을 일으켜 부축하여 같이 뛰어야 한다. 특별훈련의 종목은 헤아릴 수 없이 다양하다. 예를 들면 내무반에서 비상을 걸어 연병장으로 나올 때 오른발에 장군화, 왼발에 훈련화를 착용, 완전무장 선착순을 하면 상당수가 신발의 착용에 있어 지시에 상반되는 오른발에 훈련화, 왼발에 장군화를 신고 연병장에 집합한다.

이 때 지시에 위반되면 역시 빳다를 맞는다. 이러한 훈련은 다양하게 적용되어 정신적 혼란을 조장하여 순간적인 위기를 잘 극복할 수 있는 능력을 배양하게 된다. 식사시간에는 두 그릇을 먹어도 부족할 판인데 주는 식사량으로는 배가 고파 견딜 수가 없다. 식사 후에 밥그릇을 수도꼭지가 여러 개 설치된 수도에 가서 각자 씻는데 떠내려가는 밥알을 건져먹는 동기생을 보기도 했다. 구대별 식당에 2주 분으로 식사 때 두 스푼씩 밥에 비벼먹도록 하는 큰 깡통의 소머리표 마가린을 식당 벽면 진열대 칸막이에 각자의 명찰 뒤에 식사 후 올려놓아야 한다.

어느 날 저녁에 배가 고파 불침번을 서면서 상습적으로 남의 마가린을 훔쳐먹다 들켜 화제가 된 모 동기생을 잊을 수가 없다. 상남 보병훈련연대에서 후반기교육으로 전술훈련을 받게 된다.

상남은 청원—진해 간의 철로가 지나고 있고, 훈련연대 뒤로는 높은 산이 병풍처럼 둘러져 정병산의 정기가 서려 있는 곳이다. 오늘날은 경남 도청이 자리잡고 있어 상전벽해가 되었다. 도청 옥상에 올라가 그 당시 훈련장을 느꼈다. 굽어 내려다 보며 격세지감을 느꼈다.

당시 상남에서 청원까지의 왕복 단독무장 구보, 겨울철 단독무장에 용지못(속칭:용지다방)의 얼음을 깨고 구대장이 앞서 물 속에 먼저 들어가면 피교육자들은 따라 들어가야 했다. 그리고 소총을 물 위로 들고 전신을 물 속으로 담그기를 몇 차례 반복을 했다. 해병장교라면 잊을 수 없는 체험이다. 인체 피부 가운데 제일 민감한 곳이 고환의 피부이다. 내가 후보생 때와 구대장을 맡았을 때에 여러 번 겨울철에 용지못에 들어가면서 제일 걱정이 된 것은 전투복에 내복을 입고 있었지만 그 찬물이 고환에 접촉할 때면 고환의 살갗을 면도칼로 도려내는 듯 전신을 자극했다.

더욱 고환과 요도에 이상이 올 것 같아 걱정이 되었다. 그러나 나는 1남 2녀의 아버지가 되었고, 자녀들이 잘 자라 모두 고3 때 재수도 하지않고 대학과 대학원을 나와 큰딸은 대학교수까지 되었으니 용지못에서 고환에 가졌던 염려든 기우에 불과했다. 해병학교 훈련엔 한마디로 상식 밖의 훈

134

련방법이 적용되기도 했다. 나는 구대장을 맡았을 때에 진해 시청에 가서 장복산 하록의 큰 소나무 숲속에 위치한 화장장 사용승인을 받았다.

군에서는 "훈련에 땀을 많이 흘려야 전쟁터에서 피를 적게 흘린다"는 교훈을 많이 역설한다. 그러나 전쟁에서 승리하기 위해서는 담력과 용기가 필요하다. 그래서 사자와 같은 용맹과 멧돼지와 같은 투지 그리고 독수리 같은 지혜와 능력도 필요하다. 그러나 때로는 양(羊) 같은 순박함도 있어야 한다. 해병학교에서 담력을 배양하는 훈련의 일환으로 화장장의 훈련이 필요했다. 이 화장장을 사용하기 위해 음력 그믐의 칠흙 같이 깜깜한 시기와 훈련할 일자를 택했다. 오후 늦게 화장을 해서 시체를 넣어 태운 화장굴(재래식)에 더운 열기가 있어야 했다 이러한 화장터 훈련은 치밀한 계획 하에 실시되는데 화장굴의 맨 안쪽에 1명씩 들어가서 사전 준비된 백지노트에 자기 교번과 이름을 쓰고 사인한 다음 들어간 그대로 다시 뒷걸음으로 기어 나오게 하는 것이다.

그리고 화장굴 입구의 주변에 귀신의 소리를 내는 녹음기를 틀어 놓기도 한다. 오늘날 이런 훈련을 한다면 정신이상자로 지탄받을 것이다. 나는 34기 구대장을 맡으며 중대장 안재송 대위(박정희 대통령과 함께 타계)와 함께 해병학교에서 영내생활을 하며 후진 장교 육성에 뜻을 같이 했다. 안재송 중대장은 일본 동경올림픽에서 권총 사격선수로 출전하여 좋은 성적을 얻게 되자 박정희 대통령으로부터 45구경 권총을 하사 받아 그 권총을 가지고 34기 중대장(후보생, 기초반) 으로 부임했다.

안재송 중대장과 9개월 간 같이 근무하면서 오경식 구대장과 함께 사격장에서 권총 사격을 많이 했다. 나는 두 눈을 뜨고 조준하며 사격할 정도의 특등사수가 되었고. 실무부대에 근무 할 때 부대대항 권총사격 대회에 매번 선수로 출전했다. 내가 묵호 헌병대장으로 있을 때 강원도 체전에서 공기권총 종목에서 금메달을 따게 되어 부산 전국체전에 강원도 대표로 출전, 강원도가 권총부문 4위를 차지하는데 기여 한 적도 있다. 또한 34기 구대장을 마치고 공군대학에서 사관학교 교수요원반(총 9명:공군7명.육군 1명.해병1명)으로 편성된 과정에서 교육을 받게 되었다. 마침 공군대학과 공군사관학교 실무장교들의 군총 사격대회가 개최되었다.

사격대회에 피교육자에게도 개인 또는 단체팀으로 출전의 자격이 부여 되었다. 그러나 나에게 자격을 주지 않았다. 그 이유는 특등사수 메달을 달 고 있고, 1등을 할 것이 분명하므로 공군장교에게 양보하라는 것이었다. 이것이 사격대회 시작 전에 말썽이 되어 나는 총장실에 뛰어 들어가 항의 했으나, 당시 총장 옥만호 준장(참모총장 역임)의 설득으로 양보하기로 결 심하게 되었다. 대신 사격대회 시작과 동시에 시범사격을 해달라는 요청을 받았다.

당일 시범사격에 응하기가 부담이 되어 망설였으나 실탄 5발로 시범사 격을 했다. 무척 긴장되었지만 1발만 흑점 밖이었고 4발이 흑점에 명중되 어 사격솜씨를 과시할 수 있었다. 이러한 사격 실력은 안재송 중대장의 사 격 지도의 덕택이었다. 안재송 중대장은 외모가 단정하고, 매사에 명예를 중시하며, 철두철미 한 성격의 소유자였다. 안 대위는 박정희 대통령의 총 애를 받아 청와대 경호실에서 박 대통령의 신변경호의 책임을 다 하다가 역사적인 전환점에서 박 대통령과 함께 궁정동에서 이 세상을 떠났다. 이 때 나는 대대장으로서 포항에서 해안방어를 맡고 있었다. 참 안타까운 일 이었으며 34기를 생각하면 안재송 중대장이 연상되기도 한다.

제34기는 162여명이 입교하여 88명이 임관했는데 당시 해병학교 교장 강 복구 대령은 해병대 창설 주역 380명중 한 분이었다. "강복구가 기압 빠지 면 해병대가 기압 빠진다"고 말할 정도로 평판이 높았다. 그래서 34기는 학 교장, 중대장, 구대장들이 3박자가 맞아서 눈동자만 흐릿해도, 자세가 불량 해도, 구보에 낙오해도, 사소한 적성 불량자는 전부가 퇴교조치를 했다.

136

그래서 3차에 걸쳐 퇴교식을 연병장에서 가지며 잔류자가 송사를 읽고, 퇴교자가 답사를 읽으며 눈물을 흘리기도 했다. 더욱 진해역에 나가 밴드에 의한 환송연주를 해주어 퇴교자 모두가 눈물을 흘리며 진해를 떠났다. 그러나 월남 참전을 계기로 소대장 충원소요가 많아졌다. 35기부터는 퇴교의 비율이 감소될 수밖에 없었다. 나는 해병학교를 떠올릴 때마다. 교육 중 순직한 34기의 안수남 소위, 37기의 이기덕 후보생 그리고 김해비행학교 사건으로 숨진 35기 이의일 소위 등 3명을 잊지 못한다. 또한 포항에서 순직한 48기 조재연 중위도 잊을 수가 없다.

나는 피눈물 나는 소정의 과정을 마친 6개 기수의 사관 후보생들에게 은빛 소위 계급장을 양어깨에 달아준 후 임관식장에서 남모르게 눈시울을 적시며 손수건을 꺼내야 했다. 왜 나는 눈시울을 적시게 되었는가? 소정의 훈련과정을 마친 임관식장에서 소위의 다이아몬드 계급장의 가치가 너무나 대단하게 보였기 때문이다. 해병소위 계급장을 달기 위해 그토록 고군분투했던 노고를 진심으로 위로하며 축하하는 마음은 무엇과도 바꿀 수 없었다.

그간에 악마의 소리처럼 들렸을 나의 서릿발 같았던 구호인 ①이 따위가 해병대 장교가 될 수 있어, 궁둥이 돌려 대. ②귀관 눈동자 똑바로 해. ③자세 똑바로 해. ④귀관 어깨 펴. ⑤비곗살을 빼고 뼛속으로 살찌게 해주겠어. ⑥안되면 될 때까지야. ⑦구멍 뚫린 다이아몬드를 피땀으로 채워 주겠어 ⑦단독무장으로 기압준 후 연병장에 눕혀 놓고 M1소총을 들게 하고 하늘에 별이 보이나의 고함소리 등 쩌렁쩌렁한 구호를 외쳤던 내 음성이 뇌리에 스쳐가며 가슴 속에 애절하게 파고들기도 했다.

내가 소위로 임관하는 날 야구 방망이로 임관기념 빳다를 맞아야 했고. 내가 구대장을 할 때도 임관기념 빳다를 때렸다. 오늘날은 이 같은 행동은 구속사유에 해당되고 감방의 신세를 면치 못할 것이다. 나는 구대장의 가혹한 담금질의 빳다를 맞고 해병대 장교가 되었기에 오늘의 내가 존재하게 되었고 극한 상황도 극복할 수 있는 능력을 소유하게 되었다고 확신한다. 그러나 과거의 무지막지한 교육훈련 방법을 예찬하는 것은 아니다. 당시의 전쟁에 대비한 극한 훈련은 타당한 것이다. 오직 온고지신의 발전적이고 개혁적인 의식의 사고와 교육방법의 개선은 시대적인 요구인 것이다. 새 밀레니엄의 시대에 걸맞게 나쁜 구습은 버려야 하며. 시대가 바뀜에 따라 장병의 교육훈련과 병영의 문화도 개선되어야 함은 당연하다. 그러나 민주군대라는 구실로 나약한 장교를 배출하면 포화가 빗발치는 전쟁터에서 필요한 지휘관이 되지 못할 것이다. 또한 강병육성이 되지 못하면 오합지졸의 군인이 되고 말 것이다.

해병학교는 용광로라는 주장과 구대장을 대장간의 담금질과 망치질하는 대장장이로 합리화시킨 감이 있지만 좋은 전통은 계승되고 문제점이 있는 전통은 과감하게 버려야 한다. 해병대 장교 배출을 위한 제도적 개선과 교육방법도 발전적인 민주화의 방법으로 선진화되어야 할 것이다.

−해병대 초급장교 배출을 위한 교육과정을 회고하며−

(2015. 3. 10. 김흔중)

처음 해병대 세운 곳(기념비)
(진해 덕산비행장 내)

＊海兵隊의 3大傳統＊

1. 無敵海兵
   2. 常勝海兵
      3. 鬼神잡는 海兵
구호 : 안되면 될 때 까지

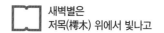

난공불락의 "고노이섬" 작전의 개가(凱歌)
(1969. 7. 15. 베트남전 참전수기)

남베트남 원정군 청룡부대는 승룡1호(1968. 8.10~9.10) 작전을 시작하여 승룡11호 (1969.5.7.~5.30) 작전까지 많은 전과를 올린 후 승룡12호작전(1969.6.3~6.30)을 전개하기 위하여 장기간 동안 작전계획을 수립하여 한·미·월 연합군 합동작전을 감행, 역사적인 공·수·육의 3면 입체작전을 실시하여 혼비백산된 적을 섬멸하는데 성공하였다.

승룡12호작전의 주공인 1대대(대대장, 중령 이도행)로 공중 투입되었으며 3중대(중대장, 대위 김흔중)의 전 장병은 헬기에 분승하여 하늘을 날아 섬속 베트콩의 아지트인 무성한 정글에 기습침투하여 목표 지역을 점령했다. 이와 관련 조선일보 윤병해 특파원에 의해 보도된 작전상황을 인용한다.

"한·미·월 3개국 해병대가 월남 전 이래 최초로 벌이고 있는 연합작전인 "고노이작전"은 16일(1969. 6월)현재까지 419명의 적을 사살, 계속 공산군과 치열한 불꽃을 튕기고 있다.

지난달 26일부터 전개된 이 작전을 미군은 "파이프. 스톤.캐년"작전이라고 불렀는데 18평방km에 달하는 이 방대한 섬 전체가 베트콩들의 지하동굴 투성이기 때문에 이런 작전명령이 붙여진 것이다. 한국 해병대가 인천 상륙작전 이래 연대 규모의 상륙작전을 감행한 것은 이번이 처음이다. 고노이섬은 20년 동안 공산군의 아성이었다. 다낭 남쪽 20km. 호이안에서 서쪽으로 7km 지점에 있는 이 섬은 다낭과 호이안을 공격하는 베트콩과 월맹군의 총 본부가 도사리고 있는 지역이다.

청룡부대의 전술책임 지역에 있는 이 섬 때문에 골치를 앓고 있던 이동호 청룡부대장은 이 섬을 이번 기회에 뿌리째 뒤집어 버리기로 결정하고 미 해병대에 연합작전을 제의했다. 작년에 단독작전을 감행했다가 7백명의 사상자만 내고 물러났던 미 해병대는 즉석에서 OK. 지난달 26일 2개 대대에 1천6백명을 투입했다. 우선 미 해병이 첫 발을 들여 놓아 기선을 제압하려 했다. 그러나 미 해병대는 80명의 사상자를 내었을 뿐 전과는 사살 15명밖에 올리지 못했다.

나흘 후인 31일 한국 해병대 1개 대대(대대장,중령 이도행), 월남 해병대 4개 대대가 일시에 투입되었고, 미 해병대도 2개 대대가 증강되어 총 9개 대대 4천727명의 병력이 대규모작전을 개시했다. B~52폭격기와 팬텀이 쏟아 놓은 아크라이트로 고노이섬은 거의 불바다가 되다시피 했다. 폭탄 투하만도 200여회에 걸쳐 69만4천5백 파운드, 기총소사 66만4천발. 8인치 포사격 339발. 155mm포사격 802발. 105mm포사격 1만9천발을 단일 지역에 이와 같은 대규모 화력지원도 월남전 이래 최고의 기록을 세운 것이다.

그러나 지하 10m 이상의 땅속에 있는 공산군들은 낮에는 옴짝도 못하고 있다가 밤만 되면 상륙군의 기지로 접근 우군의 뒤꽁무니를 치고 도망치는 것이다. 11일 오전 11시 갈대 숲을 헤치며 수색하던 김흔중 대위 등 청룡 3중대 요원들은 갑자기 나타난 40명의 적과 조우, 하마터면 3중대가 큰 피해를 입을 뻔했다. 10m 앞에서 적을 만난 3중대 1소대 요원들은 겨냥할 틈도 없이 M−16을 퍼부으니 그중 20명을 단번에 사살했다.

3중대는 계속 적의 퇴로를 차단해 가며 진격, 12일과 13일 이틀 동안에 52명을 사살하고 2명을 사로잡았으며 개인화기 22정, 중공제 박격포 2문을 노획하는 큰 전과를 올렸다. 탐침으로 땅을 찔러 쌀가마니 수색에 나선 청룡은 26중대가 2백가마. 특공소대가 2백가마 등 5백여 가마의 일등미를 찾아냈다.

이와 때를 같이하여 디엠반죽 티엠강 연안을 상륙주정 LVT(H−6형)를

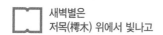
타고 상륙한 1대대가 먼저 상륙한 2대대와 탐색, 16일 현재 235명의 적을 사살하고 개인화기 98정을 노획했다.

그러나 청룡도 3명의 전사자를 내야만 했다. 이 기간 동안 미군과 월남 군은 적 사살 178명의 전과를 올렸다. 이처럼 휴전이 될 때까지 양쪽 서로 한치의 땅이라도 빼앗기 위해 치열한 전투가 계속되었다.

⊙ **김흔중 중대장** ⊙

고노이섬 작전의 전과 훈장

① 한국 충무무공훈장 ② 미 동성무공훈장

③ 월남 엽성무공훈장(최고)

월남 참전 전우들은

평생 잊을 수 없는

형제들이다

월남 전장의 3중대 상황실 앞에서(1968. 3. 5)

고노이 개선가

143

도솔산 정상(兜率山 頂上)에 전적비를 세웠다
(해병대 전적비 건립 계획 및 감독수기)

서울 광화문에 전방에 우뚝 서 있는 성웅 이순신 장군의 동상을 볼 수 있다. 또 경주에 가면 삼국통일을 이룩한 김유신 장군이 칼을 빼들 말을 타는 동상의 위용을 보게 된다. 이렇듯 6 · 25 전쟁을 통한 격전의 현장에 전적비가 많이 세워져 있어 전적 비문을 읽다보면 국가를 위해 희생된 영령(英靈)들에게 머리가 절로 숙여진다. 모든 동상이나 전적비는 정신적으로 의지할 만한 상징체제(Iconography)로서 국민의 감정(sentiment)을 지도, 지배. 통합시키는 힘을 발휘하게 되는 것이다.

그래서 국가의 호국, 안보에 커다란 영향을 미치게 된다. 기독교에서 동상은 우상적 존재로 지적하는 견해도 있다. 북한은 김일성 동상을 3,500여 개를 세워 놓고 참배하며 숭배하고 있다. 어떤 날조된 인물을 신적 위치에 놓고 섬기는 것이 우상이다. 그러나 역사적 호국 인물에 대한 위대한 상징적 동상이나 국가를 위해 산화한 영령들을 추모하기 위한 전적비는 우상적 형식의 조형물로 볼 필요가 없다.

우리 해병 전투사를 보면 수많은 해병 용사들이 희생되었다. 그 선열의 고귀한 희생정신을 기리기 위해 최기덕 사령관(해군 제2참모차장:1981. 3. 16일 부임)의 뜻에 따라 해병참모부에서 전적비 건립 5개년 계획을 수립하여 연차적인 건립에 착수하였다.

나는 해군본부의 해병참모부 상륙훈련과장에 이어 편제과장을 맡게 되었다. 그리하여 편제과장 재직시 제2해병사단을 편성 작업하여 2사단(초대 사단장:박희재 소장)이 창설되었다. 또한 전적비 건립계획의 최초 사업인 도솔산 전적비 주무 책임장교를 맡게 되었고, 다음 해에 연희고지 해병대 104고지전적기념비의 건립에도 책임을 맡게 되었다 그리하여 나는 양구에 가서 도솔산을 관할하고 있는 육군 사단장과 양구 군수에게 전적비 건립계획을 설명해 주었고, 양구 해병전우회의 열렬한 환영과 환대를 받기도 했다. 그당시 해병참모부장 오윤진 소장과 문학윤 대령 그리고 필자는 해병참모부장 승용차 편으로 전적비를 세울 장소를 선정하기 위하여 도솔산 하록까지 이동하여 도보로 정상에 올랐갔다.

전적비는 도솔산 정상에 세우도록 확정되어 구체적인 계획에 의해 추진되었으나 건립예산이 없어 난관에 처하기도 했다. 결국 시설 보수비를 전용해서 세우다 보니 품위 있는 전적비를 세우지 못한 아쉬움이 남아 있다. 나는 반포의 서예학원을 찾아갔다. 원장으로 있는 정필선 초대 정훈감의 친절한 협조로 친필인 "海兵隊兜率山戰蹟紀念碑"라는 비문이 쓰여졌으며, 김포 해병2사단(사단장:변영화 소장) 공병대원들이 공사작업을 전담하여 많은 수고를 했다.

1981년 8월 26일 전적비 제막식이 정상에서 엄숙히 거행되었다. 내가 제막식 행사의 사회를 맡았고, 숙연한 행사장에서 당시 참전했던 제3대대장 김윤근 소령(중장 예편)을 비롯하여 중대장 강복구, 박정모 등 많은 참전 용사들이 흐느끼며 손수건을 꺼내 눈물을 닦고 있었다. 사회를 보던 나도 손수건으로 눈물을 훔쳤다. 오늘날 도솔산 인근 하록에 품위가있는 도솔산 전적비가 세워져 있어 다행스럽게 생각한다. 그러나 진정으로 해병대를 사랑한다면 도솔산 정상을 꼭 한 번은 올라가 보라고 권고하고 싶다. 먼저, 도솔산 전투가 전개되기 까지의 전쟁 경과를 살펴보기로 한다.

북한의 6 · 25남침으로 3일만에 서울 수도가 적에게 함락되었고, 낙동강 방어선에서 적을 저지, 방어하는 가운데 9월 15일 인천상륙작전에 의해 9월 28일 서울을 탈환, 해병대 박정모 소위 등 해병 용사들이 중앙청에 태극기를 다시 게양하여 청사에 빛날 해병대의 위용을 자랑하게 되었다. 그리하여 북진을 계속하여 10월 1일 육군 3사단이 38선을 돌파하고, 10월 9

일 평양에 입성했다. 10월 26일 육군6사단 7연대1대대 수색소대는 초산을 거쳐 압록강에 일으러 태극기를 꽂고 대통령에게 진상할 압록강 물을 담아 왔다.

그러나 1950년 10월과 11월에 압록강을 넘어 중공군 병력 9개 군단 약 36만명이 투입되어 한국전의 전세는 북진통일 직전에 후퇴를 해야 했다. 북진 중이던 미해병 제1사단이 장진호에서 완전 포위되어 포위망을 돌파하는 작전에 영하 30도의 강추위와 1미터 이상의 폭설 등의 악조건 속에 부상자 6천여명이 동사(凍死)했다. 그러나 적을 제압하면서 12월 9일 흥남으로 철수하게 되었다. 그리하여 12월 11일 흥남항에 집결, 14일 탑재를 개시하면서 국군 1만3천명, 미군 3만1천명 총 4만4천명이 철수 작전에 들어갔다. 중공군 주력 5개 군단의 인해전술로 인하여 12월 1일부터 유엔군은 청천강 이남으로 철수를 강요당했고, 점령했던 평양에서 12월4일 철수하게 되었다.

유엔군은 1950년 12월 31일까지 임진강 하류와 동해안 38도선을 잇는 새로운 방어선으로 후퇴하기에 일으렀다. 1951년 신정을 기해 중공군 16만명, 북한 인민군 7만명 총23만명이 일제히 38도선 돌파를 기도했다. 1월 1일 적은 총공세를 감행 파상적으로 인해전술에 의해 전선이 돌파되어 1월 4일 전선이 붕괴되고 서울이 또다시 적에게 점령되어 두 번째로 수도 서울이 적의 수중에 들어갔다. 그리하여 철수를 개시하여 방어선 "오산–제천–삼척"이 설정된 후, 반격을 감행하여 3월14일 서울을 재탈환하고 계속 북진했다.

진해에 집결해 있던 해병대는 태백산 일대에 준동하기 시작한 잔적을 안동, 영덕지구에서 소탕하고 2월 13일 다시 묵호에 상륙하여 중부 산악작전을 담당하게 되었다.

적은 4월 22일부터 춘계공세를 개시했으나 이를 분쇄하고 북진한 해병대는 미해병 제1사단의 총반격 계획에 따라 4월 30일 화천 저수지 일대까지 진출했으며 5월 22일부터 홍천 북방에서 공격을 개시하여 6월 1일에는 양구 서남쪽 7km일대로 진출하고 있었다. 당시에 맡은 전투지역은 38선 이북 양구와 인제 간에 있는 태백산맥 중 가장 험준한 지역으로 표고 1,290m의 취봉, 1,142m 가칠봉, 1,178m의 대우산, 그리고 1,148m의 도솔산 등이 남북으로 뻗어 있어 평균 표고 1,000m이상이 되었다.

이 지역은 일찍이 유엔군이나 한국군이 한 번도 진격을 못했으며 적이 난공불락을 호언하던 천연적 요새였다. 또한 좌우로 양구와 인제에서 북상하는 도로를 끼고 있음으로 이 지역을 확보하지 못하면 해병대의 좌우로 인접한 우군의 전선은 한 걸음도 진출이 불가하며 인접 우군부대의 협력이 없으면 돌출지역의 취약성 때문에 포위당할 우려도 적지 않은 지역이었다.

더욱 해병대가 담당한 도솔산 지구 일대는 양양에서 철원을 삼각저변으로 한 원산을 정점으로 하는 중동부의 삼각형 산악지구에서 가장 중심이 되는 지점이 되기 때문에 이 지대가 지닌 전략상의 지리적 가치는 실로 중요하였다.

해병대 도솔산 전투의 승리를 격찬한 이승만 대통령의 "無敵海兵"이라는 휘호는 오늘날까지 "무적해병"의 해병전통을 계승하게 되었다.

당시 도솔산 전적비를 세우기 위해 많은 전사자료를 검토하여 요약된 약사가 전적비에 각자 되어 있어 그 내용을 기록하여 소개하고자 한다.

약 사 문

적이 난공불락을 호언장담하던 이 도솔산 지구는 1951년 6월 4일 미 해병 제1사단 제5연대와 임무 교대한 아군 해병 제1연대가 공격을 개시하여 17일간의 혈전 끝에 완전 탈환함으로서 그 용맹을 만천하에 떨쳤다. 당시 이 지역을 점령 방어하던 적은 북괴군 제5군단 예하 제12 및 32사단의 정예부대였다.

이 작전에 계획된 24개 목표를 공격함에 있어 아군은 초전 벽두부터 완강한 저항을 받게 됨에 따라 주간공격을 야간공격으로 전환하여 결사적인 돌격전을 감행한 끝에 6월 20일 드디어 빛나는 개가를 올리게 되어 교착상태에 빠졌던 우군전선에 활로를 개척하게 되었다.

우리 해병은 이 작전에서 3,263명의 적을 사살한 반면 아군 또한 700여명의 사상자를 냈으니 해병전통의 찬연한 금자탑을 이루는 이 전투야말로 우리나라 산악전 사상 유례 없는 피의 대공방전으로서 청사에 길이 빛날 해병대 5대작전의 하나로 기록되고 있다.

건립일자 : 1981. 8. 26
건립장소 : 경기 양주군 회안면 철정리(도솔산 고지 정성)

이상의 약사 내용은 도솔산 정상에 세워진 전적비에 각자(刻字)되어 전적비가 존재할 때까지 길이 남아 해병대 용사들이 흘린 피가 헛되지 않았음을 웅변할 것이다.

(2014. 8. 26. 김흔중)

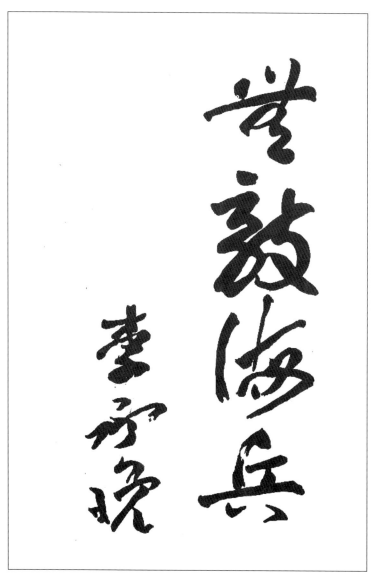

도솔산 전투의 승리를 치하하며
이승만 대통령이 하사한 휘호이다.

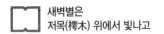

버스를 탈취한 무장탈영병에게 안수기도
(1979. 9. 2. 무장탈영사건 실제수기)

　나는 중령으로 진급하여. 대대장 요원으로 1978년 7월 31일부로 포항 해병1사단으로 발령을 받았다. 사단본부에서 일정기간 참모의 경력을 쌓은 후, 대대장 발령을 받게 되어 정보참모 보좌관을 맡게 되었다. 그런데 내가 포항으로 내려간 얼마 후 간첩 침투사건으로 전국이 떠들썩 했다.

　바로 광천-대구에 침투한 간첩의 출몰이 곳곳에서 있었고, 대구에 침투한 간첩이 동해안으로부터 침투했을 가능성 때문에 포항 해병사단은 긴장상태에 있었다. 대간첩작전이 전개되면 반드시 간첩 소행의 흔적이 있으면 간첩을 추적하기 위해 흔적의 사실여부를 분석 평가하는 합심조(군 정보, 안기부, 기무사, 경찰)가 편성되어 바쁘게 활동하게 된다.

　나는 당시 합심조 조장이 되어 초가집에 밥 한 그릇, 닭 한 마리, 토끼 한 마리, 옷 한 가지라도 도난을 당하면 현장에 출동을 해야 했고, 변사자가 발생하면 간첩의 소행이 아닌지 검시(檢屍)조치를 해야 했다. 그 당시 신고를 받으면 즉각 출동을 했고 긴급할 때는 주로 헬기를 많이 이용했는데 변사체(變死體)가 생각 밖으로 많았다. 그래서 동분서주하다 보니 점심을 먹지 못할 때가 많았다. 월남전에서 지휘관으로 전쟁을 할 때도 먹을 것은 먹으며 싸웠는데 긴박한 간첩작전 상황이었기 때문에 굶는 것은 불가피했다. 결국 1개월 여에 걸친 대간첩작전은 간첩의 사살로 종료되었다.

　다음 해에 팀스피리트 훈련의 일환으로 3월 초 31대대(BLT)가 동해 칠포 해안에서 고무보트(IBS)에 의한 상륙훈련을 하게 되어, 나는 훈련 통제관으로 참여하게 되었다. 그래서 통상 상륙하는 H시를 여명을 택하지만 훈련시는 관망대에서 식별하기 좋은 시간으로 한다. 나는 관망대에 위치하고 있었다. 그런데 왠 일인가? 15인승 고무보트에 분승하여 LST에서 나와 31

대대 전 병력이 상륙해안을 향해 해상에서 접안, 상륙하고 있을 때 갑자기 돌풍이 불어 고무보트를 전부 전복시켜 버렸다.

〈관망대에서 실제 상황의 참상을 바라보면서 깜짝 놀랐다.〉

팀스피리트 훈련의 상륙훈련이 돌풍으로 바다에 빠진 수십 명의 병사들을 구출하여 포항병원으로 헬기에 의해 후송하는 구출작전으로 돌변했다. 그리하여 병사들의 철모 및 소총이 바다 속에 유실될 수 밖에 없었다 나는 팀스피리트훈련이 끝나면 사고가 난 31대대장으로 보직될 준비를 하고 있었기에 예사W삿일이 아니었다 나는 사고 발생 직후인 1979년 3월 22일 드디어 31대대장으로 부임을 했다. 대대 정병들은 상륙훈련의 후유증이 극심했고, 사기는 완전히 땅에 떨어져 있었다.

그러나 부대를 재정비하여 사단 최우수 대대로 발전시킬 각오는 분명했다. 이러한 단호한 결의의 결과로 다음해 4월 25일 까지의 대대장 1년의 재임기간의 결산은 사단 최우수 대대로 해군참모총장의 표창을 받기에 이르렀고, 대대장을 마치고 해군본부에서 지휘성공사례 발표 경연대회에 참여하여 최우수 지휘관으로 평가되어 상장과 상금을 받게 됐다. 이는 오로지 31대대 전 장병들이 혼연일체가 되어 수고한 대가로 모든 영광을 31대대 장병에게 돌렸다.

지금부터 대대장 재임 중 공든 탑이 무너질 뻔했던 버스 탈취무장 탈영병에게 안수기도를 했던 기억을 되살려 기록하고자 한다.

대대장 부임 초에 바다에 유실된 철모와 소총 등 장비를 손망실처리하고, 승리탑도 세우고, "승리대대"로 명명하여 승리노래(김흔중 작사, 김운환 해군군악대장 작곡)를 부르게 하고, 소조군악대(小組軍樂隊)를 편성하여 토요일마다 분열 및 사열을 하는 등 특수한 통솔력을 발휘하려고 노력을 많이 했다.

당시 사단 작전계획에 따라 4개월 교대주기로 연대 단위로 간첩침투에 대비한 해안방어를 담당했다. 우리 3연대가 해안 방어를 하게 될 때 나의 31대대는 책임방어 해안지역이 중앙인 감포 인근 내륙에 대대본부가 위치하고 있었다. 해안방어에도 남다른 지휘력을 쏟고 최선을 다하고 있었다.

그런데 뜻밖에 엄청난 사고가 발생한 것이다. 그 사건의 전말을 간략하게 기술하고자 한다.

해안근무 장병은 야간에 근무하면 아침식사 후 수면을 취한다. 1979년 9월 2일 08시경이었다. 해안의 모든 분대 초소에서 대원들이 조용히 잠자고 있는데 김동건 일병이 수류탄 2발과 실탄 93발을 가지고 소총을 어깨에 메고 도로에 나가 울산행 버스에 탑승하여 승객을 인질로 잡은 것이다. 그 버스에는 25명 정도가 탑승하고 있었다.

월성 원자력 발전소를 지나 해병 헌병검문소에서 검문이 있게 되자 총을 쏘며 위협하여 바리게이트를 제치고 통과했다. 이때 헌병검문소에서 대대 상황실로 버스탈취 무장탈영에 대한 최초의 신고를 해주었다. 나는 상황장교의 보고를 받고 즉각 대대장 지프차에 올라 출발하자마자 무전으로 연대장에게 보고 한 다음 31대대 인접, 해안방어 육군 대대장에게 탈영병이 버스를 탈취해 울산 방향으로 가고 있으니 탈취 버스를 차단해 달라고 요청했다.

지프차가 10분쯤 달리고 있을 때 헬기로 연대장이 도로변에 내려 내 차에 동승했고, 사단장은 상공에서 헬기로 버스를 추격했다. 인접 육군 김동언 대대장은 즉각 5분 대기소대를 출동시켜 울산을 빠져나가기 직전의 지점에서 군 트럭으로 차단하고 병력은 하차하여 주변에 배치시켰다. 드디어 탈취버스와 군 트럭이 약 50m의 거리를 두고 마주 보며 도로상에 대치하게 되었다.

김정호 사단장이 현장에 헬기로 도착했고, 뒤이어 도착한 연대장, 대대장 해병 5분대기소대가 합류하게 되어 지휘부는 낮은 둑 뒤에서 탈영병 설

152

득에 나섰다. 9월 2일인데 종종 가랑비가 내리고 날씨가 쌀쌀했다. 나는 끝까지 설득해서 자수시키고자 간절히 기도를 했다. 나는 포항에 내려 와서 매일 비오큐 인근 충무교회에서 새벽기도를 드릴 정도로 거듭난 믿음의 생활을 했으며 나의 절박한 기도는 빗줄기를 타고 하나님께 상달되기를 간절히 바라며, 사태수습이 잘 되기를 소원했다.

이때 사단장과 연대장은 탈영병을 사살할 것을 결심하고 수 차례 특등 사수를 배치했다. 그가 수류탄 한 발을 터뜨렸고, 남은 한 발은 안전핀을 뽑아 오른손에 들고 있었다. 또한 소총사격을 간간히 하며 도로변 부락의 감나무에 달린 감을 명중시켜 떨어뜨리기도 했다. 탈영병을 사살한다면 안전핀이 뽑힌 상태에서 수류탄의 폭발로 승객이 전부 동시에 희생한다는 사실을 들어 사단장에게 끝까지 설득의 필요성을 건의하자 세 번이나 수긍을 했다. 그리하여 사살하지 않고 설득하는데 많은 시간이 소요되었다.

오직 심리적 안정을 찾을 때까지 시간을 벌어야 한다는 것이 나의 주장이었다. 탈영병은 소속된 부대의 분대장, 소대장, 중대장에게 불만이 없다는 것이며 오히려 그들을 칭찬 하면서 오직 버스로 경기도 "이천"까지 보내 달라는 것이었다. 나는 내 지프차로 너를 태우고 같이 가도록 하겠다고 달랬으나 싫다고 했다. 내가 핸드 마이크로 설득하며 도로에 나갔을 때 나에게 사격을 가해 유탄이 나의 이마에 맞아 피가 흐르기도 했다.

그러나 끈질기게 설득한 결과는 사태를 완전히 바꿔 놓았다. 설득이 시작 된지 6시간 만에 심리적 변화가 온 것을 나는 감지하고 나는 대화를 하자고 설득하면서 그가 보이도록 둑에 올라가 내가 권총을 버리고 가겠다며 허리에 찼던 권총을 그가 보는데서 벗어 던져 버렸다. 그는 물끄러미 나를 바라보더니 오라고 했다. 나는 생사가 엇갈린 순간인 만큼 결심을 해야 했다.

나는 큰 소리로 "갈테니 버스 안에서 만나자"면서 버스 앞으로 접근하는데 그는 버스 안에서 철모를 벗어 던지고, 소총도 버리며 버스에서 내려오는 모습을 볼 수 있었다. 그런데 그는 안전핀이 뽑힌 상태로 오른손에 수류탄을 들고 나에게 접근하고 있었고, 나도 그를 향해 다가가고 있었다. 나는 접근할수록 죽음을 각오하게 되는 긴장감으로 생사의 갈림길에 서 있었다. 그가 나와 함께 자폭하지 않을까 하는 불길한 생각이 머리를 스치기도 했다.

그러나 그가 내 앞에 가까이 오더니 무릎을 꿇고 오른손에 든 수류탄을 불끈 들어 나에게 주는 것이다. 나는 즉시 오른손으로 안전핀이 뽑힌 상태의 수류탄을 받아서 왼손으로 옮겨 쥐고, 오른 손을 펴서 탈영병의 머리에 손을 얹고 큰 소리로 하나님께 감사의 기도를 시작했다. 얼마나 오래 기도를 했는지 알 수 없으나 안수기도를 하고 있는 나를 중심으로 사단장과 연대장, 출동한 모든 장병 그리고 많은 부락 주민이 많이 둘러 서서 박수를 치고 있었다.

사단장에게 "안전핀이 뽑힌 수류탄입니다"하고 수류탄을 들어 보였더니 개울에 가서 터뜨리라고 했다. 나는 수류탄을 들고 약 150m 거리의 개울에 가서 힘껏 던졌다. 그 폭발하는 소리는 요란했다. 그래서 사건은 일단락 되었고, 다음날 사단 대회의실에 사단 내 전 장교를 소집하라는 사단장의 지시가 있었다.

나는 전 장교 앞에서 사단장으로부터 처벌과 질책을 받을 각오를 하고 쥐구멍이라도 찾고 싶은 심정이었다. 그러나 사단장은 뜻밖에도 "어제 사고의 수습에 31 대대장 김흔중 중령 수고 많았어"라고 칭찬하며, 전 장교들에게 앞으로의 사고 예방에 대한 훈시가 있었다. 그 일이 전화위복이 되어 일약 화제의 인물이 되었다.

이 사건이 수습되지 않고 버스 승객이 사상되었다면 중대장, 소대장, 분대장은 구속 대상이며 대대장, 연대장은 문책의 대상이 될 뿐 아니라 사단장에게도 영향이 미쳤을 것이다.

그러나 김정호 사단장은 이 사건이 잘 처리되어 사건 발생 24일 후인 9월 26일에 해병대사령관(해군 제2참모차장)으로 영전하게 되었고, 역사적인 12·12사태 이후 국회의원이 되는 행운을 얻게 되었다. 그러면 그가 왜 탈영을 했는가의 동기를 간단히 살펴보기로 한다.

탈영병은 강화도 태생으로 고등학교 때 여선생을 짝사랑하고 있었다. 그런데 여선생이 경기도 이천고등학교로 전근을 하게 되자 이천까지 찾아가 약혼한 사실에 불만을 품고 협박까지 했다. 그러나 여선생과 사랑이 좌절되자 보복을 하기 위해 해병대 신병에 입대하여 기회를 보아 복수를 하려고 버스를 탈취하여 이천에 가고자 한 것이다.

육군의 감동언 대대장에 의해 버스가 차단되지 않았다면 사태수습은 불가능했을 것이며, 나는 중령 계급을 마지막으로 제복을 벗어야 했을 것이다. 오직 김동언 대대장에게 진심으로 감사하며 그를 은인으로 생각한다. 비록 탈영병 김 일병은 큰 물의를 일으켰지만, 나의 설득에 응해 주었고 나와 자폭하지 않았으니 감사할 뿐이다. 김 일병은 장기 9년, 단기 6년의 형을 받고 복역 중에 나를 만나고 싶다고 포항 사단장(유시종 소장)에게 편지를 보내왔다.

그 편지가 나에게 전달되어, 해군헌병감실에서 헌병감을 맡고 있을 때였기에 군종감 신현구 목사와 함께 복역하고 있는 수원 교도소에 면회를 가서 기도를 해주고 위로해 주었다. 그는 모범수로서 밖에 나가 공부도 한다고 했다. 그 후 보름쯤 되었는데 해군본부 면회실에서 나에게 면회신청을 했다.

너무 이상해서 면회실에 전화를 걸어 확인을 했더니 정식 외출이 틀림없었다. 나는 면회실에 그를 만났는데 내게 한 가지 간청이 있다고 했다. 자신은 모범수이니까 내가 도와주면 빨리 석방될 수 있다는 것이다. 나는 냉

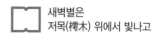

정하게 잘라 말할 수 없어 노력해 보자고 위로의 말을 해주고 헤어졌다.

그런데 1개월 후에 다시 나를 만나고 싶어하며 면회실에 찾아왔다. 그는 석방되어 인사차 왔다는 것이다. 나는 진심으로 자유인이 된 김 일병을 축복해 주었다.

세열 수류탄 사진

군경(軍警) 합동수사를 직접 지휘하며
(1974. 7. 20. 상관살해사건 수사 실제수기)

나는 해병학교에서 제34기 사관후보생 및 제11기 기초반구대장을 마친 후 이어 35기, 36기, 37기 구대장을 마칠 때까지 여러차례 해군 헌병감실에서 헌병장교로 내신요청이 있었으나 해병학교에서 전출 합의를 해주지 않았다.

그후 베트남전에 참전 후, 귀국하여 해병대사령부 인사국 행정관(부관 겸직)으로 잠시 근무하다가 이어 48기 중대장을 마치고 고군반에 입교하여 교육을 마치자 1972년 2월 1일부로 포항 상륙전기지사령부 본부중대장으로 보직을 받게 되었다. 나름 열심히 본부중대장의 직무를 수행하고 있었는데 헌병감실(헌병차감:심광섭 대령)에서 헌병장교 선발시험이 있으니 응시하라는 통보가 왔었다. 그러나 직속사령관의 허락이 없어 응시할 수가 없었다.

얼마 후 헌병감실의 추가시험에 응시해서 선발되었고, 헌병감실로 발령 (1972. 7. 10)이 났다. 그러나 상륙전기지 사령관 유관식 준장은 발령을 취소하고 사령관과 같이 근무하자면서 전출을 허용치 않았다. 유 장군은 사령관실과 공관으로 불러 나를 설득했다. 사령부 본부중대장으로 더 근무하라는 것이다. 나 같이 부족한 자를 그토록 관심을 가지고 아껴준 사령관에게 감사했다. 그러나 발령이 난 지 1개월만에 유관식 사령관의 허락을 받아 헌병감실로 부임 하게 되어 헌무과 보안작전담당관으로 첫 헌병장교 생활을 시작하였다. 다음 임지로는 묵호지구 헌병대장(1972. 10.10)으로 보직되었다. 묵호헌병대는 동해안 일대인 강원도의 북쪽 휴전선 지역 고성부터 남쪽의 삼척, 울진까지 책임 관할지역이었다.

해병대는 1973년 10월 10일 해군에 통합되는 비운을 맞이했다. 공교롭게

도 1년 전 내가 묵호로 발령된 지 1주년이 되는 날이었다. 나는 전역을 결심했다. 마침 묵호경비대장 조설현 소령의 권고로 조 소령과 함께 경찰(경감특채)에 뜻을 두고 내무부장관(김현옥)의 면접을 위해 장관의 비서실에서 대기하고 있었다. 장관실에 면접을 위해 들어가기 5분 전이었다. 뜻밖에 바삐 달려온 이건개 검사가 장관실로 들어 갔다. 심상치 않은 분위기였다. 10여분 후에 이 검사가 나간 후 비서가 장관실에 들어갔다 나오더니 면접을 다음으로 미루자고 했다. 그래서 묵호로 돌아왔다. 그러나 일주일 후 내무부장관이 경질되어 경찰의 꿈은 무산되었다.

나는 해군 묵호헌병대장(72.10.10.~ 74.2.16) 재임 중 해군1해역사 사령관으로 배옥광 준장, 이수영 준장, 이은수 준장(참모총장 역임) 등 세 분의 훌륭한 제독 밑에서 헌병대장의 직무를 수행했다. 당시 이은수 사령관의 부름(74.1.30)을 받고 사령관실로 바삐 달려 갔다. 헌병대장을 부를 경우 대부분 사고와 관련성이 많다. 그런데 나에게 차를 권하시더니 사령관은 단도직입적으로 "헌병대장! 포항으로 가겠어!"라며 거두절미하고 말을 했다. 나는 뜻밖의 일이라 무슨 영문인지 몰라 "무슨 말씀이십니까"라고 반문을 했다. 포항1사단장이 수사과장으로 보내달라는 전화가 있었다는 것이다.

저는 "가고 안가고의 말씀을 드릴 수 없고 사령관님의 지시에 따르겠습니다."라고 답변했다. 사령관은 "가고 싶다는 말이구만"이라고 말하며 즉각 전화기를 들어 포항 이동용 사단장에게 전화를 걸었다. 그리고 보내겠다며 합의의 뜻을 밝혀 주었다. 나는 감사하게 생각하였다. 그러나 포항 헌병대 수사과장(74. 2. 16)의 중책은 내가 원하지도 않았던 보직이었고 순탄치도 않았다. 나는 불의와의 타협을 모르고, 부정부패를 방관치 못하는 기본 자세이기에 나의 주변을 돌아보니 고뇌로 작용되었다.

나는 수사과장으로 부임하여 철저한 수사원칙을 강력하게 주장했고, 수

158

사관의 비리와의 타협을 불허했다. 그렇다고 태강즉절(太剛則折)이라는 사실도 모르는 바가 아니었다. 나는 부임한지 얼마 되지않아 사단본부 재무(경리)참모실에서 조 중위와 김중사가 동시에 군무이탈의 특이한 사건이 발생했다.. 헌병대는 이탈의 동기와 배경을 조사하고 검거해야 할 책무가 있다. 그들 조 중위와 김 중사는 같이 모의하여 참모실의 금고 내의 수표책을 꺼내 포항 시내 국민은행에서 80만원을 인출한 뒤 두 명이 함께 잠적한 군무이탈로 최초의 초동수사로 시작되었다.

　본 사건은 장교와 고급 하사관의 동시 군무이탈로 검거에 관심이 집중되어 철저한 수사가 진행되었다. 그리고 조 중위 동기생들이 여러차례 수사과장 사무실로 찾아와서 조 중위(연세대 출신)는 절대로 군무이탈 할 장교가 아니라고 역설했다. 군무이탈한 조 중위는 내가 해병학교 중대장 재직시 임관시킨 장교 출신으로서 더욱 관심을 가지게 되었다. 조 중위의 동기생들이 자주 찾아 왔고 김헌경 중위 등 수명이 김 중사가 조 중위를 살해했을 것이라는 증거물을 가지고 내 사무실에 찾아왔다. 즉 북문 앞 몰개월 김 중사 자취방의 비닐 장판 밑에서 응어리 피의 혈흔을 가지고 왔다. 나는 즉시 수사관을 대동하고 김 중사 자취방에 가서 혈흔의 증거물을 확보하고 살해로 단정하여 김 중사 검거에 주력하게 되었다.

　조 중위의 부모 및 친척들의 집에서도 조 중위는 한 번도 다녀간 적이 없다는 사실이 그간 수사결과를 통해서 확인되었다. 한편으로 김 중사의 행적을 계속 추적하였다. 김 중사는 주로 친척집과 하사관 동기생을 만나며 전국적으로 떠돌아 다니며 도피행각을 했다. 나는 마산 해군 헌병대를 수사본부로 하여 수사본부장의 중책을 맡아 마산경찰서 수사과장과 긴밀한 협조하에 수사를 전개했다. 김 중사의 고향인 진동리가 마산경찰서 관할 지역이었기 때문이었다.

　나는 전국적으로 경찰과의 합동 수사에 총력을 다했다. 마산에서 포항으로 돌아와 이탈한 김 중사의 친척이 되는 사단본부 보급중대의 김 준위를 내 사무실로 불렀다. 김 중사를 검거하기 위한 고차원적 방법은 자수시키는 방법이었다. 그래서 김 중사를 제 발로 걸어오게 하는 것이었다. 김 준위를 통해 김 중사를 자수시키자는 계획이었다. 김 중사를 설득하여 김 중사와 조 중위가 동시에 군무이탈을 해서 디들 검거에 수사관들이 동원되고 있는데 조 중위도 동시에 추적 하되고 있어 조 중위는 조만간 검거될 것이라는 사실을 허위로 환기시켰다.

김 준위가 김 중사를 설득해서 자수시키면 은행에서 인출해 간 80만원은 재무참모가 책임지기로 했고 자수만 하면 가볍게 처벌이 되도록 내가 책임을 지겠다는 확신을 주었다. 그랬더니 김 준위가 설득에 협조하겠다고 답변했다. 그래서 김 준위가 휴가를 얻어 고향에 가서 김 중사를 만났다. 김 중사는 김 준위의 설득에 순응여 부산까지 동행하였고 부산에서 김 준위로부터 전화가 나에게 걸려왔다.

그 전화 내용은 김 중사가 망설인다는 것이다. 그래서 아무 염려말고 잘 설득하여 포항까지 같이 오라고 강조했더니 조금 후에 다시 전화가 걸려왔다. 김 중사와 함께 포항에 갈테니 모든 것을 수사과장이 책임져 달라고 했다. 이때가 오후 3시경이었다. 나는 부산에서 포항으로 들어오는 입구의 형산강 헌병 검문소에다 검문을 철저히 해서 버스 안에서 김 중사를 체포하라고 특별 지시를 내렸다. 자수를 유도해서 체포하기 위한 수사전술이었다. 그러나 부산에서 출발하겠다는 시간이 오후 3시경이었는데, 5시가 넘어도 소식이 없어 '체포의 꿈이 허사가 되었구나. 실패했구나' 체념하고 해질 무렵에 퇴근을 했다.

저녁 식사를 하고 쉬려고 하는데 헌병대에서 전화가 걸려왔다. 김 중사가 북문 밖에서 자수하려고 대기하고 있다는 것이다. 귀가 쫑긋해진 나는 빨리 수사관들이 지혜롭게 잘 설득해서 수사과로 유인하라고 지시하고 즉

160

시 헌병대로 들어왔다. 내 사무실에서 직접 김 중사를 만나 자수의사를 확인했다. 그리고 헌병대장실에서 헌병대장과 함께 심문이 시작되었다. 살해에 대한 자백을 받는 것이 핵심이었다. 나와 김 중사 간에 일문일답으로 자백의 실마리를 풀었으며, 헌병대장의 질문도 종종 있었다. 질문 초기에는 살인을 완강히 부인했으나 결국 자백할 수밖에 없었다. 조 중위를 살해했다는 자백을 얻어내는 과정은 지면 관계로 생략한다. 그러면 상관살해사건 전말을 개략적으로 기록하겠다.

김 중사는 조 중위가 금전출납관으로 금고의 키를 항상 상의 윗 포켓에서 꺼내 금고의 문을 여는 것을 옆의 책상에서 늘 지켜 보았다. 김 중사는 조 중위에게 저녁식사를 같이 하자고 청하여 퇴근길에 남문 앞의 오천에서 식사를 하고 조 중위를 몰개월의 자기 자취방으로 유인을 했다. 살해를 위해 사전에 미제 알미늄 과도, 야전삽, 주인집의 손수레 등을 예비해 놓았다. 자기 방에 들어가 살해 과정의 노출에 대비하여 라디오를 켜놓고 둘의 언쟁이 시작되었다. 김 중사는 팔목이 통뼈이고 키도 커서 조 중위를 힘으로 제압할 수 있었다.

조 중위의 멱살을 잡고 흔들다가 벽에 걸려 있는 넥타이로 목을 감고 과도로 목을 찔러 숨지게 한 다음 조 중위의 주머니에서 금고 키를 꺼내 챙겼다. 조 중위 살해의 목적은 오직 재무참모실 금고의 키가 필요했기 때문이었다. 김 중사는 살해 후 밤늦게 이불로 시체를 싸서 손수레에 싣고 몰개월 소나무 숲속으로 이동하여 매장했다.

김 중사는 다음날 출근하여 금고 키로 금고 문을 열고 수표책을 꺼내 은행에 가서 80만원을 인출하여 달아났다가 4개월만에 자수하기에 이른 것이다. 내가 주도하여 여러 관련기관(헌병, 보안, 감찰, 중정, 의무)의 책임관들이 입회하는 가운데 깜깜한 심야의 밤에 여러 개의 랜턴 불을 비치며 매장한 사체를 발굴하는데 얼마나 신경을 썼던지 등에 식은땀이 흘렀다.

　김 중사와 동행하여 매장한 장소를 낮에 사전 마킹을 해 놓았지만 발굴 작업시 사체가 나오지 않을 수 있다는 염려로 긴장된 것이다. 그러나 발굴 작업은 성공했다. 옷과 사체를 분리해 두 곳에 묻은 것을 실토한대로 발굴한 것이다. 하마터면 완전 범죄로 끝나 미궁으로 빠질뻔 했으나 나는 끔찍한 상관살해 사건의 수사에 개가를 올렸고. 해병학교에서 나와 인연이 있었던 조 중위의 원혼에 한을 풀어 주었다고 생각했다.

　김 중사의 사형집행 현장에 나는 참여하지 않았다. 김 중사는 사형집행에 앞서 회개하고 찬송을 부르고 난 후 사형집행이 되었다는 것이다. 그 사형장에서 부른 찬송의 의미와 가치가 있는 것일까! 신실한 믿음의 생활을 하다가 하나님의 부름을 받고 죽을 때의 찬송을 하나님께서 열납하실 것이다. 나는 상관살해범 김 중사를 검거하기 위하여 김 준위에게 김 중사를 자수시키도록 거짓말로 회유한 사실에 대해선 김 준위에게 양심의 가책과 미안함을 금치못하고 있다.

　김 준위는 김 중사 및 김 준위 가족들로부터 얼마나 원망을 들었겠으며 자신은 얼마나 고민을 했겠는가? 김 준위의 심정을 나밖에 이해할 사람이 없을 것이다. 김 준위의 사인(死因)은 알 수 없으나 김 중사 사건이 종결된 몇개월 후 사망했기 때문이다. 서울 동작동 현충원 묘지에 갈 때마다 김순도 준위의 묘비 앞에서 머리를 숙인다. 공교롭게도 고 조재연 중위와 고 김순도 준위는 한 묘역에 묻혀 있다.

고 조재연 중위
1974. 2. 18. 순직

고 김순도 준위
1977. 9. 13. 순직

163

발로 차서 생포한 노루
(육군대학에서 장복산 행군중 있었던 실화)

진해의 육군대학(정규 19기)에 해병대 장교 소령 4명(강석진, 손승권, 문학옥, 김흔중)이 함께 입교하여 소정의 10개월 전 과정을 이수하게 되었다.

나는 육대에서 전교육 과정의 수료 직전에 계획된 장복산 행군에 참여하게 되었다. 피교육 동기생들의 행군 복장은 전투복에 군화, 비전투모, 수통에 물을 넣은 탄띠를 메는 등의 가벼운 행군 복장을 갖추고 장복산 정상을 향해 일렬 종대로 개인 간의 거리는 적당히 하여 등산로를 따라 자유롭게 올라 갔다. 행군이라기 보다는 전교육 과정의 종강 직전에 계획된 일종의 심신수련을 위한 가벼운 군복 차림의 등산이었다.

마침내 행군 대열의 선두가 장복산 중간 지점에 일으렀을 때, 장복산의 8부 능선의 큰 바위 앞에 나란히 앉았던 큰 노루 두 마리가 일어서더니 두 마리 중 한 마리가 쏜살같이 뛰어 내려 계곡으로 치닫더니 깊은 계곡의 장애물이 가로 놓이자 갑자기 방향을 전환하여 행군 대열의 중앙으로 올라와 대열을 돌파 하고 있는 것을 목격하게 되었다. 행군 대열 가운데 내 앞의 5, 6명의 사이로 노루가 빠져 나가고 있을 때 즉각 나는 노루를 뒤쫓아 추격하였다. 그리하여 약 20m 지점에서 큰 노루는 나에게 사로잡히는 비운을 맞이 하게 되었다. 그 경위를 설명 하면 이렇다.

내가 비호(飛虎)같이 추격하니 노루가 아주 급박한 상황 속에서 앞만 보고 뛰었다. 마침 사람의 키를 넘지 않는 잔 소나무들이 듬성 듬성 서 있는 지역을 빠져 나가다가 소나무 한 그루에 걸려 노루가 쓰러어지게 되었다.

164

노루가 쓰러졌다가 일어서는 순간에 나는 발로 노루를 힘껏 걷어 차니 다시 쓰러진 것이다. 노루가 쓰러져 네 다리를 들고 허우적거려 발로 복부를 누르고 있는데 뒤 따라 오던 김정남 소령이 같이 합세했고, 이어 여러명이 모어들어 노루를 생포해 버렸다.

그 노루의 생포에 협력한 동기생은 기억이 나지 않는다. 오직 최초로 가세한 김정남 소령만 기억에 남는다. 내가 전역 후 울산 석유화학단지에 근무할 당시 김정남 소령은 중령으로 예편하여 울산 현대자동차 예비군 대대장으로 근무하고 있어 종종 만날 때마다 노루를 생포했던 회고담을 나누기도 했다.

당시 생포된 노루의 네 다리를 묶어 여러명이 메고 육대로 후송하여 오후 늦게 도살하게 되었다. 그런데 그날 초저녁에 우리 부부와 두 딸이 함께 기거하고 있는 육대 관사의 출입문을 두드리며 누군가 노크 하고 있었다. 문을 열고 보니 한 사병이 봉지 하나를 들고 있는데 노루 다리 하나를 가지고 왔다는 것이다. 나는 마음이 꺼림직하여 일언지하에 받지 않겠다고 거절하며 앞집의 양X목 소령(중장 예편)에게 보내게 되었다. 마침 육대 총장님의 연로하신 모친께서 총장 공관에 내려 와 계셔서 아마 노루고기로 봉양했을 것이다. 육군 동기생들이 수업을 마친 후 휴식시간에 나를 만나면 해병대이기에 발로 차서 노루를 잡았다고 자주 칭찬 섞인 농담을 했다. 나는 해병대는 귀신도 잡는데 그까짓 노루쯤이야 못 잡겠느냐고 응수하며 웃어 넘겼다.

세월이 유수와 같이 흘러 羅熙弼 총장(장로)님도 전역하고, 나도 전역하게 되어 서울 국군중앙교회에서 예비역 기독장교회 금요조찬기도회에 참석한 후, 함께 식사하며 친교시간을 가질 때면 노루 이야기가 화제에 오르기도 했다.

나는 어릴 때 고향 시골 마을의 뒷동산 잔디밭에서 자주 친구들과 씨름을 하고 가을철에 강경 시장에서 장터난장 씨름 대회가 열리면 종종 구경하기도 했다. 그러나 씨름보다는 단거리 달리기와 축구를 좋아했고, 소질이 있었다. 오직 노루를 잡은 것도 비호같이 달릴 수 있는 능력과 힘이 있었기 때문일 것이다.

나의 튼튼한 건각(健脚)은 선천적으로 부모님이 주신 감사한 선물이고, 초야에서 태어나 훈련을 많이 한 탓이다. 그 훈련은 우리 집에서 초등학교 2km, 중학교 4km, 고등학교 8km의 거리를 왕복하며 공부했기에 튼튼한 다리 훈련을 12년간 철저히 한 셈이다. 특히 내가 해병대 장교가 되기 위한 사관 후보생 과정 및 초군반 과정의 9개월간 동기생들과의 선착순 구보에 99%는 항상 선두에서 달린 것 같다. 그리고 해병학교에서 후배장교를 배출하기 위한 구대장, 중대장의 직책을 맡으면서 6년 여 동안 철저히 다리가 단련되었다. 진해의 천자봉도 42번이나 목구멍의 쓴내를 참으며 정상을 정복했다. 나에게 생포된 불운한 노루는 나 같은 독종의 해병대를 잘못 만난 탓이리라.

나는 장복산에서 생포된 노루의 마지막 발악의 모습과 끽끽거리던 비명소리가 귓전에 스치고, 소나무의 솔공이에 다쳤는지 눈에서 피가 흐르던 모습이 잊혀지지 않는다.

나의 아내가 건강이 좋지 않아 병원에 종종 입원할 경우가 있었다. 그럴 때마다 장복산 한쌍의 노루가 생각나고 노루를 생포했던 후회와 죄책감이 머리에 스쳐갈 때가 많았다. 그럴 때마다 노루를 기억하며 기도할 때도 있었다.

그러나 나의 아내는 50세가 넘어 뒤늦게 웨스트민스터 신학대학원대학교에서 신학공부(M.Div, 석사과정)를 하였고, 항상 밤늦도록 공부를 하였지만 병원에 가는 일이 없었다. 아내는 내가 신학공부를 하는데 결정적인 역할을 했다. 나의 아내는 이스라엘 히브리 대학에서 2년간 히브리어 공부를 하게 되었고, 나도 목사로 임직하여 이스라엘 선교사로 파송되어 합류하여 감사한 마음으로 1년여를 같이 생활 했다.

나는 귀국하여 목회를 하며 성서지리 책을 쓰고, 신학대학에서 성서지리학을 강의하고, 아내는 히브리어 독습서의 책을 써서 출판하고, 성경원어 연구소를 개설하여 연구소장으로서 후학들을 지도하며 신학대학에서 히브리어 강의를 하는 등 하나님께서 우리 부부를 큰 그릇으로 사용해 주셨기에 항상 감사하고 있다.

우리 두 딸은 진해에서 태어났고, 맏딸은 내가 육대교육 기간 중 1년간 진해에서 초등학교를, 둘째 딸은 육대 유치원에 다녔다. 오늘날 맏딸은 대학교 영어교수가 되었고, 둘째 딸은 쏘프라노로 교회 성가대에서 봉사하고 있으며, 아들은 강원도 묵호(헌병대장 재직시)에서 태어나 오늘날 아이티 벤처기업 대표가 되었다. 지난날 진해에서 만난 아내와 진해에서 결혼하여 1남2녀를 둔 삶에 감사하며 사라가고 있다.

그러나 진해 장복산의 노루는 나를 미워하지도 않았고 해를 끼치기도 않았으며 오히려 금슬이 좋았던 단짝의 노루였을 것이다.

솔로몬의 아가서가 떠오른다. "나의 사랑하는 자는 노루와도 같고 어린 사슴과도 같아서 우리 벽 뒤에 서서 창으로 들여다보며 창살 틈으로 엿보는구나 나의 사랑하는 자가 내게 말하여 일으기를 나의 사랑, 나의 어여쁜 자야 일어나서 함께 가자"(아 2:9,10)

지난 37년 전 진해의 장복산 중턱에서 한 마리의 노루를 생포한 지난날의 사건은 내 마음속에 상처로 자리잡고 있다. 비록 노루는 짐승이지만 그 두 마리 중 한 마리는 나로 인하여 생포되어 죽고 말았는데 다른 한 마리는 짝 잃은 상태로 어디서, 기도하고 어떻게 사라 가고 있는지 혹시 죽지나 않았는지 궁금하고 안타깝고 미안한 맘뿐이다.

(육군대학 졸업 37주년에 즈음하여, 2013. 7. 9. 김흔중)

진해 육군대학 건물 후방으로 보이는 장복산에서 육군대학 교
육과정의 장복산 등정 산악행군 중에 큰 노루를 발길로 차서 생
포한 기적의 사건(1976. 6. 20. 김흔중)

| 육군 소령 김정남 | 해병 소령 김흔중 |

장복산에서 큰 노루를 발로 차서 잡을 때 협력한 소령 김정남

진해 육군대학의 김유신 장군의 기마동상이다.
(제19기 정규과정 졸업, 1976. 7. 9. 김흔중 소령)

169

기독교선교사 되어 이스라엘에 파송된 김흔중 목사
- 1996. 10. 22. 인터뷰 내용 -
(취재 : 장양순 한서대 건축학과 겸임교수)

중. 구대장 6회 '해병학교 호랑이'

청룡인이면 누구나 거쳤던 해병학교. 그 혹독한 훈련과 교육이 지겹도록 멀미나던 곳. 그 중에도 중대장과 구대장은 예비역이 된 지금도 겁나고 어렵다는 동지들이 있는데 그 구대장을 4기, 중대장을 2기에 걸쳐 역임한 분. 해병학교사에 최장, 최다의 기록을 가진 자칭 '해병학교 호랑이' 김흔중과 취재를 위해 자리에 같이한 것은 10월 22일 오후 4시 본 기자(45기 장양순)의 사무실에서였다.

기자의 해병학교 시절 중대장이기도 했던 그는 두 주일 전 목사님이 되어 이스라엘에 선교사로 떠나게 되어 오늘 본회 주최 환송연에 참석하게 되어 있었다. 기자 자신이 기독교인이나 아직은 목사님보다 늘상 부르던 중대장님이 좋아 인터뷰 내내 중대장으로 호칭하기로 하고 해병대의 입대 동기부터 질문을 던졌다.

"고등학교 때 사관학교 선배들을 보고 나도 군인의 길을 가기로 했지."

그때는 전후(戰後)라 3군사관학교가 모두 진해에 있었는데 해사가 텃밭이니까 두각을 나타냈었지. 운동도 많이 하고 마침 수학 교관이 선친 친지의 자제였기에 해사에 지원했지. 그런데 면접에서 떨어졌어. 이유는 얼굴에 있는 작은 흉터 때문이래. 자신 있던 면접에서 낙방한 청년 김흔중은 연이어 공사에 지원했으나 사진 규격미달로 시험도 못보고 일반 대학인 국립대학 충남대학교 국문과에 입학하여 교수의 꿈을 키우던 중 휴학하고 그 당시 생긴 소위 00군번으로 육군에서 1년 6개월 간 국방의 의무를 다하고 복학한다. 그 후 그는 등록금을 면제받으며 겨우 학업을 이어왔으나 5·16

후 소집에 불참함으로써 등록금의 면제혜택을 박탈당한 채 대학원 진학을 포기하고 해병대 장교시험에 응시하는 친구를 따라 병무청에 들렀다가 친구의 권고로 자신도 원서를 내게 된다.

공교롭게도 같이 본 56명의 친구들은 모두 불합격되고 유일하게 자신만이 32기로 해병학교에 입교하게 된다.

"교육 중 힘들어 자퇴를 결심했지. 그런데 교수부장 김영상 대령과 면담후 마음을 바꿨어. 그 뒤 선착순 1위는 항상 나였지. 중대장이 임관 후 구대장감이라고 했는데..." 해병정신이 충일(充溢)하고 똑똑한 소위들이 맡는 구대장. 그는 명예에 의해 34. 35. 36, 37기의 구대장을 역임하게 되며 45, 48기의 중대장을 역임하게 된다. 유래에 없는 6개 기수의 중, 구대장을 하면서 어린 시절 꿈인 장교와 교수의 꿈을 동시에 이루었으니 좋았겠다면서 그 시절 잊혀지지 않는 얘기들을 질문했다.

"각 기수마다 잊혀지지 않는 것들이 있지. 그러나 지금도 임관식만 생각하면 눈물이 나고 특히 34기가...." 해병학교 사관후보생 34기는 162명이 입교하여 겨우 88명만 임관했다. 정예장교 육성의 기치 아래 무려 50%가 퇴교를 당했다. 그리하여 해병학교 사상 유례가 없는 퇴교식이 3회에 걸쳐 거행되었으며 퇴교식 때는 군악대가 동원되고 송사(送辭)와 답사(答辭)를 하며 진해역에서 군악대의 취주와 함께 손을 흔들어 환송을 했다.

다른 기수 같으면 임관할 수도 있었던 인재들이 탈락한 것을 생각할 때마다 그들의 삶에 혹 그늘을 드리운 것은 아닌가 하여 가슴이 아프다고 했다. 그 외에 가슴 아픈 일로는 34기 안수남 소위의 사망과 35기 이의일 소위의 김해 비행학교 사건으로 인한 사망인데, 그때 이 소위는 다리가 안 좋았다면서 혹독한 훈련이 아니었다면 건강했을 테고 죽지 않았을 거라며 안타까워했다.

171

두 명의 사령관 배출 보람

어느 기수에서는 사격장에서 금지한 찰떡을 사먹고 장 폐쇄증을 일으켜 죽었는데, 아프다고 했을 때 중대 의무대를 거치지 않고 기지사령부 의무단에 갔었다면 살렸을 텐데 하는 아쉬움이 남는다고 했다. 오모 후보생은 상남에서 식사 당번이 되어 배식통을 들고 오다 쓰러져 눈이 뒤집히고 죽어가기에 앰뷸런스를 불러 진해로 후송하는데 비포장 도로라 덜컹거리며 빨리 가다보니 목에서 무엇이 나오면서 한숨을 쉬길래 보니 찰떡을 먹다 식도에 막힌 것이 튀어나온 것이어서 되돌아온 적도 있다면서 에피소드를 들려줬다.

오직 명예롭게 구대장이 되었고 도중에 헌병대 및 경호실 등의 차출도 있었으나 놓아주지 않아 결혼으로 탈출구를 마련한 그는 후보생 시절부터 2번의 중대장 시절까지 천자봉을 42회나 등정한 기록을 갖고 있는데 지금도 매년 한 번씩 해병대발상탑을 돌아본다는 그에게 강인한 해병상에 앞서 교육자적인 체취를 더 강함을 느꼈다. 기쁜 일로는 2명의 사령관(이상무, 전도봉)을 배출한 것이라 한다.

해병대와 결혼한 사람

그는 4남 3녀의 막내로 태어났다. 강경상고를 거쳐 충남대 국문과를 졸업했는데 집은 과수원과 농사를 병행하는 중상층의 생활을 영위했으며 아버지는 한학자로 유명하여 고향에 부친의 공적비가 있을 정도. 따라서 어려서부터 밥상머리에서 교육을 받은 것이 가훈이며 성장시 삶의 기틀이 되었다. 부친께서는 그가 연평부대장 시절에 86세로 타계하셨는데 "하나 남은 아들로서 임종을 못본 것이 한이 된다면서 국가에 대한 충성심과 장군이 되어 보겠다는 사심(私心)이 불효를 가져온 것이 아닌가" 했단다.

그의 진솔함이 엿보이는 대목이다. 그렇다 신이 아닌 누구나 방패막이의 대의명분 뒤에 항상 사심이 있게 마련이다. 그러함에도 이를 고백한다는 것은 보통의 용기로서는 할 수 없는 일이다. 군인의 길은 너나 할 것이 없이 어렵다. 충실하고 충성할수록 어려운 법. 그래서 부모자식 간에 문제가 많기도 하다.

그의 아내도 '해병대와 결혼한 사람'으로 남편을 치부한다는데 이야기를 듣고 보니 수긍이 간다. 묵호 헌병대장 시절, 강릉 경포대 해수욕장을 가는데 자신의 지프차 대신 기차를 타고 갔으며 설악산 구경이 소원이었는데 그것도 못했다고 한다. 예편 후에 설악산을 가자했더니 한마디로 거절, 공선사후(公先私後)도 좋으나 얼마나 맺혔으면 그랬을까? 병원에 입원해 화장실에도 못 가는 아내를 놔두고 포항으로 그냥 내려간 일 등 구석구석 미안함뿐이라 했다.

부인 이기자 여서와는 구대장 시절 사귀기 시작하여 서른한살 때 결혼했는데 37기 구대장 이후 계속 구대장을 하라고 할 것 같아 결혼을 서둘렀다고. 이 여사는 공교롭게도 30기 선배의 여동생으로 결혼 후 웨스텐민스터 신학대학원 대학을 졸업한 후 와인그린 히브리어 자습서를 저술하고 신학대학에서 히브리어를 강의하다가 작년(96년) 1월부터 이스라엘 히브리대학에서 히브리어를 연수 중이다.

"제 기억으로는 월남전에서 미 동성훈장을 타신 것으로 알고 있는데 해병학교 중.구대장 외에 해병대 생활에 대하여 말씀좀 해주시죠." 집안 애기에서 다시 군 시절로 질문의 방향을 바꿨다. 젊음을 송두리째 바친 군 생활에 애환이 얼마나 많겠는가. 많은 이야기를 했는데 이를 정리해 본다.

부대 상징탑과 노래 만들어

그의 특징은 그가 거쳐간 곳엔 항상 그의 족적(足跡)이 남아 있다는 것이며 이는 그가 열과 성을 다하여 직책에 충실했다는 것을 의미한다. 중대장 시절에 중대 상징탑과 중대가(中隊歌), 대대장 재직시엔 승리탑과 승리부대가(勝利部隊歌), 또 월남전 3중대장 때는 '중대 용사들'이란 중대가와 개선문까지 세워 놓은 것이 그 예들이다.

특히 연평부대장 시절에는 '풍어의 연평도'란 노래를 작사하여 당시 유명한 길옥윤 작곡가에게 작곡을 의뢰, 연평부대장 지시로 면사무소에 의해 그 노래가 울려 퍼지면 별도의 허가 없이도 그때부터 오늘날까지 출어할 수 있도록 하여 민·군간에 유대를 강화하고 이미지를 밝게 하는 효과도 거두었다. 그 외에도 도솔산 전적비, 해병대 104고지 전적비 등의 건립을 주관했다.

사단 헌병대 수사과장 근무시절에는 자신이 해병학교 중대장으로서 임관시킨 48기 조 중위를 살해한 중사를 기지로 유인하고 헌병대까지 제 발로 들어오게 하여 체포한 일 등 많이 있으나 압권은 대대장 시절 무장 탈영병을 돌아오게 만든 사건이다. 고교 때 여선생을 짝사랑하던 해병이 그녀의 약혼소식을 듣고 보복하기 위해 해병대에 지원 입대하여 실무부대에 배치된 후 야간근무를 마치고 수류탄 2발과 실탄 92발, 소총을 갖고 버스를 탈취하여 승객을 인질로 삼아 운전기사를 협박했다. 그러나 울산시에 진입 직전에 육군 5분대기 트럭에 차단되어 도로상에서 대치하게 되었다. 사단장과 연대장이 사살하라는 것을 대대장 자신에게 맡겨 달라고 사정하여 허락을 얻었다. 그는 시간을 끌면서 감정을 누그러뜨려 대화를 통해 끈질기게 설득했다. 탈영병은 부대에 불만이 없으며 경기도 이천까지만 데려다 달라고 요구했다.

그는 최종 설득을 위하여 목숨을 내놓고 단독으로 버스까지 다가갔을 때 탈영병은 안전핀을 뺀 상태에서 수류탄을 들고 버스에서 내려와 접근하여 오다가 대대장 앞에 일으자 무릎을 꿇고 손을 내밀어 수류탄을 대대장에게 건네주었다. 탈영병의 수류탄을 받아들고 한 손에 쥔 채 오른 손을 그의 머리에 얹고 큰 소리로 기도를 시작했다.

얼마나 지났는지 갑자기 박수소리가 요란하여 기도를 마치고 보니 사단장을 비롯하여 모여 있는 민·군이 모두 박수를 치고 있더란다. 죽음을 각오하고 소대장, 중대장을 제치면서 실행한 수류탄을 든 탈영병과의 만남. 이 속에서 그의 투철한 군인으로서의 사명감을 엿볼 수 있었다.

군대 별보다 높은 하나님 별

그는 해병대 전역 후에도 예비군 연대장으로 근무했으며 환갑이 되어서야 목사 직분을 받아 전혀 다른 인생을 살고 있다. 그렇지 않아도 궁금했던 신앙관계를 파고들었다. 중학시절부터 교회에 나가기 시작한 그는 고 3때는 성탄절에 희곡을 써 연출까지 하는 등 열심이었으나 참 믿음은 아닌 것 같았다고 술회한다. 대학시절에는 불교에 관심이 있었고 월남전 때는 뭔가 기대어야 될 것 같아 C레이션을 놓고 고사를 지내기도 했다.

그가 참 신앙을 갖게 된 것은 중령 때로서 독실한 크리스천인 부인이 건강이 나빴는데 통금시간에 갑자기 몸이 뻣뻣해져서 채소를 파는 옆집 문을 두드려 리어카를 빌려 병원에 갔던 때라고. 지금도 "두드려라 열릴 것이니"를 늘 생각한다는 그는 그 후 한얼산 기도원에서 이천석 목사의 설교를 통해 김성은 장관의 이야기를 듣고 신앙을 확신하게 되었다고. "축복하여주소서," "영원하심" 등 성가곡을 작사하기도 한 그는 좋아하는 성경 구절을 묻자 목사 임직식에서 부른 "나를 택해주신 하나님"이란 찬양의 노래 (이 노래는 본인의 신앙고백 시로서 3절로 이뤄져 있는데 1절은 이사야서 41장 9,10절이고 2,3절은 본인이 작시한 것임)를 보여 주며 조용히 읊조렸다.

"내가 땅 끝에서부터 너를 붙들며…" 두려워 말라 내가 너와 함께 함이

175

라...참으로 나의 의로운 손으로 너를 붙들리라".이는 대대장 시절 교회 담임 목사님이 보내준 성구(사 41:9-10)로서 탈영병 사건 후 용기를 갖게 한 계기가 되었으며 이후의 열심있는 생활을 하여 양문교회에서 장로 장립의 안수를 받았다.

전역 후 울산지역 석유화학단지 연대장에 부임하게 되었고 그곳에서 신학대학에 입학하게 된다. 임지가 울산지방이기에 꺼려 했으나 운전기사와 자녀의 학자금까지 지원하는 등 대우가 너무 좋아 모은 것 없이도 자녀들을 교육시킬 수 있었으며 자신도 신학대학원을 졸업할 수 있었다고. 해군 군종감의. 목사 임직시 축사의 말처럼 "이생에서 썩어질 군대의 별을 못 단 이유는 하나님의 장군이 되기 위함"이라면서 목사 안수를 장군으로 비유했는데, 그의 목표 또한 이스라엘 선교사 이후는 북한의 해주 또는 평양에 교회를 개척하는 일에 여생을 바치겠다고 했다. 그의 졸업논문 또한 〈남북통일을 위한 한국교회의 사명"이다.〉

해병이 죽으면 국가가 망한다

고국을 떠나면서 청룡회에 한 마디 부탁의 말을 해달라고 하자 "국가가 위태할 때에 어진재상이 필요하고 가정이 어려울 때에 어진 아내가 있어야 하듯"이 해병대가 어려울 때 찾을 곳은 청룡회 뿐이라며 지금도 그렇지만 더욱더 예비역과 현역의 가교가 되어 주길 부탁하면서 앞으로 더 어려울 때가 있을 터인데 그럴 때일수록 현역과 예비역이 하나가 되어야 하며 우리나라의 통일 과정에서는 반드시 통합군과 군비통제로 나갈 것이니 이를 염두에 두고 장래를 계획해야 할 것임"을 강조했다.

결혼 30주년인 진주혼식과 회갑을 예루살렘에서 맞게 된 그는 청룡회의 환송과 구대장과 중대장을 역임한 각 기수의 성원이 분에 넘쳐 송구스럽다

176

면서 감사를 표했다.

그는 자신이 가장 좋아하는 사진이라면서 독립기념관의 도산 선생 명언비 앞에서 찍은 사진 한 장을 기자에게 내밀었다. "진리는 반드시 따르는 자가 있고/정의는 반드시 이루는 날이 있다. 낙망은 청년의 죽음이요/ 청년이 죽으면 민족이 죽는다.

그는 이 명언 밑에 자필로 이렇게 써놓았다.

"낙망은 해병의 죽음이요/해병이 죽으면 국가가 망한다"

이 글은 청룡회 소식지인 〈청룡회보〉(제16호 97년1월20일)에 실려 있고 이 모임의 장양순 홍보국장이 〈청룡인 탐구〉라는 제목으로 기록한 김흔중 목사님의 일대기 전문이다.

예루살렘의 황금사원이다
(황금사원이 파괴될 때 지구의 종말이 올 것이다)

어디로 가는가 !
(추도시)

네가 떠난다
말 없이
어디론가 가야만 한다.

그리 무심히
시간을 재촉하여
뒤돌아 보지 않고 떠난다.

무척 아쉬워도
붙잡을 수 없는
영원한 고별의 시간이다.

붙잡지 못해
떠날 수 밖에 없는
되돌아 올 수 없는 길이다.

건장한 체구가
관 속에 말 없이 누워
화구에 밀려서 들어 간다.

한마디의
불평의 말도 없이

178

뜨거운 불로 몸을 태운다.

네 육체는
한줌의 재가 되지만
부활의 큰 소망이 있다.

현충원에서
무거운 멍에 벗고
평안히 안식할 것이다.

반드시 주님이
재림할 때에
영육 간에 부활을 한다.

네가 사랑하던
처 자식들이 오열하고
32기동기생이 슬퍼한다.

부활의 소망과
영생의 길이 있기에
슬픔이 찬송으로 변한다.

이 세상에
너무 미련 두지 말고
새 하늘, 새 땅으로 잘 가렴.

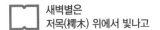

참 빛이 있어
날빛보다 더 밝은
본향에서 우리 다시 만나자.

1998년 2월 19일

해병 사관 제32기 동기생
故 이의서 대령을 떠나 보내며
성남 화장장에서 화장 직전에
관 위에 손을 얹고 고별 기도한
그날 저녁에 김 흔 중 목사

망년회를 마치고
(32기 동기회)

사람은 늙어 가고 병이 든다.
늙지 않을 자 한 사람도 없고
세상에 병들지 않을 자 없다.

불로초 먹은 진시황도 죽었다.
삼천갑자 동방삭도 죽었으니
인간은 죽음 앞에서 무력하다.

건강할 때 건강을 지켜야 한다.
병들고 아프면 이미 때가 늦고
삶의 의욕을 잃어 귀찮아진다.

튼튼한 몸은 행복을 향유한다.
우정은 행복한 마음속에 있고
건강해야 만남과 친교가 있다.

오직 친구들 건강을 기원한다.
늙지 말고 병마에서 해방되어
항상 미소짓는 얼굴로 만나자.

(2008. 12. 15. 김흔중)

백발의 우정
(32기 동기회)

늦가을 아침에 바삐 찬바람 가르며
모여든 3 2기 동기생들이 반가운데
이마 위 깊은 주름과 백발은 어이 할꼬.

할메 손을 잡고 온 애처가도 있지만
짝 잃어 혼자된 동기생의 부인도 있는데
누구나 홀로 눈감을 테니 외로워 말세.

세상에 올 때 알몸으로 혼자서 왔고
갈때도 땡전 한푼 못 쥐고 가는 것은
저 세상에 홀로 갈 숙명이 아닌가

사랑과 우정이 무엇보다도 소중한데
홍안의 얼굴로 46년 전에 서로 만나
응집된 동기애는 보석보다도 값졌네.

총기상 5분 전은 귓전에 메아리치고
허겁지겁 후라이팬 비웠던 생각들이
불현듯 떠오르니 세월이 무상할 뿐이고.

3 정문의 전봇대 돌기 지긋지긋 했고
빳다 맞기 진절머리 난 악몽들이

마왕들의 무자비한 횡포와 같았었지.

무거운 M1소총을 잡고 이를 악물며
총검술과 포복하며 극한의 상황 속에서
고통의 인내는 대장간의 인생이었고

숨을 몰아 쉬며 천자봉에 올라가서
땀을 씻으며 진해만을 내려다 볼 때
호연지기의 기상을 펼친 것 아니겠나.

한 번 해병은 영원한 해병이라 했지
한 번 3 2기는 죽을 때 까지 3 2기
끈끈한 동기애는 무엇보다 값진걸세.

사랑을 받기 보다는 사랑을 베푸는
인색하지 않은 풍성한 마음 속에는
고매한 인격이 사라 숨쉬는 것인데.

자연은 아름답고 산천은 의구하여서
산줄기 뻗어 공제선 하늘에 닿으니
버스 창 밖 내다 보며 가슴이 울렁였고

담양, 순천, 여수, 광양, 구례의 코스
곳곳마다 서린 정취는 가슴속 깊이
영원히 간직돼 지워지지 않을 걸세.

CEO로 성공한 김윤중 회장의 덕망
국회의원을 역임한 정철기의 야망은
모두 3 2 기의 자랑이요 선망이 되었고

나라가 어려울 때 송석구 총장 역할에
동기생들의 협력과 성원이 필요하겠고
구국적 좋은 결과에 우리가 환호하면서

가는 세월 원망하거나 아쉬워 말며
이마 위의 주름살을 훈장으로 알고
백발을 인생 관록 삼아 열심히 사라가세.
(2009. 11. 21. 김 흔 중)

경주 보문단지, 당시 키로 한질의 벚꽃 가로수가 이처럼
무성하게 자라 격세지감을 느낀다.(김흔중)

경주 보문단지 벚꽃의 경관
(현역 대대장 시절의 수기)

친구가 이메일을 통해 경주 보문단지 벚꽃의 아름다운
절경의 화보를 보내왔다.
경주 보문단지의 아름다운 벚꽃의 경관을 보니
너무나 감개무량하다.
보문단지에 벚꽃나무의 묘목을 심은 당시를
생각하니 세월이 많이 흘렀다.
경주시의 보문단지 입구로부터 경내까지
묘목을 심은 당시를 회고해 본다.
그 당시 (1979년)
나는 포항 해병 제1사단 제3연대 31대 대장을 맡아
해안방어를 하고 있었다.
경주 월성의 감포읍에 대대본부가 위치하고 있었기 때문에
지프를 타고 자주 경주를 경유하게 되었다.
또한 경주시 방위협의회 회의에도 참석하여 자주 업무협조를
했었다.
그 때 보문단지를 지나 가다가 찝지프에서 내려
묘목을 확인하기도 했다.
가로수로 벚꽃나무를 심은 것에 관심이 있었기 때문이다.
왜냐하면 일본의 국화인 벚꽃나무를 심은 것에 대해
부정적인 생각을 하고 있었기 때문이다.
그 때에 보문단지 입구 가로수와 경내에 벚꽃 묘목을
많이 심은 것이다.

벌써 35년의 세월이 흘렀다.

사람의 한질 키 높이였던 묘목이 이토록 무성하게 자라

아름다운 벚꽃이 피었다.

나도 마음은 청춘인데 벌써 80의 나이가 다 되었으니

인생이 무상할 뿐이다.

이제 벚꽃나무도 저렇게 무성하게 자랐으니

머지 않아 고목이 될것이 아니겠는가?

일본에서 독도를 저희 영토라고 주장하고

교과서에까지 역사를 왜곡하고 있어 괘심하다.

4월 1일부터 진해 군항제가 개장되어 벚꽃축제가 벌써 저물어

간다.

진해를 비롯하여 전국 방방곡곡의

 공원, 유원지, 가로변 할 것 없이

벚꽃이 뒤덮이고 있다.

서울 여의도 윤중로에도 벚꽃이 만개하여 상춘객이

붐비고 있다.

어찌 하겠는가?

왜놈은 미워도 벚꽃은 아름다우니 우리나라의

혼은 빼앗기지 말아야 하겠다.

(2014. 4. 14. 김흔중)

점자성서지리교본 만들어 무료로 배포

[국민일보 신문기사]

"미션"면 (2000년 12월 25일 월요일, 제3691호)

해병대 대령 출신 김흔중 목사
독지가 후원으로 1000권 제작
〈성지순례의 실제〉도 최근 출간

 해병대 대령 출신의 김흔중 목사(64.수원 양문교회. 한민족복음화선교회 회장)가 〈점자 성서지리 교본〉1000권을 제작해 시각장애인 목회자와 성도들에게 무료로 나눠주고 있어 관심을 모으고 있다.
 〈점자 성서지리 교본〉은 예루살렘, 갈릴리, 요단강 등 이스라엘 지리와 이스라엘 지형 및 기후, 예수님의 애굽 피난 경로, 예수님의 고난주간 행적, 사도 바울의 전도여행 경로, 등의 내용이 담긴 시각장애인용 성서지리 교본이다.

 김 목사는 대학 졸업 후 해병대 장교로 임관 후 베트남 파병 청룡부대 지휘관(중대장)으로 참전했으며, 해병연평부대 부대장과 해군헌감을 마지막으로 전역했다. 지난 '87년 전역 후 50대 후반의 나이에 성경을 체계적으로 공부하고 싶어 신학대학에 입학했다.
 지난 96년 10월7일 목사 안수를 받고 교단 총회에서 이스라엘 선교사로 파송된 김목사는 1년여 동안 이스라엘, 이집트, 요르단, 그리스, 터어키, 로마 등의 전 성지를 답사했다.
 그후 '98년초 귀국한 김 목사는 서울 양문교회(담임, 서공섭 목사)의 지교회인 수원 양문교회를 개척하여 목회를 하면서 〈성지순례의 실제〉 출간

187

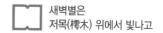

을 준비해 왔다.

그해 1월 주일 예배에 우연히 참석했던 한 시각장애인 부부를 만나게 돼 시각장애인들을 위한 〈점자 성서지리 교본〉의 필요성을 절감했다. 김 목사는 한 독지가의 후원으로 〈점자 성서지리 교본〉 1000권을 제작해 시각장애인 목회자와 성도들에게 무료로 보급하게 된 것이다. 또한 김 목사는 〈새천년 성지순례의 실제〉(도서출판 청담)도 최근 출간하게 됐다.

시각장애인 〈점자성서지리 교본〉은 성지의 지도를 점자로 성지를 표시하고, 성지에서 일어난 사건과 역사를 점자로 해설하여 정안인과 동일한 성서지리 공부가 되도록 심혈을 기울였다. 그리하여 이스라엘, 요르단, 이집트, 그리스, 터어키, 로마 등 중요한 성지를 답사해 일목요연하게 점자로 정리했으며 특히 예수님의 애굽 피난길에 대한 경로는 눈길을 끈다.

또 하나님께서 약속하신 땅을 향한 아브라함의 경로, 모세에 의한 이스라엘 백성의 출애굽 경로의 현장, 여호수아의 가나안땅 정복, 사사시대, 통일 왕국시대, 분열 왕국시대의 격전지 등 주요성지는 전부 망라해 수록되었다.

한편 김 목사는 〈새천년 성지순례의 실제〉도 점자로 번역하려고 계획하고 있다. 김목사는 성지에 대한 상세한 정보를 제공할수 있는 〈새천년 성지순례의 실제〉가 점자서로 출간되면 시각쟁애인들도 성지순례하듯 생생하게 성지를 이해하고 성경 말씀을 감동적으로 체험할 수 있을 것이라며 뜻있는 독지가의 후원을 기다린다고 말했다. (한국시각장애인 선교회. 02-736-3000) 이지현 기자 jeei@kmi.co.kr

〈점자성서지리 교본〉 출간 감사예배
일시: 2000. 8. 22. 장소: 유성 로얄호텔 은하수홀
(시각장애인 목회자 수련회 기간중, 김흔중)

제주도 시각장애인 목회자 수련회에 참석
(濟州道 漢拏山 登頂記)

제주도 한라산은 1002년(고려 목종 5)과 1007년에 분화하였다는 기록이 〈동국여지승람(東國輿地勝覽)〉에 나오는데, 1,455년(조선 세조 1)과 1670년(현종 11)에는 지진이 일어나 피해가 컸다는 기록도 있다. 1970년 국립공원으로 지정되었고, 해마다 1월 마지막 주에는 어리목을 중심으로 눈꽃축제가 열린다고 한다.

한라산은 남한에서 가장 높은 1950m의 산이다. 제3기 말~제4기 초에 분출한 휴화산이다. 현무암으로 이루어져 있으며 산줄기는 제주도 중앙에서 동서로 뻗어 있다. 남쪽은 경사가 심한 반면 북쪽은 완만하고, 동서쪽은 비교적 높으면서도 평탄하다.

예로부터 부악(釜岳)·원산(圓山)·진산(鎭山)·선산(仙山)·두무악(頭無岳)·영주산(瀛州山)·부라산(浮羅山)·현망봉(穴望峰)·여장군(女將軍) 등 많은 이름으로 불렸고, 민간 신앙에서는 금강산·지리산과 함께 삼신산(三神山) 가운데 하나로 치기도 한다.

정상에는 둘레 약 3㎞, 지름 500m의 화구호인 백록담(白鹿潭)이 있으며, 주위 사방에 흙붉은오름[土赤岳]·사라오름[砂羅岳]·성널오름[城板岳]·어승생오름[御乘生岳] 등 360여개의 측화산을 거느리고 있다.

또 해안지대에는 폭포와 주상절리 등 아름다운 화산지형이 펼쳐지고, 해발고도에 따라 아열대·온대·냉대 등 1800여 종에 달하는 고산식물이 자생하여 식물 서식의 변화가 뚜렷하다. 봄의 철쭉·진달래·유채, 가을의 단풍, 겨울의 설경과 운해가 절경이며, 곳곳에서 한라산의 상징인 노루를 볼 수 있다.

2009년도 제15회 시각장애인 목회자 부부 수련회를 8월17일 부터 20일까지 3박 4일간 시각장애인 가족 105명이 참석한 가운데 제주도에서 가지게 되었다.

나는 특별강사로 초청되어 나사랏대학교 재활복지대학원장 김종인 교수, 전도의 왕 이종근 장로와 함께 3명이 수련회에 동참하게 되었다.

그래서 8월 17일 14시 김포공항에서 KAL기에 올라 불과 50분만에 제주도 국제공항에 착륙하여 일행과 함께 로얄호텔에 여장을 풀었다.

모든 일정에 계획된 수련회는 저녁(8-10시)과 새벽(6-7시)에 실시되고 주간에는 관광을 즐겁게 했다. 시각장애인 목회자 가운데는 19세에 폭발물에 의해 실명했고 팔목이 잘려 양손이 없는 박창윤 목사를 비롯하여 50명의 시각장애 목회자들은 지팡이를 대신하여 사모님들이 그림자 처럼 동행을 했다. 그들 부부는 2인 1실의 제주 로얄호텔에서 신혼여행 못지 않게 행복한 3일 밤을 지냈을 것이다.

시각장애인은 앞을 보지 못하는데 어떻게 관광을 하겠느냐고 궁금하게 생각하겠지만 그들은 정안인 못지않게 가이드와 부인들의 설명을 들으며 눈으로 보는 것 이상으로 상상하며 실감있게 체험한다. 시각장애인들은 명하여 시각은 없지만 청각, 촉각, 영감은 정상인보다 훨씬 발달되어 있다는 것을 알수 있다.

식사 시간에도 식탁에 부부가 나란히 앉아 사모님이 남편의 젓가락 잡은 손을 잡고 반찬 그릇의 음식을 전부 짚어 주면 계속적으로 혼자 음식을 불편 없이 먹는다. 어찌보면 신기하리만치 불편함을 극복하며 일상생활을 한다. 그림자 처럼 따라다니며 남편을 도와 주는 사모님들은 한결같이 명랑하고 순박했으며 천상의 천사가 아니라 지상의 천사로 보였다.

제주도 수련회 기간 동안 시각장애인 부부의 특이한 자랑거리가 두 가지가 있었다. 첫째는 시각장애를 무릅쓰고 한라산 등정을 한 것이고, 둘째는

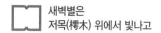

중문골프장에서 시각장애인 부부가 골프를 체험한 것이다.

먼저 한라산 등정을 위하여 18일 아침식사를 마치고 일찍이 버스 3대에 분승하여 한라산 하록의 성판악 휴게소에 도착했다. 이곳에 하차하여 성판악 코스에 따라 등산이 시작되었다. 일행은 한라산 정상을 목표로 출발한 일부가 있었고, 대부분 중간지의 진달래밭 대피소를 목표로 했다.

나는 이번 기회가 아니면 여생에 한라산 정상을 정복하고 백록담을 볼 수 없을 것으로 생각되어 기필코 등정하기로 작심을 했다. 우거진 숲속을 따라 등산로가 잘 정비되어 있었다. 일행과 대화를 나누면서 신선한 공기를 마음껏 마시며 자연의 정취에 흠뻑 취하여 걸어 올라가는데 점점 땀이 나고 발걸음이 무거워 졌다.

거의 2시간이 되어 진달래밭 대피소에 도착했다. 오후 1시 이후는 정상을 향해 올라가지 못하도록 통제하고 있었다. 내려오는 시간을 고려, 해지기 전 하산이 불가하기 때문이다.

이곳에서 도시락을 먹고 다시 출발한 시간은 12시 15분이었다.

시각장애인 목회자 부부 4가정(아이 1명) 그리고 선교회 회장등 총11명이 정상을 향해 동행을 했다. 점점 등산코스는 험했고 힘들었다. 시각장애를 무릅쓰고 남편은 부인의 팔을 잡고 따라 올라가는 모습을 보며 너무 안타깝게 생각되었다. 정상도 험한 돌 층계를 밟고 올라가고 내려가는 것이 어려운데 몇배로 힘들겠지만 참고 인내하며 끝까지 올라가는 모습이 대견했다.

드디어 한라산 정상을 정복했고 비가 온 후여서 구름이 몇차례 지나갈 때마다 물이 고인 백록담을 바라볼 수 있었다. 난간에서 수십 명의 등산객들이 백록담을 바라보며 환호의 소리를 질렀다.

백록담은 한라산 산정에 있는 화구호(火口湖)로서 지름이 약 500m, 주위 약 3km의 타원형을 이루고 있다. 그 이름은 옛날 선인들이 이곳에서

'백록(흰 사슴)'으로 담근 술을 마셨다는 전설에서 나왔다고 하며 하늘에서 내려온 신선들과 선녀들이 내려와서 그 깨끗한 물에 목욕을 하고 놀다가 때가 되면 하늘로 올라가곤 했다는 전설이 전해 오고 있다.

시각장애인 목회자들은 동행한 부인의 설명을 통해 우리와 똑같은 정감으로 체감을 했을 것이다. 그들과 정상에서 기념사진을 촬영하고 나니 하산 명령이 내려 아쉬운 마음을 억제하며 하산길에 올랐다. 시각장애자는 올라 오는 것도 힘들지만 내려가는 것도 올라 오는 것 못지않게 어려웠다. 그러나 해가 지기전에 하산을 해야하기 때문에 부지런히 내려가도록 재촉을 했다. 시각장애자는 올라갈 때 보다 내려갈 때가 더 위험한 경우가 많기 때문에 조마조마했고 아찔한 경우가 너무 많았다.

우리 일행은 가장 마지막 하산의 팀으로 성판악 휴게소에 도착하니 오후 6시경이 되었다. 정상을 정복하고 내려오는데 소요된 시간은 8시간이었다. 우리팀을 제외한 일행은 버스 2대로 이미 호텔로 돌아갔고 보람있게 정상을 정복한 개선팀은 해질 무렵에 대기하고 있던 버스 1대에 승차하여 호텔로 돌아왔다.

다음날 서귀포지역 천지연 폭포를 비롯하여 몇 개소를 관광하고 중문골프장에 도착했다. 골프장의 특별한 배려로 시각장애인 부부의 골프체험을 위한 퍼팅 시합이 있었다. 시각장애인이 골프를 친다는 것은 상상조차 할 수 없는 일이지만 시각장애인도 축구를 하고 골프를 치 수 있다고 한다. 골프 퍼팅연습장의 그린에서 부부조를 편성하여 시합이 있었는데 남편과 부인이 교대로 공을 쳐서 홀에 넣는 것이다. 시각장애인 남편이 치고 나면 정상적으로 잘 보이는 부인이 치면서 홀에 접근시킨다. 점차 가까워지면 남편은 홀에 손을 넣어 보고 공의 위치와 방향을 고려하여 홀인을 시키는 것이다. 급기야 시각장애인이 홀인시키게 되어 홀에 공이 들어가는 땡그렁하는 소리를 듣고 무척 기뻐하는 모습이 천진스럽게 보였다. 제주 TV방송국

193

에서 시종일관 촬영을 했다. 그래서 그날 저녁에 방영된다고 했다.

시합이 끝난 후 중문골프장 식당에서 식사하기 전 퍼팅시합에서 1,2,3등의 우승자에게 시상을 하고 골프장에서 제공한 푸짐한 식사를 맛있게 먹었다.

그간 3박4일간의 계획된 수련회를 뜻있게 마치고 KAL기 편으로 20일 오후 2시 김포공항에 도착하여 귀경하게 되었다.

10년 전 나는 시각장애인과 우연한 기회에 인연을 맺게 되었다. 수원에서 교회를 개척하여 목회하고 있을 때 주일 예배시간에 우연히 시각장애인 부부가 찾아와 같이 예배드리면서 〈점자 성서지리 교본〉을 만들게 된 계기가 되었다. 수소문하여 사단법인 한국시각장애인 선교회였고, 이사장인 신인식 목사(시각장애자)를 만나게 되어 시각장애인에게 성서지리 교육의 필요성을 절감하게 되어 한국 최초의 "시각장애인용 점자성서지리 교본"을 만들게 되었다. 이 교본은 점자로 성서지도를 그려 해설을 하였고 시각장애인복지관에서 점자로 출판하여 해설테이프와 함께 독지가의 출판비 후원으로 1000여권을 무료로 시각장애인들에게 보급하게 되어 시각장애인들과 깊은 인연을 맺게 되었다. 또한 본인의 저서 〈성지순례의 실제〉를 (사)한국시각장애인 선교회 이사장인 신인식 목사가 번역(전3권)하여 무료로 100여권을 시각장애인 목회자들에게 보급한 바 있다. 그리고 시각장애인 목회자들에게 직접 "성서지리 교육"을 하게 된 것들이 남다른 관계를 유지하게 된 것이다. 시각장애자들에게 관심을 갖게 된 것을 하나님의 은총과 섭리로 생각하며 진심으로 감사하게 생각한다. 아울러 금번 제주도 수련회에 강사로 초청되어 동참하게 된 것을 대단히 뜻있게 생각한다.

(2009. 8. 29. 김흔중)

한라산 정상에서 함께 등정한 시각장애인 부부들과
기념촬영(2008. 8. 18)

제주도 한라산 백록담이다.

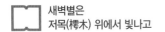
새벽별은
저목(樗木) 위에서 빛나고

"성지 순례의 실제" 도서출판기념 감사예배
(국민일보 신문기사)

o 일시 : 2000년 10월 31일 오후3시
o 장소 : 해군중앙교회 본당(대방동)

수원 양문교회 김흔중 목사(64)는 늦깎이 목사다. 김 목사는 60세의 나이에 이스라엘 선교사로 파송되었다. 당시 1년전 히브리대학교에서 히브리어를 전공, 수학(2년 과정)하고 있던 부인 이기자 전도사와 합류했다. 김 목사 부부가 함께 1년 여간 이스라엘 선교사로 사역을 마치고 귀국하여 한민족복음화선교회 회장, 수원 양문교회 담임목사로 시무하면서 이번에 〈성지순례의 실제〉(부제:성서지리연구와 성지순례 안내) 책을 출간하였다.

지난 10월 31일 도서출판 감사예배를 해군중앙교회에서 드린 김 목사는 "그간 많은 목회자와 기독교인들이 성지순례를 했지만 짧은 일정으로 인하여 한정된 지역에 국한될 수밖에 없었고, 아직까지 성지순례의 염원을 실현하지 못한 기독교인들이 많아, 금번에 좀더 실질적이고 내실성 있는 성지순례 안내서 발간의 필요성이 제기되어 책자를 발간하게 되었다고" 말했다.

그는 또 그동안 수집된 많은 문헌의 자료를 토대로 현장의 이스라엘, 이집트, 요르단, 터어키, 그리스, 로마 등의 중요한 성지의 대부분을 직접 답사하고 요약 정리할 수 있어 감회가 깊다면서 더욱 감사한 것은 "본 수원 양문교회에 시각장애인 부부 2명이 찾아와서 함께 예배드리고 상담을 하는 중에 시각장애인 목회자가 130여명, 시각장애인이 20만명 정도라는 말을 듣고 〈점자 성서지리 교본〉 1000부를 만들어 해설 테이프와 함께 무료로 보급하고 있다"고 전했다.

　김 목사는 또 "이 책이 출간되기까지 좋은 사진을 제공해 협조한 사진 작가 김한기 선생, 현지 성지답사에 동참하여 수고한 정재학 목사, 히브리대학에서 2년간 히브리어 공부를 하면서 내조에 수고한 이기자 성경원어연구소 소장, 또 출판사 관계자, 신학교 은사 그리고 모든 동역자들에게 감사드린다"고 덧붙였다.

　한편 김흔중 목사는 도서출판 감사예배를 지난 10월 31일 오후 3시 전 해군본부 자리의 해군중앙교회에서 정재학 목사의 사회로 기도에 장래성 목사(현 해병대중앙교회 담임), 설교에 전 해군 군종감 신현구 목사(현 창덕제일교회 담임), 축도에 황규선 목사(저자와 32 기동기생, 대양교회 담임) 등 순서를 맡아 출간감사예배를 성황리에 잘 드렸다.

(2000. 10. 31. 김흔중)

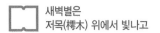
진해 군항제

〈벚꽃 축제〉

제주도의 원산지 벚꽃이 활짝 피어
벌써 진해의 벚꽃장으로 상륙했다.

진해 군항제에 매년 상춘객이 붐벼
인산 인해를 이루며 벚꽃에 취한다.

진해는 낭만이 넘쳐 나는 군항이며
젊음을 불태우는 해군의 요람이다.

장엄한 위풍의 천자봉 높이 솟았고
진해만은 호연지기의 가슴 열렸다.

장복산 능선 따라 병풍처럼 감쌌고
공제선 따라서 산 줄기줄기 뻗었다.

제왕산 계단 오르는 청춘 남녀들의
발랄한 몸매는 벚꽃을 무색케 한다.

개나리도 노란꽃 피워 미소 지으며
온통 진해는 벚꽃 축제로 요란하다.

〈나는〉

진해 해병학교에서 장교가 되었고
국가를 위하여 젊음을 전부 바쳤다.

해병학교 장교교육에 6년 헌신했고
육군대학에서 정규 1년을 공부했다.

장복산 정상을 향해 행군할 때에
암수 노루가 바위밑에 쉬고 있었다.

노루 한 마리가 뛰어서 내려오자
내가 추격해서 그 노루를 생포했다.

37년전 노루에 얽힌 사연 생생하며
짝 잃은 노루의 애절함이 떠오른다.

〈해병대〉

진해 골프장 산 마루에 세워진 탑은
해병대 창설의 발상지 기념탑이다.

해병대 아니면 나의 존재도 없었고
국가를 위한 헌신이 있을 수 없었다.

진해에서 아내를 만나 결혼을 했고
두 딸의 출생지로 고향이 된 곳이다.

해병 DNA를 계승한 2녀 1남 자식은
대학교수, 쏘프라노, 기업대표이다.

진해는 항상 뇌리에 각인되어 있고
기억에 남는 추억의 흔적이 새롭다.

군항제 벚꽃 축제에 마음을 쏟으니
과거의 추억이 주마등처럼 스친다.
　　진해 군항제 개막에 즈음하여

(2014. 4. 1. 김흔중)

"새시대 새사람 연합"의 애국단체 출범식
〈김흔중 총재 취임 〉

2007년 8월 17일 오후 2시 한국교회 100주년기념관 소강당에서 250여 명이 모인 가운데 "새시대 새사람 연합"이라는 색다른 이미지를 풍기는 기독교인 중심의 해병대 출신들이 모여 "대한민국 새시대 새사람 연합"이라는 애국단체의 출범기념 감사예배가 있었다.

이 예배는 이정수 사무총장의 사회로 육사 15기 출신인 한국기독군인연합회 복음선교단장 유제섭 목사의 설교로 "보소서, 들으소서, 응답하소서" (사 37 : 14~20)라는 주제의 말씀이 선포되었고, 이용선 박사의 경과보고, 김흔중 총재의 취임사, 총재가 상임 대표 최상범 박사에게 대한새연합기(旗) 수여, 채명신 장로의 격려사, 박환인 장로의 축사, 신현구 목사(전 해군 군종감)의 축도로 예배가 끝났으며 김흔중 총재의 만세 삼창이 있은 후 폐회되었다.

김 총재는 취임사에서 대한새사람연합(약칭)의 출범 배경과 21세기 새시대의 시대적 사명을 역설했으며 사회적 혼돈과 국가의 총체적 난국의 극복을 위해 헌신할 것을 다짐했다.

특히 주월 한국군 초대사령관인 채명신 장군의 격려사에서 김흔중 총재는 육군대학, 공군대학, 대학원에서 두루 공부한 학구파이며 대위로서 월남에 파병되어 전투중대장의 임무를 잘 수행하여 충무무공훈장, 미국 동성무공훈장, 월남 최고 엽성무공훈장을 받는 등의 전공을 소개하고 전쟁영웅이라는 극찬을 하며 "새시대 새사람 연합"의 출범에 김 총재가 적임자라고 격려하며 칭찬했다. 또한 전 해군사관학교 총동문회장 박환인 장로(여의도 순복음교회)는 축사를 통해 김흔중 총재는 그간에 놀랄만한 일이 많았는데 장군이 될 줄 알았는데 되지 않고 갑자기 전역한 것, 늦게 신학공부를 하고 목사가 된 것, 이스라엘 선교사로 파송된 것, 교회를 개척한 것, 많은 저서를 펴낸 것 등 여러 가지를 들면서 축사를 하여 김 총재가 한층 돋보였다.

김 총재는 젊음을 군에 바쳤으며, 해병연평부대 부대장과 해군헌병감을 마지막으로 대령으로 예편하여 만학의 신학공부를 하고 목사가 되어 총회에서 이스라엘 선교사로 파송되었고, 귀국하여 수원 양문교회를 개척하여 담임목사로 시무하다가 2005년 12월 70세에 정년퇴임을 했다.

김 총재는 현재 한민족복음화선교회 회장과 베트남참전기독신우회 회장을 맡고 있으며, 저서로는「성지순례의 실재」,「성서의 역사와 지리」,「성경 66권의 개설(槪說)」,「성지순례의 실재 점자 번역집」,「시각장애인 성서지리 교본」,「성경말씀 365일 하루 한요절 암송수첩」 등 저서를 출간 했다.

또한 사회활동을 활발히 하며 대한민국 안보와 경제살리기 국민운동본부 공동대표, 병역의무미필 정치인 근절대책협의회 대표회장을 맡아 나라사랑의 선도적 역할을 다하고 있다.

"대한새시대새사람연합" 홍보부 제공(2007. 8. 17)

김흔중 총재가 만세삼창을 하고 있다

대한민국
새시대 새사람 연합

5대 기본목표

1. 새시대를 활짝 열자

2. 새사람을 결집하자

3. 정신혁명 성취하자

4. 국민통합 이룩하자

5. 자유통일 완성하자

총 재　김 흔 중

병역의무미필
정치인 근절대책협의회

5대 기본목표

1. 병역의무를 다해 국토를 보존하자

2. 병역의무미필자를 반드시 색출하자

3. 병역의무미필자는 선거시 뽑지말자

4. 병역의무미필 정치인을 꼭 근절하자

5. 병역의무미필자의 등용을 거부하자

대표회장 김 흔 중

서해 5개 도서 고수방어의 전략적 가치의 고취
(서해 NLL과 155마일 휴전선의 등가성)

　북한은 서해 5개 도서가 정전협정상에 유엔군사령관의 관할에 둔다는 조항을 들어 주한 미군만 철수하면 서해 5개 도서를 접수하겠다는 전략이다. 따라서 범국민적인 서해 5개 도서의 지정학적, 전략적 가치의 올바른 인식이 필요하다.

　서해 5개 도서 중 최북단에 위치한 백령도는 북한의 서해 전진기지인 옹진반도와 장산곶을 제압하고 북한의 서북지대와 중국의 동북부지방의 지상, 해상의 군사동향까지도 정찰, 감시할 수 있는 전략적 요충지이다. 연평도는 북한의 최남단의 해군기지이고 국제무역항인 해주항의 출입항을 봉쇄하고 그 동태를 관측할 수 있는 가장 중요한 요지이다. 백령도에서 우도에 일으는 서해 5도서는 서해의 제해권을 완전히 장악하여 대북한 전략기지로서의 역할을 하며 적의 심장부를 강타할 수 있는 위치의 섬들이다.

　특히 연평도는 해주에 가까이 깊숙히 들어 앉아 있는 불침항이며 북한의 옆구리를 위협하며 더욱 턱밑에 드리대는 비수와 같고 눈에 가시 같은 전략적인 가치가 있다.

　필자가 해병연평부대 부대장으로 재직시(′84년) 해군 정훈감 이필은 대령(작고)과 동행하여 당 부대를 방문한 귀순용사 김광현 씨(생존)와 함께 3인이 OP에 올라갔을 때 김광현 씨는 해주지역을 바라보며 귀순하기 전두 번이나 연평도를 덮치려고했다는 것이다. 그때 그 말을 들으며 대단히 섬뜩한 전율을 느꼈다. 연평도와 우도를 적이 점령하게 되면 한강하구와 강화도, 김포반도 등 서부전선의 관문이 뚫리고 경기만, 아산만 일대가 위협을 받게 되어 수도권 방어에 중대한 영향을 미친다. 연평도와 우도가 적의 수중에 들어가면 인천 및 강화도를 연한 해상접근로에 의해 신속히 수도권이 위협받게 되어 서울이 풍전등화와 같이 위태롭게 된다. 이러한 해상의 지정학적 전략적가치가 있는 연평도와 우도는 절대적으로 고수방어되어야 한다는 사실을 국민들이 절감(切感)해야 한다.

지난 연평도 포격(2010.11.23)이 재발되지 않도록 대비해야 한다. 특히 서해 NLL은 155마일 휴전선과 동일한 연장선의 효력이 있으며, NLL을 흥정하거나 양보하는 것은 우리 영토인 서해 5개 도서를 포기하는 것이다.

〈2010. 12. 8. 김흔중〉

잉여 인생

인간의 생사화복은
창세에서 오늘 까지
절대자의 섭리에 속해 있다.

잉여 인생은
경제적 이론이 아닌
인생에 가치를 둔 삶에 있다.

인간의 수명은
의료의 혜택에 의해
짧은 수명이 연장 추세이다.

삶의 가치는
인간이 의롭고 선하며
자유와 평화를 누림에 있다.

행복한 삶은
문화의 척도에 의해
자기 만족을 향유하게 된다.

평균수명 팔순에
잉여 인생의 새 출발로
수명의 최종 고지를 향한다.

100세 수명을
산다 해도 20년 남고
10년이면 90세에 고별한다.

잉여 인생의
최종 가치의 창출은
땀방울의 보너스 삶에 있다.

인생의 종점을 향한
보람의 삶에 감사하며
새 하늘 새 땅의 시민되리라.

잉여인생을 살면서
(2014. 3. 13. 김흔중)

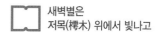

나를 변화시킨 박정희 장군과 채명신 장군

역사적인 지도자의 고매한 인격과 투철한 정치철학 그리고 강력한 리더십의 3대 요소는 후세의 지도자들에게 결정적인 영향을 미친다. 그중 채명신 장군의 별세를 애석하게 생각한다. 나의 인생역정(人生歷程)의 진로를 바꿔 놓게 한 고 박정희 장군과 고 채명신 장군을 흠모하게 된 배경을 솔직하게 밝힌다. 그리고 대한민국을 건국한 초대 대통령 이승만 박사에게 감사 한다.

〈고 박정희 대통령〉

나는 50년 전 대학생의 신분으로 5·16군사혁명(쿠데타)을 당시는 부정적으로 생각했으나 점차적 긍정적으로 역사적인 재평가를 하게 되었다. 나는 4·19세대로서 대학원에 진학하여 대학교수가 되는 것이 꿈이었다. 그러나 5·16혁명(정변)으로 청운의 꿈이 좌절되었다. 나는 해병대 장교가 되어 해병대 장교생활을 통해 국가관, 역사관, 세계관, 인생관이 급속도로 변화되었다.

지난 50년 전 5.16혁명(쿠데타)이 아니었다면 대한민국의 경제발전을 기대할 수 없었고 한강의 기적도 없었을 것이다. 더욱 박정희 대통령이 없었다면 나의 존재 가치도 그저 미미했을 것이다. 그래서 대한민국을 건국한 이승만 초대 대통령과 나의 인생 행로를 바꾸게 한 박정희 대통령을 가장 위대한 대통령으로 생각하며 숭모의 뜻을 가지게 되었다.

〈고 채명신 초대 주월사령관〉

나는 주월 청룡부대 지휘관(중대장)을 통하여 국가관과 사생관이 투철하게 되었으며 채명신 초대 주월사령관을 만나 13년간 맺은 인연(2000-

208

2013년)은 계급을 초월한 종교의 신앙적(장로–목사)인 관계로 격의 없는 친밀한 관계를 유지하게 되었다. 자주 개인적으로 만나고 전화를 통해 대화를 나누며 심지어 부족한 내가 제18대 대통령 출마준비선언을 위한 조선일보 광고를 준비하는 과정에서 사전에 조언을 받기도 했다. 채 사령관은 나 같은 사람 10명만 있어도 나라를 변화시킬 수 있을 것이라고 격찬해 주셔서 감사했지만 송구스러웠다. 나에게 항상 용기를 불어 넣어 주셨다. 그러나 건강이 좋지 않아 몇차례 세브란스 병원에 입원하시게 될 때마다 문병하여 호스를 코에 꼽고 있을 때 또는 산소 마스크를 하고 있을 때 힘껏 두 팔로 껴안고 간절한 기도를 해 드릴 때도 있었다. 그러나 안타깝게도 소천(2013 · 11.25) 하셨다. 고 채명신 장군(장로)이 나에게 베풀어 주신 관심과 사랑은 영원히 잊을 수가 없다.

(2014. 1. 15. 김흔중)

이승만 대통령

박정희 대통령

채명신 장군

채명신 장군의 묘비가 말한다

밤 하늘에 무수한 별들이 모여
속삭이며, 미소가 넘쳐 나지만
나라 사랑의 별 이름은 없더라.

1926년 애국 애족의 삼태성이
황해도 곡산 요람에서 떠 올라
원수의 오성 보다 더욱 빛났다.

오늘 새벽에 소망의 三台星이
현충원 동쪽 하늘에서 빛나며
아침 기다려 여명의 문을 연다.

월남 전사자들의 단잠을 깨워
빗돌에 새겨진 이름을 부르며
젊은 청춘의 원혼을 위로한다.

불멸의 장군은 묘비가 말할 뿐
손수건을 적신 진실한 사랑은
가슴 아픈 눈물로 일룩져 있다.

장군 묘역이 아닌 사병 묘역의
삼태성의 별이 작은 빗돌 위에
유독 찬란히 빛을 발하고 있다.

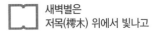

더욱 혼탁한 정치를 멀리 하고
올 곧은 귀감의 전쟁영웅으로
오늘도 의로운 별로 떠오른다.

한반도에 전쟁, 공포 사라지고
민족통합의 새역사 이룰 때에
모든 선열들 기뻐 환호하리라

삼태성은 지구종말 올 때까지
영원히 새벽별과 함께 떠올라
새벽을 깨우는 별빛이 되리라.

언젠가 진혼 나팔이 그치겠고
천사의 나팔 소리가 진동하면
모두 잠깨어 홀연 비상하리라.

대한민국 만세, 남북통일 만세
온 백의민족이 참빛 세상에서
자유, 민주, 평화를 누릴 것이다.

2014. 1. 13
청파 김흔중 목사

追 慕 ⑴
蔡命新 將軍

군인다운 군인
장군다운 장군
장로다운 장로
애국자다운 애국자이셨다.
베트남전쟁에 원정군 초대 사령관으로
자유와 평화를 위해 참전하여
전사에 길이 빛날 위대한 전쟁영웅
불멸의 채명신 장군이 되셨다.

혼탁한 정치에
참여치 않은 올곧은 참 군인상을 견지하여
정의로운 나라 사랑의 표상인
고매한 무인의 채명신 장군이셨다.
유언에 의해
품격 있는 장군묘역을 원치 않으시고
베트남전에서 전사한 휘하의 전우들과 함께
서울 현충원의 전사자 제2묘역인
사병묘지의 낮고 낮은 자리에
한줌의 재가 되어 묻히셨다.

대한민국 창군 이래
가장 존경의 찬사와 위대한 족적을 남긴

귀감의 채명신 장군이시다.
후세에 영원 무궁토록 길이 빛나리니
이제 천상의 본향집에서 안식하시리라.

(2013. 11. 30. 김 흔 중)

고 채명신 장군 묘비에 손을 얹고 있다.
(2014. 3. 29. 김흔중 목사)

追慕 (2)
蔡命新 將軍

군인다운 군인
장군다운 장군
애국자다운 애국자이셨다
장군 묘역 아닌 사병 묘역에 전사한 전우들과 함께
묻히기 원한 유언 따라 사병묘역에 고이 잠드셨다
대한민국 창군 이래 가장 위대한 불멸의 군인이며
전사에 길이 빛날 전쟁영웅으로 추앙받게 되었다
내가 평소에 가장 존경했던 명장이다
나에게 많은 관심과 사랑을 배푸셨다
나에 대한 격찬에 너무 송구스러웠다
나와 허심탄회한 대화를 종종 나눴다
나의 행사 때마다 격려사를 해주셨다
나의 출판도서에 격려사를 써 주셨다
안보강연하실 때 자주 동행을 하였다
세브란스 입원 시마다 기도해 드렸다
11월14일 마지막으로 기도해 드렸다
향년 88세로 11월 25일에 소천하셨다
영안실에서 유가족과 첫 예배 드렸다
영결식에 참석해 추모의 뜻을 표했다
사병묘역 안장식에 눈시울을 적셨다
내가 삼우제 예배를 집례해 설교했다
내가 49제의 예배도 집례해 설교했다
미수(米壽)기념행사 취소가 아쉬웠다
위대한 장군상은 불멸의 귀감되리라
〈평안의 안식을 진심으로 기원한다〉
청파 김흔중 목사

215

박정희 대통령의 안보의지 휘호 소개

朴正熙 大統領의 安保意志 揮毫

박세직 재향군인 회장의 별세
(강화도 안보강연의 동행수기)

2009년 6월 24일 강화도 6·25참전 청소년 유격동지회의 초청(박세직, 김흔중)을 받아 강화도에서 6·25상기 안보 강연을 함께 마치고 인천시의회 부의장(강화군 재향군인회장)이 마련한 식당에서 점심식사를 하고 함께 서울로 돌아왔다.

박세직 회장의 승용차에 동승하여 서울에서 강화까지 오가며 나눴던 대화가 마지막일 줄은 미처 몰랐다. 국가를 위해 할일이 아직도 많이 남았는데 너무 빨리 세상을 떠나셨다. 별세의 비보는 청천 벽력과도 같았다. 너무나 허무하고 안타까운 일이었다. 고 박세직 장로의 소천은 국가적인 큰 손실이다.

그러나 모세도, 여호수아도, 다윗도 모두 사명을 다한 후 세상을 떠났다. 나는 별세한 다음날 28일 10시경 아산병원의 영안실에 찾아가 추모의 뜻을 표했으며 31일 올림픽 홀에서 거행된 영결식을 지켜 보며 악몽 같았으나 꿈이 아닌 현실이었다.

지난 3월 27일 재향군인회 회장실에서 박세직 회장과 대화를 나눈 후 재향군인회 식당에서 함께 점심식사를 함께 하며. 임원들과 함께 PSI가입 등 여러가지 국가적 현안 문제점과 관련하여 국가를 걱정하며 대화를 나눴던 기억도 생생하게 떠올랐다.

나는 지난해 2008년 7월 22일 한국교회 100주년 기념관 대강당에서 대한민국 안보와 경제살리기운동본부(안경본) 박세직 총재 취임감사 예배를 위한 총괄책임을 맡았었기에 박세직 회장이 자주 전화를 했었고, 상면할 기회가 많았다. 본래 덕망이 중후한 분이지만 직접 대할 때마다 너그러운 포용력과 인자한 성품과 고매한 인격에 매료되었으며 국가를 생각하는 우

217

국의 정신은 타의 추종을 불허하였다.

그간 고 박세직 재향군인회장(안경본 총재)께서 한평생 국가를 위해 분투노력하며 헌신한 족적의 굵은 흔적은 영원히 남을 것이다. 어느 누구도 고 박세직 회장만큼 몸을 던져 애국할수 있는 위인은 흔치 않을 것이다. 특히 서울 88올림픽 조직위원장을 맡아 국위를 선양한 공로와 업적을 국민들은 잘 알고 있다.

하늘 나라에 가면 고 박세직 회장(자국본 총재)을 위한 많은 상급과 충성의 면류관이 예비되어 있으리라 믿는다.

아무쪼록 질병도 없고, 고통도 없고, 슬픔도 없고, 미움도 없고, 갈등도 없고, 이념적 싸움도 없는 오직 평화의 나라인 새 하늘과 새 땅에 가셨으니 그곳에서 평안히 안식하시기를 진심으로 기원한다.

(2009. 7. 31)

자유대한지키기국민운동본부(자국본)

안보와경제살리기국민운동본부(안경본)

공동대표 김흔중

안경본 총재로 박세직 재향군인회장이 취임했다.
(2008. 7. 22. 한국교회 100주년기념관 대강당)

219

대한민국 제18대 대통령선거 출마 준비선언

靑波 김훈중 博士 (목사, "예" 해병 대령, 전 해병연평부대장)

> (표어) 안되겠다 "확" 바꾸자
> －새시대 새사람이 필요하다－
>
> (목적) 총체적 국가위기의
> 극복이 시급하다.
> －난세에 영웅이 출현한다－
>
> (현황) 썩은 여당과 종북
> 야당은 안된다.
> － 부패한 여당은 국가의
> 정체성을 확립하라－
> －종북의 야당은 반국가적
> 이념을 청산하라－
>
> (대책) ①의식개혁 ②정신혁명
> ③선거혁명 ④정치혁명
> －군사혁명이 아닌 의병정신의
> 비폭력혁명이다－
>
> • 나는 젊음을 국가를 위해 전부 바쳤다.
> • 남은 여생 국가를 위해 몸을 던지겠다.
>
> 김 훈 중

조선일보(2011.10.11)
(사설면 하단 5단광고, A35면 참조)
= 특파원과 대담한 동영상 참조=

靑波 김흔중 博士
대한민국 제18대 대통령선거 출마 준비선언

기자회견 순서

○ 일시 : 2011년 10월 19일 오후2시

○ 장소 : 한국교회100주년기념관 소강당

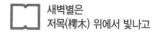
새벽별은
저목(樗木) 위에서 빛나고

기자회견 순서

사회: 고봉훈 공동회장
(새시대새사람연합)

국 민 의 례 ·················· 다같이

성 시 암 송 ·················· 조지현 목사

경력소개(김흔중) ·················· 사회자

인사 및 경과보고 ·················· 김흔중

주요정책보고 ·················· 김흔중

기자와 질의응답 ·················· 김흔중, 기자들

축 가 ·················· 이용수(명창)

광 고 ·················· 사회자

만세 3창 ·················· 김흔중

폐회선언 ·················· 사회자

선견적 시국진단
발 간 사

대한민국은 개인의 자유와 인권이 최대한 보장되는 자유민주주의와 시장경제체제의 국가로서 세계 경제 10위 권에 진입하여 국민들은 번영을 누리게 되었다. 이렇게 국민들이 풍요롭게 생활할 수 있다는 것은 큰 축복이다. 대한민국을 앞으로 세계화의 시대에 부응하는 국가로 발전시켜 아시아 태평양시대의 종주국가를 건설해야 한다.

따라서 북한의 비대칭 군사력에 의한 대남 적화통일의 도발획책을 강력하게 억제하고, 대한민국의 정체성과 정통성을 부정하는 반국가세력을 애국시민으로 교화(敎化)하고 순화(醇化)시켜야 한다. 이러한 국가적 대업을 달성하기 위해서는 차기 총선과 대선에서 여당이 반드시 승리해야 한다. 그러나 이명박 정부의 집권세력은 차기정권 연장에 무력하다는 여론이 난무하며 여당 내의 대권주자들과 당내 계파들 간의 싸움으로 묘혈(墓穴)을 스스로 파고 있어 국민들을 실망시키고 있다.

무엇보다도 친북성향인 좌파정당의 단일화에 의한 재집권 가능성의 위기상황을 지혜롭게 극복해야 한다. 따라서 애국시민의 보수세력은 국가 정체성을 수호하고, 국가 안보태세를 확립하며, 지속적인 선진 경제발전을 위하여 향후 총선에 철저히 대비하고 좌파 진보정권이 아닌 우파 보수정권을 창출하는데 총력을 경주해야 한다. 그리하여 평화와 번영이 보장되는 한민족공동체의 자유통일국가를 앞당겨 건설해야 한다. 이러한 목적 실현을 위한 애국시민들의 시대적 사명은 어느 때보다도 절실히 요청된다.

필자는 국가 안보가 실종되어 가던 노무현 정권 시절에 정치적 암울함을 통감하여 예리한 필치는 아니지만 종종 칼럼을 써서 블로그에 올려 놓았다. 2007년부터 2010년까지 4년간의 칼럼에서 주요 내용의 제목을 골라서 두서 없으나마 책으로 펴내게 되었다. 오직 해병장교의 긍지를 가지고 젊음을 국가에 바쳤으며, 베트남전에서 지휘관(중대장)과 해병연평부대장을 역임한 것이 직접적인 촉매작용이 되어 애국시민, 베트남참전전우, 해병전우들에게 국가관과 사명감을 환기하려는 뜻에서 "선견적 시국진단"이라는 제목의 국가안보적 견해의 책자를 발간하게 되었다.

(2011년 2월 저자 김흔중)

제35기 소위임관 제45주년기념
문집발간에 즈음하여
(격 려 사)

해병학교 제35기 소위임관 45주년 기념을 위한 "怒濤"문집발간에 축사를 하게 된 것을 대단히 뜻깊게 생각합니다. 주마등처럼 스치고 지나간 45년 전을 되돌아 보며 고희를 넘긴 백발의 나이에 과거를 회상하게 되니 무척 감개무량하며 벅찬 감회를 가지게 됩니다.

친애하는 해병학교 제35기 동기생 여러분!

지난 45년 전 젊은 패기와 홍안의 얼굴로 해병학교에서 만나 이를 악물고 비지땀을 흘리며 맺어진 인연으로 끈끈한 동기애로 뜨겁게 응집되었다고 확신합니다. 오직 35기는 영원한 35기인 동시에 35기의 자부심과 자긍심은 어느 선후배들도 추종을 불허할 것입니다.

돌이켜 보면 해병대 장교가 되기 위해 매우 좁은 관문을 뚫고 해병학교에 입교하여 스님처럼 장발의 머리를 삭발하고, 민간 사복을 훨훨 벗어 버리며, 팔각모를 쓰고, 빨간 명찰이 부착된 군복으로 갈아 입고, 구멍이 뚫린 다이아몬드 계급장을 달았던 옛 모습이 생생히 떠오를 것입니다.

또한 둔탁한 장군화의 크기에 발을 줄여 맞춰 신고, 때로는 발이 몹시 아파 절뚝거리며, 짓누르는 철모를 쓰고, 무거운 M1소총을 들고, 3정문 전봇대 선착순, 연병장 포복, 천자봉 선착순 정복, 용지못 악몽의 추억은 잊으려 해도 잊을 수 없을 것입니다. 그러나 십 년이면 강산도 변한다고 했는데 강산이 네번 반이나 변해서 벌써 칠순을 넘게 되는 세월이 흘렀습니다.

225

자랑스러운 35기 동기생 여러분!

나는 구대장의 직책으로 온갖 고통과 역경을 35기와 함께하며 해병대 전통인 무적해병, 상승해병, 필승해병, 귀신 잡는 해병의 전통계승을 강조하며 안되면 될 때 까지의 신념과 구호를 외쳤던 지난날이 잊혀지지 않고 있습니다.

더욱 무지막지하게 야구 빳다를 휘둘렀던 지난날을 회상해 보니 언제 그런 마왕과 같았던 과거사가 있었던가, 의심해 보지만 과거가 분명히 현실로 생생히 떠오릅니다.

그러나 나는 35기와 공동운명체로 사심 없이 동고동락하며 일체감을 가졌고, 상호간의 인간관계는 어느 인연보다도 소중했으며 사랑의 정감이 뜨겁게 넘쳤던 순간에 흘러내린 땀방울의 가치는 고귀했습니다.

그 당시 두 번 다시 쳐다보고 싶지도 않았던 구대장이었겠지만, 아이러니하게도 35기는 내 품속에 계속 떠나지 않았고, 끈끈한 애정은 지금도 나의 가슴속에 식지 않고 뜨겁습니다. 나는 35기를 눈 감을 때까지 영원히 잊지 못할 것입니다.

자랑스러운 35기는 해병대 사령관을 배출했고 일찍 전역한 동기생들은 공직의 모범적 수장 또는 고급관리로, 한국의 탁월한 CEO로, 각계각층에서 남달리 두각을 많이 나타냈습니다. 이 모든 것은 35기 여러분들의 자부심과 긍지이자 나의 자랑이며 해병대의 자랑입니다.

애정어린 35기 동기생 여러분!

세월은 유수와 같으며 전광석화(電光石火)와 같다고 했습니다. 인생의 스피드가 가속화되어 60대는 60km, 70대는 70km, 80대는 80km로 인생의 페달을 밟게 된다고 합니다. 그리고 인생을 축구경기에 비유하여 말하기를 25세까지는 연습경기, 50세까지는 전반전, 75세까지는 후반전, 그리고 100세까지는 연장전이라고 합니다.

35기 여러분들은 삶의 여정 속에서 후반전의 인생종료 직전에 있습니다. 인생의 스피드를 너무 과속하지 말고, 전후좌우를 잘 살피면서 천천히 조심하며 돌다리도 두들기는 자세로 생활하기 바랍니다.

더욱 건강관리를 잘하면서 동기생들과 자주 만나 대화도 나누고, 장수비결을 발견하며, 시간의 선용을 위해 등산도 하고, 여유가 있으면 골프도 치면서 75세까지의 인생 후반전을 보람있게 잘 마치시기를 바랍니다.

아울러 100세까지의 인생의 연장전에 철저히 대비하기 바랍니다. 나는 금년을 기점으로 인생 연장전에 돌입했습니다. 나와 함께 35기 여러분들이 인생의 연장전에 동참해서 옛정을 생각하며 동고동락할 수 있기를 간절히 기대합니다. 더욱 여생을 병원 신세 지지 말고, 건강하고, 아름답고 보람되게, 행복을 마음껏 누리기를 바랍니다.

끝으로 35기 임관 45주년을 거듭 축하하며 아무쪼록 왕비와 같은 엄처들을 사랑으로 감싸고, 해로동혈(偕老同穴)하며, 고종명(考終命)의 천수를 누리면서 자녀들과 함께 자자손손 축복의 가정이 되기를 진심으로 기원하며 격려사에 가름합니다.

2011년 5월 28일

제35기 구대장 김흔중(목사, 새시대새사람연합 총재)

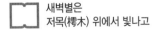

새벽별은
저목(樗木) 위에서 빛나고

제45기 소위임관 제40주년기념
문집발간에 즈음하여
(격 려 사)

친애하는 해병학교 제45기 동기생 여러분!

오늘 귀관들이 해병대 소위임관 제40주년을 맞이하여 해병학교에서 동기생들과 함께 핏땀으로 응집된 끈근한 동기애의 발자취를 영원히 간직하기 위한 〈해병혼과 함께한 한길 40년〉기념문집의 발간을 축하하며 격려의 뜻을 표하게 된 것을 매우 뜻 깊게 생각합니다.

귀관들이 해병대 장교가 되기 위해 해병학교에 입교하여 자유분방하게 생활했던 민간 신분을 깨끗이 청산하고 해병대 장교가 되기 위해 머리를 스님처럼 삭발하고 미련 없이 사복을 벗어 버리고 팔각모와 붉은 명찰을 부착한 멋진 군복으로 갈아입었습니다. 그리고 무거운 철모를 쓰고 둔탁한 군화를 신고 무거운 M1소총을 들고, 이를 악물면서 핏땀을 흘리며 악전고투하게 되었습니다. 본인은 귀관들의 중대장으로서 구대장들과 함께 온갖 고난과 역경을 함께 체험했습니다. "안되면 될 때까지"라는 슬로건을 기억하실 겁니다. 더욱 "야구 빳다"에 소름이 끼쳤을 것이라 생각됩니다. 죽을 때까지 쳐다보고 싶지 않았던 중, 구대장들이었을 것입니다. 그런데 오늘날 귀관들이 같이 늙어가면서 중, 구대장들을 항상 기억하며 염려해 주고, 애정을 베풀어 주는 온정의 마음에 무척 감사하고 있습니다. 본인도 한평생 귀관들의 얼굴이 뇌리에서 사라지지 않을 것이며 귀관들에 대한 끈끈한 애정이 마음속에 깊어만 가고 있습니다.

자랑스러운 제45기 동기생 여러분!

228

지난 40년 전의 해병학교 훈련 과정을 되돌아 봅시다. 진해 해병학교에 입교할 당시 귀관들은 모두가 홍안의 얼굴로 젊음의 패기가 넘쳤고 무척 늠름했습니다. 귀관들은 해병학교의 연병장과 천자봉은 한평생 잊지 못할 것입니다. 특히 3정문 전봇대 선착순, 팬티 바람에 연병장 포복, 단독무장 아니면 완전 무장천자봉 선착순, 상남 용지못의 추억은 오늘날 40년의 세월이 흘렀지만 생생하게 기억에 남을 것입니다. 특히 해병대 전통인 무적 해병정신, 상승 해병정신, 귀신잡는 해병 정신, 안되면 될 때까지의 신념이 귀관들의 뇌리의 정신세계와 마음속 깊숙히 각인되어 있을 것입니다. 이러한 해병정신과 신념이 승화되어 오늘날 성공적인 삶을 영위하며 보람된 인생의 가치를 창출하게 되었으리라 확신합니다. 당시 구대장, 중대장은 지옥에서 만난 마왕과 같았겠지만 오늘날 40년 전을 회상하면 중, 구대장들과 귀관들은 공동운명체로서 함께 동고동락하며 일체감을 가졌고 상호간의 인간관계의 인연은 어느 인연 보다도 소중했으며 사랑의 정감이 뜨겁게 넘쳤던 순간 순간의 연결고리에서 흘러 나온 땀방울의 가치는 고귀했습니다.

애정어린 45기 동기생 여러분!

세월은 화살이 시위를 떠난 쏜 화살과 같아 멈추지 않고 빠르다고 했습니다. 인생은 부운기부운멸(浮雲起浮雲滅)로 구름이 하늘에 떴다가 사라지는 것과 같다고 했습니다. 귀관들은 벌써 고희(70세)의 고개를 넘어 서고 있습니다.

인생 60년의 환갑을 지나면 인생은 쏜 화살의 속도가 힘을 잃어 화살이 땅에 떨어지듯이 이 세상에서 저 세상으로 떠나게 되는 것입니다. 저 세상으로 가는 것은 먼저 가는 자가 선배이고 건강하게 오래 사는 자가 후배가 되는 것입니다. 동기생 중에도 애석하게 세상을 떠난 동기생들이 있습니다.

오늘날 평균 수명이 80세를 넘어 섰고 많이 연장되었습니다. 항간에 998834라는 말이 유행어가 되었습니다. 즉, 99세까지 88하게 살다가 3일 앓다가 죽자(4, 死)는 풍자의 숫자입니다. 물론 장수하는 것도 좋지만 병원에 가지 않고 건강하게 사는 것이 더욱 중요한 것입니다. 45기 동기생 여러분들에게 당부하건데 끈끈한 동기애를 발휘하며 모이기에 힘쓰고 모여 옛정을 자주 나누며 장수하기를 기원합니다.

끝으로 귀관들의 임관 40주년을 거듭 축하하며 아무쪼록 45기 동기생 여러분의 가족들의 건강과 가정에 행복이 넘치기를 진심으로 기원하며 기념문집 발간을 다시 축하하며 끝을 맺습니다.

2010년 7월 10일
제45기 중대장 김흔중(목사, 새시대새사람연합 총재)

230

대한민국 건국회 창립 제49주년
기념행사에 즈음하여
(축 사)

대한민국 건국 제64주년 기념 및 대한민국 건국회 창립 제49주년 기념 행사를 진심으로 축하드립니다. 아울러 안보결의 대회를 가지는 자리에서 축사를 하게 된 것을 영광스럽게 생각하며 대단히 뜻 깊게 생각합니다. 저는 그간 안보 및 통일에 관련한 강의를 자주 할 수 있었습니다. 당시 강단에 설 때마다 "과거의 역사를 모르는 자는 무식한 자요, 과거의 역사를 기억치 못하는 자는 어리석은 자요, 과거의 역사에 너무 집착하는 자는 발전이 없다"는 말을 자주 강조했습니다.

오늘날 대한민국의 건국을 까맣게 모르고, 기억조차 하지 못하는 무지하고 어리석은 국민들이 너무 많습니다. 더욱 대한민국의 건국 이념과 국가의 정체성 그리고 국가의 정통성을 망각하며 국가를 전복하려는 종북 좌파세력의 위협이 위험수위를 넘고 있습니다. 이러한 혼란한 정국에 범국민적인 애국애족의 정신을 고취하며 조국수호의 시대정신을 함양할 수 있는 귀한 시간이 되었으면 합니다.

우리는 일제치하에서 36년간 국토와 주권을 잃었고, 언어와 문자까지도 잃었으며 치욕적인 창씨개명까지 했습니다. 일본 천황을 우상으로 숭배해야 했던 치욕을 상기하게 됩니다. 또한 가난에 찌들려 헐벗고 굶주리며 초근목피로 연명했던 과거를 생각하면 치가 떨리고 분통이 터집니다. 그러나 천우신조하여 1945년 8월 15일 제2차 세계대전이 종식되어 미국을 비롯한 연합국에 의해 해방을 맞이 하여 광복의 환호와 기쁨이 넘쳤습니다. 그러나 기쁨은 잠간이었으며 미국과 소련 두 강대국에 의해 한반도가 허

리가 잘려 남북으로 분단되었고, 뼈를 깎는 민족의 아픔과 창자를 끊는 단
장의 38선이 그어졌습니다.

그러나 통일국가를 건설하기 위해 유엔의 결의로 유엔 감시하에 남북 총
선거를 실시하려 했으나 신탁통치를 환영한 김일성 일당과 신탁통치를 반
대한 이승만 박사는 첨예하게 대립하게 되었습니다. 그러나 이승만 박사는
소련의 사주를 받아 한반도를 공산화하려는 김일성의 흉계를 배척하고 제
압하며 남한 단독정부 수립을 단호하게 결심했습니다. 드디어 1945년 5월
10일 국회의원을 선거했고, 7일 27일 헌법을 제정하여 8월15일 이승만 초
대 대통령이 서울에서 민주공화국의 대한민국을 건국하여 유엔에서 인정
하는 합법정부가 세워졌습니다. 한편 북한은 김일성이 동년 9월 9일 평양
에서 인민민주주의 인민공화국의 정치집단을 출범시켰으나 유엔에서 인정
하는 합법정부가 되지 못했습니다.

대한민국이 건국된 직후, 1950년 6월 25일 김일성의 기습남침 도발로 인
한 동족상잔의 3년 1개월 간의 참혹한 전쟁은 한반도를 피로 물들었고 대부
분의 도시는 파괴되었으며 피아간에 250만명 이상의 인명 살상의 피해가
있었습니다. 또한 1천만 이산가족(당시 남북 총인구 3천만명)의 아픔은 오
늘날까지 치유되지 못하고 있습니다. 그러나 폐허가 되었던 도시를 재건하
고, 빈곤을 퇴치하며 이제 세계 경제의 10위권에 들어 갔고, ,세계 무역 규
모 7위가 되어 지난 6월 23일자로 세계 일곱 번째로 20-50클럽에 이름을
올렸습니다. 이제 자랑스러운 태평양시대 종주국의 발판을 마련했습니다.

그러나 대한민국은 광복절만 있고 건국절이 없으며 이승만 대통령을 폄
하하며 대한민국을 전복하려는 반국가 세력이 발호하고 있습니다. 더욱
설상가상으로 종북 주사파 여러 사람이 국회의원에 당선되어 국회의사당

에 진입하여 대남적화통일전략과 통일전선전술의 전위대로 활동하지 않을까 심히 우려스럽습니다. 더욱 김정은이 3대 세습체제를 강화하며 핵무기와 대량살상무기를 보유한 비대칭군사력으로 우리를 위협하고 있습니다. 또한 남남 갈등이 심화된 가운데 반국가 세력들이 연말 대선을 앞두고 반정부 활동을 위해 음지에서 광분할 것입니다. 이러한 국가위기의 사태에 대비하기 위한 범국민적 애국시민의 결의가 시급한 현실입니다.

이와 때를 맞춰 오늘 안보결의를 다짐하기 위한 일환으로 이선교 박사님의 "한국 근·현대사 바로 알기, 지금 우리가 해야 할 일"이라는 주제의 특강을 통해 그간 역사를 왜곡하고 반국가 행위를 일삼았던 실태를 소상하게 이해하고 대한민국의 건국이념과 건국정신 그리고 대한민국의 정체성과 정통성을 새롭게 정립하는 뜻 깊은 시간이 될 것으로 확신합니다.

끝으로 대한민국 건국회 경기도 본부 이경순 본부장님을 비롯한 임원 여러분들의 노고에 진심으로 감사를 드리며 이 자리에 참석하신 애국시민 여러분들의 건강과 행운을 기원합니다. 감사합니다.

(2012. 9. 19. 새시대새사람연합 총재 김흔중)

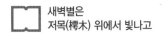
대권 도전자들의 사자성어를 진단한다

2007년 대선의 해를 맞이하여 정치권은 저마다 승리를 장담하는 사자성어(四字成語)를 만들어 뼈있는 말들을 새해 화두로 삼고 있다. 그 출처는 주역, 성경, 불경 등 다양하다. 이 사자성어를 통한 신경전이 치열하다.

2006년 12월 18일 〈교수신문〉은 자체 필진과 주요 일간지 칼럼니스트 교수 등 208명을 대상으로 설문조사를 실시한 결과 48.6%가 한국의 정치, 경제, 사회에 적합한 사자성어로 밀운불우(密雲不雨, 구름은 빽빽하나 비가 오지 않는다)를 선택했다고 밝혔다.

密雲不雨는 주역 소과괘(小過卦)에 나오는 말로 일이 성사될 수 있는 여건은 조성되어 있지만 이루어지지 않아 답답함과 불만이 폭발할 것 같은 상황을 뜻한다. 이러한 밀운불우에 초점을 맞추어 대권 도전자들은 민첩하게 각각 사자성어를 만들어 발표했다.

열린우리당은 무심운집(無心雲集, 마음을 비우면 구름이 모인다)을 금년의 사자성어로 제시했다. 정동영 전 의원은 구동존이(求同存異, 다른점이 있어도 같음을 추구한다)를 내세워 갈등을 넘어선 포용과 통찰의 의미를 부각시켰다. 같은 당 김근태 의장은 관행화 된 한자 대신 한글 4글자로 "처음처럼"을 제시했다. 맹자 양해왕편에 나오는 말로 7-8월 한여름에 심히 가물면 싹은 말라버리고 만다. 그러면 하늘은 자연히 구름을 지어 비를 내리고 , 이에 싹은 또다시 힘차게 사라 난다는 것이다. 과연 가뭄이 계속되는 여름의 한천(旱天, dry weather)에 누가 구름을 만들어 주겠는가? 우리 조상들은 비가 오지 않으면 비가 올 때까지 기우제(祈雨祭)를 드렸다.

이명박 전 서울시장은 기독교의 장로 직분을 가지고 있다. 자연의 하늘에 매달리지 말고 우주만물과 자연을 창조한 하나님께 부르짖어 기도하는 자세가 승리의 비결일 것이다. 솔로몬은 기브온 산당에서 일천번 번제를 드려 지혜를 얻었다. 그리고 엘리야가 갈멜산에 올라가 땅에 엎드려 그 얼굴을 무릎사이에 넣고 기도함으로써 하나님의 능력이 임하여 지중해 바다에서 손만한 작은 구름이 일어나고 바람이 일어나 하늘이 캄캄하여지고 큰 비가 내렸다는 사실을 교훈으로 삼아야 할 것이다. 대권의 승리는 하나님이 좌우하시는 것이지 다른 신에게 있는 것이 아니라는 것이다.

박근혜 전 한나라당 대표는 기독교인이 아니면서도 성경의 잠언 29장을 인용해 "국가 지도자는 고집이 아닌 공의(公義, 공정한 도의)로 나라를 다스려야 한다고 말했다. 노 대통령을 겨냥한 "뼈"가 담겨진 말인 것 같다. 또한 이명박 전 시장의 불도저식 고집을 겨냥한 것 같기도 하다. 하나님은 공의의 하나님이라는사실에 주목하게 된다. 이명박 전 시장은 장로인데도 성경 말씀을 거론하지 않았는데 박근혜 전 대표가 성경 말씀을 인용한 점은 의외의 일이다.

대권도전자들은 종교의 신앙적인 양심을 망각하지 않아야 한다. 불교인은 도량(道場)에서, 기독교인은 성당이나 교회를 찾아가야 할 것이다.

허경영 전 민주공화당 총재는 모든 대권 도전자들의 사자성어를 압도할 수 있는 운집강우(雲集降雨, 구름을 모아 비를 내린다)를 새해 아침에 밝혔다. 한서 예문서(漢書 藝文書)의 여러 가지 방술(方術) 중 일종으로 구름을 모아 비를 내리게 하는 운집강우의 묘술(妙術)이다. 구름은 떴다가 사라지기도 하고 몰려왔다가 바람에 흘러 가기도 한다(浮雲起 浮雲滅). 비구름을 모아 비를 내리면 만물이 생동하고 무성하게 성장하여 열매를 풍성하게 맺는다는 것이다.

 금년 정해년은 경천동지(驚天動地)의 한해가 될 것이며, 구름떼처럼 많은 사람들이 모여 들어 나라를 바로 세우는데 동참한다는 것이다. 더욱 새해에는 정치, 경제, 사회, 문화, 교육, 종교 등 전 분야에 密雲不雨의 악조건에 처한 상황이어서 운집강우의 소망을 줄 수 있는 구국적인 지도자가 출현해야 한다. 대권 도전자들의 경쟁적인 사자성어에 내포된 특성을 살펴보면서 결론을 내리고자 한다.

 이스라엘 백성에게 모세와 여호수아 그리고 다윗과 같은 민족 구원의 지도자가 있었다. 2007년도의 한국에 이스라엘 지도자와 같은 영적 지도자가 절실히 요망된다. 하나님은 이스라엘 백성들에게 우로(雨露)를 내려 주시고 이른비와 늦은비를 철따라 흡족하게 내려 주시며 축복해 주셨다. 한국 백성에게도 이스라엘 백성 못지않게 축복이 넘치는 한민족(韓民族)으로 흥왕(興旺)하는 한해가 되기를 새해에 간절히 소망한다.

(2007. 1. 1. 심흔중)

〈後 記〉
필자가 대권 도전자의 한 사람인 허경영 기인(奇人)에게 雲集降雨(운집강우)의 사자성어를 선택해 주고 해설까지 해 주었다.

롬멜 장군과 몽고메리 장군의 "사막전장"을 찾아서
(엘 알라메인의 사막전장 답사기행)

인류의 역사는 전쟁으로 인해 국가의 흥망성쇠가 지속적으로 명멸하며 전개되고 있다. 모든 전쟁에 대비한 군사전략과 작전전술은 기본적인 승패의 요체가 된다. 또한 전쟁사(戰爭史)의 연구는 장차전에 대비한 전쟁의 방책과 군사전략 그리고 작전전술에 결정적인 기여를 하게 된다. 제2차 세계대전의 전사(戰史)에 롬멜(Rommel)과 몽고메리((Montgomery)의 사막전은 전사연구의 전문가뿐 아니라 모든 군의 고급 지휘관 및 참모는 많은 관심을 갖게 된다.

나는 육군대학 정규과정에 수학하면서 당시 교수부장 황규만 준장(육사 10기)의 역서인 〈롬멜전사록〉을 호기심을 가지고 구입하여 짬짬이 읽어 보면서 롬멜 장군에 대해 많은 관심을 갖게 되었다. 그후 전역하여 목회자가 된 후 성지연구를 위해 이집트 알렉산드리아를 두 차례 답사하면서 2차 세계대전 종식 3년전에 전개된 사막전의 현장인 "엘 알라메인"이 알렉산드리아에서 얼마 떨어지지 않은 이집트 북부, 지중해 연안의 사막지역이라는 사실을 알게 되었다. 그래서 지도를 펴 놓고 사막전의 현장을 확인 후 혼자서 알렉산드리아에서 대중교통 수단을 이용하여 "엘 알라메인"을 찾아 갔다.

그곳 사막전(沙漠戰)이 전개된 곳의 이름이 "엘 알라메인"(El Alamein)이다. 알렉산드리아에서 약 106km가 되는 해안 사막지역이다. 1942년 10월 23일에 시작되어 단기전으로 2주일만에 끝난 전쟁이다. 엘 알라메인 사막전에 투입된 병력과 장비는 영국연합군 23만명, 텡크 1,030대인데 비하여 독일군 10만명, 텡크 500대였다. 이 사막의 격전은 2주간으로 짧은

전쟁이었지만 총 피해는 8만여명의 인명 피해와 950대의 전차가 파괴되었
다. 이 전쟁을 상상해 보면 끔찍한 사막전의 참상이라는 사실에 전율을 느
낀다. 이곳 "엘 알라메인"에는 군사박물관이 세워져 있어 전시관 안에는
유물이 전시되어 있고, 밖에는 그 당시 전차를 비롯하여 각종 장비들이 많
이 전시되어 있다. 또한 참전했던 국가별로 해변 사막에 영국군 묘지, 이
탈리아군 묘지, 독일군 묘지를 만들어 놓아 수많은 전사자의 묘비가 처절
했던 현장에 세워져 있다. 이곳 "엘 알라메인" 사막의 격전지역을 군사 전
문가들은 꼭 답사해 볼 필요성이 있다.

이 사막전의 상세한 작전상황은 생략한다. 다만 사막의 여우(The Desert
Fox)라 불리던 독일군 총사령관 롬멜(Rommel)장군과의 결전에서 사막
의 생쥐(The Desert Mouse)라 불리던 연합군총사령관 영국 몽고메리
(Montgomery) 장군은 승리했다. 그래서 참고로 몽고메리 장군과 롬멜 장
군의 프로필을 정리하여 소개하고자 한다.

몽고메리(Montgomery, 1887-1976년)는 1908년 영국 육사를 졸업하여
1차 세계대전에 초급장교로 참전(1914-1918)했으며, 제2차 세계대전 중에
팔레스타인(이스라엘) 지역에서 잠간 초급장교로 근무한 적이 있고, 그후
다시 팔레스타인에서 사단장으로 근무(1938년)한 경력이 있다.

몽고메리는 거룩한 땅 이스라엘 광야(팔레스타인)에서 지휘능력을 연마한
근무경력이 바탕이 되었고, 당시 유대인들이 5,000명이나 영국군에 지원하여
영국군이 전력화 되어 롬멜의 독일군을 격퇴시킬 수 있는 요인의 하나가 되기
도 했다. 그는 1944년 6월 6일 노르망디 상륙 작전(연합군,아이젠하워 총사
령관)시 영국군 총사령관이 된 후 1946년 백작이 되었고 참모총장이 되었다.

롬멜(Rommel, 1891-1944년)은 1910년 육군에 입대하여 제1차 세계대

전에 참전(1914-1918년)했고, 그후 히틀러의 친위대장(1938년)이 되었다. 제2차 세계대전이 발발하자 기갑사단장으로 프랑스 전선에 활약하다가 원수로 승진(1942년)하여 북 아프리카의 엘 알라메인 사막전투에서 교묘한 작전으로 영국군을 괴롭혀 "사막의 여우"라는 별명을 얻기까지 했으나 몽고메리에게 참패하고 말았다. 1944년 독일 방위군 총사령관으로 작전지휘 중에 부상을 당해 병원에서 요양 중에 있을 때 히틀러의 암살사건에 연루되어 히틀러의 명령에 의해 자살을 했다.

나는 엘 알라메인 사막의 영국군 묘지를 돌아보며 그 많은 묘비 가운데 영국군 "쿠퍼 중위"의 묘비 앞에 멈춰 섰다. 나는 추모의 뜻을 표하며 기도를 했다. 다음과 같이 당시의 기록을 남긴다.

쿠퍼 중위 묘비 앞에서

한반도에서는 기미독립 만세(1919년)소리가 요란했던 그 시기에 당신은 영국에서 태어났소이다. 2차 세계대전의 격전지 이집트 북부 사막에서 몽고메리 장군 휘하 장교로서 늠름한 영국군 초급장교의 위용이 자랑스럽고 사막의 전쟁터에서 지상의 왕자라고 하는 전차에 올라 작전지휘를 했던 패기 찬 젊은 모습이 생생하게 상상되고 있소이다.

그날! 1942년 10월3일 장열하게 전사를 했구려. 이집트의 북부 지중해의 해변, 엘 알라메인의 끝없는 광활한 사막이 먹구름으로 뒤덮이고 천둥번개 치듯 요란한 아비규환의 전쟁터였겠지요. 독일 롬멜 장군의 전차와 격돌하여 쌍방간에 수백대의 전차에서 뿜어내는 포성과 전차들이 달리는 굉음이 지축을 흔들었겠지요.

고국이 아닌 이국 땅에서 고귀한 생명들이 형체도 없이 산산히 찢기고, 팔다리가 공중에 나르고, 주인 없는 철모는 이리저리 뒹굴며 사막을 어지

239

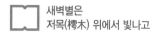

럽게 했겠지요. 나도 베트남 전쟁에 지휘관(중대장)으로 참전하여 처절한 전쟁을 체험했었지요. 당신의 묘비 앞에 서니 내 부하 전사자(3명)들의 현충원 13묘역 묘비가 눈에 선하네요.

전쟁! 전쟁은 누구를 위한 전쟁입니까? 전쟁의 아레스(Ares) 신의 장난일까요! 전쟁은 세상의 권세 잡은 지도자들의 잔혹한 욕심이 배태된 죄악일 뿐이지요. 전쟁이 없는 평화의 시대에 태어날 수는 없었더란 말입니까?

당시 포연이 끝난 후 충성스러운 당신과 무수한 장병들의 이름을 불러도 대답이 없었으며, 젊은 청춘의 가슴에서 붉은 피가 흘러내려 사막의 모래알을 붉게 물들이고 말았겠소이다. 고국 어머니들의 포근한 사랑의 가슴에 못질을 하고, 그 한이 맺힌 눈물이 흘러 지중해에 고였단 말입니까?

당신은 스물셋의 피어 보지 못한 아름다운 꽃봉오리였는데 … 그 청춘의 젊음을 보상해 줄 자 누구이리요! 고귀한 생명을 누가 되찾아 줄 수 있단 말이요! 오직 원혼들의 안타까운 오열의 소리가 메아리 없는 사막에 퍼지며, 지중해 해안의 검푸른 파도가 밀려왔다 밀려가며 파도 소리만이 처절하게 들릴 뿐이네요. 나는 사막에서의 비참했던 전쟁을 미워할 수밖에 없소이다. 끝으로 당신의 묘비 앞에서 정중히 고개 숙여 기도하리이다.

〈전능하신 하나님 아버지! 엘 알라메인 사막의 전쟁터에서 쿠퍼 중위를 비롯한 무수한 장병들이 산화하였나이다. 그들의 영혼을 받아 주시고, 죽음이 헛되지 않기를 바라며 이러한 처절한 전쟁이 지구상에서 다시 일어나지 않도록 섭리해 주시옵소서. 모든 인류들에게 자비와 사랑이 넘치게 하옵소서. 오직 산 자와 죽은 자 모두에게 부활의 소망이 되시는 우리 구주 예수 그리스도의 이름으로 간절히 기도합니다.〉 〈아멘〉

1997년 6월 2일 "엘 알라메인" 사막을 답사한 후
카이로 숙소에서 정리하여 김흔중 씀

롬멜의 흉상

몽고메리의 흉상

독일군 묘지

영국군 묘지

전시된 독일군 150mm포 장착전차

클레오파트라 여왕의 행적을 살펴본다
(이집트 알렉산드리아 답사기행)

알렉산드리아는 이집트의 수도인 카이로에서 북서쪽으로 약 220km, 나일 삼각주 서단에 위치한 지중해 연안의 국제무역 항구로 카이로 다음 가는 큰 도시이다. 이집트인들은 알렉산드리아를 아랍어로 이스칸다리아(Iskandarya)라고 부른다.

필자는 두 차례에 걸쳐 알렉산드리아를 답사하며 역사적인 배경의 두 가지 측면에 관심을 갖게 되었다. 첫째, 기독교의 역사적 측면의 배경이다. 둘째, 클레오파트라 여왕의 역사적인 행적이다.

마케도니아(현, 그리스 데사로니키 지역) 왕인 필립 2세가 주전 336년에 암살됨에 따라 그의 아들 알렉산더는 나이 20세에 왕위에 올랐다. 알렉산더는 왕이 된 후 희랍을 비롯하여 페르시아와 소아시아 전역을 정복하였다. 바벨론에 도읍을 정하고 동쪽으로는 멀리 인도 국경지역까지 진출하였고, 24세가 되는 주전 332년에 이집트를 정복했다. 알렉산더는 천혜의 항구도시인 "라코스"를 발견하고 이집트 왕국의 수도로 삼았다. 이어 라코스 항구 도시의 이름을 알렉산더 대왕의 이름을 따서 알렉산드리아로 바꾸었다.

오늘날 기독교인들은 알렉산드리아에 관심을 갖게 된다. 세계에서 최초로 기독교를 받아들여 이집트 초기 기독교인이 이곳을 중심으로 정착했다. 특히 성 마가는 주후 61년에 알렉산드리아 구두 수선공에게 복음을 전파해 콥틱교회가 최초로 세워져 오늘날 이집트에 콥틱 기독교인이 750만명에 달하고 있다. 성 마가는 알렉산드라에서 순교했다고 한다. 알렉산드리아 항만의 오른쪽 제방 입구의 광장에 성 마가 요한의 순교 추모탑이 세워

242

져 있다. 기독교인은 성 마가교회와 성 마가 순교탑을 순례하고 있다.

알렉산드리아가 이곳 문화와 학문의 배경이 되어서 그리스도의 복음이 최초로 체계적인 기독교 신학으로 발전된 곳이다. 알렉산드리아 학파가 이런 환경 속에서 생겨난 것이다. 아주 유명한 학자로는 클렌멘트(Clement), 오리겐(Origen), 필로(Philo), 아다나시우스(Adanasius) 등이다. 더욱 중요한 것은 알렉산드리아에서 최초로 히브리어로 기록된 구약성경을 헬라어로 번역한 것이다. 알렉산드리아는 이스라엘에서 추방되어 상업에 종사하는 많은 유대인이 살고 있었지만 그들의 언어인 히브리어를 잊어버리고 당시 국제 공용어인 헬라어를 사용하고 있었다. 따라서 히브리어로 기록된 구약 성경을 헬라어로 번역할 필요성을 느끼게 되었다. 그리하여 주전 250년경에 번역 작업이 이루어졌다. 알렉산드리아에서 70인의 유대인 학자들에 의해 번역되었다고 하여 70인역(LXX)이라고 하여 알렉산드리아 역본(Alexandria Version), 또는 셉투아진트(Septuagint)라고도 한다. 이 "70인역"은 기독교문화를 전세계에 보급하고 복음을 전파하는데 절대적으로 기여했다. 또한 알렉산드리아는 50만권의 장서가 있던 학술원 성격의 무세이온(Mouseion)이라고 하는 세계 최대의 도서관에서 기하학의 아버지라고 불리는 유클리드(Euclid), 지구가 둥글다는 것을 알고 지구의 둘레를 계산했고, 해와 달까지의 거리를 측정한 에라토스테네스(Eratosthenes), 해부학을 연구한 헤로필로스(Herophilos) 같은 저명한 학자들이 배출되었다. 이제 클레오파트라에 관련된 알렉산드리아의 역사적 배경을 살펴보고자 한다.

마케도니아의 알렉산더 대왕(주전 356-323년)은 유럽, 아시아, 아프리카에 걸쳐 대제국을 건설하여 그리스 문화와 오리엔트 문화를 융합시킨 새로운 헬레니즘(Hellenism) 문화를 이룩하였다. 그러나 그가 죽게 되자

(30세) 대제국 영토는 심복 사령관 의해 분할 통치하게 되어 마케도니아, 시리아, 이집트의 세지역으로 갈라졌다. 이때에 이집트를 프톨레미 1세 (Ptolemy, 재위 주전 323-285년)가 알렉산드리아를 그리스문화의 중심지로 만들어 이집트 지배를 시작하였고, 클레오파트라 여왕 (Cleopatra-vII, 주전 51-30년, 재위 21년)은 프톨레미 왕조 300년의 최후 통치자가 되었다.

그녀는 프톨레미 12세의 둘째 딸로 주전 51년 왕위를 계승하여 남동생인 프톨레미 13세와 결혼하여 프톨레미 왕조의 수도인 알렉산드리아에서 이집트를 공동으로 통치했다. 그 후 한때 왕위에서 쫓겨났으나 주전 48년 이집트에 와 있던 로마 장군 카이사르(Caesar, 주전 100-44년, 시저)를 농락하여 인연을 맺어 왕위에 다시 올랐다. 그 다음 해에 프톨레미 13세가 카이사르와 싸우다가 죽게 되자 막내 동생인 프톨레미 14세와 재혼했으며 계속해서 이집트를 공동 통치했다.

그러나 그녀는 자신을 왕위에 오르게 한 카이사르를 꽃에 싸인 나체로 유혹하여 그들 사이에 아들 하나를 낳게 되자 카이사리온(Caesarion, 프톨레미 15세)이라 불렀다.

그녀는 한때 빈객으로 로마에 가 있었으나 카이사르가 암살 된 후에 알렉산드리아로 돌아왔다. 이후 프톨레미 왕조는 점차 쇠퇴하기 시작하면서 로마의 동방진출에 제물이 되어 갔다.

당시 로마는 공화정(共和政)의 체제하에서 주전 43년에 로마가 삼분되어 옥타비우스(Octavius), 안토니우스(Antonius), 레피두스(Lepidus)의 2차 삼두정치(三頭政治)를 시작하면서 반대파를 추방하였다.

주전 42년에 필립피 전투에서 카이사르의 암살자인 브루투스(Brutus)와 카시우스(Casius)를 격파하고 대제국을 삼분하여 안토니우스는 동방을, 옥타비우스는 서방을, 레피두스는 아프리카를 각각 장악하였다. 그러나 레

244

피두스를 탈락시킨 후부터 안토니우스와 옥타비우스 두 장군은 치열한 후계자 다툼으로 대립이 격화되었다.

　그녀는 주전 41-40년에 안토니우스를 만나기 위해 이집트의 알렉산드리아에서 지중해를 건너 소아시아(터키)의 다소에 찾아와 인연을 맺었다. 그래서 오늘날 다소(사도 바울의 출생지)에 클레오파트라 기념문이 세워져 있어 성지순례자들이 볼 수 있다. 그녀는 결국 주전 37년에 안토니우스와 결혼을 하게 되어 다시 아들을 낳게 되었고 두 사람의 정치적, 인간적 유대가 깊어지게 되었다.

　주전 34년 안토니우스는 그녀와 그녀 자녀들에게 로마의 전체 속주(屬州)를 주었다. 그러나 안토니우스와 옥타비우스의 대립은 격화되었다.

　주전 31년 악티움 해전(Battle of Actium, 그리스 북서부지역의 반도)으로 번져 이 해전에서 그녀와 안토니우스 연합군은 참패하였다. 그리하여 그녀는 알렉산드리아에서 안토니우스와 함께 재기를 꾀하였으나 주전 30년 옥타비우스의 공격을 받고 위기에 처하게 되었다. 이때 안토니우스는 클레오파트라가 자살했다는 허보(虛報)를 사실로 믿고 자살을 했다. 클레오파트라도 안토니우스의 자살에 이어 독사(Cobra)로 가슴을 물게 하여 39세의 나이에 자살하고 말았다. 그녀의 죽음은 프톨레미 왕조 300년의 종말을 고하며 폐막되었고, 지중해를 발판으로 로마가 세계를 지배할 수 있는 서막을 여는데 성공하였다.

　그후 옥타비우스는 아우구스투스(Augustus)라는 칭호로 주전 27년에 황제에 즉위(재임:주전 27-주후 14년)하여 로마의 초대 황제로 시작되는 로마제국이 개막되어 로마의 공화정이 끝이 났다. 로마는 200년 동안 지중해 중심의 세계를 펼쳐서 로마의 평화시대(Pax Romana)라 불리는 긴

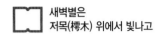

평화의 시대가 열리게 되었다.

클레오파트라는 역사 속으로 사라졌지만 그녀의 족적은 역사와 함께 남아 있다. 그녀의 수려한 용모와 여성적인 매력, 수개의 외국어를 자유로이 구사했던 능력, 능란한 외교 수완 등의 재능을 잘 발휘했다. 그러나 로마의 두 영웅인 카이사르와 안토니우스를 자유자재로 조종하여 격동기의 왕국을 유지했지만 그녀의 말로는 안타깝게도 자살한 애처러운 여왕이 되고 말았다.

오늘의 알렉산드리아에서 클레오파트라의 영화(榮華)와 미모의 아름다움은 찾을 수 없지만 그녀가 남긴 역사적 족적에 따른 유적과 유물만이 인생의 허무함의 자태로 침묵을 지키고 있으며 알렉산드리아 항(港)에서 바라보이는 지중해의 푸른 바다와 하늘은 애절한 감회를 느끼게 한다.

클레오파트라의 생애는 많은 문학작품의 좋은 소재로 일찍이 플루타르코스의 「영웅전, 인토니우스전」과 세익스피어의 「안토니우스와 클레오파트라」가 있으며 근세에 와서는 G.B 쇼의 「시저와 클레오파트라」 등이 유명하다.

필자는 알렉산드리아 항에서 촬영한 현장의 사진들을 볼때 마다 그리고 터키 다소의 클레오파트라 문을 보게 되면 클레오파트라의 발자취가 영화에서 보았던 영상과 함께 떠오른다.

(2015.5.23. 김흔중)

이집트 알렉산드리아 해안에서(1997. 4. 29. 김흔중)

터키, 다소의 클레오파트라 기념문에서(1997. 5. 10)
(김흔중 목사, 정재학 목사)

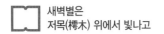
새벽별은
저목(樗木) 위에서 빛나고

베트남 참전전우회 "회보 창간"에 즈음하여
(축하 메시지)

베트남 참전전우회의 "회보 창간"을 무엇보다 뜻 깊게 생각하며 진심으로 축하드립니다.

회보 창간은 베트남 참전의 의의를 다시 회고하며 전우들간의 새로운 각오와 결의를 다짐하고 화합과 결속을 공고히 할 수 있는 광장이 회보를 통해서 이루어질 수 있으리라 확신합니다.

우리 참전 전우들은 대한민국 정부의 합법적인 절차와 합의로 국가의 요청과 명령에 의해 파병된 것입니다. 그러나 반국가 세력은 용병으로 파병되었다고 왜곡하며 파월 장병의 명예를 실추시키고 있습니다. 우리는 공산주의의 악의 세력들과 싸우기 위한 세계 평화의 사도로서 우방의 자유와 평화 수호를 위해 파병되어 십자군의 사명을 다한 것입니다.

오늘날 대한민국은 북한의 적화통일 전략과 통일전술의 계략에 위기를 면치 못하고 있으며 설상가상으로 우리 주변에 반미 종북 좌파세력이 발호하고 있어 남남 갈등은 심화되고 있습니다. 채명신 회장님은 오늘날 한반도 사태가 베트남의 적화통일 직전의 상황과 유사하다는 말씀을 자주 안보강연에서 강조하고 계십니다. 우리는 베트남의 적화통일의 역사적 비운을 반면교사로 삼아야 할 것입니다.

오늘날 남베트남이 패망하여 적화통일되었지만 통일 베트남은 변화를 거듭하면서 우리나라의 네 번째의 큰 교역국가로 변한 역사적 아이러니를 보여 주고 있습니다.

본인은 지난 5월 중순 베트남 참전전우회 회장 채명신 주월 초대 사령관

님으로부터 베트남 참전전우회 기독신우회 회장으로 위촉을 받게 되어 막중한 책무를 절감하고 있습니다. 이제 기독교인들뿐 아니라 가톨릭 및 불교인까지 포용된 종교적 신앙심이 구심점이 되어 채명신 회장님을 중심으로 가일층 결속하고 단결하여 온갖 부정부패를 척결하고 정의사회를 구현하며 국가가 위기에 처할 때 국가안보에 선도적 역할을 다할 수 있도록 애국충정의 전우애가 발양될 수 있기를 바랍니다.

  끝으로 바라건대 회보 〈참 전우〉를 통해서 생사를 같이했던 과거의 전우애를 다시 나누는 친교의 광장이 될 것으로 확신하며 베트남 참전 전우회의 무궁한 발전과 전우들에게 하나님의 은총과 축복이 있기를 진심으로 기원합니다.

2002년 9월 22일

베트남 참전기독신우회

회장 김 흔 중

채명신 회장으로부터 위촉장을 받고 있다.
(2002. 5. 12. 김흔중)

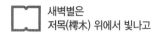

단군(檀君)이 제천(祭天)했다는 강화도(江華島) 마니산(摩尼山)을 찾아서
(韓民族의 霙山인 摩尼山 登頂記)

　금년(2015) 6월 1일은 대단히 의미있는 기념일이다. 국가적인 차원이 아니라 개인적으로 뜻깊은 날이다. 사람은 누구나 한평생 사라오는 동안 어떠한 전환점이 되는 날은 기억하려고 한다. 첫째로 모태로부터 출생한 생일을 누구나 중요시 한다. 그러나 나는 해병대 장교로 임관하여 소위 계급장을 해병대 백색정복의 양어깨에 단 임관기념일은 잊을 수 없다. 나는 젊음을 해병대에 바친 후 정년이 되어 전역했고, 전역한 지 벌써 52주년이 되는 날이 오늘이다. 그래서 해병사관 32기 동기생들이 임관을 기념하기 위해 서해안의 안면도 자연휴양림으로 버스를 대절하여 야유회를 가게 되었다. 그러나 나는 유감스럽게도 야유회에 동참하지 못하고 절친한 친구와 함께 오래전에 약속되었던 강화도 마니산 등정을 하게 되었다.

　인천시 강화도는 역사적으로 유서가 깊은 섬으로 한국에서 4번째(제주도, 거제도, 진도, 강화도)로 큰 섬이다. 고려시대는 몽골의 침략으로 개경(開城)에서 강화도로 천도(遷都)하여 39년간 고려의 임시수도였다. 또한 불란서 함정 침략의 병인양요(1866년, 고종 3년), 미국 함정 침략의 신미양요(1871년, 고종8년)가 있었고, 일본의 운양호사건(1875년, 고종 12년)으로 강화도조약(1876년, 고종13년)과 강제적인 한일합방(1910.8.28. 경술국치)을 몰고 온 서울의 관문인 강화도인 것이다. 또한 조선조말 철종(哲宗, 1844년 가족과 유배, 25대왕, 1849-1863년) 등의 유배지로 유명한 역사적인 섬이기도 하다.

　인천시 강화도에서 가장 역사적, 지리적인 초점이 되는 곳인 마니산(摩

尼山,469.4m)은 강화도 남서단(화도)에 위치하여 한반도의 중앙에 자리잡고 있어 마니산을 중심으로 한라산과 백두산까지의 거리가 같다고 한다. 마니산 정상의 참성단(塹星壇)에서 단군(檀君)이 제천의식(祭天儀式)을 봉행했던 명산으로 용이 승천하고 용마가 나왔으며, 신선이 사는 곳으로 72대 왕후장상이 나올 곳이라는 전설이 전해지고 있다. 마니산 참성단에서 '88세계 장애자 올림픽을 비롯 매년 전국체전시 성화를 채화 봉송하고 있는 민족의 영산이다.

등산로를 따라 918개의 돌계단을 올라가노라면 서해바다 풍경이 한눈에 들어와 아름다운 경치를 만끽할 수 있다. 노송과 참나무를 비롯한 우거진 숲속을 따라 노구를 이끌고 단군로를 따라 정상을 향해 쉬엄 쉬엄 올랐다. 친구와 정담을 나누며 오르고 또 오르니 힘이 들었지만 숲속에서 풍기는 피톤치드(Phytoncide)의 향그러운 냄새는 상쾌하기만 했다. 나의 일생을 통해 대단히 뜻깊은 마니산의 사실은 꾸불 꾸불 험한 등산로와 층계를 친구와 함께 등정하여 한껏 참성단을 마음속에 품게 된 것이다.

오늘날 남북 분단의 대치상태에서 강화도를 살펴보고자 한다. 강화도와 북한 땅 사이로 한강물과 임진강 물이 합수하여 서해로 흐른다. 강물이 하루에 두 번 썰물과 밀물로 들락거리며 강물이 흐른다. 이 한강하구의 강물이 흐르는 중앙 경계선은 휴전선의 육지 군사분계선(NLL성격)과 같은 효력이 있으며 한강하구 북쪽 땅이 북한 땅이며 남쪽 땅인 강화도는 한국 땅이다.

강화도 본도와 부속 5개섬(석모도, 주문도, 보름도, 교동도, 말도)의 도서방어를 위해 해병부대가 방어임무를 수행하고 있다. 최초 해병여단 예하 증강된 대규모의 수색부대가 방어임무를 수행하다가 사단으로 증편되어 연대규모로 강화도 전지역의 도서방어 임무를 수행하고 있다.

나는 1974년(41년전)부터 다음해까지 1년 반 동안 수색부대 작전참모 및

부부대장을 역임하며 5개섬을 자주 헬기 또는 선박으로 진지점검 및 해안
방어 태세 점검을 위해 최선을 다했다. 당시 강화도 최북단 758,OP에 오
르면 강건너 북녘땅을 바라보며 분단의 뼈저린 아픔을 느꼈다. 그당시 피
한(彼恨)이라는 제목의 시(詩)를 남긴 바 있으며, 현재 제적봉 평화전망대
(758,OP자리)의 광장에 피한시비(彼恨詩碑)가 세워져 있어 보람을 느낀다.

끝으로 백두산과 한라산의 중간에 위치한 마니산은 한반도 통일에도 무
관치 않다. 남북 통일이 되면 백두산 천지의 물과 한라산 백록담의 물을 합
수하여 마니산 참성단에서 감사의 예배를 하나님께 드렸으면 좋겠다.

나는 그간 한라산 정상, 지리산 정상, 태백산 정상, 설악산 정상 등 명산
을 두루 등정하게 된 것을.무척 감사하게 생각한다. 지난날 해병대의 수색
부대에 근무할 때부터 강화도 본도와 부속 5개 도서를 샅샅이 구석구석 돌
아보았으며, 전지역에 산재한 역사유적을 여러 차례 답사했으나 당시 민족
의 영산인 마니산을 등정하지 못했다. 그러나 40여년이 지난 오늘에까지
마니산이 잊혀지지 않아 이제사 막역의 친구와 함께 그 등정의 꿈을 이루
게 된 것을 매우 감명 깊게 생각한다.

(2015. 6. 1. 김흔중)

강화, 마니산 참성단이다.

옛 친구들과 자주 정담을 나누고 싶다
(3·1동창회 회보에 회장의 신년인사)

정해년(丁亥年) 제야(除夜)에 국가적으로 다사다난했던 한해를 마감하게 되었습니다. 지난해 12월 19일 국가의 정체성 및 정통성 회복과 총체적 위기를 극복할 수 있는 정권 교체의 대선(이명박 대통령 당선)을 성공리에 치뤘습니다.

이제 무자년(戊子年) 구정을 맞이하면서 다시금 새로운 감회를 느끼게 됩니다. 먼저 3·1회 회원 여러분들에게 새해 인사와 더불어 안부를 묻는 동시에 건강을 진심으로 기원합니다.

우리들의 과거를 회고해 보면 홍안(紅顏)의 얼굴로 강상(江商)의 교문을 들어 서며 교실과 운동장에서 젊은 청운의 꿈을 키웠던 과거가 무척 아름답고 그립습니다. 그러나 세월의 광음은 사람을 기다려 주지 않고 쏜 화살처럼 빨리 날아가 버렸습니다.

그래서 사람이 시간을 말뚝에 잡아 매려 해도 불가능한 일이며 속절 없이 이마에 주름살만 늘어 가고 머리에 백발이 성성하며 기력은 날로 쇠하여 가고 있습니다. 벌써 세상을 떠난 많은 회원들이 불귀의 객이 되고 말았습니다.

어릴적 청소년 시절에는 어른 되기를 바라며 나이 먹는 것을 기쁘게 생각하지만 노인들은 나이 한 살 더 먹는 것이 그리 두렵고 초조하기 짝이 없습니다. 우리가 어릴 때 어른들에게 구정 설날에 세배를 드리면 세뱃돈 받는 것이 그리 기뻤는데 노인이 되어 손자 손녀들에게 세뱃돈을 주어야 하는 심경은 풍족히 줄 수 있다면 보람도 있고 기쁘지만 세뱃돈은 고사하고 자신의 몸을 추수리기도 어려운 형편이라면 만사가 귀찮을 것입니다.

우리는 지난 세월을 어떻게 살았느냐 하는 것도 중요하지만 남은 여생을

253

어떻게 살다가 생을 마감하느냐가 더욱 중요한 과제인 것 같습니다. 우리는 누구든지 과거의 만족이나 행복 또는 불행이나 어려움에 집착하지 말고 마음을 비우고 태연자약(泰然自若)하게 사라가는 지혜가 필요한 것 같습니다.

사랑하는 3·1회 회원 여러분!

세상이 우리를 따듯하게 품어주지 않는다고 원망하거나, 자식들이 효도하지 않는다고 짜증내지 말며 오직 옛 친구들을 자주 만나 다정하게 악수하고 한자리에 앉아 정답고 아름다운 대화의 꽃을 피우면 참 좋을 것 같습니다. 벌써 입춘이 지나 봄이 찾아 왔습니다. 흰눈 속에서 오상고절(傲霜孤節)의 인내로서 봄을 기다렸던 매화의 미소를 바라보며 우리 3·1회 회원 모두가 한 해를 건강한 몸으로 즐겁고 기쁘게 생활할 수 있기를 간절히 기원합니다.

戊子年(2008년) 舊 正初에   三.一會 會長 김 흔 중

254

구국의 함성이 헛되지 않기를 바란다
(안경본 구국집회의 신문기사)

대한민국이 2004년에 이미 위기에 처해 있었다. 우리 안경본(안보와 경제살리기국민운동본부)이 단독으로 주최하여 시청앞 광장에서 6·25상기 집회를 가지며 부족한 내가 사회를 봤던 기억이 새롭고 허탈하기도 하다. 그 집회의 시청앞 광장에 태극기를 손에 든 애국시민 4천여 인파가 넘쳤고 미 부시대통령과 참전 16개국에 보내는 감사의 메시지 낭독도 서울 하늘에 울려 퍼졌다. 그러나 오늘날 국가의 위기는 고조되어 풍전등화의 상황에 처하게 되었다. 그리하여 이미 과거사가 되었지만 KBS 본관 앞에서 가졌던 구국집회의 기사를 아래와 같이 소개하며 그 기도소리와 함성이 헛되지 않기를 바라는 마음 간절하다. 더욱 금년 대통령 선거의 중요성을 지성인들과 국민들이 모두 바르게 깨달았으면 좋겠다(2007.11.20. 김흔중).

〈조선일보 기사 내용〉

안보와경제살리기국민운동본부(약칭 '안경본')가 주최하는 구국기도회가 2004년 11월 13일 오후 3시 서울 여의도에 있는 KBS 본관 앞에서 400여 명이 모인 가운데, 김흔중 목사(한민족복음화선교회장, 안경본 중앙위원장)의 사회로 2시간 30분 가량 진행되었다.

이 날 행사에서 참석자들은 집권여당이 추진중인 '4대 개혁법안'을 친북·좌파 정책이라 비판하고, KBS·MBC 방송사들에 대한 규탄 및, 노무현 정권을 친북·좌파 정권으로 규정, 강력하게 성토했다.

설교를 위해 연단에 선 김동권 목사(예장합동 증경총회장, 안경본 공동대표)는 "농사꾼은 농사를 짓지 않는 시기에는 날을 갈면서 농사에 대비해야 한다. 마찬가지로 군인들은 평화시에 열심히 훈련을 하며 유사시를 대비해야 한다. 평화시기라고 해서 노래 부르고 놀아서는 안 된다"며 튼튼한 안보태세를 강조했다. 이어 "강도가 집에 침입하려고 온갖 준비를 다하고 있는데 대문을 열자고 한다. 남침을 노리는 악한 생각을 북한은 전혀 버리지 않았는데 우리는 모든 것이 해결된 것처럼 행동하고 있다"고 말했다.

한편 김 목사는 '사학법 개정'을 '기독교 탄압'으로 규정하며 강력하게 비판했다. 그는 "지금 나라가 악한 사상(공산주의)으로 물들어 가고 있는데 1200만이 넘는 기독교인들은 뭐하는가?"라며 기독교인들의 각성을 촉구하는 한편, "기독교 신앙으로 민족을 깨우친 학교들을 사학법 개정으로 망치려 하고 있다. 우리에겐 넉넉한 시간이 없다"고 외쳤다.

사학법 개정 등 '4대 개혁법안'에 대한 비판은 다음 순서에서도 계속 이어졌다.

'특별기도회' 순서에서 이재규 장로(한국예비역기독장교회연합회장, 안경본 자문위원)는 "극소수의 비리를 빙자하여 학교를 사상적 이념의 장으로 삼으려 하고 있다"면서 사학법 개정을 반대했다. 또 과거사 진상규명법에 대해서도 "불소급 원칙과 일사부재리를 무시하는 법안"이라며 "과거사를 따지지 말고 경제를 위해 전진해야 한다"고 말했다.

'통성기도'를 진행한 김기원 목사(한국기독교문화예술총연합회장, 안경본 자문위원)는 "국민들 절대 다수가 반대하는 일을 (집권여당이) 강행하려 하고 있다"며 현 정권을 '개혁으로 포장된 사기 정권'이라 불렀다. 그는 현 경제위기에 대해 '사기적 유토피아'라는 표현을 사용하기도 했다.

– 전경버스(닭장차) 곳곳에 걸린 문구들 뒤이은 '시국강연' 순서에서 행사장의 열기는 한껏 고조되었다.

김상철 변호사(전 서울시장, 안경본 고문)는 "그동안 자제하던 기독교인들이 입을 열기 시작했다"며 "친북좌익세력들은 교회의 결의가 무엇을 뜻하는지 알지 못할 것이다. 이제 아무도 말릴 수 없다"고 외쳐 청중들의 뜨거운 박수갈채를 받았다.

김 변호사는 방송과 정치권에 대해서도 비판의 화살을 날렸다.

그는 "KBS가 반하님적으로 세상을 움직이려 하지만 안될 것"이라고 말했다. 또 '사법 쿠데타' 발언으로 논란이 된 열린우리당 이목희 의원에 대해 "얼빠진 작자"라며 비판했다.

계속해서 김 변호사는 자유민주주의의 근본을 '사유재산 인정'이라 정의하고, 사학법 개정은 사유재산제를 부정하는 '도둑질'이라고 말했다. 그는 "(사학에)비리가 있으면 조사를 해서 처벌하는 것으로 끝나야 한다"고 말했다. 또 "학교에는 '전교조'와 같은 노동자의 시각을 가진 교육자들은 필요 없다. 이들은 월급만 축낸다. 학교에는 헌신하는 교육자가 필요하다"고 이어나갔다.

김 변호사는 "외국에서 '다원주의'를 공부하고 돌아온 일부 신학대학 교수들은 예수도 믿지 않는다. 그런 세력들에게 사학을 좌지우지하게 넘겨줄 수는 없다"고 일부 신학자들의 태도를 비판하기도 했다.

이어 김변호사는 국가보안법 폐지, 언론개혁법, 과거사 진상규명법을 차례로 비판했다. 그는 "북한을 외국으로 인정하자고 하는데, 그렇다면 탈북자가 외국인인가?", "언론개혁법 = 신문탄압법", "친일규명법은 후손들 족치겠다는 것"이라 언급했다. 김 변호사가 친일진상규명법을 언급하면서 "스무살 때 친일했다고 하더라도 지금 살아있다면 나이가 80이 넘었을 것"이라고 하자, 청중들 속에서 "대중이부터 족쳐라!"는 말이 나오기도 했다.

김 변호사는 노무현 정권을 겨냥하는 말로 이야기를 끝맺었다. 그는 "4대 악법은 노무현 정권의 대한민국에 대한 도전"이라며 "지금 노무현의 지지율이 24%라고 하는데 17%까지 한번 끌어내려 보자! 0%는 불가능하다. 민주주의 국가에서는 빨간 애들도 존재하기 때문이다."라고 말했다.

– 인간띠 잇기 퍼포먼스를 준비하는 모습

김한식 목사(한사랑 선교회 대표, 안경본 본부장)는 '목표'와 '학습'을 강

257

조했다. 그는 "목표가 확실해야 적들을 이길 수 있다며 '주적개념 철폐' 주장을 비판했다. 또 북한이 아직도 유지되고 있는 것은 '학습의 효과' 때문이라며 "우리도 젊은이들에게 올바른 학습을 시켜야 한다"고 주장했다.

김 목사는 "과거 서독에서 대통령 비서실장과 국정원 차장급 쯤 되는 사람들이 동독의 간첩이었던 것으로 밝혀진 적이 있다"며 "지금 청와대, KBS, MBC 등에 간첩이 얼마나 있을지 알 수 없다"고 의구심을 나타냈다.

김 목사는 '햇볕정책'에 대한 언급도 했다. 그는 "나라를 지금 이 꼴로 만든 근본은 '김대중'에게 있다"면서 "이솝우화에서 옷을 벗은 것은 괴로워서(더워서) 벗은 것이다. 따라서 김정일의 옷을 벗기려면 김정일을 괴롭혀야 하는 것이다"라고 말했다.

'시국강연'이 끝나고 결의문 낭독, 축도, 만세삼창이 있은 후 '인간띠 잇기' 퍼포먼스를 끝으로 행사는 막을 내렸다.

'안경본' 측은 오는 15일(월) 오후 7시, 서울 종로5가에 있는 '한국기독교회관' 2층에서 19차 정기기도회 및 강연회'를 가질 예정이다.

[조선일보 김남균 기사]

KBS본관 앞에서 국가보안법수호 결의 대회를 하고 있다.
(2004. 10. 9. 사회 보는 김흥중 목사)

Good News 사랑의 불꽃운동 체험기
(하나님은 사랑이심이라, 요일 4:8)

사랑의 근본은 십자가로 인하여 온 것이며
그 사랑은 못박혀서 흘린 보혈의 능력이다.
Good News 가운데 가장 값진 것은 사랑이며
그 사랑은 주님이 주시는 은혜의 선물이다.

사랑의 불씨는 마음속에서 모록모록 피어나
그 사랑이 심령에 점화되어 타올라야 한다.
사랑의 침묵시간에 내면의 자신을 발견하며
그 사랑의 깊이와 넓이를 헤아려 보게 한다.

사랑의 섬김으로 낮아 짐을 실천하게 하며
그 사랑이 반향되어 오히려 높임에 이른다.
사랑의 율동으로 온 몸을 바쳐서 찬양하며
그 사랑이 마음속에 성령으로 차고 넘친다.

사랑의 선물은 시간 따라 테이블에 놓여져
그 사랑이 흠뻑 젖은 정성에 감사를 배운다.
사랑의 데코레이션은 수시로 변화를 통하여
그 사랑의 색상과 모양에서 정감을 느낀다.

사랑의 식탁에 메뉴는 산해진미로 차려져서
그 사랑의 맛을 풍성한 음식에서 발견한다.

사랑의 십자가에 온 죄목을 망치로 못박아
그 사랑의 영적 각성을 직접 체험하게 한다.

사랑의 세족식은 제자의 발을 씻긴 주님의
그 사랑을 느끼며 감동의 절정에 다다른다.
사랑의 생명력은 은혜와 진리로 넘쳐 나고
그 사랑은 역동적으로 번지고 퍼져야 한다.

Good News는 세상의 끝날까지 전파가 되고.
사랑의 불꽃은 영원히 활활 타올라야 한다.
<아멘>
2007. 11. 5
Good News 사랑의 불꽃운동 제47기 예닮 테이블
(김 흔 중 목사)

Good news 사랑의 불꽃운동 집회에 참석했다.
(2007. 11. 5. 김흔중 목사)

오늘 하루

인간은 태어나 늙으면 죽음이 있고
모든 일에도 시작이 있고 끝이 있다.

오늘은
나라를 위해 젊음을 바쳐 헌신하고
군 생활을 마감한 28주년 기념일이다.
벌써 28개 성상의 세월이 흘러갔으며
여생을 아름답게 장식해야 할 때이다.

오늘도
오늘보다 내일을 위한 하루의 시작과
하루의 삶에 참 가치를 부여하고 싶다.
동해의 수평선에 두둥실 해가 떠 올라
황혼의 붉은 태양은 서산에 걸려 있다.

오늘도
모든 날짐승들도 둥지를 찾아서 날고
들짐승들도 짝지어 잠자리로 모여든다.
하루의 생활을 위해 동분서주 했지만
석양이 붉으면 안식할 처소를 찾는다.

오늘도
아직 황혼의 삶에 미래의 소망이 있어
인생의 발걸음에 내일의 큰 꿈이 있고,
나그네 인생에 주님의 은혜가 충만해
내일의 새 아침에 축복이 넘쳐 나리라.

전역 28주년에 즈음하여
(2015. 2. 28. 김흔중)

인생을 즐겁게 살자
(32기 동기생에게)

花無十日紅이요 人不百日好란 말이 있듯이
세상살이 변화무상해 영원한 만족이 없고
인생은 즐거움과 고통이 번갈아 넘나든다.

사람은 젊어서 고생하면 늙어서 편해지고
젊어서 행복하면 늙어서 괴로움이 더하며
한평생 사라가자면 무상한 것이 인생이다.

사랑이 없는 인생은 삭막하고 무의미한데
한때에 사랑을 지나치게 쏟으면 고갈되고
사랑을 적절히 배분하면 늙어서 행복하다.

늙어가며 사랑이 불변하는 역동적인 힘은
마음이 늙지 않고 애정이 넘쳐나 흐르며
행복의 극치를 공감할 수 있기 때문이다.

누구든 고통의 몸일지라도 인내와 용기로
마음을 젊게 사라 가고 인생을 즐겨가며
말년에 풍성한 축복이 넘치기를 기원한다.

해병사관 제 3 2 기 임관 46주년에 즈음하여-
〈2009. 6. 1. 김흔중〉

주님은 양의 문이시다
(요10:7)

길잃은 양떼들, 양의 문을 두드리니
구원의 문 활짝 열어 주시고
　　선한 목자 음성을 들려 주시며
　　　　생명의 양식 풍성한 꼴을 먹이시네.

회개한 죄인들, 좁은 문을 택했으니
　협착한 길 밝게 비춰 주시고
　　　주 십자가 보혈로 구속 하시며
　　　　　주님의 넓고 넓으신 사랑 베푸시네.

택하신 백성들 천국 문에 달려가니
　　반기며 양 문을 열어 주시고
　　　주 하나님 우리를 칭찬 하시사
　　　　　충성의 황금 면류관 씌워 주시겠네.

(2015. 5. 18. 김흔중)

사공(沙工)의 인생에 소망이 있다

바람이 어디서 와서 어디로 가는지 모른다.
구름을 몰고 와서 구름과 함께 사라지는데
신비한 구름은 바람의 요술에 명멸을 하며
흰 뭉게구름은 천사의 유람선으로 떠 가고
바람의 역동적인 힘이 구름을 춤추게 하며
푸른 하늘에 두둥실 떠가도록 노를 젓는다.

순풍에 돛을 달아야 바람의 고마움을 안다.
돛단배의 일엽 편주엔 칠야에 등대가 있고
수평선에 솟는 태양의 미소에 찬미를 하며
바다에 바람이 일면 파도가 변화무상하다.
바람이 거셀수록 파고 높아 파도가 무섭고
노도는 선박을 뒤집어 엎어 사공을 삼킨다.

활엽수의 이파리가 바람과 입맞춤을 한다.
사시상철 불평 없이 나뭇가지는 춤을 추고
가지마다 사랑 노래하며 무럭 무럭 자라며
성난 바람 불면 낙락장송도 쓰러져 버린다.
태풍이 불면 집도 무너지고 사람도 덮치며

지진과 해일은 마지막 종말 때의 징조이다.

버들 가지 흔들리면 육안으로 풍향을 안다.

봄 바람이 감미롭고 겨울 바람이 매섭지만

꽃술의 중매에 전령인 바람이 무척 고맙고

인생은 돛단배 뱃사공의 고독한 항해인데

이제 바람과 함께 소망의 구름에 탑승하여

무지개 다리 건너 새 하늘 새 땅에 가리라.

(2015. 5. 21. 김흔중)

홍은혜 여사 "미수기념 서화집"

米壽紀念
竹媛 洪恩惠 女史
書 畫 集

바다로 가자

도서출판 한 빛

홍은혜 여사 "미수기념 서화집" 출간 배경

홍은혜 권사께서는 영락교회 선교관에서 매주 금요일 오전 7시 고넬료회 (기독장교회 서울지회) 조찬기도회에 참석하신다.

선교관에서 예배를 마치고 식당에서 식사를 같이한 후 친교시간을 갖는다. 친교시간에 직접 16절지 아트지에 그린 그림(주로 鳥類)의 작품을 나에게 자주 선물로 주셨다.

2년여에 걸쳐 받은 작품이 무려 46점이나 되었다. 그래서 홍은혜 권사께서 소장하고 있던 그간의 서예 및 사군자의 작품이 많이 있어 선물로 받은 그림의 작품을 포함해서 홍은혜 권사 작품의 "米壽紀念 書畵集"을 편집하게 되었다.

이 서화집을 출간하게 됨에 따라 김영관 장로(전 해군참모총장)님을 비롯한 고넬료회의 해상동우회의 후원으로 지난 2004년 8월10일 홍은혜 권사님의 미수(88세)를 축하하고자 하는 뜻을 모아 한빛도서출판에서 서화집을 출간하게 되었다.

금년(2015년8월10일)에 홍은혜 권사님은 백수(白壽, 99세)를 맞이하셨다.

홍은혜 권사님은 백수를 맞이한 노구이신데도 불구하고 매주 금요일 영락교회 선교관에 모이는 조찬기도회에 빠지지 않고 참석하신다.

끝으로 백수를 맞이하신 손원일 초대 해군참모총장의 부인이시며, 해군의 어머니로 칭송을 받고 있는 홍은혜 권사님에게 하나님의 은총이 넘치시기를 진심으로 기원한다.   (김혼중 목사)

홍은혜 여사의 작품이다

2003년 9월 16일 홍은혜 권사(손원일 제독 부인)가 영락교회의 고넬료회
조찬기도회에서 위 그림을 주셔서 이 그림을 보고 아래 글을 썼다.

사 랑

푸르른

나뭇가지의 오선지에

나란히 그려진 음표처럼

그 속에 사랑을 갈구하는

사모곡이 숨어 있고,

그들만의 미래를 향한

꿈이 있기에 나뭇가지를 타고

사랑의 선율이 흐르고 있다.

(김흔중 씀)

제2장
김흔중 칼럼
(2008~2015년 : 7년간)

時論,
隨筆,
散文,
手記,
詩

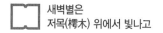

대한민국의 정통성과 정체성은
이화장에서 입증된다
(이화장의 이승만 대통령 기념관 방문기)

매년 찾아오는 광복절인 8월 15일을 국경일로 기념행사를 하고 있다. 금년 8월 15일은 여느 해보다도 뜻깊은 해방의 광복 70년 및 건국 67주년을 맞는 기념일이다.

그간 광복절과 건국절인 8월 15일을 놓고 매년 보수와 진보 진영은 엇갈린 의미를 부여하며 신경전을 벌여 왔다. "광복 對 건국 논쟁"으로 갈라선 정치권의 치졸한 풍경이었다. 나는 8월15일을 맞아 대한민국의 정체성과 정통성을 분명히 밝히려 한다.

대한민국의 초대 대통령을 폄하하고 외면하려는 세력은 이방인이 아니면 종북, 반미, 친북의 좌파세력으로 간주한다. 매년 8월 15일에 이승만 대통령을 외면하며 백범 김구 선생의 묘소에 찾아가 참배하고 경교장(京橋莊)을 방문하는 정치인이 과언 대한민국의 정치인들인지 심히 의심스럽다. 대한민국의 정체성을 부정하고 역사적 진실을 왜곡하는 세력들을 통탄할 수 밖에 없다.

대한민국의 건국 이승만 정부를 부정하고, 현 박근혜 정부를 청산해야 한다고 고함치면서 김정은 세습체제에 쓴소리 한마디 하지 않고 비위를 건드리지 않으려는 정치인이 대한민국 정치인의 자격이 있는지 묻고 싶다.

백범 김구 선생이 민족주의를 내세워 좌우 합작에 의한 통일국가를 건설하려 했던 정신과 독립운동의 애국적 지도자로 높이 평가할 수 있다. 그러나 건국 초대 이승만 대통령을 부정하고 외면하려는 발상과 태도는 반국가적이다. 나는 매년 찾아 오는 8월 15일을 광복절과 건국절로 삼아 이중적 국경일로 제정해야 한다고 거듭 강조해 왔다.

  북한은 김일성, 김정일에 이어 김정은이 세습군주제인 전제주의적 독재 선군정치의 무단정치를 행사하고 있으며 그간 동포 300만여명이나 굶겨 죽였고 정치범수용소에서 무수히 인권을 탄압하며 공개처형을 다반사로 자행하고 있지 않는가? 또한 탈북자가 속출하고 있지 않은가?

  철딱서니 없는 반미, 친북 좌파세력들이 대한민국의 정체성을 무시하고 부정하게 되면 광복절과 건국절을 동시에 경축일로 할 수 없는 것이다. 그 이유는 북한에서는 공식적으로 1948년 9월 9일을 정권수립일로 기념하고 있기 때문이다. 그래서 한반도 적화통일과 연방제통일을 주장하는 북한에 종속된 종북 좌파세력들은 당연히 8·15 건국절을 반대할 수밖에 없는 것이다.

  그간 좌파정권 10년간에 대한민국 좌파세력들은 분홍색으로 변질, 변색되고 말았다. 흔히들 지금이 어느 때인데 색깔론을 주장하느냐고 퉁명스럽게 반격을 한다. 지금의 한반도는 남북간에 포성은 멈췄지만 전쟁이 종식되지 않았고 휴전상태의 냉전체제가 지속되고 있다. 남북간의 적대관계는 말할 나위도 없으며 남한내 보수와 진보의 남남 갈등에 의한 이데올로기의 색깔은 너무나 짙게 깔려 있지만 눈에 가시적으로 노출되지 않고 있을 뿐이다. 그간 부지불식간에 이데올로기적 빨간 색깔에 색맹(色盲)이 되고 말았다.

  북한 김일성, 김정일 부자는 금수산기념궁전에서 미라로 누워 있으며 만수대 언덕의 김일성 대형 동상(전국 3만 5천여개)에 헌화, 참배가 줄을 잇고 있고, 만수대창작사의 김일성, 김정일 부자 승마동상은 위풍당당하게 하늘을 찌르고 있다. 심지어 김일성, 김정일 꽃까지 있으며 부자의 생일을 철저히 챙기며 우상화하고 있다.

  그러나 대한민국의 건국 대통령 이승만 박사는 국민들로부터 홀대를 당하고 있다. 지난 4월 26일 정동제일감리교회 본당에서 건국 이승만 대통령 탄신 제140주년 기념예배를 기독교인 중심으로 엄숙하게 드렸으며 지난 7월 19일 국립현충원 현충관에서 가진 건국 이승만 대통령 제50주기 추

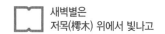
모식은 초라하기 짝이 없었다. 나는 매년 탄신기념예배 및 기일추모식에
참석하여 분명히 두눈으로 확인할 수 있었다.

대한민국의 역대 대통령, 정부관료, 여·야 정치인 그리고 온 국민들은
대한민국의 국적을 가진 대한민국의 국민들이다. 대한민국의 정통성과 정
체성을 반드시 지켜야 한다. 북한 김정은 세습정치집단에 현혹된 종북세력
은 이화장에 찾아가 건국 대통령 이승만 박사의 생애를 분명하게 확인하고
성찰해 보기 바란다.

이화장(梨花莊)은 서울 종로구 이화동1번지에 위치하고 있다. 대한민국 정
부의 산실(産室)이었던 초대 이승만 정부 내각의 조각당(組閣堂)이 현존하고
있고, 이곳에 이승만 대통령의 사저(私邸)가 있었다. 이곳에는 협소한 우남기
념관이 있고 정문에 들어서면 이승만 대통령의 조촐한 동상이 세워져 있다.

대한민국의 정통성과 정체성은 이화장의 이승만 대통령 기념관에 소장
된 기념유품이 분명히 입증해 주고 있다. 이승만 대통령 일생 동안의 행적
을 직접 눈으로 확인하며 건국의 역사인식을 새롭게 할 수 있다.

2006년 12월 23일 나는 목사와 장로 10여명과 함께 이화장(梨花莊)을 방
문한 적이 있다. 이인수 박사(장로) 내외와 함께 이화장 거실에서 예배를
드리고 나서 이인수 박사의 안내를 받으며 초대 대통령 이승만 박사의 행
적과 유품이 전시되어 있는 우남 기념관을 전부 돌아보았다. 대한민국 건
국 초대 대통령이 되기 까지의 애국적 족적(足跡)을 현장감 있게 역사유물
과 각종 자료 그리고 사진을 통해 유심히 살펴보면서 감탄을 하게 되었고,
이승만 대통령 존영 앞에 머리가 절로 숙여졌다.

이승만 박사는 한성감옥에서 5년 7개월간 옥살이(1899~1904년, 24세~29
세)를 통해 성경을 탐독하여 중생(重生)을 했고 출옥 후 민영환의 도움으로
조국의 국권수호를 위한 밀사로 미국으로 건너가 본격적인 구국운동을 전개
한 자료 등 각종 유물은 대단히 역사적인 가치가 있었다. 이승만 대통령과

272

같은 애국자가 없었다면 대한민국 정부수립의 건국이 이루어질 수 없었다.

남한의 단독정부 수립에 반기를 든 세력들은 통일국가를 건설하지 못한 책임을 이승만 대통령에게 전가하려는 견강부회(牽强附會)의 주장을 하고 있다. 그러나 남한의 단독정부수립의 배경을 분명히 알아야 한다 즉 UN의 결의에 의한 유엔의 감시하에 남북 총선거를 실시토록 했으나 김일성은 신탁통치를 찬성하며 총선거를 거부했다. 그러나 이승만 박사의 주도하에 남한 단독 총선거를 48년 5월 10일 실시, 국회를 구성하고, 7월17일 헌법이 제정, 공포되고, 이승만 박사가 합법적인 절차에 의해 초대 대통령으로 선출되었다. 그리하여 8월 15일 대한민국정부가 수립되었다. 그래서 유엔에서 인정하는 합법정부가 되었다. 백범 김구 선생은 남북 좌우합작을 위해 평양을 방문했지만 김일성에게 수모를 당하고 돌아왔을 뿐이다.

북한 김일성은 공산정권을 1948년 9월 9일 수립했으며 2년 뒤에 6·25 남침전쟁을 기습적으로 도발해 피아간 250만여명의 인명 사상자를 냈고, 1천만 이산가족을 발생케 했으며, 한반도를 초토화한 전범자인 것이다. 김일성, 김정일 부자는 UN의 국제사법재판소에서 전범자로 처리되었어야 마땅했다. 그러나 그들이 사망했기 때문에 때를 놓쳤다.

6·25남침시 미국과 UN을 통해 국가 위기를 극복한 이승만 대통령과 맥아더 장군이 아니었다면 대한민국은 적화되고 말았을 것이다. 그래서 나는 3년 전 8월 14일에 막역의 절친한 친구와 같이 인천 자유공원을 찾아가 맥아더 동상을 둘러보았다. 동상 앞에서 친구와 함께 머리를 숙여 국가를 위한 기도와 맥아더 장군에 대한 감사의 뜻을 표했다. 그간 종북, 좌파세력이 맥아더장군 동상의 목에 밧줄을 걸어 쓰로뜨리려고 획책했지만 잘 보존되고 있어 다행스럽게 생각되었다.

결론을 맺고자 한다. 다시 한번 이화장의 우남(雩南)기념관에 소장되어 있는 많은 이승만 박사의 유물과 사진 그리고 역사기록들이 대한민국의 정체성을 확실히 입증해 주고 있다는 사실을 나는 분명히 증언한다.

북한의 민족 이단자 김일성은 공산정치집단을 출범시키면서 국기(國旗), 애국가(아침은 빛나라), 국화(목란꽃)를 새로 만들었다. 오늘날 3대 세습한 김정은(31세)이 악랄한 폭정의 통치를 자행하고 있다.

그런 반면에 대한민국은 3·1정신을 계승하여 건국되었으며 상해 임시정부 때부터 사용한 태극기, 애국가 그리고 무궁화는 대한민국의 정통성을 상징하고 있다. 그 정통성은 영원히 존속되어야 한다.

대한민국은 자유민주주의, 시장경제체제의 국가로서 G20의 반열에서 세계경제 10권에 진입해 있으며, 국가위상은 선진국의 문턱에 들어섰다. 자랑스러운 대한민국이다. 끝으로 바라건대 광복 70주년과 건국 67주년을 계기로 대한민국 건국절이 제정되고 그간 지향해 온 한민족공동체의 자유통일 국가를 건설해야 한다. 그리하여 통일조국의 역사가 천추만대에 찬연히 빛날 수 있기를 바란다.

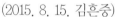

(2015. 8. 15. 김흔중)

대한민국 건국을 위해 이승만 대통령이 초대각료를 조각한
이화당 언덕에 현존한 조각당이다(2006. 12. 23. 촬영 김흔중)

남침 6 · 25 동족상잔의 진실을 밝힌다
(남침도발 제65주년을 맞으며)

65년 전 여름, 때 아닌 북풍한설이 불어 닥쳤다.
그날이 1950년 6월 25일 주일 새벽이었고,
서울이 3일만에 인민군에 점령되고야 말았으며
인민공화국 붉은 기가 중앙청에 펄럭이게 되었다.

한반도 적화를위한 작전계획은 주도면밀하였다.
소제 탱크(T-34) 242대를 앞세워 남진을
계속하며 주공축선을 중앙, 조공을 동서로 하여
대전, 대구, 부산을 향해 돌진에 박차를 가했다

소련제 탱그에 무력한 국군은 서울을 빼앗기자
이승만 정부는 속수무책으로 부산으로 옮겼으나
하나님이 보우하사 미군주축 유엔군이 파병되어
오산 죽미령에서 스미스부대의 전투가 시작됐다.

김일성은 8월 15일까지 부산을 점령하려 했다.
인민군의 총공세는 미24사단을 무력화 시켰고
사단장 띤 소장을 포로로 잡아 개가를 올리며
대전을 점령 후 대구를 향해 진격을 해 왔다.

아군은 장마와 더위까지 겹쳐 전세가 불리했다.
후퇴를 거듭해 왜관, 다부동, 영천, 포항을 잇는

북부전선과 현풍, 창령, 남지, 가야, 마산 북부를
연결하는 최후저지선을 설정하여 방어진을 쳤다.

미 8 군사령관인 워커장군은 워커라인을 설정했다.
포항 -왜관-마산을 잇고 낙동강전선을 사수하며
적의 병력과 장비 손실에 막대한 타격을 주고
아군 병력, 장비지원, 해, 공 우세권을 장악했다.

UN 군사령관 맥아더는 인천상륙작전을 구상했다.
북방에서 가급적 적군을 저지, 협공을 계획하여
적의 증원군, 보급로를 차단, 전세를 역전시키고
낙동강전선 지상군에 반격의 활로제공에 있었다.

맥아더는 부산을 기점으로 해상함대를 지휘했다.
9 월 1 5 일 역사적인 인천상륙적전에 성공하여
9 월 2 8 일 빼앗긴 서울을 탈환하여 수복하고
북진을 계속하여 1 0 월 1 일 3 8 선을 돌파했다.

적은 전의상실로 후퇴를 거듭하며 도망질 쳤다
맥아더 사령관은 1 0 월 2 일 정주-함흥을 잇는
맥아더라인을 설정하면서 북진을 명령하게 되자
국군은 하루 2 4 km를 진군하며 사기충천 했다.

아군은 백천, 해주, 사리원을 거쳐 북진을 했다.
드디어 1 0 월 1 9 일 평양을 점령하게 되었고
시내의 수많은 교회종소리가 일제히 울려퍼지며

국군과 유엔군의 환영인파가 평양거리를 메웠다.

이승만 대통령은 평양시민대회에 참석을 했었다.
10월 21일 대회장은 인산인해를 이루었으며
인공기는 오간데 없이 태극기 물결이 넘쳐났고
이 대통령은 "나의 사랑하는 동포"라며 외쳤다.

육군 제2군단은 10월26일 초산을 점령했다.
압록강까지 진출한 국군은 압록강 물을 수통에
담아서 대통령에게 진상했다 하는데 무색하게도
중공군 12만명이 압록강을 넘어오기 시작했다.

아군은 중공군의 야간 인해전술에 속수무책이었다.
밤에 전방의 고지에서 꽹과리치고 피리를 부는
중공군의 공격개시 신호에 아군은 혼비백산하여
제파식 공격에 저항조차 못하며 철수에 바빴다.

평양을 점령한지 46일만에 적에게 넘겨주었다
중공군 약10만명에게 미해병제1사단이 장진호
에서 완전 포위되어 영하30도의 강추위와
폭설로 사망실종910명, 부상1만여명 발생했다.

미군의 전쟁사에서 장진호는 최악의 격전지였다.
미군 1만2천명이 10배 넘는 중공군에게 포위되었으나
미해병1사단은 미육군특수임무부대 지원을 받아서
함포, 항공의 근접지원으로 철수작전에 성공했다.

국군, 미군은 흥남항에 4만4천여명이 집결했다.
12월14일 해군수송선에 승선이 시작되었으며
수송선7척, LST 6척에 피난민 약 9만8천명을
탑승시켜 거제도까지 해상탈출에 성공을 하였다.

중공군은 인해전술로 눈이 오는 날에 백색으로
위장복을 갈아 입고 한파를 무릅쓰고 몰려오며
죽은 시체를 밟고 넘어오는 중공군에 가위질려
국군과 유엔군은 줄행랑치며 후퇴를 거듭하였다.

유엔군은 임진강하류와 동해안을 잇는 38선의
새로운 방어선을 설정하자 불행하게 8군사령관
워커장군이 교통사고로 숨지고 릿지웨이 장군이
12월 26일 취임하여 적의 총공세에 맞섰다.

51년 1월1일 중공군 약23만명의 총공세가
시작되며 평상시 10배의 포탄을 퍼부어 대자
1월3일 전선이 붕괴되고 1월4일 수도서울을
다시 포기하게 되는 치욕적인 역사를 기록했다.
수도서울은 남침 3일만에 인민군에 점령됐었고
두번째 서울점령은 뙤놈인 중공군에 짓밟혔으나
서울을 포기한후 오산, 제천, 삼척의 방어선에서
반격을 감행해 3월18일 서울을 재탈환 했다.

278

서울에 투입된 중공군 약35만명은 줄행랑쳤다
국군, 유엔군은 38도선에서 공방전을 계속하며
전쟁양상의 변화에 따라 휴전회담이 시작되었고
대규모 공세작전 아닌 유리한 고지점령전이었다.

중공군은 휴전을 유리한 조건으로 성립시키려고
전선에서 소규모 공방전을 전개해 시간을 벌며
휴전 직전 5월, 7월 두차례 대규모 공세에서
유엔군의 반격에 막대한 피해를 입고 퇴각했다.

51년7월10일 개성에서 휴전회담이 시작되어
24개월 협상이 계속되다 회담장소를 판문점으로
옮겨 53년 7월 27일 정전협정이 조인 되었고
원한의 38선이 휴전선 155마일로 바뀌었다.

정전협정은 3국 대표(미, 중, 북)에 의해 조인
되어 한국이 참여하지 않아 문제점이 제기되고
북한에서 국가 정체성과 정통성에 시비를 걸며
적화통일에 광분했던 만행이 만천하에 드러났다.

휴전협정으로 쓸모가 있는 개성지역을 양보하고
이용가치가 적은 강원도산악의 북쪽땅을 차지한
협정 자체에 헛점이 들어나서 지탄이 되었으며
오늘날 개성공단 건설로 역사적 와류가 흐른다.

김일성은 남침전쟁 도발의 원흉이며 전범자이다.

3년 1개월의 전쟁에서   피아간에 인명피해가   많아
2 5 0만명이 희생되었고, 1천만 이산가족들에게는
오늘날 까지 마음속 깊은 상처가 아물지 않고 있다

북한은 6 · 25기습 남침 전쟁에 실패한 이후에 재침을
위한 준비에 광분해 계속 대량 살상무기를 개발하고
가공할 핵무기까지 개발, 보유하면서 국제질서를
흔들고 핵 공갈로 한국과 미국을 위협하고 있다.

남한은 6 · 25남침도발 당시에 전차가 한 대도 없었다.
오늘날 국군은 세계 6위의 군사력 보유국가로서
육, 해, 공, 해병대에 최첨단무기와 신형장비를 갖추어
적이 핵무기만 폐기하면 전쟁억제에 하등 문제 없다.

한반도 분단 70주년, 6 · 25남침도발 65주년을 맞았다.
전쟁으로 초토화되고 굶주리고 헐벗었던 과거를
깨끗이 청산하여 풍요를 누리며 살게되었으며
세계경제 1 0권의 국가로서 자부심을 가지게 됐다.

박근혜 대통령은 역사적인 제 1 8대 여성대통령이다.
원조를 받던 국가에서 원조하는 국가로 발전했으.
이제 한반도통일과 한민족통합을 지상 과제로 삼아
세계속에 웅비하는 통일조국을 속히 건설해야 한다.

(2015. 6. 25. 김흔중)

6 · 25당시 남북한 전력 비교(무기)

구분	한 국		북 한	
지상화력			곡사포(122미리)	172문
	곡사포(105미리)	88문	" (76.2미리)	380문
	대전차포(57미리)	140문	자주포(76.2미리)	176문
	박격포(60미리)	576문	대전차포(45미리)	550문
	" (81미리)	384문	박격포(61/82미리)	2,092문
	장갑차	24대	"(120미리)	226문
	탱크	0	장갑차	54대
	지원부대	−	T−34전차	242대
			전차부대	1개 여단
함정	경비정	28척	전투함(어뢰정)	30척
	기타 보조함	43척	수송선/기타	80척
항공기	연습 및 연락기	22대	전투기, 폭격기 등	211대

(자료: 합동참모본부 한국전사 1984,326쪽)

6 · 25진실알리기국민운동본부 홍보용 자료에서

현충원(顯忠院)
호국영령(護國英靈)의 충혼묘비(忠魂墓碑)

오늘 제60회 현충일을 맞이 하였다. 6·25전쟁과 베트남전으로 인한 수많은 순국선열과 호국영령들의 고귀한 희생을 기리면서, 그 분들의 영면의 안식을 진심으로 기원한다.

우리가 누리고 있는 자유와 번영은 충성스러운 마음으로 생명을 바친 순국선열들의 숭고한 희생정신으로 말미암아 얻어진 결실로서 크나 큰 축복인 것이다.

오늘날 자유민주주의를 굳게 지키고, 세계속의 경제강국으로 발돋움을 하며 G20국가 반열에 떳떳이 설 수 있음은 오직 호국영령들의 희생이 기초석이 된 것이다.

우리가 애국충성의 숭고한 정신을 높이 기려 순국의 희생이 헛되지 않도록 합당하게 예우하는 일에 정성을 쏟아야만 하고 묘비가 외롭지 않도록 잘 보살펴야 한다.

김정은이 핵전쟁을 일으킨다면 한반도가 초토화되며 남북한이 공멸하고 만다.

6·25와 같은 동족상잔의 역사적 비극을 되풀이 말아야 한다. 자유와 평화통일이 지상목표인 것이다.

종북좌파세력에 국가안보가 무너지면 남침도발의 오판으로 무수한 생명을 잃게 되며 만약 적화통일이 되면 현충원도 사라지고 자유와 평화도 물거품이 되고 말 것이다.

제60회 현충일에

(2015. 6. 6. 김 흔 중)

282

인생의 담금질
(Life of quenching)

대장간의 망치소리가 요란할수록 좋은 연장(호미, 칼 등)을
만든다.

붉은 쇳물 덩이가 망치로 무수히 맞아야 한다.

이리 맞고 저리 맞은 연장의 형체가 물통속에 들어간다.

물속에서 나와 다시 불속에 들어가 붉은 연철(軟鐵)로
변화가 된다.

고온 불속에서 나와 다시 망치로 연속적으로 맞아야 한다.

다시 물통 속에 담그어 식은 다음에 다시 고열 불로 달군다.

이런 연단의 반복으로 물에 담그는 것이 담금질이다.

쓸모있는 좋은 연장이 되기 위해서는

불속에서 나와 수없이 망치에 맞고 물속에 담금질해야 한다.

인생도 한평생 살면서 고(苦)와 낙(樂)을 오가며
담금질해야 한다.

불순물이 많은 인생이 담금질을 많이 하면 할수록
정금의 인생이 된다.

인생역정(人生歷程)에 담금질의 삶을 조용히 반추(反芻)해
보게 된다.

별볼일 없는 존재일지라도, 항상 자족(自足)하며

나라 걱정의 삶, 보람있는 삶, 떳떳한 삶, 후회없는 삶

이 모든 삶이 담금질이 잘 되었다면 자위(自慰)할 수 있으리라.

(2015. 6. 5. 김흔중)

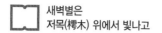

새벽별은
저목(樗木) 위에서 빛나고

유비무환
(有備無患)

반국가 종북 세력이
무법 천지를 만들어
활개치며 활동하고.
불법의 각종 집회로
질서를 파괴하면서
공권력을 조롱한다.

종북 좌파의 사상은
광견병보다 무서워
나라를 혼란케 하고
김정은 세습 폭군은
폭정과 핵을 빌미로
전쟁놀이를 즐긴다.

김일성 유훈 통일은
삼대로 세습이 되어
도발의 우려가 크니
튼튼한 국가 안보로
6 · 25의 재발을 막아
나라를 지켜야 한다.

호국보훈의 달에
(2015. 6. 3. 김흔중)

284

가치있는 인생

세월이 덧없어도
촌음을 아껴쓰는
여유의 인생이 있고

누굴 탓하지 않고
감사와 기쁨 속에
자족의 인생이 있고

환경이 나쁘지만
탓이나 불만없이
적응의 인생이 있다

노익장의 젊음에
사랑을 요리하는
참맛의 인생이 있다.

시간을 선용하고
주변을 다스리는
신실한 인생이 있고.

백발 막지 못해도
후회 없는 삶속에
보람의 인생이 있고

목이 곧지 않으며
섬기면서 낮아지는
겸손의 인생이 있다

겉사람 후패하되
속사람 새로워지는
거룩한 인생이 있다.

(2015. 5. 24. 김흔중)

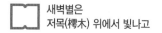

곱게 죽어야지 치사하게 죽지 말라

사람이 태어나 죽는것은 정한 이치이다.
죽는 시기는 자신이 모르면서 사라가고
죽지 못하여 마지못해 사는자도 있지만
심지어 자살하여 치사하게 죽기도 한다.

전 대통령, 국회의원, 사장도 자살 했다.
노무현, 성완종, 유병언, 정몽헌, 남상국
이들은 죽어서 말없이 침묵하고 있지만
무책임하게 의문을 남기고 저승에 갔다.

죽음에는 집단, 동반, 단독 등 다양하다.
죽음으로 사회,국가에 혼란을 초래하고
지탄을 받는 죽음은 명예를 실추시키며
인생역정에 오명을 남기는 우를 범한다.

노무현 대통령 6주기 추모식이 있었다.
봉하마을 묘소의 정파 갈등의 꼴불견과
아들 노근호가 자살의 책임을 전가하며
정치적 갈등을 한층 증폭시키고 말았다.

성완종 리스트 태풍은 정국을 강타했다.
안중근 열사는 애국자로 몸을 바쳤으나

286

성완종은 정경 유착해 국회의원도 했고
황금만능의 마술을 하다가 자살을 했다.

유병언 이단종교 교주로 시끌벅적 했다.
세월호 참사는 나라를 폭풍으로 덮쳤고
1년 동안 박근혜 정부가 발목 잡혔으나
유병언의 죽음으로 공소권은 사라 졌다.

국립현충원에는 묘비가 무수히 서 있다.
순국선열들은 나라를 위해 몸을 바쳤고
빗돌에는 계급과 성명이 뚜렷할 뿐이며
진혼의 나팔소리만 골짝에 메아리 친다

자살할 용기는 위대한 일을 할 수 있다.
그러나 가정, 사회, 국가를 외면하면서
굳이 자포 자기 해 자살을 하고 싶다면
현충원 영령들에게 물어 보고 자살하라.

(2015. 5. 23. 김흔중)

김정은 폭정의 급변사태에 철저히 대비해야 한다.

김정은의 폭정(暴政)은 인간 이하의 잔인하고 포악한 정치행태를 말한다. 급변사태는 기본적으로 지도자인 김정은의 유고, 민중봉기, 쿠데타, 대량 탈북, 정권붕괴 등 북한 체제가 근본적으로 변화할 만한 사태가 발생할 경우를 말한다. 김정은의 폭정에 의한 각종 급변사태의 가능성은 김정은 세습체제의 붕괴와 가장 밀접한 관련성이 있다.

최근 북한의 폭정은 잔악한 피의 숙청으로 얼룩져 가고 있다. 김정은 세습체제가 흔들리고 있다는 증거이다. 김정은이 집권한 이후 총살시킨 간부가 70명이 넘는다고 국가정보원이 밝혔다. 지난 4월 30일 김정은 권력서열 4위이며 군서열 2위의 심복인 현영철(66세) 인민무력부장을 지시불이행 및 공식 석상에서 졸았다는 불경의 사유로 재판 없이 2-3일만에 공개 처형했다는 것이다.

국정원은 김정은의 처형방식에 대해 "관련 분야 인원뿐 아니라 대상자 가족까지 참관시킨 가운데 소총 대신 총신이 4개인 14.5㎜ 다연발 고사총을 사용했다. "또한 '반역자는 이 땅에 묻힐 곳도 없다'며 처형 후 화염방사기를 동원해 시신의 흔적을 없애는 방식도 사용하고 있다"는 정보를 분명히 밝혔다. 심지어 참관인들은 고개를 숙이거나 눈물을 보여서는 안 되며 사형집행 후에는 소감문을 써서 내야 한다는 것이다. 이와같이 김정은이 금수와 같은 인면수심(人面獸心)의 야만성과 잔인함을 드러내는 광기가 가득한 살인극을 다반사로 자행하고 있다. 그의 친 고모부도 다연장 고사포로 공개 처형(2013 · 12.12)한 후 화염방사기로 시신을 불태워 버렸다. 이는 반인륜적인 천인공로할 만행이었다.

288

북한의 인민무력부장은 한국의 국방부장관과 같은 중책이다. 김일성은 인민무력부장을 46년간 5명(최용건, 김광협, 김창봉, 최현, 오진우)을 교체시켰고, 김정일은 17년간 3명(최광, 김일철, 김영춘)을 교체했다. 그러나 김정은이 재임 4년에 접어 들어 5명(김영춘:4개월,김정각:7개월, 김격식:6개월,장정남:11개월−상장강등, 현영철 :10개월 숙청)의 잦은 인민무력부장의 교체는 세습체제의 유지 및 강화를 위한 군부세력 장악을 위한 단말마적인 미증유의 폭정이라는 사실을 적나라하게 입증해 주고 있다. 이러한 고귀한 인명(人命)을 경시하는 폭정은 존엄한 인민의 생명을 잔악하게 처형하며, 김정은만 우상처럼 존엄하다는 폭정정치의 세습군주체제는 필연적인 쓰나미가 불가피하게 몰려 올 수 있다. 그렇지 않으면 갑자기 우레와 함께 날벼락이 지축을 흔들며, 진노의 먹구름이 몰려와 폭우가 쏟아질 수 있다는 예견이 적중할 수 있다.

김정은이 급변사태를 막기 위한 폭정은 지속되겠지만 갑자기 위기에 처하여 수습이 어려우면 수단과 방법을 가리지 않고 위장된 전쟁 놀음과 국지 도발도 불사할 것이다. 더욱 젊은 기질로 오판하여 이판사판으로 저돌적인 전면전의 도발 위험성도 배제할 수 없다. 김정은이 궁극적으로 핵보유를 국제적으로 인정받아 돌파구를 찾으려 하겠지만 용납될 수 없는 일이다. 한반도에 비핵화를 통해 자유, 평화의 통일국가를 건설해야 한다. 일부 인사들이 남북 공히 핵보유를 주장하지만 핵보유는 영구 분단의 수순을 밟는 결과를 가져 올 뿐이다.

작년(2014년) 1월 6일 박근혜 대통령이 신년 내외신 기자회견에서 통일대박론을 펼치고, 북한의 급변사태와 관련한 질문에 답변하면서, "모든 가능성을 염두에 두고 모든 시나리오에 대해 철저히 대비해 나가겠다"고 강조했다. 오직 통치자로서 신뢰성이 있는 답변이었다.

결론을 맺고자 한다. 북한의 급변 사태에 대비한 개념계획 5029에 의해 철저한 대비태세에 어느때 보다도 신뢰성이 요망된다. 우리가 대처하고자 하는 북한의 급변사태는 6가지 시나리오로 구성되고 있는 것 같다. ① 핵·생화학무기·미사일 등 북한 대량살상무기 탈취 및 제3국 반출 우려 상황 ② 북한 정권 교체 ③ 쿠데타, 주민봉기 등에 의한 북한 내전(內戰) 상황 ④ 북한 주민 대량 탈북 ⑤ 홍수, 지진 등 북 정권이 자체적으로 수습이 어려운 대규모 자연재해에 대한 인도주의적 지원 작전 ⑥ 북한 내 한국인 인질 사태 등 6개항이 제시되었다. 오직 빈틈 없이 철저히 대비하여 사후 약방문(死後藥方文)이 되지 않도록 해야 한다.

특히 종북 세력의 발호를 억제하고, 근본적으로 척결해야 한다. 항상 명심해야 할 것은 내우외환으로 인한 국가의 위기이다. 우리의 목구멍에 가시가 박혀 있으면 굴러오는 떡도 먹지 못하고 병원에 가야 한다. 큰 가시가 목에 박혀 기도가 막힌 후 시간이 지체되면 병원을 찾기 전에 생명이 위태로운 것이다.

박근혜 정부 고위층과 여·야 정치인들은 세월호 사태 및 성완종 리스트에 자괴심을 느끼고 대오각성해야 하며, 온 국민은 국가안보 불감증에서 벗어나야 한다. 박근혜 정부는 김정은의 폭정에 의한 급변사태에 즉각적으로 대처할 수 있도록 신속한 한·중 외교협력 강화와 한·미 연합군사력에 의한 선제공격태세에 만전을 기해야 한다. 특히 경계해야 할 것은 일본이 한반도 사태에 집단자위권 행사를 빙자하여 일본이 개입하는 일이 없도록 사전에 대비해야 한다. 아울러 한반도 비상사태시의 독도 사수에 특단의 대책을 세워야 한다.

끝으로 바라건대 통일대박은 구호로 끝나서는 안 된다. ① 통일대박의 확고한 기회를 만들어야 하고, ② 통일대박의 확고한 기회가 왔을 때 기회를 쟁취해야 하며, ③ 통일대박의 기회를 쟁취하면 통일을 성취하여 완성해야 한다.

(2015. 5. 14. 김흔중)

대남적화통일 전략

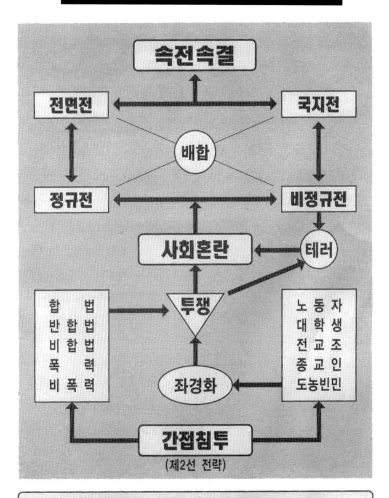

속전속결

전면전 ◄──► 국지전

배합

정규전 ◄──► 비정규전

사회혼란 ◄── 테러

| 합　　법
반　합　법
비　합　법
폭　　　력
비　폭　력 | 투쟁 | 노　동　자
대　학　생
전　교　조
종　교　인
도농빈민 |

좌경화

간접침투

(제2선 전략)

● 정신을 차려야 호랑이에게 물려가지 않는다.
● 호랑이에 물려가도 정신만 차리면 살 수 있다.

(국가안보 및 통일전망 교육자료 : 김흔중 저)

291

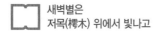

새벽별은
저목(樗木) 위에서 빛나고

전범자 혈통의 아베 총리는
철퇴를 맞고 싶은가?

철퇴(鐵槌)는 조선시대에 사용하였던 타살무기의 일종인 철제 곤봉으로 근접전에서 사용할 수 있는 휴대용 타살무기의 하나이다. 한문의 鐵槌를 쉽게 풀이 하면 쇠(鐵: 쇠철)로 만든 몽둥이(槌: 몽둥이퇴)를 말한다.

일본 이등박문(伊藤博文, 이토 히로부미)은 안중근 의사로부터 하얼빈에서 권총으로 저격되어 쓰러졌다. 현 일본 총리 아베 신조는 철퇴를 맞아야 할 대상이다. 그 이유를 밝히고자 한다.

일본 왜구는 한반도에 상륙하여 한반도를 발판으로 러·일전쟁(1904년)과 중·일전쟁(1937년)의 두 차례 전쟁에서 승리를 했다. 기세등등한 일본은 강제로 강화도조약(1876년)을 체결하고, 이어 을사보호조약(1905.11.17)을 체결하여 결국 한일병합조약(1910.8.29)이 체결되면서 우리나라는 국토와 주권이 상실되었다. 또한 일본은 대동아공영권의 침략을 위한 태평양전쟁(1941–1945년 일본과 연합군 사이에 벌어진 전쟁)에 한반도를 침탈, 장악하여 교두보로 삼았다. 일본은 그러한 과거의 침략전쟁을 외면하고 있다. 아베 신조는 일본 과거 침략역사를 왜곡하고 무시하며 오늘날 집단자위권을 내세우고 있다. 심지어 독도를 일본 땅이라고 교과서에 명기해 놓고 있다. 이러한 일본의 만행은 용납할 수 없고 신조는 철퇴를 맞아야 할 충분조건이 성립된다. 더욱 최근에 미·일간의 심상치 않은 밀월관계가 드러나고 있어 살펴보고자 한다.

지난 4월 27일 워싱턴에서 미·일 외교·국방장관 회담을 열고 미·일 방위협력지침을 개정했다. 일본 자위대가 세계 어느 곳에서든 미군과 함께 사실상 전투를 할 수 있도록 군사협력 관계를 크게 확대한다는 내용이다. 좀더 구체적으로 말하면 미·일이 힘을 합쳐 중국의 군사력 확장을 견제하

292

고자 하는 것이다. 문제는 미·일 동맹 대 중국의 대결 구도가 이처럼 선명해 질 수록 우리 외교 및 국방의 고민은 커질 수밖에 없다.

이어 4월 29일 아베 신조는 총리 사상 처음으로 미 상하원 합동 연설에서 아시아 주변국에 대해서는 사과에 인색한 모습을 보인 반면, 2차 세계대전으로 숨진 젊은 미국인 군인들에게는 큰 위로의 말로 애도한다고 밝혔다. 특히 아베 총리는 역대 담화들을 관통하는 핵심표현인 "식민지배와 침략" 등의 표현이나 분명한 사죄의 언급을 하지 않았고, 일본군 위안부 문제는 전혀 언급하지 않아 과거사에 대한 진정한 사과와 반성을 요구해온 주변국의 기대에 크게 미치지 못했다는 평가가 지배적이었다. 또한 한국이 사죄와 보상을 요구해온 위안부 문제는 전혀 언급하지 않은 채 "인간 안보"를 거론하는 대목에서 "무력분쟁은 늘 여성들을 가장 고통스럽게 만든다. 우리 시대에, 결국 여성들이 인권 학대로부터 자유로운 세상을 실현해야 한다"고 밝히는데 그쳤다. 참으로 철면피한 연설로 그는 지탄받아 마땅했다.

일본의 침략 만행의 역사를 거슬러 올라가 보면 이등박문이 고종과 조정 대신을 강압하여 을사늑약을 체결함으로써 대한제국의 외교권을 박탈하고 내정을 장악했다. 을사늑약의 부당함을 세계에 알리고자 한 헤이그 특사사건을 빌미로 고종을 강제로 퇴임시켰다. 현대판 이등박문(伊藤博文)이 다시 출현하여 대한민국에 군침을 흘리는 것은 아닌지 심히 우려스럽다. 아베 신조는 바로 2차 세계대전의 전범자 혈통으로 과거역사를 모르쇠하며 평화헌법을 고쳐 재무장을 획책하고 있다. 아베 신조 혈통의 정체를 알아 볼 필요성이 있다.

그의 고조부인 "오시마 요시마사"는 청일전쟁(1894년) 1년전에 승리에 필요한 대한제국의 전신시스템을 이용하고자 무력으로 경복궁을 침범하여 고종을 가두었던 인물이다. 그의 외할아버지는 A급전범자인 기시 노브스케(岸信介)이며 친 할아버지는 중의원을 지냈고, 아버지인 아베 신타로(1924-1991년)는 1958년 중의원 의원에 당선되어 10차례 계속 재선되었다. 그 뒤 정계의 황태자로 불렸고, 1982-1986년 외무장관으로 있을 때 이란- 이라크 전쟁을 조정하고 소련과의 관계를 회복시키는 등 빼어난 수완을 발휘했다.

아베 신조는 외무대신인 아버지 밑에서 비서관으로 근무했다. 1993년 하원인 중의원에 선출되었고 그후 집권당인 자유민주당 사무총장에 임명되었다. 2000-2003년까지 관방장관을 지냈으며 다시 2005년 관방장관이 되었다. 2007년 자유민주당 총재로 선출되어 양원제 국회에서 총리로 선출되었다가 물러난 뒤 2012년 12월 다시 총리로 선출되어 금일에 일으고 있다. 그는 직계 조상의 정치적인 정통 왜구(倭寇)의 지도자 혈통을 이어받게 되었다.

결론을 맺고자 한다. 아베 신조는 고조부 때부터 전범자의 DNA가 반한(反韓)의 왜구(倭寇) 혈통으로 4대까지 맥맥이 흐르고 있다. 일본은 지난 과거의 침략전쟁을 외면해서는 안되며. 솔직히 반성하고 사죄해야 한다. 독일의 메르켈 총리는 히틀러에 의한 홀로코스트 및 2차 대전의 역사를 겸손히 사과했다. 일본은 독일 메르켈 총리의 진심어린 자세를 교훈으로 받아 들여야 한다. 일본은 더 이상 과거 침략의 역사를 왜곡하며, 집단자위권을 내세워 다시 대륙진출을 획책해서는 안 된다. 더욱 우리 영토인 독도가 일본 땅이라고 주장하며 교과서에 명기해 놓은 역사왜곡은 용서할 수 없는 행위이다. 하루 속히 교과서를 바로 써야 할 것이다. 우리는 일본의 대륙진출을 위한 침략근성의 재무장 만행을 절대로 용납해서는 안 된다. 일본 아베 신조 총리는 대한민국의 안중근 의사와 같은 애국지사로부터 철퇴를 맞

294

는 불행한 일이 없기를 바란다.

　지금이라도 늦지 않았다. 금년에 한·일 국교정상화 50주년을 맞아 우호적인 한·일관계가 재정립되어 향후 50년의 미래를 향해 교류 협력을 증진하고, 한·미·일 삼각방위 체제를 한층 강화하여 북·중·러의 위협으로부터 자유로워야 한다. 결국에 한반도를 통일하여 태평양시대의 공조체제를 더욱 공고히 해야한다.

(2015. 5. 10. 김흔중)

상해 홍구공원 윤봉길 의사 기념관에서
(2010. 8. 16. 김흔중)
"홍구공원"이 "노신공원"으로 이름이 바뀌었다

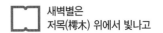
독일 통일의 현장에서 역사적 교훈을 찾는다
("제국의회" 및 "브란덴부르크 문" 답사기행)

금년(2015년)은 제2차 세계대전 종식 제70주년이 되는 동시에 독일의 동·서독 분단과 한반도의 남북 분단 제70주년이 되는 역사적 비운을 상기하게 되는 해이다. 독일과 일본이 전범국가로서 각각 분단되었다면 수긍이 가지만, 일본의 분단이 아닌 우리나라 한반도의 분단은 한민족(韓民族)의 역사적 비극이었다. 그렇지만 독일은 분단된 지 45년만인 1990년 10월 3일 동·서독은 통일이 되었다. 그러나 한반도는 분단된 지 70년이 되었지만 155마일 비무장지대의 휴전선에서 동족간에 총부리를 맞대고 있으며 일촉즉발의 긴장감에 휩싸여 있다. 이제 자유평화통일이냐, 무력적화통일이냐의 양자택일의 기로에 서 있다.

필자는 금년(2015년) 3월 5일부터 17일까지 독일을 비롯한 동유럽 8개국의 유적을 답사하며 폴란드 유대인 대학살의 현장인 아우슈비츠 수용소를 답사했다. 또한, 그간 2차에 걸쳐 베를린을 방문하여 통일의 역사유적을 답사한바가 있으나, 다시 3차로 통일 독일의 상징인 "브란덴부르크 문"과 인접해 있는 "제국의회"를 답사한 후 여러 가지 자료를 통해서 통일 당시 두 곳에서 이루어진 환상적인 실황을 배경으로 통일의 교훈을 찾고자 한다.

1990년 10월 3일 0시, 베를린의 브란덴부르크 문 바로 옆에 자리 잡은 제국의회 의사당 앞 광장에는 수십만의 인파가 운집했다. 서독의 헬무트 콜 총리, 빌리 브란트 전 총리, 동독의 바이츠제커 대통령, 데메지에르 총리, 인민의회 의장 자비네 베르그만 폴 여사 등 동·서독 지도자들이 참석

296

한 가운데 정면 계단 앞에 세워진 국기 게양대에 독일 삼색기가 천천히 올라 갔다. 그러자 군중들은 일제히 독일 국가를 합창했다.이어 "자유의 종에서 울리는 소리가"가 은은히 울려 퍼졌다. 뒤이어 환성이 터지고 폭음소리와 함께 찬란한 불꽃이 치솟아 밤하늘을 수놓았다. 동서로 분단되었던 독일이 45년 만에 하나로 통일되는 감동의 순간이었다.

이에 앞서 10월 2일 저녁 9시. 동베를린의 샤우슈 필 하우스에서는 시종 무거운 분위기에서 동독정부 해체식이 거행되었다. 쿠르트 마주르의 지휘로 게반트 하우스 오케스트라가 베토벤 교향곡 9번(합창)을 연주하기 시작했다. "환희의 송가"만 아니라면 눈물을 흘릴것 같은 착잡한 분위기가 감돌았다.

통일 독일 기념행사는 의외로 차분히 진행되었다. 10월 3일 오전 11시. 카라얀의 옛집인 베를린 필 하모니 연주홀에서는 통일 독일 출범행사가 개최되었다. 동독 인민의회 의장 베르그만 폴 여사가 맨 먼저 연단에 올라섰다. "오늘은 우리가 어디서 와서 어디로 가고, 무슨 일을 함께하며 무슨 결과를 기다려야 할 것인지 생각하고 물어야 할 시간이다"라고 말문을 열었다.
오후가 되자 브란덴부르크 문과 제국의회 광장은 다시 인파로 뒤덮였다. 아이들을 데리고 나와 두 건물에 얽힌 역사를 설명해 주는 부모들이 눈에 많이 띄었다. 동독의 정식 명칭인 "독일민주공화국"은 역사속으로 사라졌다. 대신 서독의 정식 명칭인 "독일연방공화국"으로 통일되어 유럽에서 국토(37만5천Km2)와 인구(7천760만명)가 가장 큰 나라로 다시 탄생했다. 인구로는 프랑스, 에스파냐 다음의 3위이지만 인구는 서유럽 제1위이며 유럽 전체로 보아도 소련의 다음가는 대국이 된 것이다.

통일 당시 서독은 국민총생산 세계3위, 세계 제일의 수출국, 유럽공동체 공업생산량 3분의1을 차지하여 미국, 일본과 함께 세계3대 공업국으로 1인당 국민소득이 2만불이었다. 동독은 동유럽 사회주의 국가 가운데 가장 선진국으로 1인당 국민소득이 5,840불로서 당시 한국의 1인당 국민소득과 비슷한 수준이었다.

1989년 10월 9일 라이프치히(베를린에서 182km 남서쪽 도시)에서 '자유' '민주'를 외치는 10만 군중의 시위로 시작된 동독의 개혁은 꼭 1년만에 서독으로의 흡수통합에 의한 통일로 종결되었다.

동독은 노동자들에게 버림을 받았다. 동년 3월 18일 통일전의 총선에서 동독 노동자들의 63%가 서독과의 급속한 통합을 지지하는 기독교민주연합 등 우익정당에 몰표를 던졌다. 그간 사라온 사회에 대한 불신과 불만이 낳은 결과였다. 그 결과는 몇가지로 요약이 된다. 첫째, 당에 대한 불신이 팽배해 있었다. 둘째, 비밀경찰 슈타지의 감시에 대한 불만이 매우 컸다. 셋째, 공장 경영에 대한 불만이 많았다. 넷째, 낙후된 서비스 산업과 나쁜 소비재에 대한 불만이 컸다. 온갖 욕구불만이 하늘을 찌를 듯했다.

독일 통일에 가장 영향력을 크게 행사한 지도자는 소련의 고르바초프였다. 그의 페레스트로이카(perestroika)는 '개혁', '재편'의 뜻을 가진 러시아어로, 미하일 고르바초프(1931년)생가 1985년 3월 소련 공산당 서기장에 취임한 후 실시한 개혁정책을 가리킨다. 소련의 정치뿐 아니라 세계 정치적 물줄기의 흐름을 크게 바꾸어 놓았다. 고르바초프의 페레스트로이카는 동독인들의 불만을 "자유와 민주", "시장경제에 대한 열망"으로 타오르게 했다. 독일인이 통일 직후 가장 많이 쓴 말은 "당케 고르비"였다. 동독 정권이 위기에 몰렸을 때 소련이 무력 개입을 하지 않을 것임을 천명함으

298

로써 통일에 결정적인 일조를 했다는 뜻에서 고르비에 감사하다는 뜻이다. 또한 탈출하는 동독인에게 국경을 개방하여 동독의 기폭제 역할을 한 헝가리도 감사의 대상이 되었다.

이상에서 정리해 본 결과를 통해 한반도 통일과 한민족 통합을 위한 교훈을 찾고자 한다...

① 독일은 동서독 분단 45년만에 통일 되었으나, 남북한은 70년 동안 분단 체제 고착화, 이념과 사상의 양극화, 의식구조의 이질화, 경제력 격차 증가, 비대칭 군사력 증폭, 통일정책의 상반성 등으로 남북 통일을 위한 화해와 협력은 점점 어려워 지고 있다. ② 남북 간의 통일 정책은 서로의 우리식 통일을 주장하며 적화통일(북) 아니면 자유평화통일(남)의 양자 택일로 귀결되며 수화상극(水火相剋)이며 빙탄불상용(氷炭不相容)으로 화해와 협력이 어려운 현실이다. ③ 북한 세습체제의 선군정치에 의한 핵무기, 미사일, 생화학무기 등 비대칭군사력은 통일을 지연시키면서 유훈통치에 의한 적화통일을 실현하려 할 것이다. ④ 독일 히틀러는 동족이 아닌 유대인 6백만여명을 대학살했으나 김정은은 동족을 정치범수용소에서 인권을 유린하고 탄압하며 공개처형을 다반사로 상습화하고 있다. 심지어 친 고모부까지 처참하게 처형했다. 김정은은 히틀러 보다 더 잔악한 철부지 지도자일 뿐이다. 세습체제 강화는 적화통일을 위한 통일역량의 강화로 볼 수 있을 것이다. ⑤ 남한은 자유민주주의, 시장경제체제로서 G20 반열에서 세계경제 10위권에 진입했고, 세계무역규모 7위에 1인당 국민소득 3만불 시대에 살고 있지만, 북한은 독재(전제)봉건주의, 계획경제체제로서 1인당 국민소득 2천3백불로 북한 인민은 경제 빈국에서 살고 있어 남북경제 격차가 크면 클수록 통일비용이 커지며 통일에 장애가 될 것이다. ⑥북한의 북·중 혈맹관계가 점차 소원해지자, 북·러관계를 개선하여 돌파구를 찾

고 있다. 남한은 한·중 국교관계를 증진하는 동시에 한·미 방위체제 유지를 공고히 하고 있다. 한국은 미·일의 신방위 체제로의 급선회에 긴밀히 대처해야 하며 다변화 실리의 외교에 실패하면 통일이 어려워질 것이다.

결론을 맺고자 한다. ① 북한의 점진적인 장기화 연방제 통일정책은 북한에 적화통일의 시간을 벌게 할 것이다. 반면에 남한의 한민족 공동체 통일정책은 실현 시기가 빠를수록 유리하며, 북한에 급변사태가 도래하면 통일 대박을 성취하게 될 것이다. ② 북한의 핵무기 보유를 기정사실화 하면 통일이 점차 어려우며 비핵화에 실패하면 통일이 더욱 멀어질 것이다. ③ 남북통일은 북한의 경제 수준이 남한의 60% 수준이 되도록 대북지원을 해야한다는 전문가들의 주장은 적화통일의 역량을 상승시켜주는 양호유환(養虎遺患)의 어리석은 짓일 것이다. ④ 남한에 나이 많은 보수층이 점차 감소되고, 젊은층이 증가되어 486세대가 주축이 되면 국가안보는 풍전등화의 위기를 초래할 수 있다. ⑤ 남한의 빈부격차, 상대적 빈곤, 계층간 갈등, 노사의 갈등, 선심 복지정책, 교육정책 혼란, 전교조의 극성, 부정부패 만연, 정치인의 이전투구 등 통일기반의 취약성은 적화통일에 유리한 발판을 제공할 것이다. ⑥ 점차로 반국가 종북세력의 프락치들이 입법, 사법, 행정 그리고 각계각층에 또아리를 틀고 결정적 적화통일의 시기를 기다릴 것이다. ⑦ 점차 중·러 접근에 의한 북·러·중 대 미·일 접근에 의한 한 한·미·일 관계는 남북한 쌍방에 삼각구도로 미묘하게 작용될 것이다.
따라서 다변화의 실리적 외교에 실패하면 통일에 불리하며, 독일 통일에 결정적인 영향을 미친 고르바초프와 같은 강대국 지도자의 적극적인 협조와 지원은 통일을 가속화할 수 있다.

끝으로 바라건대 제6회 아시안리더십컨퍼런스(ALC)에 참석차 내한한 쾰러(Koehler.72세) 전 독일 대통령은 5월 3일 기자회견에서 독일 통일은 아무런 준비가 안 된 상황에서 갑작스럽게 통일을 맞아 10년을 고생했지만 한국은 미리 준비를 해서 경제적으로나 사회적으로 북한 주민들을 받아들이고 버틸수 있는 국력부터 키워야 한다고 조언했다. 쾰러 전 대통령은 1990년 통일 당시 재무부 차관으로 경제적 통일을 주도적으로 이끌었다. 우리는 쾰러 전 대통령이 국력부터 키워야 한다는 조언에 귀를 기울여야 한다. 일언이폐지(一言以蔽之)하면 환상적인 통일에 도취하여 준비성 없이 날뛰면 안 된다. 국론통일을 비롯해 남남갈등의 해소와 통일경제기반을 완벽하게 해야 한다. 더욱 남북한 통일의 빗장을 완전히 풀어 통일대박을 이루기 위해서는 독일 통일 당시의 소련의 고르바초프, 서독의 헬무트 콜 총리, 빌리 브란트 전 총리, 동독의 바이츠제커 대통령, 데메지에르 총리, 인민의회 의장 자비네 베르그만 폴 여사 등과 같은 한민족 역사의 시대적 요청에 부응할 수 있는 현명한 지도자들이 한반도에 속히 부상이 되어야만 한다. 그렇게 되기를 간절히 기원한다.

(2015. 5. 5. 팔달산 노옹)

독일 베를린의 제국의회 의사당이다.
(현 통일 독일의회 의사당)

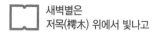

독일 통일의 상징인 브란덴부르크 문

동 서독의 통일을 상징하는 문이 브란덴부르크 문이다.
역사적인 문이 동·서독 경계선의 베를린에 세워져 있다.
한반도에 남북한의 통일을 상징하는 문을 세워야 한다.
언제 어느곳에 세워질 것인지 누구도 예측할수 없지만
독일 통일의 봄이 오듯 한반도에 통일의 봄도 오리라.

제2차 세계대전이 종식되자 독일과 한반도가 분단됐다.
동, 서독은 분단 45년만인 1990년10월3일 통일이 되었고
남북한은 분단 70주년이 되었지만 총구를 서로 겨누며
남북동족이 공멸할 수 있는 핵무기 위협에 시달리면서
박근혜 정부는 한반도 평화의 신뢰 프로세스를 펼쳤다.

박정희 대통령이 51년전 역사적인 독일을 방문하였다.
광부와 간호사를 보내서 그들 보증으로 차관을 얻어와
한국 경제발전의 밑거름을 만들어 산업화 성장을 했고
한강의 기적을 이루어서 세계경제10위권에 진입했으며
오늘날 세계G20국가 반열에 떳떳하게 설수있게 되었다.

2014년3월28일 박근혜 대통령은 독일을 공식 방문했다.
드레스덴 선언으로 역사적인 대북 3대 제안을 하였다.
즉 민생 인프라구축, 인도적 문제해결, 동질성 회복이다.
남북교류협력사무소의 설치를 분명하게 주장을 했으며
박근혜 대통령은 자신감 있게 대북 통일정책을 밝혔다.

박 대통령은 브란덴부르크 문 앞에서 결단을 했으리라
남북분단을 청산해야 할 지혜로운 해법을 찾아야 하고
통일대박은 절로 굴러오지 않으며 변화가 있어야 하며
베를린 장벽이 무너지듯이 155마일 휴전선이 무너지면
독일형 브란덴부르크 문을 판문점에 속히 세워야 한다.

김정은의 젊은 기질의 핵무기 불장난은 자멸일 뿐이다.
남북한이 공멸할 수 있는 전쟁은 반드시 막아야만 하며
왕조적 세습체제의 붕괴가 통일 대박의 첩경일 것이다.
주변 4대강국 공조로 평화적 흡수통일이 이루어지도록
브란덴부르크 문을 세번째 답사하며 간절히 기원했다.

(2015. 3. 7. 김흔중)

독일통일의 상징인 베를린의 "브란덴부르크 문"이다.
(2015. 3. 7. 3차 답사했다. 김흔중)

제주 4 · 3사태의 전말을 고찰한다.

(4 · 3사태 제67주년을 맞으며)

대한민국의 건국 이념과 민주적 건국은 합헌적 이었다.
제주 4 · 3사태는 대한민국의 건국과정에서 발생했으며
남북한의 단일정부수립 주장한 공산세력의 폭동이었다.

일본이 패망 후 제주도는 9월 28일 항복문서를 받았다.
일본군 도야마 사령관은 미군 그린 대령에게 항복했고,
제주도 인민위원회는 각 읍, 면,마을까지 조직화되었다.

인민위원회는 민족주의, 사회주의 지도층 핵심조직이다.
이들이 남로당 주역이기에 미국 군정이 인정치 않았고.
초 중학교 교사들은 혼란기에 좌파세력들에게 동조했다 .

조선공산당을 '45년10월 결성, 정치적 혼란을 조성했다.
'46년 12월에 남로당으로 개편, 정치세력화에 주력했고.
'48년 초 남로당 외곽조직이 확대되어 투쟁을 강화했다.

'48년 3 · 1절행사시 관덕정 마당에서 군중들이 시위했다.
경찰의 총격으로 6명이 희생되자 폭동의 도화선이 됐고
남로당은 경찰 과잉진압을 정치적 세력확산에 악용했다.

3 · 1사건에 뒤이어 3월10일 총파업의 사태가 발생하였다.
3 · 10총파업은 남노당의 투쟁에 성공적인 성과를 거뒀고

파업주동자 탄압에 남로당의 저항투쟁은 한층 강화됐다.

'45년 12월 모스코바 3상회의에서 신탁통치를 합의했다.
김일성은 5년간 미 · 영 · 중 · 소, 4국신탁통치를 환영했고
이승만은 신탁통치를 적극적으로 반대하며 대립하였다.

남북한 단일정부수립의 총선거를 유엔에서 결의하였다.
김일성은 남북총선을 반대하며 신탁통치를 환영했으나
이승만은 '48년 5월 10일 남한 단독으로 총선을 실시했다.

제주4 · 3무장 폭동은 남한 단독 정부수립의 거부에 있다.
반란군 유격대 조직에는 무기, 탄약을 보유하고 있었고,
조선인민민주공화국 건설을 위한 민중 반란이 일어났다.

김 구 선생 등 지도자 일부가 단독정부수립을 반대했다.
박헌영은 46년 9월 5일 월북하여 김일성과 손을 잡고서
남한 남노당을 원격 조정해 제주도에 영향력을 미쳤다.

미 군정은 5 · 10총선을 무사히 치르는 것이 중요했었다.
제주의 12개지서(총24개)가 일제히 습격을 받았으므로
미 군정은 국방경비대 9연대에 사태진압을 요청하였다.

김익렬 9연대장은 경찰과 합동 진압작전을 지휘하였다.
유격대는 5월10일 선거당일에 투표를 못하도록 했고
제주의 2개선거구는 투표자 미달로 선거무효가 되었다.

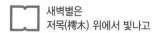

연대장은 박진경으로 교체되어 강경진압으로 선회했다.
6월18일 연대장이 프락치들에게 살해된 참사가 있었고
8월에 인민공화국 대의원선거에 도민 85%가 참가했다.

10월11일 제주도경비사령부를 설치 강경하게 진압했다.
국군이 중심되어 증파병력과 경찰이 합동작전을 펼쳤고
10월19일 증파하려던 여수육군14연대 반란이 일어났다.

11월17일 제주 전지역에 계엄령을 선포하기에 일으렀다.
산간부락을 해안으로 소개시키며, 부락을 불태워 버렸고
토벌이 잔혹하자 해안으로 또는 한라산에 올라가 숨었다.

12월말 9연대에서 2연대로 교체되어 강경하게 진압했다.
입산자의 귀순 작전을 펼쳤으나 저항은 더욱 거세졌으며
'49년1월 군부 대대를 폭도들이 공격하는 사태로 번졌다.

잠복해 있던 유격대에 의해 진압군 2명이 피습을 당했다.
흥분한 진압군이 주민을 집단적으로 처형하여 보복 했고
반란군은 게릴라전으로 진압군을 기습적으로 공격 했다.

'49년3월 제주도지구전투사령부 설치로 국면전환이 됐다.
5월10일 선거무효 되었던 두 선거구 재선거가 실시됐고
점차로 반란군의 전의가 크게 상실되어 사태가 호전됐다.

49년 6월 4 · 3폭동을 주도한 이덕구 사령관이 사살되었다.

306

'50년 6월 25일 기습남침으로 인해 새로운 국면을 맞았다.
그들은 38선이 무너져 한반도가 공산화되리라 고무됐다.

국군이 전선에 투입됨에 따라 경찰이 토벌책임을 맡았다.
100전투사령부를 설치, 경찰은 육군훈련소에서 훈련받아
제주에 해병대가 파견되자 군경 합동의 토벌을 실시했다.

한라산에 입산한 유격대가 하산해 경찰관서를 습격했다
4 · 3사태 발발 후 폭도들과 진압군의 쌍방 인명의 피해는
6년 6개월간('48.4.3~'54.9.21) 총 14,033명이 희생됐다.

노무현 정부의 제주4 · 3사건진상규명이 문제가 되고 있다.
폭도를 진압한 군경에게 양민학살이라는 족쇄를 채웠고
평화공원을 만들어 폭도를 애국자로 뒤집어 홍보를 했다.

제주4 · 3보고서 작성기획단장은 박원순 변호사가 맡았다.
폭동을 합리화 해서 정당한 민중저항운동으로 왜곡했고
국가권력에 의한 양민학살의 과오를 사죄하라 주장했다.

노무현 대통령과 고건 총리는 제주도민에게 사과를 했다.
반란의 폭동을 정당화시킨 역사적인 오류가 큰 문제로서,
제주4 · 3사태를 재규명하여 정사(正史)로 바로잡아야 한다.
(2015. 4. 3. 김흔중)

제주도 4 · 3 평화기념관이다.

제주도

三無(삼무)

1. 도적이 없다

2. 거지가 없다

3. 대문이 없다

三多(삼다)

1. 돌이 많다

2. 바람이 많다

3. 여자가 많다

한국교회가 3 · 1운동에 참여한 의의를 고찰한다.
(3 · 1운동 제96주년에 즈음하여)

일본 왜구는 한반도에 상륙하여 한반도를 발판으로 하여 중 · 일전쟁 (1937년)과 러 · 일전쟁(1904년)의 두 차례 전쟁에서 승리를 했다. 일본은 강제로 강화도조약(1876년)을 체결하고, 이어 을사보호조약(1905.11.17)을 체결하여 결국 한일병합조약(1910.8.29)이 체결되고 국토와 주권이 상실되었다. 일본은 대동아공영권의 침략을 위한 태평양전쟁(1941-1945년 일본과 연합군 사이에 벌어진 전쟁)에 한반도를 침탈, 장악하여 교두보로 삼았다. 그러한 과거의 침략전쟁을 일본은 외면하고 있다. 아베 총리는 일본의 과거 침략역사를 왜곡하고 있으며 집단자위권을 내세워 다시 대륙진출을 획책하고 있다. 더욱 우리영토인 독도가 일본 땅이라고 주장하며 일본 교과서에 명기해 놓고 있다. 이러한 일본의 침략근성의 만행을 용납할 수 없으며 제96주년의 3 · 1절을 맞이하여 한국교회 지도자와 교인들에게 조국수호의 사명을 촉구하고자 한다.

한국교회의 1907년 평양 대부흥운동은 일제 강점(1910년)의 굴레에서 한민족(韓民族)의 정신적, 신앙적 지주(支柱)가 되었다. 일본의 강압에 저항할 수 있는 기독교정신의 발로에 의한 민족운동의 본산지가 평양이었다. 또한 평양을 제2의 예루살렘이라 부르기도 했다.

일제 식민지가 된 지 9년 후인 1919년 일제 강점으로부터 민족적인 굴욕을 탈피하기 위한 3 · 1운동은 기독교, 천도교, 불교 등 종교 단체들이 연합하여 거국적으로 이루어졌다 특히 교회의 조직을 통하여 전국적으로 폭넓고 신속하게 독립운동을 전개할 수 있었다. 서울 탑골공원에서 3월 1일 정오 독립선언을 시작으로 불이 붙어 2천만 동포의 손에 든 태극기의 물결과 독립만세의 함성은 하늘을 찔렀다. 독립 선언의 민족대표 33인 가운데 개

신교 지도자로서 길선주(吉善宙) 목사를 비롯하여 16명의 기독교 지도자가
포함되었다.

　당시 민족적 저항운동인 3·1운동의 유발은 국제환경의 근인(近因)과 국
내 발단 원인(原因)의 두 가지 측면에서 고려될 수 있다.

　첫째로 국제환경의 근인을 살펴보면 멀리 미국 윌슨(W. Wilson)대통령
의 소위 민족자결주의 제창과 고종의 붕어(崩御: 1919.1.21)가 근인의 하나
이며, 더구나 포고령이나 사립학교 규칙과 같은 일제의 간악한 탄압, 세계
제1차대전을 겪은 경제공황, 일제 경제체제의 제국주의 식민지 확장에 따
른 한국 농민의 심각한 경제적 타격의 어려움과 금융시장의 고갈, 그리고
대거 이민행렬에 의해 만연된 좌절감, 물질문명 주도의 도덕의 해체 등 식
민정책에 의한 사회감각의 급격한 변화가 요인이 되었다.

　둘째로 국내 발단 원인(原因)으로는 ①한국민의 민족적 독립에 대한 극
도의 갈망 ②엄격한 총독 헌병정치의 군정과 그 횡포에 대한 저항의식 증
폭 ③조선 민족성 박멸 기도에 대한 반작용 ④사법 처우나 행정기관에서
의 조선인에 대한 차별대우와 기회박탈에 대한 불만고조 ⑤언론, 신앙, 결
사 자유의 박탈에 대한 권리회복의 주장 ⑥종교 말살정책에 대한 신앙적인
반기 ⑦한국인의 해외여행과 교육의 금지조치에 대한 차별성 절규 ⑧옥토
(沃土)의 약탈에 대한 불만 고조 ⑨한국 청년의 퇴폐를 시도하는 비도덕화
의 정책에 대한 도전 ⑩만주에 강제이민을 강행한데 대한 불만의 팽배 등
의 10개 항을 들 수 있다.

　이러한 문제들에 대하여 교회는 강력한 민족의 정기와 울분을 호소할 효
과적 통로를 제시했고, 신앙공동체를 통하여 비밀보장과 연락을 긴밀하게
할 수 있었다. 그리하여 3·1운동은 타종교와 더불어서 교회가 중심이 된
민족운동의 거대한 격류였다.

　따라서 교회가 민중의 동원, 독립선언서의 국내외의 배포와 전달 등의

운동이 전국적으로 확산되자 각 지방마다 교회가 만세시위 주도에 기여했다. 그리고 기독교 학교들이 선봉에 서서 만세운동을 전개했다. 여기에는 교회의 숨은 저력인 결속력과 통합력을 통하여 조직적 활동을 할 수 있었고, 강한 자치정신과 연대감 그리고 세계 교회와의 공감대가 있었으며, 나아가 부활신앙에 의한 신앙 공동체의 힘이 결정적 역할을 했다.

그래서 3·1운동으로 인한 피해도 엄청났다. 1919년 10월 장로교 총회에 보고된 내용에 의하면 장로교인 중 체포된 자 3,804명, 체포된 목사와 장로 134명, 기독교 지도자 중 수감된자 202명, 사살된 자 41명, 총회 회집시 수감중인 자 202명, 교회당이 훼파된 곳이 12개소였으며, 함북노회 관내에서만도 26명이 참살되었다.

1919년 10월 장로교회에서는 신학생들의 피체와 지방교회의 손실로 신학교육을 중단하고, 교회 지도자들의 수감으로 말미암아 총회 임원진을 선교사들에게 위임할 수밖에 없었다. 이러한 수난에도 굴하지 않고 3·1운동에 참여한 기독교인들의 애국정신은 나라사랑의 참 모습을 보여준 역사적 사실이었다.

오늘날 한국교회는 1천 2백만(통계청발표 : 862만명)의 기독교인으로 부흥하고 성장했다. 서울과 지방 그리고 방방곡곡의교회에 십자가가 높이 세워져 있다. 오직 하나님의 축복이 넘치는 백성이 되었다. 그러나 양적 팽창에 치중하여 질적면에 소홀했다는 지적도 있으며, 기복신앙과 물질 강조의 행태를 보이며 부패하고 있다는 염려와 지탄을 받고 있다. 더욱이 한국교회에 정체불명의 교단이 속출하며 진리 말씀의 본질이 신학적으로 변질되고 교리적으로 왜곡되는 일이 공공연히 자행되고 있다.

또한 작년 4월 16일 여객선 세월호가 전남 진도 인근 앞바다에서 침몰한 참사(476명 승선 304명 익사, 그중 단원고학생 325명, 선생 15명 탑승중 260명 익사)의 세월호 여객선 선주는 유병언 기독교복음침례회(구원파)의 교주였고, 구원파에 의해 반 년 이상 박근혜 정권을 뒤흔들어 놓았다. 이 세월호 해난사건은 건국 이래 최악의 기독교 이단종파에 의한 참사사건이었다.

특히 남북분단의 현실속에서 한국교회 지도자들이 북한에 왕래하며 북한의 적화통일전략과 통일전선전술에 말려 들며,위장된 종교와 신앙의 기만에 속고 있다는 사실이다. 그간 좌파정부의 햇볕정책에 편승해서 평양에 왕래하며 북한의 기만전술에 이용당해 수모를 면치 못했다는 것이다. 또한 한국의 목사들 가운데 북한의 거류민증을 받아 가지고 북한 선교를 빙자하여 북한에 왕래하며 김정일의 하수인으로 오해를 받은 일이 있었고, 심지어 교회 강단에서 공산주의자들도 용서하고 사랑해야 한다는 설교를 공공연히 했다. 그러나 마귀(사탄)와 총을 든 적은 용서할 수 없는 것이다.

기독교 지도자들은 북한의 정체성을 분명하게 인식해야 한다. 북한은 헌법에 종교를 허용하고 있지만 기독교인을 박해하며 처형하고 있다는 사실이다. 특히 김정은은 인간의 고귀한 생명을 미물이나 짐승처럼 취급하며 인권을 탄압하는 동시에 반동세력으로 몰아 무차별 공개 처형하고 있다. 심지어 친 고모부를 처참하게 처형했으며 측근세력까지 전부 숙청했다.

기독교 지도자들은 현실적인 가시의 현상만을 바라보지 말고 미래 지향적인 통찰력과 영안(靈眼)을 통해 역사적 전개과정을 예견할 수 있어야 한다. 오직 하나님의 분명한 섭리와 진리의 말씀에 순종하며 하나님의 뜻에 합당한 선지자적 사명감을 책무로 해야 한다.

결론을 맺고자 한다. 이제 100년을 4년 앞둔 지난 96년전의 거족적인 3·1운동은 일제식민지의 철제(鐵蹄)에서 국가와 민족을 구원하기 위한 절규의 함성이었다. 오늘날 북한 동포들을 구원하기 위한 부르짖는 기도와 함성이 절실한 현실이다. 오직 동토의 북한 땅에서 죽어가며 신음하는 동족을 구원하기 위한 간절한 중보기도가 우선적인 과제이다.

312

특히 금년에 한국교회가 96년 전의 3·1운동의 독립정신을 계승하고 88 서울올림픽과 2002년 월드컵의 함성을 되살려 대동단결하고 총궐기해야 한다. 그리하여 독도가 일본 땅이라고 해괴한 주장을 하는 일본 수상 아베에게 철퇴를 내려야 한다. 온 국민의 힘을 규합할 수 있도록 종교지도자들과 종교인들이 선도적 위치에서 상존하고 있는 일본의 침략근성을 타도해야 한다. 그러한 응징의 강력한 3·1정신의 계승이 절실한 이때에 한반도 통일과 한민족 통합의 남북통일은 어느 때보다도 시급한 현실이다.

(2015. 3. 1. 김흔중)

종교 지도자 33인이 긴급회의를 하고 있다
(기독교 : 16명, 천주교 : 15명, 불교 : 2명)

한반도의 38선과 155마일은 필요악인가?

제2차대전의 종식과정에서 미 · 소 두나라가 주도했다.
당시 역사적 국제정치의 역학작용을 수용해야 했지만
대한민국의 정체성과 정통성의 부정은 용납될 수 없다.

소련이 '45년 8월8일 선전포고 후 한반도에 상륙했다.
8월 11일 웅기에 상륙, 라진, 청진으로 진격을 해오자
트루만 대통령은 소련군 한반도 완전점령을 염려했다.

육군 러스크, 본스틸 두 대령이 분할의 38선을 그었다.
8월10일 소련군의 한반도 단독점령 억제책을 세웠고,
8월15일 제2차세계대전이 종식되어 해방을 맞이했다.

소련군은 계속 진출하여 8월25일 평양에 입성을 했다.
미군은 오끼나와에서 한반도 상륙지연은 불가피 했고
미군은 소련군의 한반도 단독 점령을 막아야만 했었다.

트루만과 스탈린이 38선을 긋기로 합의하여 분할했다.
소련군은 개성까지 진격했으나 미군은 지체가 되었고
소련군 보다 1개월 늦은 9월8일 인천해안에 상륙했다.

미국은 한반도의 일본군 항복을 받기위한 계획을 했다.
38선 북쪽 일본군은 소련군사령관에게 항복토록 했고
38선 남쪽 일본군은 미군 사령관에 항복토록 계획했다.

평양의 소련군사령관 치스코차프가 항복 문서를 받았다.
서울에서 하지 중장이 9월9일 총독 항복문서를 받았고
한반도를 미국, 소련이 남북을 분할해 군정을 실시했다.

대한민국은 '48년8월15일 유엔승인 합법정부가 되었다.
북한은 '48년 9월9일 비민주적인 공산정권을 수립하여
김일성이 소련 스탈린의 지원을 받아 남침도발을 했다.

'50년 6 · 25남침 동족상잔의 3년1개월간 전쟁을 치뤘다.
'53년 7월 27일 휴전되어 DMZ 155마일 분단선이 됐고
38선과 155마일 분단선은 두 차례 적화통일을 저지했다.

38선과 155마일 휴전선은 적화통일을 막은 필요악이다.
38선을 긋지 않았다면 소련이 한반도를 단독 점령했고
1.4후퇴 후 155마일 휴전선은 북 · 중 동맹군을 저지했다.

한반도 적화통일을 막아준 미국과 유엔군에게 감사한다.
종북 좌파세력은 주한미군철수를 계속 주장하고 있으며
대한민국의 정체성을 부정하는 반국가 좌익세력이 많다.

박근혜 정부가 통일대박을 만들려면 종북세력이 문제다.
국가를 전복하려는 종북세력은 반드시 척결되어야 하며
김정은이 핵무기폐기 후 자유통일에 백기를 들어야 한다.
(2015. 2. 22. 김흔중)

대한민국 안보와 경제살리기국민운동본부
임원들의 판문점 방문(2006. 6. 8)
중립국감독위원회 스웨덴, 스위스 두 대령에게
감사패 전달했다(중앙: 박세직 총재, 김흔중 목사)
(중앙, 박세직 장로, 김흔중 목사)

분단에서 통일까지

방흘지쟁(蚌鷸之爭) ➡ 어부지리(漁父之利)

절치부심(切齒腐心) ➡ 와신상담(臥薪嘗膽)

이전투구(泥田鬪狗) ➡ 생사결단(生死決斷)

궁서교묘(窮鼠咬猫) ➡ 궁구물박(窮寇勿迫)

도로무익(徒勞無益) ➡ 한강투석(漢江投石)

결자해지(結者解之) ➡ 민족화해(民族和解)

경천애민(敬天愛民) ➡ 남북통합(南北統合)

● 한반도의 국토가 하나로 통일이 되어야 한다.
● 남북한의 민족이 하나로 통합이 되어야 한다.

국가안보 및 통일전망, 교육자료 : 김흔중 저

새 땅의 지평을 넓히자

최초의 살인자 가인의 피가 온 땅을 적신다.
인류는 전쟁과 테러의 살육에 떨고 있으며
세상은 빛을 잃고 죄악의 어둠에 덮여 있다.

남한은 가치관의 혼돈과 방종이 큰 문제다.
배부른 비만, 상대적 빈곤, 계층간의 갈등이
비빔밥 처럼 혼재하고 있어 골치가 아프다.

북한은 자유가 없고 굶어 죽는 생지옥이다.
해빙기 어름판 처럼 붕괴의 위험성이 많고
고드름 처럼 와르르 박살날 위기에 놓였다.

남북분단 70년을 청산해야 할 때가 되었다.
기회를 놓치면 기회를 다시 잡기가 어렵고
자유통일 보다 적화통일 시간을 벌게 한다.

한국에 태어났으면 나라 위해 사라야 한다.
집단적인 이익과 개인적인 욕망을 초월한
인생을 성찰해 보는 기회로 삼아야만 한다.

인생은 산 넘어 산의 고난이 연속되어진다.
한평생 평탄한 대로를 걷는 사람이 없으며

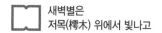

오솔길을 걷고, 비탈길을 걷는 행보도 있다.

인생은 항해하며 파도를 만나고 또 만난다.
일평생 잔잔한 바다를 항해하는 사람 없고
태풍을 만나고 폭풍의 위기에 항해도 한다.

높은산과 폭풍의 바다 건너 새하늘이 있다.
어둠의 세계를 진리의 등대로 밝혀야 하며
한반도 통일로 새땅의 지평을 넓혀야 한다.

(2015. 1. 19. 김흔중)

나라가 온통 시끄럽고 어지럽다.
(時事 寸評)

못 배웠어도 나름대로 즐겁고 만족하게 사라 간다.
낫 놓고 기역자를 몰라도 불평이 없이 그저 산다.
모르면 모를수록 만족하고 잘 알수록 불만이 많다.

눈으로 신문 읽어 가며 세상 돌아가는 것을 안다.
TV 화면을 직접 보면서 정보화 시대에 사라 간다.
지구촌은 요지경 되어 전쟁과 테러의 살육장이다

북한은 핵무기를 만들어 공포의 전쟁놀이를 한다.
한국은 종북세력이 판 벌려 나라를 뒤엎으려 한다.
여, 야 각각 계파 싸움이 개들의 이전 투구장이다.

당대표가 되겠다 싸우고 대권욕에 미친 정치이다.
표몰이 정치가 혼탁하며 정치인이 나라를 망친다.
부패 정치가 한심스럽고 내우 외환이 우려스럽다.

(2015. 1. 17. 김흔중)

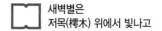

인생의 자화상

청춘이 세월 속에 묻히니
홍안의 과거를 회상하며
그때 그 시절을 아쉬워하고

옛날 생각에 젖어서
한갓 세월을 탓하는 푸념은
미련 많은 섭섭한 고백이다.

가버린 시간과 공간에
젊음의 무지개 꿈이 변해서
벌써 황혼을 붉게 물들인다.

소중한 시간이 많으면
그만큼 열심히 산 것인데
분명한 발자취가 아련하며

옛 추억이 새롭고
선명하게 오버랩이 되면서
주마등처럼 스쳐 지나가고

오직 흘러간 시간 속에
타임머신에 채색되어 있는
인생의 자화상을 바라본다.

(2015. 1. 11. 김흔중)

320

나목의 참새들

창밖 무성한 정원수는
낙엽이 우수수 떨어져
뼈대만 앙상하게 되고

그리 청청하던 기상이
계절을 이기지 못하여
푸른옷 활짝 벗었으니

동이 터오니 창밖에서
쓸쓸한 외론 가지들이
무언으로 손짓을 하며

텔레비 음악이 울려서
창밖에 은은히 풍기니
참새떼들이 몰려들어

삽시간 나목의 가지에
수십마리 서로 매달려
꽃송이를 만들었으니

참새꽃 처럼 바라보는
착각의 두눈의 시선엔
신년 벽두의 신비이다.

참새가 이리저리 뛰며
가지에 매달려 춤추고
몸짓으로 아양 떨더니

무정하게 훨훨 나르며
어디론가 사라졌기에
허무하고 야속했지만

찬 바람에 흔들거리는
참새떼 떠난 가지마다
움트는 봄을 기다린다.

(2015. 1. 6. 김흔중)

옛적 일을 알고 기억하라

옛적 일을 모르면 무지한 삶을 사라간다
오늘에 과거 보다 밝은 세상을 열기위해
창조적 창의 정신을 개발토록 해야 한다.

옛적 일을 기억하지 못하면 소망이 없다.
오늘은 과거 보다는 발전이 있어야 하고
미래 위한 참신한 역사 창조가 필요하다.

옛적 일에 너무나 집착하면 발전이 없다
오늘에 지난날 폐습을 깨끗이 청산하고
온갖 부정,부패,불의,탐욕을 버려야 한다.

오늘의 시간 낭비는 미래에 발전이 없다
비전이 없는 백성은 분명히 망하게 되니
새해 새역사 창조에 혼신의 노력을 하자.

(2015. 1. 4. 김흔중).

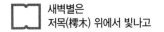

2015년을 남북통일 원년의 계기로 만들자
(신년 메시지)

남북통일은 한민족(韓民族)의 민족적 숙원인 역사적 과제이다. 나는 1992-2005년까지 13년간 통일부 통일교육전문위원과 다년간 내무부 민방위소양교육강사(경남민방위강사협의회 회장)로 위촉되어 예비군 및 민방위를 대상으로 통일교육 과 안보교육에 다년간 심혈을 기울였다. 오늘날 간절한 통일에 염원은 어느 때보다도 더욱 절실해졌다. 지난해 박근혜 대통령은 신년사에서 대박론을 주창했으며, 독일 드레스덴선언('14.3.28)과 DMZ세계평화공원 조성 추진 등 평화통일에 강력한 의지를 표명했다. 그러나 한반도를 위요(圍繞)한 4강세력의 이해관계가 엇갈린 상황 속에 남북한 간의 통일정책은 첨예하게 대립되고 있다. 이러한 복잡한 국제정세를 예의 주시하며 2015년의 새해를 맞아 "한반도 통일과 한민족 통합"의 절호의 기회를 전망해 보려 한다.

①한반도는 해방의 광복 및 남북 분단 70년, 건국 67년, 남침전쟁 발발 65년, 휴전 후 62년의 장구한 세월이 흘렀다. 그간 북한은 김일성이 남침전쟁에 실패한 후 무력 적화통일전략과 대남 통일전선전술을 집요하게 전개하며 "고려연방제통일 방안"을 추진했다. 남한은 자유와 평화통일을 주장하며 "한민족공동체통일 방안"을 제시했다. 따라서 북한은 1민족, 1국가, 2체제, 2정부의 형태로서, 외교 및 군사를 2정부에서 각각 갖자는 연방제이고, 통일주체는 프롤레타리아 계급중심이며 주체사상이 통일철학이다. 남한은 1민족, 1국가, 1체제, 1정부의 남북연합 통일국가 형태로서 통일주체는 자유민주주의 국민이며 인간 중심의 통일철학이다. 또한 남북 통일국가 실현 절차는 남북간 에 현저하게 다르다. 북한은 "남북 연석회의 절차"에 의한 정치협상이며, 남한은 "통일 헌법에 의한 민주적 절차"의 남북한

총선거이다. 남북간 통일정책은 65년간 동상이몽(同床異夢)의 정책으로 일관해 왔다.

②지난 분단 70년간 남북한 간에 서로 배치(背馳)된 상이한 정치, 경제, 문화, 사회, 군사는 양극화 체제로 대립되고 있다. 북한은 3대 세습의 현대판 봉건적 군주제의 독재정치체제인 특수한 선군정치의 병영국가로 전락되었다. 또한 공개처형을 다반사로 집행하고 6개 정치범 수용소에서 정치범 20여만명의 인권을 탄압하고 있으며, 300여만명이 굶어서 아사한 동토의 땅이 되었다. 특히 북한은 못먹어 굶어 죽고 탈북자가 속출하는 비정상적인 세습정권체제로서 국제적으로 고립되어 있다.

③김일성의 남침 전쟁 3년 1개월은 너무나 참혹했다. 오늘날 까지 65년 전의 악몽이 사라지지 않고 있다. 남북한 공히 당시 전사자와 부상자 가족 그리고 1천만 이산가족에게 전쟁의 트라우마는 아물지 않고 있으며 이념과 사상으로 대치(對峙)된 산은 무척 높고 골은 너무나 깊어져 있다. 북한은 차지하더라도 남한의 남남 갈등은 불구대천지원수(不俱戴天之怨讐)의 한을 품은 자들에게 전쟁의 상흔이 유가족에게 불치의 고질병이 되고 있기 때문이다. 특히 당시 좌파 유가족에게 연좌제를 적용하여 불이익을 주었기 때문에 불만이 해소되지 않고 있다. 남한에 내재하고 있는 불만세력과의 사회통합은 남북 통일의 선결 과제이다.

④오늘날 종북세력의 성향을 살펴보면 첫째, 근본적으로 공산주의 이념과 사상의 골수 분자들이다. 둘째, 6·25전쟁 기간에 국군 또는 경찰에게 피해를 입은 가족이 대부분이다. 셋째, 간첩 또는 종북 좌파세력에게 포섭된 자들이다. 넷째, 반정부 세력이 반국가 세력에 동조 및 편승하는 자들이다. 다섯째, 학원에 침투한 주사파(NL계열, PD계열) 세력의 학생들이 의식화되어 이념적으로 변질된 386세대의 일부이다. 이들 종북세력이 입법, 사법, 행정 그리고 각계 각층에 침투되어 합법 및 비합법적으로 대한민국

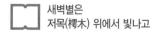
을 뒤흔들고 있다. 그래서 내부의 적이 외부의 적 못지 않게 무섭다는 것이다.

⑤남북한 간에 정치, 경제, 사회, 문화의 이질적인 요소가 고도의 양극화로 고착화 되었다. 쌍방간에 이념과 사상의 기저에 깔려 있는 근본적인 의식구조 자체를 바꾸지 않고서는 동질화될 수 없다. 남북한 간에 이질화 기간이 어언 70년이 되었다. 세살 버릇이 여든까지 간다는 속담을 귀담아 들어야 한다. 졸속의 이질화된 체제통합은 기대할 수 없고 동질화 없는 체제통합은 와해될 수밖에 없다. 통일이 급하다고 통일의 미숙아를 만들면 통일 미숙아용 인큐베이터가 없어 통일 미숙아는 생명을 잃고 만다. 다시 말해 대한민국 헌법정신의 건국이념, 정체성, 정통성 등을 무시하고 북한의 정치집단에 의한 위장 및 변질된 통일은 역사적인 후환을 초래하게 된다는 것이다.

⑥지난 10년간의 좌파정권 대북 햇볕정책은 햇볕에 의해 옷을 벗긴 것이 아니라 핵의 옷을 입혀주어 우리에게 부메랑의 위협을 초래했다. 대북지원은 한강 투석이 아니라 대동강 투석의 어리석은 국고낭비를 하고 말았다. 그간 종북세력은 한국 땅에 명석을 깔고 잔치판을 벌렸다. 통합진보당과 이석기 RO조직을 통해 증명된다. 김정은이 고모부 장성택을 처형한 후 측근세력까지 깨끗이 처형했다. 그러나 박근혜 대통령은 자신을 심판하겠다는 저항세력에 인내하며 너무 관대한 통치력 행사를 하고 있다. 그간 "보안법을 철폐하라, 미군을 철수하라"는 구호는 종북세력의 단골 메뉴였고, 공권력을 무력화시켰다. 심지어 통치자가 청와대 뒷산에 올라가 앉아 촛불 시위에 놀랐다며 자기도 아침이슬 노래를 불렀다고 실토한 사실은 통탄할 일이다. 헌법재판소의 통진당 해산 판결(2014.12.19)과 이석기 RO조직의 척결은 통일을 위한 정지작업을 위해 당연하며 만시지탄(晚時之歎)의 감이 있을 뿐이다.

326

,⑦ 이제 김정은이 작년 12월 17일 김정일 3년상의 탈상을 계기로 반대 세력을 거의 숙청한후 세습체제를 재정비, 강화하며 핵 주권을 빌미로 삼아 비대칭군사력을 등에 업고 단말마적(斷末魔的)인 적화통일을 위해 극과 극의 대결로 치닫고 있다. 김정은이 작년말에 2015년을 "통일대전 완성의 해"로 선포하고 AN-2기를 이용한 공수강하 훈련을 20배 증가하고 방사포 400여문을 추가 배치하기도 했다. 그러나 도발에 자신감과 북한 인권문제, 경제난, 남북관계 등이 북한의 의도대로 진전되지 않을 경우 핵실험, 장거리미사일 발사, 접적 지·해역의 포격 도발 등 오판에 의한 도발가능성의 수위를 높일 것이다.

결론을 맺고자 한다. 남북 쌍방 간에 아전인수(我田引水)의 통일을 위한 수화상극(水火相剋)의 태도와 빙탄불상용(氷炭不相容)의 자세로 통일을 암중모색(暗中謀索)해 왔으나 남북협상의 실효성은 전혀 없었다. 김정은이 전후방이 없는 정규전과 비정규전의 배합에 의한 속전속결의 무력도발 및 사이버전을 획책하려 하겠지만 한·미 연합군 공조에 의한 대북 초토화의 응징보복을 두려워 하여 감히 도발을 감행하기는 어려울 것이다. 그러나 북·미 대화가 단절되고, 중국이 북한을 외면하며, 친러 전략이 한계에 일으게 되면 핵 주권을 빌미로 최후 발악을 획책할 수도 있을 것이다. 더욱 김정은의 세습체제가 군사적 강성대국으로 완성 단계에 진입하게 되면 더욱 남한을 위협하며 적화통일의 수위를 높일 것이다.

최근 북한의 무력 도발의 위험성도 크지만 김정은의 변고에 의한 자중지난의 위험성은 비등점에 올라 있다. 남북 분단의 통일은 더 이상 인내하며 기다릴 수 없게 되었다. 우리는 시급히 통일의 길을 개척하고 주도해야 할 의무와 책임을 절감하게 된다. 그렇기 때문에 박근혜 정부는 국제 공조와 총화 국력을 바탕으로 통일 대박의 방책을 모색해야 한다. 따라서 광복 및 분단 70주년을 맞아 분단의 고착된 빗장을 풀고 주변 4대 강국과 적극적

인 외교 및 군사 협력을 통해 과감하게 무력이 아닌 평화적 통일의 문을 활
짝 열어야 한다. 더 이상 북한에 양호유환(養虎遺患)의 물리적 힘을 제공하
며 우매한 화합의 화학적인 통일정책의 백일몽(白日夢)은 록목구어(綠木求
魚)에 불과하며 도로무익(徒勞無益)일 뿐이다. 이제 영구분단을 청산할 수
있는 절호의 기회가 왔다. 2015년이 남북통일 원년의 계기로 기록되기를
바란다. 우리는 천재일우(千載一遇)의 통일 기회를 움켜 잡아야 하며, 기회
를 놓치면 분단 100년으로 갈 수밖에 없을 것이다.

(2015. 1. 1. 김흔중)

(2015년 海兵隊戰友新聞의 新年號에 게재되었다.)

보신각의 종소리

금년에도 어김없이 송구영신(送舊迎新)의 제야 영시(除夜零時)에 보신각 종소리는 서울 시민 10만의 인파가 운집한 가운데 설흔세번 타종하여 서울 밤하늘에 은은히 울려 퍼졌다. 다사다난(多事多難)했던 2014년은 어둠의 역사속으로 사라지고 희망찬 2015년의 새해 아침의 여명이 밝아 온다. 보신각 종(普信閣 鐘)은 조선조 500년의 역사와 함께한 역사적인 종이다. 고찰의 범종(梵鐘) 소리는 중생(衆生)의 제도(濟度, 건져냄)에 의미를 부여하고 있다. 그러나 종은 평화를 상징하며 종소리는 자유, 평화, 사랑을 선포하고 때로는 시간을 알리는 은은한 선률로 동서남북의 사방에 울려 퍼진다. 또한 통상적으로 종소리는 종교를 초월하여 마음을 정화시키고, 희망을 마음속에 자리 잡게 하며, 마음속의 어둠을 밝은 빛으로 변화시켜 준다.

서울 종로2가에 위치한 보신각은 광화문 광장에 세워진 세종대왕 좌상과 이순신 장군 동상과 함께 대한민국의 과거와 현재 그리고 미래에 영원한 역사적 애국애족의 숨결로 존재하고 있다. 2014년 광화문 광장에서 각종 집회와 광란의 시위 그리고 꼴사납던 세월호 참사 가족 김영오 그리고 야당 대통령 후보였던 문재인 의원 단식투생의 모습이 보신각 종소리와 함께 깨끗이 어둠속으로 사라지고, 2015년은 성군(聖君) 세종대왕과 성웅(聖雄) 이순신 장군의 나라사랑의 정신으로 여·야 정치인들과 온 국민들이 참신하게 변화되기를 바란다.

대한민국 국민들은 보신각 종의 역사적 배경을 알아야 한다. 보신각 종은 본래 원각사(파고다공원)의 종으로 세조 때에 주조한 것인데 1536년(중종 31)에 남대문 안으로 옮겨놓았다가 1597년(선조 30) 명례동 고개로 옮겼던 것을 광해군 때 종각을 복구하면서 이전한 것이다. 그후 조선 후기까지 4차례나 화재와 중건이 있었고, 1895년(고종 32)에 종각에 '보신각'이란 현액(懸額)이 걸린 이후 종도 '보신각' 종이라 부르게 되었다. 6 · 25전쟁으로 종각이 파손된 것을 1953년 중건하였다가 1980년 다시 2층 종루로 복원하였다.

이제 보신각 종에 서려 있는 수난의 36년간 일제 식민지 생활의 고통과 6 · 25 동족상잔의 역사적 비극을 되풀이 해서는 안 된다. 2015년에는 온 국민이 혼연일체가 되고 국론이 통일되어 통일 조국을 건설할 수 있는 계기를 만들어야 한다. 새 역사 창조의 보신각 종소리가 서울에서 평양까지 메아리쳐 울려 퍼지기를 간절히 염원한다.

제야를 보내며
(2015. 1. 1, 김흔중)

아듀 2014년

한 해가 가버린다고 그토록
섭섭해 하거나 후회 보다는
떳떳했던 일을 회고해 보자.

누구든 보람이 없을리 없다.
땀 흘리며 바쁘게 일했으면
대가의 큰 열매도 있으리라.

세월이 덧없다 탓하지말자
지나간 시간에 감사를 하면
인생의 참 기치로 승화된다.

밤낮 시간은 멈추지 않는다.
낡은 시계는 고장이 나지만
해와 달은 몸살감기도 없다.

지난 한 해를 주춧돌로 삼자.
새 해가 또다시 성큼 왔으니
서광의 새 아침을 활짝 열자.

제야 자정에 묵은 달력 떼고
새해의 달력 바꿔 다시 달면
희망찬 새해 아침이 열린다.

(2014년의 除夜 子正에 김흔중)

331

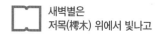

성탄절의 의미와 소망

금년에도 어김 없이 성탄일을 맞는다.
만왕의 왕인 예수가 탄생하신 날이며
다시 크리스마스 캐럴이 울려 퍼진다.

어린예수 눌 자리 없어 구유에 나셨고
하늘의 별만 반짝이는데 꼴 위에 누어
주 예수는 우시지 않고 고이 잠드셨다.

만백성 위하여 한 밤중에 구주 오셨네.
고요한 밤, 거룩한 밤 어둠에 묻힌 밤
감사기도 드릴 때 아기예수 잘도 잤다.

맑고 환한 밤중에 천사들이 내려 와서
손에 비파 들고 평강의 왕을 찬송하니
소란한 온 세상이 고요하고 잠잠했다.

동방 박사 세 사람이 보배합을 가지고
산넘고 물건너 별 따라 멀리서 찾아와
황금과 유향과 몰약을 예수께 드렸다.

지극히 높은곳의 하나님께 영광이었고.
땅에서 기뻐하는 백성에게 평화였으며

평강의 왕이 베들레헴에서 탄행하셨다.

결국 십자가에 달려 보혈의 피 흘리고
인류를 구원하신 후 부활 승천 하셔서
하나님 우편에 앉아 중보, 간구하신다.

지금은 주님께서 우주만물 다스리시고
인류의 역사와 국가흥망을 주관하시며
권세 잡은자들의 악행을 징책하시리라.

성탄절에 다시 오실 예수를 기다리며
하나님 뜻이 하늘에서 이뤄진 것 같이
땅에서도 이루어질것을 확실히 믿는다.

(2014. 12. 25. 성탄절에 김흔중)

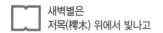
반국가적 인격장애자들은 척결되어야 한다

나는 심리학자도 아니고 전문가도 아니다. 오직 심리학 서적을 읽어보았을 뿐이다. 그러나 한국이 반사화적 인격장애자들로 인한 살인, 강도, 절도, 성폭행, 성추행 등 사회가 혼탁해지고 있어 온갖 심리학적 병리현상이 심히 우려스럽다. 그 유형인 소시오패스(sociopath)는 반사회적인 인격 장애의 일종으로, 자신의 범행을 인지를 한다는 것이며, 사이코패스(Psychopath)는 반사회적 인격 장애의 일종인데 자신의 범행을 인지하지 못한다는 차이점이 있다. 나는 반국가적 인격 장애도 분명히 존재하고 있어 네티오패스(Natiopath)라는 신조어를 만들어 보았다. 이들 세 부류의 인격 장애의 심리학적인 성격과 양태를 살펴보고자 한다.

첫번째, 소시오패스 (sociopath)를 알아 본다.

소시오패스(sociopath)는 사회를 뜻하는 소시오(socio)와 병리 상태를 의미하는 패시(pathy)의 합성어로, 반(反)사회적 인격장애의 일종이다. 반사회적인 흉악범이 죄를 저지르고도 자신의 행동에 대한 죄책감이 없고 타인에 대한 동정심이 없다는 점에서 사이코패스(psychopath)와 비슷하지만, 잘못된 행동이란 것을 알면서도 반사회적인 행위를 한다는 점에서 잘못된 행동이라는 개념 자체가 없는 사이코패스와 구분된다.

미국 정신분석학회는 소시오패스를 "법규 무시ㆍ인권침해 행위 등을 반복해 저지르는 정신질환(antisocial personality disorder)"이라 정의하고 있다. 또 미국정신의학회의 소시오패스 진단기준(DSM-IV-TR)에 따르면 소시오패스는 만 18세 이상이면서 반복적인 범법행위로 체포되는 등 사회규범을 따르지 않으며, 자신의 이익과 쾌락을 위해서는 수단과 방법을 가리지 않고, 다른 사람을 속이는 사기성이 있으며, 쉽게 흥분하고 공격적이

334

어서 몸싸움이나 타인을 공격하는 일을 반복하면서도 이를 합리화하는 등 양심의 가책을 느끼지 않는 특징을 보이며 이런 특징이 오랜 기간 지속적으로 나타난다는 것이다.

한편 외국에서는 인터넷 등 주로 가상공간에서 소시오패스 행태를 가진 자들을 가리켜 사이버패스(cyberpath)라고 한다. 이들은 인터넷을 통해 스토킹, 사기, 데이트, 강간 등의 범죄를 가상현실 및 현실에서 일삼는 정신적 질환을 가진 자들을 이른다고 한다.

두 번째, 사이코패스(Psychopath)를 알아 본다.

사이코패스(Psychopath)는 반사회적 인격 장애증을 앓고 있는 사람을 가리킨다. 평소에는 정신병질이 내부에 잠재되어 있다가 범행을 통하여서만 밖으로 드러나기 때문에 주변 사람들이 알아차리지 못하는 것이 특징이다.

1920년대 독일의 쿠르트 슈나이더(Kurt Schneider)가 처음 소개한 개념으로 보통 반사회적 인격장애증을 앓고 있는 사람을 가리킨다. 이들은 발정, 광신, 자기현시, 의지결여, 폭발적 성격·무기력 등의 특징을 지닌다. 이들의 정신병질(精神病質, Psychopathy)은 평소에는 내부에 잠재되어 있다가 범행을 통하여서만 밖으로 드러나기 때문에 주변 사람들이 알아차리지 못하는 것이 보통이다.

사이코패스는 유전적·생물학적 요인에 사회환경적 요인이 결합되어 나타나는 전인격적 병리현상으로 본다.

로버트 헤어와 폴 바비악은 남다른 지능과 포장술 등으로 주위 사람들을 조종하여 자신이 속한 조직과 사회를 위기로 몰아넣는 이른바 '화이트컬러 사이코패스'를 '양복을 입은 뱀(Snakes In Suits)'에 비유하였다.

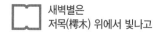

셋째로 네티오패스(Natiopath)라는 신조어를 만들어 제시한다.

필자기 제시한 네티오패스(Natiopath)는 국가를 뜻하는 네티오(natio)와 병리 상태를 의미하는 패시(pathy)의 합성어로, 반(反)국가적 인격장애의 일종으로 지칭하고자 한다.

소시오패스(sociopath)와 사이코패스(Psychopath)는 반사회적 심리현상의 인격장애이다. 그러나 네티오패스(Natiopath)는 반국가적 심리현상의 인격장애로서 전자(前者)와의 차이점은 반사회적이냐, 반국가적이냐의 차원에서 구분되어진다. 전자는 사회질서를 파괴하지만 후자는 국가안보와 사회질서 등 총체적인 질서를 파괴하는 인격장애의 현상으로 국가 위기를 초래하게 된다. 오직 종북 반미 좌파세력을 네티오패스(Natiopath)라고 지칭하고자 한다. 네티오패스(Natiopath)라는 신조어가 객관적으로 시민들에게 긍정적으로 인정되기를 바란다.

결론을 맺고자 한다. 해체된 통합진보당을 비롯하여 종북 반미 좌파세력을 네티오패스(Natiopath)의 반국가적 인격장애로 간주하련다. 대한민국에 태어나 대한민국에서 누릴 것 다 누리며 살고 있으면서 대한민국을 부정하는 세력이 종북 좌파세력이다. 종북 세력의 특징은 첫째, 반국가적 이념의 정신적 인격 장애자들이다. 둘째, 반사회적 비인격적 장애자들이다. 셋째, 국가 전복을 획책하는 내란 폭력조직이다. 넷째, 북한의 지령에 따르는 혁명조직이다. 다섯째, 북한의 대남 국지도발시 동조할 세력이다. 여섯째, 촛불집회 등으로 선동, 선전을 통해 세력화, 조직화하는 세력이다. 일곱째, 각계 각층에 침투한 각양의 프락치들이다.

끝으로 바라건대 현대판 군왕인 김정은(30세)의 세습체제는 한반도에서 사라져야 하고, 공개 처형을 일삼는 생지옥의 마왕 김정은에게 절대자의 징책이 반드시 있을 것이다. 종북 세력은 통합진보당 해산과 때를 맞춰

336

대오각성해야 하며 대한민국의 품으로 돌아와야 한다. 대한민국의 건국이념, 정통성, 전통성을 인정하고 다같이 태극기 흔들며 애국가를 힘차게 불러야 한다. 종북 좌파세력들이 남북통일을 진정으로 바란다면 네티오패스 (Natiopath)에서 하루 속히 탈피하기를 간절히 고대한다.

(2014.12. 23. 김흔중)

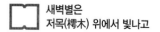

설경의 삼매
(雪景의 三昧)

간밤에 내린 함박 눈으로
산야는 흰솜 이불 덮었고
나무 가지마다 눈꽃 피어
별천지 선계가 펼쳐 졌다.

수호 천사들이 내려 와서
세상의 더럽고 추한 것을
온전히 전부 덮어 버리니
악취 조차 사라져 버렸다.

주홍 보다도 붉은 죄악이
흰눈 처럼 깨끗해 졌으며
새 마음에 흰예복 입으니
설경의 삼매에 푹 빠진다.

(2014. 12. 22. 김흔중)

통합진보당 해산은 역사적인 쾌거였다

2014년 12월 19일은 헌법수호 기념비를 세워야 할 날이다
종북 좌파정당인 통합진보당을 헌재에서 해산판결을 했고,
국회의원 5명에 대해 의원자격을 박탈한 역사적 쾌거였다.

헌법재판소에서 대한민국 건국 후 첫 정당해산을 결정했다.
재판관 9명중 8명이 찬성했고, 1명이 기각을 주장한 결과는
헌법이 대한민국을 수호한 역사적 승리의 만세 만만세였다..

궤변의 민주주의 사망이 아닌 자유민주주의 승리의 쾌재다.
헌법이 대한민국을 지켰고 헌재 재판관이 나라를 살렸으며
통진당은 창당 3년만에 정당사의 뒤안 길로 사라지게 됐다.

정당강령이 사회주의 성향이며 태극기, 애국가도 거부했다.
국가를 전복하려고 종북조직들이 봉기, 내전을 획책하려던
북한에 연계된 RO(혁명조직)의 정체가 만천하에 드러 났다.

통합진보당은 북한의 대남통일전선전술에 놀아난 정당이다.
이석기의 RO조직을 비호한 종북정당으로 불법투쟁을 했고,
촛불 집회를 주도하며 각종 국가전복의 위기를 조성하였다.

통합진보당은 북한식 사회주의실현을 위한 종북정당이었다.
주한미군철수, 한미동맹 폐기, 예비군제도 폐지, FTA반대 등

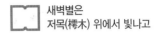

반국가적인 정책으로 일관해 왔고, 사회혼란을 조성해 왔다.

해산된 통진당은 유사한 정당을 창당할 수 없도록 해야한다.
종북 반미 좌파세력들의 세력화, 조직화를 불가능하게 하고
보안법을 엄격히 적용해 불법의 집회, 시위는 엄벌해야 한다.

2014년 12월 19일은 박근혜 대통령 당선 2주년 되는 날이다.
박근혜 정부가 출범하지 못했다면 통진당 해산은 불가 했고
대남 적화통일로 가는 길이 탄탄대로가 되고 말았을 것이다.

금년에 세월호 참사와 청와대 문건유출 등 난맥상이 많았다.
통진당 해산은 박근혜 대통령의 역사적인 업적의 공로로서
2015년의 새출발에 탄력을 받아 국정이 쇄신되기를 바란다.

(2014. 12. 20. 김흔중)

범사에 감사하며 기뻐하라

　그리스도인들의 세상적인 의심과 염려의 감정은 정서적인 불안을 초래하게 된다. 주님을 사랑하며 믿는다고 하면서 항상 염려, 근심, 걱정으로 불안하게 사라 가는 자는 믿음에 대한 확신이 없기 때문이다. 하나님을 진심으로 믿고 거듭나 구원을 받게 되면 마음의 촛점을 하나님께 맞추게 되어 평안이 찾아 오며 늘 범사에 감사하고 기쁜 마음으로 생활하게 된다. 그리스도인의 감사는 말과 행동으로 표현되는 아름다운 신앙적인 미덕이다. 사람이 얼마나 행복한가의 분량은 생활속에 나타나는 감사와 기쁨의 척도에 달려 있다.

　감사와 기쁨은 웃음을 만들고, 웃음은 감사와 기쁨을 만든다. 어떤 이는 장미를 보고 왜 가시가 있느냐고 불평을 하지만 어떤 이는 가시가 있어도 아름다운 장미꽃을 보고 기뻐하고 그 꽃을 예찬한다. 행복은 감사의 꽃에서 행복의 열매가 열리는 것이다. 인생의 행복을 원한다면 자신의 마음속에 감사의 나무를 심으라 했다. 감사는 거저 남이 주는 것이 아니라 마음속의 정원에 감사의 나무를 심고 가꿔 기쁨의 열매를 맺어야 한다는 것이다. 오직 감사와 기쁨의 속성은 마음속에 있는 것이다.

　부자가 아닐지라도 옷 한벌, 밥 한끼, 물 한컵, 숨쉬는 공기, 따스한 햇볕, 아름다운 자연은 모두가 감사의 조건이 된다. 그리스의 철학자 디오게네스는 어느 날 통나무 밑에서 일광욕을 하고 있을 때 알렉산더 대왕이 찾아와 소원을 물으니, "아무것도 필요없으니 햇빛을 가리지 말고 비켜 달라"고 했다는 말은 유명하다. 그는 가난하지만 부끄러움이 없이 자족하는 감사의 생활을 실천했다. 그리스도인들은 디오게네스의 생활 철학을 초월하여 어떠한 역경과 불행의 경우에도 감사할 수 있는 믿음이 있다면 하나님께서 불행을 행복으로 바꿔 주실 것이다. 그래서 감사하는 마음은 불행과 좌절을 이겨내는 능력과 힘이 되는 것이다. 그래서 감사는 기쁨으로 승화되어 상승의 작용을 한다.

감사의 삶을 위하여 긍정적이고, 낙천적인 인생관을 가진 사람은 큰 것보다도 작은 일에서 감사의 조건을 찾게 된다.

모든 일은 시작이 중요하다. 아침에 감사하며 상쾌하게 눈을 뜨면 하루 생활에 감사가 넘치고 반면에 악몽에 시달려 피곤하게 눈을 뜨면 불평의 구름이 몰려 오고, 불평이 연속되면 모든 생활에 근심의 장맛비가 내린다는 것이다.

감사할 조건이 많은 데도 감사가 없는 인생은 항상 불평과 불만으로 얼룩져 어둡게 사라가고, 감사할 조건이 적은데도 감사가 넘치는 인생은 만족스럽고 항상 밝게 사라가게 된다. 감사에 인색하지 않는 자는 행복과 기쁨의 열쇠를 손에 쥔 자인 것이다.

이 세상에 가장 행복한 사람은 권력과 물질을 많이 소유한 자가 아니라 권력이 없고 물질이 적어도 감사와 기쁨이 많은 사람이다.

그리스도인들은 먼저 하나님께 감사하고, 이웃에게 감사해야 한다. 그리고 자녀들은 부모에게 감사하고, 학생들은 선생님에게 감사해야 하며 백성들은 나라에 감사해야 한다. 모든 사회 계층간에 갈등을 청산하고, 감사와 기쁨으로 소통하는 지상 낙원을 만들어야 한다.

성경에 "항상 기뻐하라, 쉬지 말고 기도하라, 범사에 감사하라, 이는 그리스도 예수 안에서 너희를 향하신 하나님의 뜻이니라"(살전5:16-18)라고 명시되어 있다.

(2014. 12. 4. 김흔중)

인생의 보람된 공든탑을 쌓아야 한다

보람이란 어떤 일을 한 뒤에 얻어지는 좋은 결과나 만족감을 말한다. 또한 자랑스러움이나 자부심을 갖게 해 주는 일의 가치를 말한다. 사람은 나그네 인생의 삶 속에서 얼마나 보람을 느끼며 살았는지 되돌아 볼 경우가 있다. 누구나 보람보다는 후회와 실망 그리고 불만이 많을 것이며, 일상의 사회생활에서 보람을 찾으려고 하면 할수록 보람을 찾기가 어려운 현실이다.

지난 과거의 삶이 주마등처럼 스쳐 지나가며 악몽과 같을 수도 있고, 아름다운 산수화를 그려 놓은 듯 흐뭇한 감동이 넘칠 수도 있다. 서민들은 한평생 먹고 살기 위해 허덕이며 보람은 커녕 삶의 존재 가치도 찾지 못하고 허송세월한 경우도 있다.

또한 부모의 덕에 초년의 삶이 윤택하고 근심걱정 없이 풍요롭고 보람있게 살다가 말년에 고생을 지지리 하는 경우도 있다. 그러나 젊어서 갖은 고난과 시련 속에서 죽지 못해 겨우 사라 가면서 이를 악물고 집념과 투지를 가지고 생존경쟁의 사회에 잘 적응하며 땀의 대가를 찾는 경우도 있다. 그래서 초년 고생을 통해 말년에 행복과 보람을 찾는다. 그러나 고생과 행복의 양극화에 시달리지 않고 평범하게 한평생 사라가는 경우도 있다.

사람은 젊었을 때의 고생은 돈을 주고 사라는 속담도 있다. 인생에 서의 고생은 보약과 같아서 삶의 질을 건강하게 연단하고, 고생은 행복의 열매를 맺게 하는 밑거름이 된다. 그래서 초년에 고생의 밭에 씨앗을 뿌리고 잘 가꾸면 말년에 풍성한 행복의 열매를 맺게 된다. 보람은 나만의 보람으로 끝나서는 안 된다. 나의 보람이 남으로부터 박수를 받을 때 보람의 가치가 더욱 크다. 온갖 땀방울이 항아리에 채워진 행복은 오래 묵은 장맛과 같이 행복의 맛이 좋다. 그러나 노력 없이 얻은 행복의 대가는 잠시 동안 머물다가 쏜살같이 달아나 버린다. 오히려 행복이 불행으로 돌변하는 경우가 많다. 인생은 불행을 행복으로 만들어가는 과정에서 좌절하지 않고 한평생 꾸준히 발전할 때 가장 이상적인 삶이 된다. 더욱 행복의 필수 조건은 육체 및 정신의 건강이 우선되어야 한다. 더욱 종교인은 속세에 오염되지 않은 영적 청정(淸淨)의 세계를 지향하는 삶이어야 한다.

모든 공든 탑은 하루 아침에 세워질 수 없다. 먼저 설계가 정교하게 잘 되고 기초가 튼튼하며 층층의 돌 하나 하나가 차근 차근 섬세하게 쌓여져 올라가야 한다. 모든 탑은 높을수록 무너질 위험성도 많다. 그래서 과욕에 의한 부실공사가 되어서는 안된다. 특히 공든 탑은 작가가 의도하는 예술적 가치의 미(美)가 있고, 작품 속에 혼(魂)이 사라 있어야 한다. 공든 탑을 건축한 후 만족하며 자랑스러울 때 보람을 느끼게 될 것이다. 공든 탑은 만인이 공유하게 되는 역사적 가치가 있게 되면 국보의 유물로 후대에 오래 오래 남게 된다.

인간은 부유하면서도 빈곤을 느끼며 빈곤하지만 행복을 향유하기도 한다. 행복은 권력과 물질 속에 있는 것이 아니라 자족하는 척도에 따라 행복이 좌우된다. 인생여정(人生旅程)에 굴절된 풍류인생(風流人生)이 아니라 인생의 공든 탑을 쌓아 올리는 자세로 사라 가야 하며, 필생(畢生)에 주어진 삶의 여건과 환경 속에서 보람된 기대치의 공든 탑이 잘 세워져야 한다.

(2014. 12. 1. 김흔중)

불국사 삼층 석탑이다.

나는 신비속에 살고 있다

우주 공간에 지구가 존재한다.
자연속에 만물은 서로 의존해
인간은 신비에 싸여 사라간다.

태양은 열과 빛을 늘 발산한다.
빛이 없으면 암흑 속에서 살고
열이 없으면 인간은 냉동 된다.

만유 인력은 신비의 핵심이다.
인력이 없다면 우주가 흩어져
무질서한 혼돈의 상태가 된다.

하루, 한달, 일년은 반복 된다.
우린 사계절의 축복이 넘치고
세월속에 풍요를 누리며 산다.

지구는 자전, 태양에 공전한다.
서로 충돌하지 않고 간격 두어
가까우면 덥고 멀어지면 춥다.

달은 지구의 주변을 공전 한다.
태양의 빛을 가려 지구를 돌때
한달간 얼굴 바꾸며 미소 진다.

별은 밤 하늘을 수놓아 빛난다.
푸른 하늘이 항상 밤무대 되고
어둠이 짙을 수록 별이 빛난다

해, 달, 별을 삼광이라고 한다.
삼광과 공기와 물이 있어야만
고귀한 생명이 생존할수 있다.

인간은 만물의 영장인 존재다.
만물을 잘 다스리고 지배하는
이성을 가진 역사의 주역이다.

직립의 인간은 손발로 일한다.
고등의 두뇌는 호전적 전쟁과
국제적 패권 경쟁을 유발한다.

인구는 좁쌀처럼 72억이 된다.
감각이 둔한 목석의 인간들은
우주적인 신비를 모르고 산다.

만물의 창조주께 퍽 감사한다.
빅뱅이 아닌 창조의 신비들이
인생의 삶속에 생동하고 있다.
(2014. 11. 22. 김흔중)

346

사형제 폐지는 사회질서 파괴와
적화통일에 악용될 수 있다
(무책임한 사형제 폐지의 주장에 대한 반론)

2008년 10월 10일 서울 여의도 국회도서관 강당에서 정당관계자가 주최하는 "2008세계 사형폐지의 날 기념식"에 김형오국회의장, 원혜영 민주당 대표, 이정희 민주노동당 국회의원, 임명규 한국기독교 협의회 회장, 마틴 유든 주한영국대사 등이 참석했다. 이 자리에서 김형오 국회의장은 기념사에서 "고귀한 가치인 생명은 무엇과도 바꿀 수 없고 인간이 인간을 죽일 수 있는 권리도 없다며 사형제도 폐지의 이유를 밝혔다.

또한 안경환 국가 인권위원회 위원장은 지난 10년 동안 우리나라는 사형집행이 한 건도 없어 사형제 폐지 국가나 마찬가지라고는 하지만 정식으로 폐지되지 않아 현재 법적으로 유지되고 있는 나라로 분류되고 있다고 말했다. 한국기독교교회협의회 회장 임명규 목사는 우리나라는 지난해 12월 30일자로 국제사회가 인정하는 사실상의 사형폐지 국가로 인정되었지만 아직 국회 입법을 통한 사형제 폐지는 인정되지 않은 상태라며 18대 국회에서 사형제폐지 특별법을 조속히 통과시켜 달라고 촉구하며 모든 범죄에 대한 사형을 폐지한 국가는 프랑스와 덴마크 등 92개국이며 우리나라와 미얀마 등 지난 10년 이상 사형집행이 없는 사실상 사형 폐지 국가는 35개 국가에 이른다고 주장했다.

나는 상기 행사가 있은 후 "남북분단의 상황하에서 사형제폐지는 시기상조이다" 라는 제목으로 사형제 폐지에 대한 반론의 칼럼을 썼다.(2008.10.28). 그 반론의 주요 항목은 첫째, 국가 인권위원회는 국민적 여망에 부응해야 한다. 둘째, 생명의 고귀한 가치의 박탈에 대한 해석상의 모순이 있다. 셋째, 남북분단의 상황하에서 사형제 폐지는 국가위기를 초

347

래할수 있다. 넷째, 일반형법의 사형제 폐지는 군형법에도 사형이 폐지되어야 하는 문제점이 발생한다. 다섯째, 종교지도자들의 사형제 폐지주장은 국가질서를 위한 국법에 대한 지나친 간섭이다.는 5개 항을 상세히 주장한 바 있다. 최근에 또다시 야당에서 사형제 폐지를 주장하고 있어 두 가지 측면만을 강조하고자 한다.

첫째, 최근 군대의 병영생활에서 구타와 폭력으로 인한 치사사건과 총기난사사건으로 물의를 일으키고 있어 군대 사기가 땅에 떨어져 있다. 그런데 사형제 폐지를 한다면 군대내의 총기사건은 상상을 초월할 것이다. 그래서 적과 싸워야 할 군인이 아군의 전우 간에 총질하는 사건이 자주 빈발한다면 적과 싸울 수 있는 전투력 유지가 불가능할 것이다. 둘째, 종북 좌파의 반국가 세력이 내란을 일으켜 무자비하게 살상을 자행하여 현 정권을 전복하려 할 경우이다. 내란을 일으켜 성공하면 나라가 망하여 승리의 쾌재를 부를 것이다. 그러나 내란이 실패하면 인명 살상에 가담했던 자는 사형수로 감옥에 가게 될 것이다. 그런데 사형제를 폐지하면 반국가 폭도들이 잔인한 살상행위를 불사하며 내란과 폭거를 서슴치 않을 것이다. 비상계엄령을 선포한다 해도 내란의 폭도들에게 계엄군과 공권력의 행사는 속수무책이 될 수 있다. 폭도들을 전국 교도소에 수용할 수 없을 정도로 넘쳐나면 어떻게 되겠는가? 교도소에 가도 목숨을 잃지 않고 의젓하게 저희들의 세상이 오기를 기다리며 출옥하여 영웅이 되기를 고대할 것이다. 그러므로 사형제 유지와 폐지는 국가 존망의 양면성이 있다.

결론을 맺고자 한다. 가해자인 살인자의 생명을 보호하기 위하여 피해자의 잃은 고귀한 생명을 경시해서는 안 된다. 대한민국의 헌법에 기초한 형법의 사형제도는 사형제도 자체에 문제가 있는 것이 아니라 법 적용상의 문제가 있다. 그래서 국가의 사회질서를 파괴하고 국가 위기를 초래할 수 있는 사형제 폐지는 반드시 억제되어야 한다. 특히 군의 사기 진작과 병영 생활의 질서와 기강을 위하여 군형법의 사형제는 반드시 유지되어야 한다. 또한 내란 음모와 내란 봉기를 억제하기 위하여 사형제는 꼭 존속되어야 한다. 남북통일이 되는 시점까지 삼권분립 정신을 엄정히 지켜 권력의 시녀가 되는 사법기관이 아니라 사법기관이 쇄신되어 사법권의 독립이 보장되는 법치국가로 발전되어야 한다. 거듭 강조하거니와 보안법에 저촉되는 살인행위 및 군형법에 따른 살인죄는 엄정히 적용되고, 일반 흉악범의 각종 살인죄도 재발방지를 위해 엄중히 처벌되어야 한다. 또한 각종 범죄가 감소되어 대문을 열어 놓고 살 수있는 자유와 평화의 국가인 선진화의 국가로 발전되어야 한다.

(2014. 11. 20. 김흔중)

> 감옥에 갔다 오면
> 군대에 가지 않고, 별을
> 달며, 정치인이 되어
> 출세하던 시대는 끝났다.

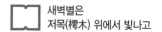

겨울이 오면

여름지나 가을이 오고
불청객의 겨울이 오면
칼바람이 살을 에이니

여름의 무더위가 싫어
한껏 불평이 많았기에
북풍 한설을 마다하랴.

더우면 덥다 미워하고
추위가 싫다 변심하니
오직 가을이 좋을세라.

풍요의 가을이 지나고
벌써 겨울이 엄습하니
꽃향기의 봄도 오리라.

(2014. 11. 14. 김흔중)

여·야의 복지정책 충돌로 나라가 거덜난다

흔히 사업을 하면서 거덜난다는 것은 바닥나거나 망하는걸 말한다. 또한 거덜났다는 건 본전까지 없어졌다는 것이다. 국민들의 복지를 위한 복지정책은 가장 필요한 우선적인 정책이다. 그러나 여·야간 비정상적인 복지싸움은 국가 경제를 위기로 몰아가 나라를 거덜나게 한다. 정치인들이 복지지상주의에 탐닉하여 복지의 노래만 부른다면 그 노래속에 나라가 망해도 나만 살겠다는 정권 야욕의 흥타령으로 들린다. 그래서 나는 복지전문가는 아니지만 망국적인 복지타령이 너무 서글퍼서 상식선에서 성찰해 보려 한다.

① 2011년 서울시장 보궐선거(박원순 당선)와 2012년 총선과 대선(박근혜 당선)을 거치며 무차별적으로 도입된 각종 무상복지(無償福祉) 제도가 불과 3년도 지나지 않아 감당할 수 없는 위기의 수준에 일고 있다. 이대로 가다가는 복지정책의 전반이 연쇄적으로 흔들리면서 엄청난 사회적 비용을 치러야 하고 결국 경제위기를 초래하게 될 것 같다.

② 복지정책은 근본적으로는 재원(財源)의 문제로 귀착될 수밖에 없다. 세수 이상으로 초과 지출하게 되면 디폴트(채무 불이행) 상태에 빠질 수밖에 없다는 것은 상식적으로 생각해도 자명한 이치다. 그런데도 여·야는 도박판에서 판돈 키우듯 무상복지 경쟁을 펴온 것이다. 그 배경은 선거전에서 득표하기 위하여 야바위꾼처럼 국민들을 속인 것이다.

③ 선거철만 닥치면 여, 야간에 표를 훑기 위한 정책에 몰입한다. 당락의 결정은 유권자들의 약점을 이용해 환심을 사는데 있다. 가장 득표공작에 유리한 복지의 꿀물과 사탕을 유권자들에게 먹이는 것이다. 그래서 선거공약의 핵심에 복지라는 마약과 같은 감언이설의 선동에 유권자들이 속아 넘어가는 것이다.

351

④ 그간의 복지정책에 무상 보육, 무상 급식, 등록금 면제, 노령 연금 지급, 무상 의료혜택 등 복지의 달콤한 유혹에 많은 혼선을 빚었다. 특히 교육감 선거에서 너나 할 것 없이 무비판적으로 많은 혜택을 입을 것이라는 착각으로 투표장에 가서 좌파 교육감 후보에게 표를 던져 당선시킨 것이다.

⑤ 무상보육은 출산감소(저출산) 및 맞벌이 부부증가로 인하여 꼭 필요한 정책이다. 또한 빈곤층의 무상의료 혜택은 불가피한 것이다. 그러나 보편적 무상급식의 부당성은 세간의 지배적인 여론이다. 또한 서민의 어려운 자녀들에게 등록금을 면제해 주고, 노령 기초연금을 주는 것은 수긍이 간다. 그러나 부작용의 해소에 좀더 세심한 검토가 필요하다.

⑥ 모든 복지정책은 세금을 증세하지 않고는 재원조달이 어려운 현실로 딜레마에 빠져 있다. 빈부격차를 고려하지 않고 보편적인 무상급식을 한다는 것은 제정(세금)을 낭비하는 것이다. 모든 복지정책은 획일적이 아닌 선별적인 복지혜택이 필요하며 불요불급의 복지는 조정되어야 한다.

결론을 맺고자 한다. 지난 교육감 선거에서 무상급식을 공약으로 내걸어 전국적으로 좌파 교육감 당선을 휩쓸었다. 이제 교육감들의 무상급식은 재원조달에 한계점이 온 것이다. 전국 교육감들은 책임감을 느끼고 대오각성해야 한다. 저속한 속된 말로 "외상이면 소도 잡아 먹고, 공짜라면 양잿물도 마신다"는 말이 실감난다. 지난날 시골에서 큰 개 두 마리가 소의 뼈다귀를 물고 서로 빼앗고자 싸우는 모습을 보았다. 여·야가 복지를 놓고 싸우는 모습이 혹시라도 큰 개가 쇠뼈다귀를 빼앗고자 싸우는 보신(補身)을 위한 추한 모습으로 비칠까 걱정된다.

이제 여·야 정치인들은 포퓰리즘의 복지정책의 격돌을 중단하고 복지정책의 밑바닥부터 시작하여 나라를 거덜내지 않도록 하는 새로운 정책을 백지상태에서 다시 수립해야 한다. 끝으로 바라건대 복지정책은 중요하다. 여·야 간의 설전에 밥이 먼저냐 교육이 먼저냐 또한 밥이 더 중요하냐 교육이 더 중요하냐의 논쟁은 꼴사납다. 밥도 중요하고 교육도 다 중요하다. 그러나 보다 더 중요한 것은 교육 및 국방에 대한 관심이다. 오직 여·야 정치인들은 참 교육의 혁신을 위한 인재양성의 예산과 국토방위를 위한 전력 증강의 국방 예산에 심열을 기울여야 한다.

(2014. 11. 10. 김흔중)

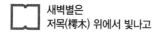

은행잎 책갈피

은행나무 가로수
두줄로 무성하게
도로변을 뒤덮으니

푸르른 이파리
마음껏 짙어서
은행이 열렸건만

벌써 하트형의
노란색 낙엽이
찬바람에 나딩굴며

사랑의 선물인
은행잎 하나가
시집의 책갈피 되니

은행나무 가지는
한갓 앙상하지만
애모가 되사라난다.

(2014. 11. 6. 김흔중)

황혼(黃昏)

夕陽 하늘에
붉게 물들인
구름이 춤을 추고

落照의 미소는
황혼의 인생에
희열의 감동 주니

靑春은 가고
백발이 와도
내일의 꿈이 있어

붉은 노을 속의
사랑을 못 잊어
惜別을 노래한다.

(2014. 11. 5. 김흔중)

소통과 불통의 책임을 묻고 싶다

나는 정치인들이 소통을 단골 메뉴로 사용하며 박근혜 대통령에게 소통을 잘못하고 있다는 공격적 비판의 행태를 바라보며 소통에 대한 견해를 밝히려 한다.

소통(疏通, communication)은 첫째, 막히지 아니하고 잘 통하는 것을 말한다. 즉 차량이 도로에서 원활하게 막히지 않고 왕래하는 것과 같다. 둘째, 뜻이 서로 통하여 오해가 없는 것을 말한다. 즉 서로의 의견이 일치되어 상통하는 것과 같다. 소통은 유형, 무형의 두 가지 측면으로 나타나는 것 같다. 전자는 가시적인 유형의 형태로 소통의 현상이 나타나며, 후자는 불가시적인 무형의 의지와 의사소통에서 나타난다. 후자의 인간 관계(human relation)의 진정한 의사소통이란 사람마다 관심사와 가치관 그리고 감성의 다름을 인정하는 것이다. 각종 리더십은 의사소통으로부터 시작되어야 한다. 소통에 관련한 통치적 리더십의 이해가 필요하다.

① 리더십(leadership)은 세 가지 유형이 있다. (1)독재형 리더십은 리더의 의사가 전적으로 지배하게 된다. (2)민주형 리더십은 리더와 피리더 사이에 의사소통이 잘 되는 리더십이다. (3)자유방임형 리더십은 리더의 주체성이 없는 무책임한 피동적인 리더십이다. 우리가 바라는 민주형 리더십이 가장 최상의 가치가 있다.

② 대한민국은 민주공화국이다. 대한민국의 주권은 국민에게 있고, 모든 권력은 국민으로부터 나온다고 했다(헌법 제1조). 대한민국의 통치자에게 민주형 리더십의 의무는 분명하게 헌법에 명시된 절차에 구속력이 있다.

③ 대한민국 통치자의 리더십에 독재형 또는 자유 방임형 리더십이 허용될 수 없다. 국민으로부터 선출되었으므로 국민과 소통하는 통치자의 리더십이 필요하다. 그러나 박근혜 대통령은 투표한 유권자 51.55%에 의해 당

선되었기 때문에 반대세력의 48.45%와의 정치적인 의사소통에 어려움이 많다.

④ 국회의원 정원 300명 중 집권여당은 158석(새누리당 52.67%)이며 야당은 142석(47.33%)(새민당:130, 정의당:5, 통진당:5, 무소속:2)의 의석 분포로서 통치자의 민주적 리더십에 의한 통치력 행사에 난항을 거듭하고 있다.

⑤ 집권 여당은 공동정부 차원에서 통치자의 리더십에 협력과 보완의 순기능을 행사하며 의회정치를 활성화시키고 의회정치역량을 극대화시켜야 한다. 그러나 국회선진화법에 묶여 식물국회가 되었고, 당·청·정의 유기적인 협력관계에 난맥상을 보이고 있다.

⑥ 지난 야당 공동대표(김한길, 안철수)가 대통령을 만나서 소통하겠다는 일방적인 주장은 넌센스였다. 민주정치는 여·야 정당 간에 의회정치에서 정책의 합의와 소통이 우선되어야 한다. 다만 국운을 좌우하게 될 주요 정책은 여·야 양당 대표와 대통령이 얼굴을 맞대고 자주 만나 국정을 논의하고 소통의 정치를 해야 한다.

⑦ 야당은 새월호 참사를 계기로 국회를 6개월 이상 마비시켰으며 모든 정치적 악재를 박근혜 대통령의 소통 부재로 이슈화하고 박 대통령 심판을 주장하며 선동을 일삼아 왔다. 그간 살인마 김정은의 공개처형에 대한 한마디의 비판도 없이 북한을 자극하면 안 된다는 암묵적인 무책임한 정치로 일관했으며 북한의 인권법 처리에도 소극적인 자세이다.

결론을 맺고자 한다. 통치자의 소통은 무엇보다도 중요하다. 통치자는 민주적 리더십의 진수를 보이며 소통의 문을 개방하고 타협과 협력하는 소통정치를 해야 한다. 그러나 모든 소통의 책임이 대통령에게 있다는 주장에는 동의할 수 없다.

국정 혼란의 1차적 책임은 종북 반미 좌파세력의 소통을 빙자한 반국가
세력에게 있다. 2차적 책임은 여·야 정치인들의 반대를 위한 반대로 일관
하는 소통을 거부하는 반정부적인 정치인들에게 있다. 3차 책임은 소통을
방해하는 종북의 반국가세력에게 속아 날뛰는 진보세력들에게 있다. 결국
대한민국의 건국을 부정하는 이념적인 불통세력들이 국가를 위기로 몰아
가고 있다. 그래서 대한민국의 정통성과 정체성을 부정하고 역사를 왜곡하
는 반국가적, 반역사적인 불통세력의 책임이 가장 크다.

끝으로 바라건대 한반도 통일을 위한 급선무로서 지구상에서 유일한 세
습왕조의 군주인 김정은(30세)은 독재적인 인권탄압과 공개처형을 상습화
하는 리더십을 우선적으로 청산토록 해야 한다. 그리고 대한민국의 소통에
필요한 최상의 처방은 선거혁명이다. 국민들이 냉철한 우국적 판단으로 각
급 선거에서 종북 인사들에게 표를 주지 않도록 계도해야 한다. 그래서 국
가가 요청하는 신뢰성 있는 민주적 리더십을 갖춘 ① 통치자 ② 국회의원
③지 방자치단체장 ④ 지방 의회의원 ⑤ 교육감 등 선량을 잘 선출하여 선
거혁명을 통해 민주화 소통의 장을 만들어야 한다.

오직 선거혁명만이 대한민국이 사는 국론 통일에 필요한 소통의 길이요
적화통일이 아닌 우리식 자유통일로 가는 첩경이 될 수 있다.

(2014. 11. 03. 김흔중)

가을비 그치면

계절에 따라 변하는
단풍 나무의 이파리
곱게 물들어 가는데

봄비 맞고 미소짓는
붉은 장미 꽃망울에
입맞춰 주고 싶었다.

오솔길의 연인들이
여름비를 맞으면서
우산 받쳐든 낭만도

황금 들판이 물들고
하늘이 높아 푸르며
말도 살찐다고 했다.

벌써 가을비 그치며
품속에 찬바람 일고
기온이 뚝 떨어져도

언제나 변함이 없이
따뜻한 가슴 속에는
늘 사랑이 타오른다.

(2014. 11. 1. 김흔중)

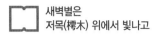

전작권 환수연기의 반대는 반국가적인 저항이다

한국군의 평시작전권은 합참의장에게 있고, 전시작전권은 한미연합사령관(주한미군사령관)에게 있다. 그러나 노무현 정부 때인 2007년 6월 26일 한·미국방장관 회담에서 2012년 4월17일 부터 우리군으로 환수키로 했고, 이명박 정부 때인 2010년 6월 26일에 전시작전권 전환을 2015년 12월 1일로 조정키로 했으나 박근혜 정부에서 한민구 국방부장관이 지난 201년월 23일(현지시간) 워싱턴 펜타곤의 한미안보협의회에서 전시작전권 전환을 연기하기로 문서에 서명했다. 이에 따라 여·야의 공방이 치열하게 가열되었다. 여당은 정부의 선택이 "국가의 안위를 위한" 불가피한 결정이라는 점을 강조한 반면, 야당은 전작권 파기는 박근혜 대통령의 공약파기이자 군사주권 포기라는 점을 부각하고 나섰다. 이러한 정치 공방을 냉철하게 살펴보려 한다.

① 국토방위와 국가안보는 여·야가 따로 없다. 그러나 야당의 몰염치한 종북적이고 망국적인 전시작전권 전환시기의 연장에 대한 정치공세는 당리당략의 자멸에 일으는 함정을 파는 것이며, 김정은의 무력 적화통일의 입맛에 맞추는 이적행위일 뿐이다.

② 어느 국가이든 강대국의 작전지휘를 받는 것을 좋아하겠는가. 이승만 대통령은 6·25 남침전쟁의 백척간두의 위기에서 불가피하게 전시 작전권을 유엔군사령관에게 전환했다. 한국군의 독자적인 작전권으로는 적화통일이 될 수밖에 없었다.

③ 종북세력은 민족간에 한반도 통일이 필요한데 미군이 38선을 그었고, 6·25남침시 한반도 통일을 미군이 불가능하게 했다는 반국가적인 논리를 편다. 심지어 6·25전쟁은 남침이 아니라 북침이라고 날조하는 세력도 있다.

360

④ 북한에서 미국을 철천지 원수라고 노래를 부른다. 왜냐하면 유엔군 (미군) 때문에 6·25 해방전쟁에 적화통일을 실현치 못했고, 김정은이 3대 세습을 했으나 김일성 유훈의 적화통일을 주한 미군이 가로막아 버티고 있기 때문이라는 것이다. 그래서 종북세력은 북한 적화통일 세력에 합창하며 주한미군철수를 주장하는 것이다.

⑤ 야당에서 논평을 통해 "이번 전작권 전환 공약파기는 국민대통합, 경제민주화, 기초연금에 이어 박 대통령의 4번째 거대공약 파기"라며 박 대통령에게 사과를 촉구했다. 여당은 "전작권 환수 연기는 공약파기라는 정치공세로 몰고 갈 수 있는 주제가 아니다"라며 "적어도 국방에 대해서는 야당도 정부를 믿고 협조하는 것이 마땅하다"고 주장하며 야당에 맞섰다.

결론을 맺고자 한다. 국방 없이 경제발전이 있을 수 없고, 경제발전 없이 국방이 있을 수 없는 것이다. 국방과 경제는 수레의 두 바퀴와 같이 대한민국의 위상을 G20 국가 반열에 올려 놓았다. 유엔군(미군)이 아니었다면 대한민국은 적화되었고, 경제발전도 있을 수 없었다. 오늘날 한미연합사령관이 유사시의 전시에 무력적화도발을 억제해 줄 수 있지만 언젠가는 전시작전권을 환수해야 한다. 그러나 전작권 환수를 통해 "북한의 비대칭군사력에 의한 도발에 승리할 수 있느냐" 하는 승패의 질문에 답변이 분명해야 한다. 여·야 정치인뿐 아니라 온 국민의 국론이 일치되어야 한다. 오직 적화통일이 아니어야 한다는 것이다.

전시작전권 환수는 주한 미군이 전시에 직접적으로 손을 떼는 것을 전제로 하는 것이다. 그래서 2020년 중반께 전작권 환수를 위해서는 한국군 전력증강이 본격화되어야 하며 신형 장비 및 무기구입을 위한 비용만 50조 이상이 소요된다고 한다.

끝으로 바라건대 주한 미군철수 전에 국제여건의 조성과 김정은 세습체

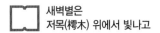

제 붕괴 가능성의 호기를 맞아 남북 분단의 역사를 반드시 청산해야 한다. 만약 남북통일이 늦어지면 자주국방을 위해 50조원 이상의 국방예산을 연차적으로 투입하여 비대칭군사력에 의한 적화무력도발을 무력화(無力化) 시키고 자유민주화의 한반도 통일로 연착륙해야 하는 막중한 부담을 갖게 된다.

(2014. 10. 26. 김흔중)

차기 대권야욕의 암투에 정치풍토가 혼탁하다

지난 10월20일 발표한 차기 대선 후보 여론조사에서 반기문 유엔 사무총장이 39.7%로 압도적 1위를 차지했다. 다음은 박원순 서울시장 13.5%, 문재인 새정치민주연합 의원 9.3%, 김무성 새누리당 대표 4.9% 순이다. 여론조사로만 보면 "반기문 현상"이 생겼다고 말할 수 있다. 반기문 총장과 달리 국내의 대권후보자 물망에 올라있는 주자들이 국민들에게 많은 실망을 주고 있다는 점이다. 그래서 여러가지의 시사하는바가 크기 때문에 그 원인을 정밀 분석하고 평가해 볼 필요성이 있다. 따라서 향후 추세에 대한 선견적인 변화를 고찰해 보려 한다.

① 박원순 시장은 보안법 철폐, 주한미군 철수를 주장한 친북 좌파세력으로 낙인이 찍혀있다. 특히 제주 4·3사태 역사왜곡의 핵심인물로 지적되고 있다. 최근 동성애 인정 추세 및 측근 인사들이 서울시립대에서 부당하게 교수 월급을 받았다. 박 시장이 강조하는 "시민의 서울시"와 어긋나는 것이다. 또한 시장 관저에 진도개 두마리를 키우다가 사육비로 말성이 되어 동물원에 보내 지탄을 받고 있다. 박 시장의 재산공개 액수는 −6억 8,600만원으로 가정의 가계도 정상으로 관리 못했기 때문에 서울시의 재정관리에 헛점이 있을수 있고 가정 부채의 적자를 매꾸기 위한 부정과 비리에 타협할 우려가 있다는 것이다. 한마디로 국민들로 부터 불신이 너무 크다.

② 문재인 의원은 세월호 유족의 부당하고 무리한 요구에 동조하면서 혼란을 부추겼고, 광화문 단식 참여는 지난 대선 대통령 후보답지 않은 처신이라는 비판이 쏟아졌다. 새정치연합 내의 친노계 좌장으로, 비노계파와의 당권 싸움이 치열할 것이다. 야당의 대권 후보의 경쟁에 박원순 시장과

라이벌이 되어 유리한 조건마련을 위해 수단과 방법을 가리지 않을 것이다. 박원순 시장 보다도 지지도가 떨어지며 국민들로 부터 빈축을 사고 있다. 전직 대통령 후보 답지 않은 인격과 초선 국회의원으로 자질 부족을 적나라하게 들어내고 있다. 당권을 잡기위한 세몰이를 하겠지만 귀추가 주목된다. 돌아가는 추세는 순탄치만은 않을 것 같다.

③ 김무성 집권여당 대표는 국감중에 중국 시진핑을 만나고 중국에서 불쑥 "오스트리아식 2원집정제"와 "개헌 봇물론"을 꺼냈다가 청와대의 압력을 받고 하루만에 사과하고 후퇴하는 모습을 보였다. 국정의 한 축인 집권당 대표로서 신중하지 못했다는 지적을 받고 있다. 여론조사에서 반기문 총장은 고사하고 박원순 시장, 문재인 의원보다도 후순위로 밀렸다. 여당 대표와 청와대의 반목 및 충돌은 무모한 당랑거철에 불과한 것이다. 그간 김무성 대표가 오만방자하게 목에 힘을 주고 김기춘 비서실장을 걸고 넘어진 것은 간접적으로 박 대통령에게 도전한 셈이다. 박 대통령은 차기 대통령 후보를 만드는 것은 어려워도 되지 못하도록 견제구를 던져 적중시킬수 있다는 것을 김무성 대표는 깨달아야 한다. 여당내의 잠룡들과 한판승부가 불가피 할 것이다.

④ 안철수 의원은 여.야 정치권이 불신을 받게 되어 어부지리로 인기가 급상승했었다. 한마디로 국민들로 부터의 기대감에 고무풍선을 탔다. 그러나 제18대 대통령 선거때 문재인 후보와 야권후보 단일화로 부터 시작된 자충수는 돌이킬수 없는 실패작이었다. 지난 3월 민주당 김한길 대표와 손잡고 공동대표로서 합당형식의 새정치연합을 창당했으나 5:5의 지분은 문어졌고, 6·4지방선거와 7·30국회의원 재보선에서 무참히 참패하여 공동대표를 사퇴하게 되었다. 안철수 멘토였던 윤여준, 김종인, 최장집도 떠났고 측근세력도 거의 떠나고 말았다. 그러나 안철수 의원은 야권내 세력

이 소멸되었으나 "자신의 지지층을 다시 끌어 오겠다"는 것이다. 이미 여의도발 안철수 뻐스는 떠났다. 뻐스떠난 뒤에 손들어 본들 무슨 소용이 있으며 여의나룻터에서 안철수 나룻배는 한강을 건너 승선자가 마포 땅으로 올라가 버렸다. 돌아 보건데 제18대 대통령 선거에 대비 창당을 했어야 했고, 민주당과 합당을 하지 말고 독자적으로 창당을 했어야 했다. 이제 닭 쫓던 개가 지붕위의 닭을 바라보게 된 것이다.

그간 철수만 여러차례 하면서 건넜던 다리로 되돌아 오기는 쉽지 않을 것이다. 한마디로 리더십이 부족하고 판단력과 추진력도 부족했다.

⑤ 여,야간 대권 후보의 잠룡들이 있지만 노출되지 않고 있으나 차기 총선 이후에 백가쟁명의 후보자들이 대권후보 경선의 경쟁에 뛰어들 것이다. 여, 야를 막론하고 친박과 비박, 친노와 비노의 계파갈등과 충돌로 인한 정계개편도 배제할수 없을 것이다.

결론을 맺고자 한다. 현재 국내에서 대권을 향해 용트림하고 있는 박원순, 문재인, 김무성, 안철수는 국민들의 입에 회자되고 있으나 제3의 인물들이 돌출해서 격돌할수 있고, 여ㆍ야 각각 후보경선에서 최종 결정이 될 것이다. 특히 해외에 있는 반기문 유엔 사무총장은 본인이 고사하며 의사를 밝히지 않고 있지만 유력한 차기 대권후보로 평가된다. 여ㆍ야간에 반기문 사무총장을 영입하고자 자기편 사람이라고 싸울 것 같다. 혹자는 반기문 현상을 일시적인 "안철수 현상"으로 보지만 안철수 현상과는 다르다. 여론에 유리한 고지를 점령하고 있으나 여론은 유동성이 있다. 또한 나이가 많다는 헨디캡이 있다. 그러나 이승만, 김대중 두 대통령은 73세에 대통령에 당선되었다. 나이가 문제될 것은 없지만 혼탁한 국내의 정치판에 뛰어들면 비단옷 입고 흑탕물에 들어가는 격이 될수도 있다. 여론은 장담

365

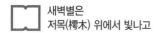
할 수가 없다 시간이 많이 남았으니 두고 볼일이다.

끝으로 바라건데 차기 대선은 3년을 남겨 놓고 있다. 벌써부터 대권후보들의 개인적 야욕으로 인하여 정치전반에 혼란을 초래하고 있다. 오직 대권후보 대상자들은 자숙해야 하고 국민들을 식상하게 하는 혼탁한 정치 풍토는 청산되어야 한다.

(2014. 10. 23. 김흔중)

운무의 명멸
(雲霧의 明滅)

八達山에
운무 덮여 있고
가랑비 멈추는데

우산 접어 들고
친구와 정겹게
西將臺에 올랐다.

굽어 보이는
水原 시가지는
반달로 운무 덮히고

단풍나무는
가을 비에 씻겨
때때옷 입으려 한다.

華陽樓에 앉아
지저귀는 까치를
반기며 고마워 하니

운무가 몰려와
소나무숲을 덮더니
서서히 걷히곤 한다.

仙界가 어디멘가
친구와 앉은 이곳이
바로 별천지인 것을

청청한 노송들과
사랑스레 교감하며
운무에 푹 매료된다.

(2014. 10. 20. 김흔중)

367

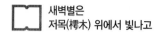

새벽별은
저목(樗木) 위에서 빛나고

남북 국회회담 제안은 환상적인 자가당착이다

환상(幻想)은 자기 스스로가 한 말이나 행동 또는 글이 앞뒤가 맞지 않아 모순(矛盾)됨을 말한다. 그리고 자가당착(自家撞着)은 자기(自己)의 언행(言行)이 전후(前後)가 모순(矛盾)되어 일치(一致)하지 않음을 말한다. 정의화 국회의장은 남북통일의 준비도 되지 않은 시점에서 "남북 국회회담"을 제안했다. 남녀간에 결혼 상대와 약혼의 확정도 없이 갈등이 계속되고, 충돌하며, 칼을 들고 죽일려고 하는데 엉뚱하게 신혼방을 준비하자는 비정상적인 환상적 자가당착의 모순에 빠진 격이다.

청춘의 남녀 간에 사랑하게 되면 결혼을 하게 된다. 결혼은 중매결혼도 있고 연애결혼도 있다. 남녀 간에 짝사랑하는 경우도 있고 연애하다가 서로 헤어지는 경우도 있다. 분단된 남북한의 통일은 남녀 간에 결혼하는 경우와 유사하다. 그간 동족이면서도 통일을 하지 못한 것은 결혼을 해야 하는데 서로 짝사랑하면서 70년간 세월만 보낸 것이다. 북한은 핵무기를 가지고 공갈치며 약혼도 하지 않았는데 혼숫감을 많이 가져오라 강요하면 남한은 패물과 혼숫감을 넉넉히 바치고도 뺨을 맞고 있는 것과 같다. 남한은 통일(결혼)하기 전에 북한의 깡패집단에 멱살 잡혀 질질 끌려 다니는 신세가 아닌지 의심스럽다.

북한은 연방제 통일을 획책하고 있다. 마지막 통일단계는 남북한 간에 정치협상 또는 국회회담을 통해서 최종적으로 통일국가를 건국하게 된다. 지금의 현실은 남녀 간에 이념과 성격이 다르고 국가관과 세계관이 다르며 생활관과 물질관의 이질화 된 상태로서 동질성 결핍이 문제가 되어 결혼한다 해도 가정파탄이 예상되는 경우이다. 한반도 통일이 남한에 의한 흡수

368

통일은 그다지 문제점이 없겠으나 적화통일이 된다면 피를 많이 흘리는 역사적 비극이 전개될 것이다. 그러나 전쟁 없는 평화통일은 아직 약혼단계도 일으지 못한 경우와 같다.

　가장 통일을 가로 막고 있는 집단은 북한 세습정권이고, 종북 좌파세력의 준동이며 특히 여·야 정치인들이다. 여·야 정치인이 불신을 받고 지탄의 대상이 되어 국회를 해산하라는 목소리가 높은데 남북 국회회담을 제안한 국회의장은 환상에 빠져 있는 것 같다. 이런 환상적인 자가당착에 빠진 국회의장이 국회의장실에 앉아 있다는 것은 불행한 일이다. 국회의장을 비롯한 국회의원들은 국회의사당에서 의회정치를 정상화하고 적화통일의 교두보가 되지 않도록 종북 좌파 비례대표 의원들의 활동을 감시하고 이적활동을 단속해야 한다. 보안법을 폐지하자고 주장하는 세력을 발본색원해야 한다.

　끝으로 바라건대 정치인들 입에서 남북 국회회담 제안이라는 연방제통일 지향의 오해를 받는 망언은 두 번 다시 나오지 않기를 바란다. 거듭 강조하거니와 남북 국회회담은 철저히 통일 준비가 된 후에 거론되어야 한다. 그때에 북한의 연방제통일이 아닌 우리의 한민족 공동체 통일방안으로 남북 국회의 합의에 의해 최종 의결과정을 거쳐야 한다. 종국에 자유민주주의 한반도 평화통일 만세를 부를 수 있도록 정치인들이 앞장서야 하며 온 국민이 혼연일체가 되어 총력을 경주해야 한다.

(2014. 10. 16. 김흔중)

김정은이
세습적인 짝퉁통치를 연출하고있다

짝퉁은 명품을 흉내낸 위조품을 말한다.
남의 눈을 속일 목적으로 진짜처럼 보여
실속 없는 포장의 외모가 우선인 것이다.

가짜의 모조품이 진짜처럼 보여야 한다.
짝퉁 만드는 창고에서 은밀히 제작되며
모방을 잘해야 짝퉁의 가치가 높아진다.

사람이 짝퉁이 있다면 믿을수 없을게다.
서울에는 성형 수술이 병원에서 붐비고
중국 여자들이 몰려와 줄을 선다 한다.

사람은 외모보다 심성이 고와야만 한다.
외모가 단정하면 요염한 미를 능가하며
진실한 사랑은 행복의 최우선 덕목이다.

김정은이 김일성 얼굴로 성형수술했다.
몸 무게도 불리고 걸음거리도 닮아가고
머리 이발도 바싹 올려쳐서 꼴불견이다.

짝퉁 통치자가 있다면 이해할수가 없다.

김정은이 할아버지 짝퉁처럼 웃기면서
백성을 속이며 허세 부리는 어릿광대다.

키 큰 구두 신어 발목이 금가 수술했다.
통풍, 뇌질환 등 온갖 루머가 떠돌면서
노동당 창건일에도 불참해 의문이 많다.

벌써 40일 가까이 장기간 잠적한 상태다.
평양 권력층의 내부에 혼선을 빚고 있어
어떠한 변고의 가능성을 예견할 수 있다.

변고가 없다면 최후의 발악이 예상된다.
철부지 기질로 기습적 도발의 꿈을 꾸고
핵 공갈을 치면서 적화를 허풍칠 것이다.

(2014. 10. 12. 김흔중)

북한의 최고실세가 아시안게임 폐막식에 왜 전격 참석했나

김정은 국방위원회 제1위원장 다음으로 북한 내 권력 2, 3인자로 꼽히는 황병서 군 총정치국장, 최룡해 당 비서가 대남정책을 총괄하는 김양건 통일전선부장과 함께 지난 10월 4일 인천아시안게임 폐막식에 전격적으로 참석하고 12시간 30분만인 1박2일의 짧은 일정으로 일행 11명은 김정은 전용기 편으로 인천공항에 입항했다가 황망히 평양으로 돌아갔다.

북측 대표단이 박근혜 대통령의 예방은 시간관계상 어렵다는 이유로 사실상 거부하면서 정홍원 국무총리, 국회 여야 대표, 김관진 청와대 안보실장, 통일부 장관 등 대한민국의 주요 인사를 두루 만나 대화를 나눴다. 폐막식장의 상석 자리에 최고 예우를 받으며 북한 선수들에게 기립박수를 하며 위상을 과시했다. 그들의 전격적인 아시안게임 폐막식 참석은 국내외 언론의 큰 관심거리였다. 언론에서 다루지 않은 그들의 전략적인 폐막식 참석의 목적을 살펴보려 한다.

① 북한 선수들이 역도, 여자축구 등 금메달 11개를 따게 되고 종합순위 7위라는 선전에 고무되어 장기간(1개월 이상 두문불출) 김정은 병상통치의 누수현상을 극복하려는 위장전략인 것이다.

② 김정은 다음의 실세 2위라는 황병서가 군복을 입고 모자를 한 번도 벗지 않는 모습은 북한의 선군정치의 극치를 보이며, 간접적으로 핵무기, 미사일, 대량살상무기의 비대칭 군사력의 위용을 과시한 것이다.

③ 남북 간의 경색된 관계에 돌파구를 마련하여 김정은 체제를 공고히 하며 그들의 대남적화통일 전략으로 남한의 임수경 등 종북 반미세력을 고무시키며 좌파세력의 간접적인 동조를 획책한 것이다.

④ 박근혜 대통령의 드레스덴 선언의 통일정책과 통일대박 주장 등에 주눅 들지 않고 실세 2위 황병서, 3위 최해룡의 핵심체제를 과시하고 핵 주권을 견지하며 외교정책을 강화하는데 발판을 견고히 하겠다는 것이다.

⑤ 아시안 게임을 통해서 메달을 딴(금11, 은11, 동14)선수들의 사기를 높이고, 금메달을 딴 선수를 영웅으로 처우하며 향후 체육정책을 강화하여 탈북 및 불만계층을 잠재우려 할 것이다.

⑥ 남북한 관계에 숨통을 트면서 북미, 북중의 관계 악화를 개선하는데 잔잔한 추파를 던진 셈이다. 그러나 북미·북중의 관계개선에 그다지 영향은 없을 것이다.

⑦ 남북한 2차 고위급 협상을 마지못해 제시하며 5·24조치를 풀고, 대북지원의 활로를 마련하기 위한 금강산 관광재개, 개성공단 활성화, 이산가족 상봉 등을 통해 경제위기를 극복하며 경제악화를 탈피하려 할 것이다.

결론을 맺고자 한다. 며칠 전 평양방송은 박근혜 대통령을 실명으로 입에 담을 수 없는 욕설을 퍼부었다. 김정은 개쌍놈 정치집단의 소행이었다. 국제적 고립을 면하기 위한 미봉책으로 철면피하게 김정은 실세 2. 3인자 황병서, 최룡해 그리고 적화통일에 1인자 역할을 하고 있는 김양건이 전격적으로 아시안 게임 폐막식에 뻔뻔스럽게 나타났다. 북한의 한반도 적화통일전략과 통일전선전술은 추호도 변함이 없다.

북한의 위장된 음모와 선전에 속아서는 안 되며 우리는 어떠한 무지개 빛 환상에 사로잡혀서는 안 된다. 북한의 적화통일전략에 철저히 대책을 강구하며 우리의 대북 통일정책은 어느때 보다도 철저히 완벽하게 대비해야 한다.

(2014. 10. 5. 김흔중)

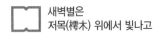

새벽별은
저목(樗木) 위에서 빛나고

세월호법에 묶여 국회가 송장이 되고 있다

사람의 죽은 몸을 시체(屍體) 또는 사체(死體)라고 하며 순수한 우리 말로는 송장이라 한다. 송장은 생명이 상실된 상태를 말한다. 그래서 송장은 호흡이 멈춰 있다. 혈관의 피가 멈추고 굳어져 있다. 체온이 식어 있고 관절이 굳어 움직이지 못한다. 전신이 굳어 뻣뻣해져 있다. 송장을 점잖게 부를 때 시신(屍身)이라 부른다. 시신은 빈부귀천을 막론하고 화장장으로 가야 한다.

세월호 참사가 일어난 지 벌써 5개월이 되었다. 그간 세월호 특별법에 묶여 정치인들이 송장이 되어 가고 있고, 국회가 마비되어 생명력을 잃고 있다. 세월호 참사로 인하여 온 국민이 가슴이 터지도록 애통하며 안산 합동분향소를 찾아 전국에서 몰려와 장사진을 이루어 추모하며 애도했다(세월호 탑승객: 총476명 중 404명 익사―단원고 학생 및 선생: 260명 익사).

왜 이러한 세월호 참사에 애도의 마음이 냉랭하게 식어지고 유가족들에게 돌을 던져야 하는가? 야당의 정치인들이 유가족을 이용하고, 유가족이 정치인에 편승하여 정치인들과 함께 춤을 추고 있기 때문이다. 유가족 김영오의 광화문 단식과 대권에 도전을 했던 문재인 의원의 단식 동참은 추태 중 가장 꼴불견의 추태였다. 여성 김현 의원과 함께 유가족 대표들이 술을 마시고 심야에 대리운전자를 폭행한 사건은 세월호 참사시 단원고 어린 학생의 희생에 원혼(怨魂)의 위로는커녕 욕되게 하고 말았다.

대한민국은 정치인의 국가요, 유가족의 나라이다. 박근혜 정부를 부정하고 심판하려는 세력은 반정부적이요, 반국가적인 세력의 준동으로 볼 수 있다. 모든 반정부의 정치활동과 저항운동은 합법적이어야 한다. 국회의원들이 국회에서 5개월간 민생법안 1건도 처리하지 않고 의정활동을 포기한 것은 국회의원의 직무를 유기한 것이다. 그래서 무노동 무임금의 원칙에 따라 세비를 반납해야 한다는 것이며 심지어 국회를 해산하라는 서명운동과 원성의 함성이 드높다.

대한민국의 국회가 송장이 되기 전에 국회의 생명이 회생되어야 한다. 세월호 특별법에 목매지 말고 하루속히 국회가 정상화 되고 여ㆍ야가 합의하여 특별법을 해결해야 한다. 그리하여 유가족에게 섭섭치 않도록 적절히 보상토록 하고, 정치적 쟁점에서 벗어나야 한다. 조속히 정치인들이 거듭나야 한다.

모든 참사에 관련된 사안은 철저히 조사하여 책임을 엄중히 묻고, 재발 방지를 위한 특단의 대책을 세워야 한다. 끝으로 바라건대 더 이상 세월호 참사에서 아깝게 유명을 달리한 많은 피지 못한 꽃봉오리 같았던 어린 원혼(怨魂)들이 탄식하지 않도록 해야 한다. 그들의 영혼이 하늘나라에서 평안히 안식하도록 온 국민이 함께 힘을 모아 기원해야 한다.

(2014. 09. 28. 김흔중)

싱크홀에 관련한 남침 땅굴 의혹을 고찰한다

남침 땅굴은 "김일성 9·25 교시"에 의하여 1971년 9월 25일 당의 대남 공작 총책이던 김중린(金仲麟)과 북한군 총참모장 오진우(吳振宇) 등에게 남조선을 해방하기 위한 속전속결 전법으로 "기습전을 감행할 수 있게 하라"는 명령이 떨어진 후 개시되었다. 1972년 이후 남북 대화가 진행되는 동안 암암리에 추진되었다. 남침 땅굴의 전략적 가치는 첫째, 전면전을 전개할 때 땅굴을 통해 대량 병력의 신속한 이동으로 주요전략 목표지역을 강타하여 점령한다. 둘째, 남한에서 사회 혼란이나 무장 폭동이 일어날 경우 그들의 게릴라 부대인 특수8군단과 경보병부대 등이 한국군 복장으로 무장해 침투시켜 국가 전복을 획책한다. 셋째, 대남 간첩의 침투와 불순 세력에게 무기를 공급한다는 것이다. 이 남침 땅굴은 1시간에 경무장한 1개 연대 병력이 침투가능하며, 괘도차를 이용하면 중화기와 포신(砲身)도 운반가능하다는 것이다.

그간 남침 땅굴은 한·미 정보기관의 판단에 의하면 최초 20여개에 이으는 것으로 판단되었다. 그 가운데 네 개의 땅굴이 발견되었다. 즉 제1땅굴(1974.11.15 : 고랑포 북쪽 8km지점), 제2땅굴(1975.3.24 : 철원 북쪽 13km지점), 제3땅굴 (1978.10.17 : 문산 축선의 판문점 남쪽 4km지점), 제4땅굴 (1990.3.3 : 양구 북쪽 26km지점)이 발견되었다. 현재까지 4개의 땅굴이 발견되었지만 잔여 16개의 땅굴은 어떻게 되었을까 의문이 제기된다. 대한민국 국방백서에 20여 개의 땅굴을 기술하고 있다. 그간 발견된 네 개의 땅굴 외에 더 이상 남침 땅굴을 굴설치 않고 있거나 또는 굴설을 계속 했어도 발견치 못한 상태일 것이다. 국방부는 남침 땅굴에 대한 분명한 정보판단을 통해 남침 땅굴로 인한 국민들의 불안을 불식시켜야 한다. 필자는 2001년 수원 화성 땅굴 의심지역 절개 작업의 현장을 여러 차례 목격하며 남달리 남침 땅굴에 대해 관심을 가져 왔다.

특히 2004년 6월 14일 새문안교회 소회의실에서 황장엽 선생을 초청하여 남침땅굴의 상세한 정보에 대한 설명을 들었다(필자 외 25명)

그간 남굴사(남침땅굴 찾는 사람들)에서 국방부에 제보하여 절개 및 시추를 여러 차례 추진코자 했으나 국방부(육군)는 땅굴을 부정하며 거부해왔다. 가톨릭 이종창 신부의 저서「땅굴 탐사 33년 총정리」의 남침땅굴 침투 굴설약도에 의하면 거미줄처럼 서울에 진입되어 청와대 주변 여러 초등학교 운동장이 출구로 되어 있다. 요즘 공군 예비역 한성주 소장의 저서「與敵의 장군들」에서도 남침 땅굴이 청와대 주변에 84개, 삼청동 총리 공관에 6개, 강화도 평화전망대 밑으로 96개의 가닥이 들어 왔다는 등 이미 지하를 김정은이 점령하고 있다는 것이다. 이 신부와 한 장군의 두 저서에서 밝힌 남침 땅굴이 사실이라면 밤잠을 편히 잘 수 없는 위기의 현실이다. 그러나 남침 땅굴 주장이 사실이 아니라면 국민들에게 불안을 조성하고 있는 것이다.

최근 싱크홀이 이곳 저곳에서 많이 발견됨에 따라 설상가상의 남침땅굴 의혹으로 불안이 증폭되고 있다. 싱크홀(Sink Hole, 지하 암석이 용해되거나 기존의 동굴이 붕괴되어 생긴 움푹 팬 웅덩이)과 동공(洞空, 겉에선 안 보이는 도로 밑의 구멍)에 불안이 가중되고 있다. 싱크홀은 무분별한 도심 개발의 결과로 최근 3년간 전국에서 발견된 씽크홀만 53개이지만 잇달아 석촌동, 방이동, 송파동 등 여러 곳에서 많히 발견되고 있어 싱크홀과 동공은 서울 시민에게 생활 속 불안으로 자리 잡고 있다. 시민들이 동공을 두려워하며, 차를 타고 가다가 혹은 길을 걷다가 갑자기 땅이 푹 꺼져버리면 어쩌나 하는 공포가 엄습하고 있는 현실이다.

결론을 맺고자 한다. 남굴사에서 싱크홀을 남침 땅굴과 관련시켜 의혹을 제기하고 있다. 그러나 필자는 남굴사의 주장과 같이 서울에 거미줄처럼 남침 땅굴이 굴설되어 진입했다는 주장에 동의할 수 없다. 오히려 허무맹랑한 과장된 주장으로 인하여 실제 남침 땅굴조차도 불감증이 증폭되어 외면 받을 수 있다. 그간 발견된 4개의 땅굴 외에 몇 개의 땅굴은 포기하지 않고 굴설했을 것으로 판단된다. 그 목표는 청와대 및 수도권 국가 주요시설이 전략목표일 것이다. 또한 오산공군기지 및 전 항공기지도 동일한 목표일 것이다. 싱크홀은 몇 군데 땅굴과 관련될 수 있을 것이라는 의심을 떨칠 수 없기 때문에 싱크홀에 대한 철저한 정밀 조사가 요망된다. 특히 남굴사에 의하면 육군본부 땅굴 담당 부서의 담당관들에 대한 프락치 의심을 떨치지 못하는 것 같다. 필자는 육본 담당관이 프락치라는 오해나 의심은 전연 없다. 그러나 군 당국은 남굴사로부터 오해 또는 의심을 받지 않도록 남침 땅굴 탐사를 위한 시추 및 절개 작업에 적극적인 협조 및 동참이 있기를 바란다.

(2014. 9. 5. 김흔중)

강원도 양구 펀치폴의 제4땅굴 입구이다.

378

독 도

대한민국의 땅이　　　　대한의 영토가
동해에 우뚝 솟아　　　　영원 무궁토록
사시사철 포효하며　　　　불침번 되어준다.

왜구를 물리치려　　　　독도를 에워싼
늘 성난 기상으로　　　　검푸른 바다의
주야 파수꾼 된다.　　　　파도소리 흥겨워

바닷 속 흑룡이　　　　갈매기떼 춤추니
넌지시 솟구쳐　　　　태극기 휘날리며
두 귀 쫑긋 세우고　　　　대한만세 부르자.

(2014. 8. 24. 김흔중)

대한민국 영토인 독도의 모습이다.

379

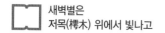

소나무처럼

오늘이 처서이다.
소나무 숲속을 걸어 오른다.

풀벌레 소리가 애절하고
흰 나비가 힘없이 날개짓 한다.

까치소리 여전히 반가운데
청솔모, 다람쥐는 숨어 버렸다.

소나무가 하늘 우러러 살듯
언제나 변함없이 살 것이다.

낙락장송은 외로워도
숲속 소나무는 서로 사랑한다.

여름 태풍에도 의젓하니
벌써 솔베이지 노래 들려 온다.

봄, 여름 보내 가을 맞았고
가을이 가면 겨울이 성큼 온다.

사시사철 소나무처럼
수절하며 청청하게 살 것이다.

팔달산 산책을 마치고

(2014. 08. 23. 김흔중)

세월호의 침몰로 대한민국이 침몰해서는 안 된다

　세월호 침몰 참사가 벌써 4개월이 지났지만 후유증이 치유되지 않고 있다. 유가족뿐만 아니라 모든 국민이 오열하며 정신적인 패닉상태에 빠졌으며 당시 사태수습에 나선 통치자인 박근혜 대통령도 눈물까지 흘렸지 않는가.

　세월호 참사의 뒤 처리 문제는　세월이 흐를수록 난마상태로 꼬이고 있다. 세월호 특별법은 여·야간 쟁점이 되고, 더욱 유가족의 반대로 지연되면서 설상가상으로　정치, 국방, 검찰 등의 돌발사태들이 위기를 초래하고 있다.

　세월호 참사에 볼모되어 언제까지 정치부재의 혼란정국을 만들 것인가. 여. 야간에 당리당략을 떠나 세월호 특별조치법을 조속히 마무리를 하고. 민생문제 법안처리를 서둘러야 하며 서민경제와 국가경제를 살려야 한다.

　국회의원들이 거듭나서 정치를 쇄신할 때에 국민들이 정치인을 신뢰한다. 비리 국회의원의 구속을 막기 위한 방탄국회라는 지탄을 받아서는 안 되며, 국회의원실에서 의원을 검찰이 구인하기 위한 소란은 창피스러운 일이다.

　검찰은 세월호 참사의 실질적 책임자였던 유병언을 검거하는데 실패했다. 순천 매실밭에서 변사체로 발견된 유병언은 영원히 미스터리가 될지라도 유병언과 고위층 유착의 실태 및 숨겨진 재산은 철저히 조사되어야 한다.

　제주지검장이 음란행위를 한 혐의로 경찰에 현행범으로 체포되어 놀랐다. 작년 검찰총장의 혼외 아들로 온통 세상을 떠들썩하게 한 사건도 있었고

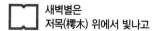
판사, 검사, 경찰들이 비리에 영합하면 대한민국이 부패공화국이 되고 만다.

육군 28사단 윤일병의 폭행치사를 비롯하여 연속적으로 사고가 빈발했다.

육군참모총장이 책임을 지고 물러났으나 장관 책임의 주장도 만만치 않고, 신임 참모총장은 가혹행위 반복 땐 부대해체라는 초강수의 대책을 내놨다.

대한민국은 세월호의 참사 이후 정국 혼란의 합병증으로 중병에 걸려 있다.

박근혜 정부는 대한민국 침몰에 대비한 철저한 비상대책을 수립, 시행하고 통수권자의 시행착오가 없이 합리적인 강력한 리더십이 집행되어야 한다.

(2014. 8. 21. 김흔중)

푸란치스코 교황의 방한 행보를 성찰한다

　로마 교황 프란치스코는 지난 8월 14일부터 18일까지 4박5일간 방한하여 환호와 감동이 넘치는 가운데 일정을 마치고 돌아갔다. 나는 교황이 공항에 도착해 출국할 때까지 영상으로 지켜봤다. 소형 차를 타고, 어린이들, 장애인들, 소외된 자들을 어루만지면서 주님의 말씀을 실천해 낮은 자세로 솔선수범한 교황의 행보였다.

　박 대통령의 공항 영접과 청와대 환영 행사는 차분한 분위기였다. 15일에 KTX 일반열차를 타고 대전역에 하차해 월드컵경기장에서 5만여명이 운집하여 성모승천대축일 미사를 가진 뒤 헬기편으로 김대건 신부 생가인 솔뫼성지에 도착했다. 제6회 아시아청년대회에 6천여 명이 참석, 청년들에게 희망을 주고 서울 서강대를 방문했다

　16일 오전 광화문 광장의 순교 124위의 시복식이 하이라이트였다. 새벽부터 17만 성도가 구름떼처럼 모여들어 광장을 꽉 메웠으며 소형 승용차 타고 입장하며 어린아이를 어루만지며 입을 맞추고 종종 차에서 내려 세월호 가족 등 소외된 자들에 대한 관심이 넘쳐났다.

　오후에는 헬기편에 음성 꽃동네를 방문해 "희망의 집"을 찾아갔다. 전국에서 2만8천여명이 참석해, 장애아동과 가족들과 함께하며 고통을 같이 나누고 위로하며 자비를 베풀며 어루만지는 손길은 지체장애인들에게 참된 긍휼의 모습이며 진실한 사랑의 따뜻한 모습이었다.

　17일 오전 교황청 대사관에서 세월호 참사 학생 아버지에게 단독 세례를

집전해 파격적으로 교황과 같은 프란치스코라는 세례명의 세례를 베풀었으며 오후에 해미읍성에서 제6회 아시아 청년대회 6천여명이 참석, 폐막 미사를 집전하여 청년들에게 희망을 주었다.

18일 오전 명동성당에서 가진 평화와 화해를 위한 미사의 집전은 박근혜 대통령을 비롯한 타 종교지도자와 고통받는 일본 위안부 등 1천여명이 참석하여 엄숙하게 미사가 진행되었으며 강론을 통해 화해와 용서가 강조되었고, 우리의 소원은 통일의 합창도 퍼졌다.

교황은 낮은 자세로 소형 승용차와 KTX 탑승, 어린아이들의 사랑, 장애자에 대한 자비심, 가난한 자와 소외된 자에 대한 배려, 청년들에게 희망선포, 가난한 교회 강조, 통일을 위한 평화 와 화해의 기도, 인자한 얼굴 표정, 진실한 입맞춤으로 주님의 메시지를 선포했다.

북한의 인권유린, 종교탄압을 외면한 평화, 화해, 용서는 외면했다. 지나치게 세월호 참사에 관심을 가지고 유족의 아픔을 지적했고, 제주 강정마을 주민, 용산참사 유족, 밀양 송전탑 주민을 초청해 명동성당 미사에 참석시킨 것은 가톨릭 좌파세력의 소행일 것이다.

지나친 낮은 자세는 서민대중 선동의 포퓰리즘 같은 모습이었고 교황의 권위를 이용한 해방신학 본질을 은연중에 풍기기도 했다. 대전에서 성모승천 대축일 미사는 기독교 본질에 벗어나는 오류를 범했고, 남북분단의 아픔과 북한 동포의 자유와 인권의 박해를 외면했다.

인류가 정의, 자유, 평화를 갈구하지만 갈등과 분쟁은 끊이지 않고, 국가

간 민족과 종교는 타국가를 지배하며 무력으로 정복하려한다. 적그리스도인 종교가 근본적인 신학적, 교리적인 길이 다를지라도 온 세상의 전쟁 없는 평화는 인류 공동선의 목표가 되어야 한다.

(2014. 8. 18. 김흔중)

킬링필드 대학살을 교훈으로 삼아야 한다

　캄보디아 킬링필드(Killing Fields)의 대학살 실화(實話)가 1984년 영화화 되어 볼 수가 있었다. 세계의 최악의 좌파 조직이라 불리웠던 크메르루즈(급진적 좌익 무장단체)의 폴 보트(Pol Pot, 1928-1998) 정권하에 1975년 4월 베트남이 적화되면서 미군의 철수에 때를 맞춰 친미 정권이었던 론놀(Lon Nol, 재임 1972-1975년) 정권을 무너뜨린 후, 1979년까지 4년 동안 노동자와 농민의 유토피아를 건설하겠다는 명목으로 지식인과 부유층을 잔혹하게 전부 학살했다. 그 당시 캄보디아 인구 800만명 가운데 4분의 1인 200만 여명을 처절하게 학살한 20세기 최악의 대참사 사건이다. 킬링필드(Killing fields)는 "죽음의 땅" 또는 "죽음의 들"이라 번역하여 부르게 된다. 이곳은 캄보디아의 수도 프놈펜에서 남서쪽으로 15km 떨어진 지역이다. 이곳 킬링필드에 당시 학살된 자의 넋을 위로하기 위하여 위령탑과 기념관을 세워 놓았다. 위령탑은 훈센 정부가 만든 8m 높이의 안방 넓이의 정방형 탑으로 수개의 층별로 해골을 빼곡히 쌓아 올려 놓아 진열해 밖에서 볼 수 있도록 해 놓았다.

　2002년 4월 20일 캄보디아 훈센 총리실에서 캄보디아에 가나안농군학교를 세우기 위한 회담이 있었다. 나와 인연이 깊은 김도삼 사장이 프놈펜에서 1만명 이상을 고용한 큰 봉제회사를 경영하여 캄보디아 수출의 3분의 1을 점유하고 있었기 때문에 훈센 총리와 각별히 친분 있는 사이였다. 그래서 김 사장의 주선으로 훈센 총리실에서 회담을 가졌다. 그 자리에는 훈센 총리, 관련 장관 외 3명, 김도삼 사장, 김범일 교장(장로), 캄보디아 한국 대사 외 2명, 그리고 필자가 등이 참석했다. 훈센 총리실에서 회담을 마치고 김도삼 사장의 안내를 받아 관심 지역인 킬링필드를 답사했다.

당시 폴 보트 정권이 처참하게 학살한 비극의 현장을 안내 해설자를 통해 상세히 듣게 되었다. 당시 공무원, 교사, 의사 등 펜대를 잡은 지식인과 부유층을 전부 학살하고 농민과 근로자 그리고 서민들만 살려 주었고, 총탄이 비싸다며 각목과 쇠파이프로 무참히 때려 죽이고, 부유층 어린아이까지 나무에 후리쳐서 죽이는 등 각종 학살 수법도 너무나 잔인했다는 것이다. 그리고 도시 시민을 농촌으로 내몰았다. 당시 폴 보트 정권과 김일성 집단은 25년의 시차는 있지만 공산권의 폴 보트는 김일성과 다름이 없었고, 김일성의 6·25남침시 양민학살은 폴 보트의 학살과 크게 다를 바가 없었다. 오늘날 김정은이 3대세습하여 친 고모부까지 처형한 애숭이 봉건체제의 독재통치자로서 세계적인 여론의 지탄을 받고 있다. 설상가상으로 최근에 미국과 한국을 싸잡아 핵전쟁을 불사하겠다며 으름장을 놓고, 동분서주하며 탄도 미사일과 방사포 사격을 직접 지휘하면서 전쟁놀이의 불장난을 하고 있다.

결론을 맺고자 한다. 2011년 11월 유엔과 캄보디아 정부가 공동으로 설립한 크메르루즈 전범재판소에서 지난 8월 7일 킬링필드의 핵심 전범 2명에게 종신형을 선고하여 35년만에 단죄했다. 그 선고 대상은 당시 국가주석 티우 삼판(83세)과 공산당 부서기장 누온 체아(88세)이다.

나는 6·25 남침 전범자 김일성과 테러 전범자 김정일을 유엔 국제사법재판소에 제소하여 단죄해야 한다는 주장의 칼럼을 몇차례 쓴 바도 있다. 김일성과 김정일에 대한 전범자 제소의 기회를 놓쳤고, 그들이 이미 사망했으니 아쉬움만 남을 뿐이다. 이제 김정은에 의해 한반도에서 핵전쟁이 발발한다면 남북한이 공멸할 것이며, 6·25와 같은 동족 간의 전쟁이 재발한다면 현대판 킬링필드의 처참한 대학살이 한반도 전역에 확산되어 피를 많이 흘릴 것이다. 이러한 처참한 사태에 사전 대비할 수 있도록 국가안보와 국토방위에 한점의 헛점이나 한치의 오차도 없어야 한다.

끝으로 강조하건데 1975년 4월 베트남이 적화통일이 되면서 인접 국가였던 캄보디아는 친미 정권이었던 론 놀 정부를 크메르루즈의 폴 보트 정권이 무너뜨린 후 킬링필드의 대학살이 있었다. 박근혜 정부는 킬링필드의 대학살을 타산지석의 교훈으로 삼아 대비태세를 철저히 확립해야 할 것이다.

(2014. 8. 17. 김흔중)

캄보디아, 훈센 총리실에서 회담을 마치고
프놈팬시 호텔앞에서(2002. 4. 20)
- 김흔중 목사, 김도삼 사장 -

광복절과 건국절은 등가성이 있다

박 대통령은 8월 15일 제69주년 광복절 경축사를 했다. 경축사는 광복절에 국한되었을 뿐, 건국절은 없었고 대한민국의 건국에 대한 참의미를 찾을 수가 없었으며 건국이 없는 광복절에 국한된 편협된 경축식 행사였다.

대한민국의 국민에게 광복절은 있는데 건국절은 없다. 일제의 식민통치로 부터 해방되어 다시 빛을 찾았으며 1945년 8월 15일은 해방된 광복의 역사적인 기념일이고, 1948년 8월 15일은 대한민국을 건국한 기념일인 것이다.

종북 좌파세력은 건국 이승만 초대 대통령을 폄하한다. 김구 선생을 훌륭한 애국자로 이승만 박사보다 앞세워 이승만 박사를 외면하며 대한민국의 건국을 부정하고 반국가적인 역사 왜곡으로 국론을 분열시켜 오고 있다.

광복70주년과 건국 67주년을 1년 앞둔 시점에 있다. 통일대박을 염원하며 한반도 통일은 한층 절실해졌으나 종북세력은 적화통일에 은밀히 경도되어 좌경화되었고 철부지 김정은은 전쟁놀이의 불장난을 계속하고 있다.

대한민국은 8월 15일을 광복절과 건국절로 지켜야 한다. 광복절은 있고 건국절이 없는 서글픈 대한민국 국민은 대한민국의 뿌리를 찾아 역사를 바로 잡아야 할 것이며 하루속히 대한민국의 정통성과 정체성을 확립해야 한다.

국회헌정기념관에서 광복 및 건국기념 경축식이 있었다. 대한민국 건국
회 주최로 진행된 경축행사는 조촐하였고 건국절 제정을 위한 1천만 서명
운동을 펼친다고 하는데 국회의원은 이인제 의원 1명만 참석해서 한심스
러웠다.

대한민국의 건국절의 제정은 통치자의 결단이 필요하다. 건국절은 국회
에서 입법조치한 후 국경일로 제정되어서 8월 15일을 광복절 및 건국절로
호칭하여 경축식 행사를 거행하게 되면 대한민국의 정통성과 정체성은 확
립된다.

(2014.8 · 15. 김흔중)

국회 헌정회 강당에서 경축식을 마치고 돌아와서

여보게 나를 알아보시겠는가
(全 대통령의 盧 대통령 문병시 질문)

나는 혼자서 팔달산 등산을 하며 자연과 친구 했다.
숲속에 가면 산새가 지저귀고 까치도 즐겨 반기는데
나뭇가지를 타는 청솔모와 다람쥐 곡예를 자주 본다.

권력과 물질의 탐욕에 빠져서 자연을 등지면 안된다.
인간은 자연과 더불어 살고 자연을 사랑하며 사라야
대자연을 포용하며 인간의 참가치를 발견할 수 있다.

룻소는 문명의 사회를 떠나 자연으로 돌아가라 했다.
자연의 품속에서 살다가 자연의 흙속에 묻히게 되며
땡전 한푼 손에 쥐지 못하고 저 세상에 가는 것이다.

盧 대통령이 자살했고, 盧 대통령도 투병중 의식없다.
한국 최고재벌 이 회장도 의식 회복이 분명치 못하며
이단 구원파 유병언 교주 죽음은 나라를 뒤흔들었다.

全.盧 전직 두 대통령은 막역였지만 견원지간이 됐다.
盧 대통령이 십여년 의사소통 불가능으로 와병중인데
全 대통령이 문병해 "나를 알아보시겠는가"의 질문였다.

全 대통령에게 盧 대통령은 두 눈을 깜박였다고 한다.

두 대통령은 서로간에 애증이 교차되는 순간이었고
연 이틀 자택의 문병은 인생무상의 드라마 장면였다.

全 대통령은 옥고를 치렀고 추징금 환수는 치욕였다.
그러나 국가 경제 발전과 국가 안보에 기여를 했으며
金, 盧 좌파정권 보다는 안정적인 정권으로 평가된다.

인간은 유한한 생명체로서 언젠가 죽게 되는 것이다.
권력과 부귀를 누린자도 죽음 앞에서 무력하게 되며
숲속의 새들도 죽을 때에는 노래가 구슬프다고 한다.
(2014. 8. 14. 등산을 마치고, 김흔중)

제12대 대통령 전두환   제13대 대통령 노태우

392

흰 박꽃

시골 초가 지붕위에
박넝쿨이 뻗어 있고

수줍은 흰 박꽃들이
청순하게 피어 나며

작은 박들이 숨어서
여기 저기에 자라니

또아리를 받혀 놓은
달덩이의 둥근 박은

흥부가 좋아 하였고
놀부도 욕심 내었다.

놀부와 흥부 싸움에
세상이 혼탁해 지며

플라스틱의 용기에
바가지도 사라졌고

초가 지붕의 운치도
주마등에 스쳐갈 뿐

소박했던 흰 박꽃의
옛 정감이 아련하다.

(2014. 8.11. 김흔중)

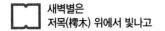
인생의 가치와 존엄사

인간은 만물의 영장으로 창조됐다.
만물을 다스릴 특권이 부여되었고
생명의 가치는 만물중에 으뜸이다.
인간의 생명은 고귀하고 존엄하다.
진실한 인생은 한평생 가치있도록
고종명의 삶을 누리며 사라야한다.

가정, 학교, 사회는 삶의 터전이다.
그 속에서 인격이 형성돼 성숙되며
인생의 참 가치가 창출되는 것이다.
가정의 파손에 결손의 아동이 많다.
학교는 왕따와 폭력 학생이 판치고
조폭이 사회질서를 뒤 흔들고 있다.

사회악의 아노미 현상이 무성하다.
사이코패스의 병적 발작이 심하여
자살과 살인으로 인명이 경시 된다.
군 병영의 살인 사건이 경악스럽다.
적이 아닌 전우를 집단 폭행을 해
숨지게 했기에 온 국민이 분노한다.
사람은 사람다운 삶에 윤리가 있다.
젊었을 때 부모와 나라에 감사하며
늙어 존엄사의 죽음에 행복을 찾자.

(2014. 8. 5. 김흔중)

모순(矛盾)의 공방무기(攻防武器)

모순은 창(槍)과 방패(防牌)라는 뜻으로 말이나 행동의 앞뒤가 서로 일치되지 아니함을 말한다. 우리의 일상 생활에서 흔히 모순된 이론을 전개하고, 모순된 말을 하고, 모순된 행동을 할 경우가 많다. 모순의 유래를 알아보자. 중국의 전국시대(戰國時代) 초(楚)나라에 무기 상인이 있었다. 그는 시장으로 창과 방패를 팔러 나갔다. 상인은 가지고 온 우산 같은 방패(盾: 순)를 들고 큰 소리로 외쳤다. "이 방패를 보십시오. 아주 견고하여 어떤 창이라도 막아낼 수 있습니다." 그리고 그는 계속해서 세모진 창(矛:모)을 들어 올리며 외쳤다. "여기 이 창을 보십시오. 이것의 예리함은 천하일품이라 어떤 방패라도 단번에 뚫어 버립니다." 그러자 구경꾼 중에 어떤 사람이 말했다. "그 예리하기 짝이 없는 창으로 그 견고하기 짝이 없는 방패를 찌르면 도대체 어찌 되는 거요?" 상인은 말문이 막혀 눈을 희번덕거리고 있다가 서둘러 달아나고 말았다는 고사에서 '모순'이라는 말이 연유되었다.

오늘날 모순에 걸맞는 현대전의 공방무기의 이해가 필요하다. 전국시대의 창과 방패의 싸움인 전쟁의 상대적 이론이지만 오늘날 방어무기와 공격무기의 생산과 배치 그리고 위협적인 상태를 고려해 볼 수 있다. 인류역사는 전쟁으로 시작하여 전쟁으로 인류의 종말이 올 것이다. 인류의 역사는 파괴와 건설의 연속성 속에서 평화보다는 전쟁의 불안과 공포 속에 역사가 지속되고 있다. 오늘날 핵무기라는 가공할 공격무기를 보유하기만 해도 국력을 과시한다. 그래서 북한은 핵무기 보유를 고집하며 핵무기 보유를 인정받으려고 올인하고 있다. 북한이 보유한 핵무기는 상대국의 국토를 초토화하고 고귀한 생명을 일시에 몰살시킬 수 있는 위력을 가지고 있기 때문에 초미의 관심사가 되고 있다.

결론을 맺고자 한다. 남북한 간에 최첨단 무기의 개발, 보유의 경쟁을 하고 있지만 북한의 공격용 핵무기를 방어할 수 있는 한·미간의 MD방어망으로 만족할 수는 없다. 더욱 중국이 MD 방어망 구축을 반대하고 있다. 아무리 핵 우산의 방패를 보유한다 해도 핵이라는 예리한 창으로 신속히 선제공격을 하면 견디기 어려울 것이다. 하물며 핵 우산의 방패도 없다면 엄동설한의 영하 기온에 팬티만 입고 동사하게 되는 경우와 같다. 그래서 북한의 핵폐기는 국가적 차원에서 국토 보존 및 온 국민의 생존에 관련된 최우선적인 한반도 비핵화의 정책과제로서 박근혜 정부에서 꼭 풀어야만 한다. 한반도에서 핵무기의 공방전은 남북한 동족의 공멸인 엄청난 재앙이다. 따라서 한반도 비핵화는 한민족의 절체절명(絕體絕命)의 생존 전략이기 때문에 꼭 실현 되어야 한다.

(2014. 8. 4. 김흔중)

열대야(熱帶夜)

올 여름에도
불청객으로 찾아온
찜통 가마솥 더위는

낮에는
이마에 땀 솟구치고
숨막힐 듯 답답한데
짜증 나는 하루가
지루하게 저물었다.

밤에도
무더위의 열기가
가슴을 짓누르고
잠들기 어렵게
심신을 괴롭히지만

잠 못 이루게 하는
찜통 열대야도
한풀 꺾일 것이다.

(2014. 7. 30. 김흔중)

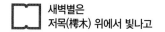

새벽별은
저목(樗木) 위에서 빛나고

"사제 8000명 아동 성추행 연루"의
발언에 놀랐다

지난 7월 13일(현지시간) 프란치스코 교황이 이탈리아 신문지상의 기자와 대화에서 "사제 8000명이 아동 성추행에 연루되었다는 발언으로 지구촌을 뒤 흔들었다." 교황은 "가톨릭 성직자 50명 중 1명이 아동 성추행 건에 연루된 소아성애자다."라고 폭로한 것이다. 교황은 아동 성추행 문제를 질병에 비유했다. 그리곤 "심지어 그 병이 여기에도 있다"며 "악을 발본색원하기 위해 교회가 싸우고 있다"고 말했다. 통계를 제시하며 "소아성애자인 성직자 비율이 약 2%(총 41만4000여명중)에 불과하다고 나를 달랜다"고 말했다. "그 정도면 안심할 수 있다지만 난 어마어마한 수준이라고 생각한다"며 "2% 중엔 사제인 신부, 주교, 추기경도 있고, 처벌받지만 그 이유는 공개되지 않는다. 이런 상황을 참을 수 없다"며 자성했다는 것이다.

가톨릭 교회에서 아동 성추행 문제가 처음으로 제기된 지 30년, 본격화된 지 10여 년 만에 비로소 바티칸이 전면에 섰다. 이러한 심각한 문제점을 살펴보기로 한다.

①가톨릭 및 동방정교회의 사제(司祭)는 주교(主教)와 신부(神父)를 통틀어 말하고 있다. 구약시대 번제의 희생제사를 드리는 제사장에서 그 유래를 찾을 수 있다. 신약시대의 사제는 성직자를 총칭하게 된다. 가톨릭 사제는 결혼을 하지 못하며 독신이어야 한다. 그러나 8천여명의 사제가 "아동 성추행에 연루"되었다고 하니 교계뿐 아니라 온 세상을 경악케 하고 있다.

②성경의 기록에 보면 고자(鼓子: 성기능 장애자)는 어미의 태로부터 된 고자도 있고 사람이 만든 고자도 있고 천국을 위하여 스스로 된 고자도 있다(마 19:12)고 했다. 즉 선천적으로 된 고자와 인위적으로 거세(去勢)한 고자 그리고 성직자들에게 성행위 금지의 계율적인 고자가 있다.

398

불교의 조계종(曹溪宗)은 결혼하지 않은 독신의 남성 비구승(比丘僧)과 독신 여성 비구니(比丘尼)로 구성되고, 불교의 한 종파인 태고종(太古宗)은 남녀간 결혼한 대처승으로 구성된다. 가톨릭의 사제는 결혼이 불가하며 수녀(修女)도 마찬가지로 결혼을 하지 못한다. 사제가 남녀관계로 종교법을 범하면 파문(破門)하여 사제직을 박탈당한다. 조계종의 승려도 계율을 범하면 파계승(破戒僧)으로 자격을 상실한다.

③거세(去勢)는 사람 또는 동물의 생식기능을 잃게 하는 것이다. 동물 수컷의 불알 또는 암컷의 난소를 없애거나 그곳에 방사선을 쪼여 생식불능이 되도록 하는 것을 말한다. 고려·조선시대 환관(宦官)은 궁중에서 사역하는 내관(內官)으로서 대부분 거세된 내시들이었으나 간혹 선천적인 고자도 있었다. 왕정시대에 궁중 내의 성적 문란을 금지하며 왕권의 독점에 그 이유가 있었다.

결론을 맺고자 한다. 심리학자 매슬로우(Maslow)는 인간의 8개의 욕구 체계를 제시하고 있다. 그중에 생리적인 욕구인 성욕을 성직자들에게 억제케 하므로 성직자들이 범하는 성범죄가 가톨릭계에서 물의를 일으키고 있는 현실이다. 기독교(개신교)의 성직자들과 불교의 대처승들은 가정을 소중히 여기고 있다. 성경에도 분명히 창조과정에서 남자가 독처하는 것이 가여워 배필로 여자를 창조해 주셨다. 에덴동산은 인류 최초의 가정 보금자리였다. 천국을 위하여 스스로 된 고자(마 19:12)로서 사명을 다 할수 없다면 종교 개혁이 필요하다. 그래서 사제들에게도 결혼을 허용해야 하는 것이 시대적 요청인 것 같다. 교황이 사제 8천명이 아동 성추행을 했다는 발언의 후속 대책은 과감하게 종교개혁 차원에서 결단의 해법이 있어야 할 것 같다.

(2014. 7. 23. 김흔중)

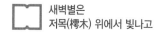

이승만 대통령 제49주기 추모식은 초라했다
(서울 현충원 현충관 추모행사에 다녀 와서)

오늘(7월 19일)은 대한민국 건국 대통령 이승만 박사의 제49주기이며, 지난 7월 8일은 북한 괴뢰집단의 수령 김일성 주석의 제20주기였다. 이승만 박사는 조선조 말 1875년 3월 26일 황해도 평산에서 태어났고, 김일성 주석은 한일합방 직후 1912년 4월 15일 평양 만경대에서 태어났다.

이승만 대통령은 12년간 집권했고, 김일성은 46년간 장기 집권했다. 이승만 대통령은 90세에 서거했고, 김일성 주석은 72세에 죽었으며, 세습한 김정일이 69세(2011.12.17)에 사망하여 29세인 김정은이 세습했다. 남한은 제18대 박근혜 대통령이고, 북한의 제3대 세습 군주는 김정은 국방 제1위원장이다.

북한은 300만여 명이 굶어 죽었고, 인권을 탄압하며 공개처형을 하고 있다. 더욱 핵무기, 미사일, 대량살상무기를 보유해 비대칭군사력으로 위협하고, 최근 탄도 미사일을 이곳 저곳에서 간헐적으로 쏘아 무력시위를 하며, 김정은이 직접 핵전쟁 엄포를 놓고 화전양면의 전략 및 전술을 전개하고 있다. 김일성 20주기에 금수산 기념궁전의 미라 앞에 김정은이 다리를 절뚝거리며 측근의 많은 무리를 몰고 가 머리 숙여 추모를 했다.

그러나 건국 이승만 대통령 제49주기의 서울 현충원 현충관에서의 추모행사는 초라했다. 대한민국의 대통령, 국회의장, 정치인, 고급관료, 언론에서조차 별다른 관심이 없었다. 박근혜 대통령과 정의화 국회의장은 조화를 보내는 것으로 족했다.

이승만 대통령은 일찍이 민족교육과 국제외교를 통해 국가의 힘을 기르고 독립을 이루어야 한다고 역설했으며 탁월한 혜안과 선구적인 민주 이념과 사상으로 우리 민족을 이끌었다.

400

또한 제네바에서 열린 국제연맹회의에 대한의 대표로 참석하여 일본의 침략을 폭로하는 등 대한인의 독립 의지를 세계 만방에 알렸으며 1919년 4월 상해에서 임시정부가 수립되자 대통령으로 추대되어 임시정부를 이끌었다.

제2차 세계대전이 종식되자 일제로부터 해방의 광복을 맞았으나 남북으로 분단된 상태에서 3년 간의 미·소 양국의 군정치하에서 이승만 박사가 아니었다면 대한민국의 건국은 분명히 불가능했다. 1948년 8월 15일 대한민국 건국 후 2년 뒤에 김일성이 6·25 기습남침을 했으나 적화통일 직전에 이승만 대통령은 미국을 비롯해 유엔을 통해 나라를 구출했다. 그러나 종북세력들이 이승만 대통령을 폄하하고 역사를 왜곡하는 주장은 천부당만부당한 반정부적, 반민족적인 반역의 역사관에 뿌리를 박고 있다.

오늘날 대한민국의 위상은 1인당 국민소득 3만불 시대에 근접하며 세계의 선진국 반열에 성큼 진입하려 하고 있다. 그래서 G20 국가의 반열에서 중심국이 되고, 세계경제 10위권에 진입해 용트림을 하면서 그간에 원조를 받던 국가에서 오늘날 원조할 수 있는 경제대국이 되어, 한반도 통일과 한민족 통합을 위한 절호의 기회를 맞이하게 되었다. 이러한 국운 상승의 기회를 잡는 것은 쟁취하려는 통치자와 국민의 몫이다. 천재일우(千載一遇)의 기회를 놓쳐서는 안 된다. 호사다마라 했으니 우리 주변의 온갖 방해 요소를 과감하게 척결하고, 이승만, 박정희 두 대통령의 치적을 부정하는 종북세력들이 우선적으로 고해성사를 하도록 하여 국론을 하나로 결집시켜야 한다.

끝으로 바라건대 박근혜 정부는 이승만 초대 대통령의 건국 이념과 애국정신의 유지(遺志)를 계승하여 국가 발전과 통일국가 건설에 박차를 가할 수 있기를 간절히 기원한다.

(2014. 7. 19. 김흔중)

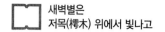

꽃가마 /꽃상여

꽃가마 타고 시집가던
세월 아득한 옛날
연지 곤지 찍고
수줍어 하던 촌색시들

늙은이 되어
꽃가마 아닌 꽃상여
타고 떠났으니
저 세상에서 만나려나

꽃가마는 없고
꽃상여도 사라 졌으니
타고 갈 것이 무엇이며
나그네 길은 아디멘가

오늘날 모래판에서
젊음을 과시하지만
천하장사 꽃가마에도
꽃상여 그림자가 있다.

(2014. 7. 19. 김흔중)

전쟁을 좋아하면 전쟁으로 망한다
(김정은과 아베에게 경고하며)

인류의 역사는 전쟁으로 점철되어 흥망이 교차 된다.
영원한 점령국도 영원한 식민지도 존재하지 않으며
어제의 적국이 오늘의 우방이 될 수도 있다는 것이고
오늘의 우방이 내일의 적국이 될 수도 있다는 것이다.

일본은 대동아공영권을 획책하여 전범국가가 되었다.
우리는 국토를 잃고 36년간 일제식민지 생활을 했고,
창씨개명을 했으며 자유와 언어, 문자까지 잃었으며
민족적 치욕의 수모를 당한 비참한 역사를 기록했다.

일제로부터 해방되자 남북한 분단의 역사를 맞았다.
해방된 3년 뒤에 남북 분단 국가로 대립하게 되었고
김일성은 2년 뒤 6ㆍ25기습남침의 전쟁을 도발했으며
서울이 두번 함락돼 수복후 155마일휴전선을 그었다.

한반도 분단 제70주년에 4대강국의 전략이 미묘하다.
한국은 미국을 업고 중국을 껴안아야 할 것만 같으며
아베는 뚱단지 같이 북한에 접근, 중국을 자극하였고
미국을 배후에 두고 중국,한국을 교묘히 흔들어 댔다.

그간 아베와 김정은이 접근해 동북아 정세를 흐렸다.

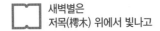
친일파를 가장 싫어했다는 김일성, 김정일이었으나
김정은은 일본에 추파를 던졌던 애숭이 통치자로서
천벌을 받아 마땅한 반민족적 도전은 응징돼야 한다.

전쟁을 일으킨 나라는 반드시 멸망한 과거의 역사다.
제2차 세계대전에서 독일과 일본이 패망하고 말았고
북한은 동족 간에 전범의 죄과로 반드시 망할 것이며
아베의 헌법개정 전략은 자멸의 함정에 빠질 것이다.

(2014. 7. 12. 김흔중)

전세계 UN 직원 同性결혼 인정에 경악을 금치 못한다

반기문 유엔 사무총장이 7월 7일 유엔 직원들의 동성(同性) 결혼을 인정하기로 결정했다는 중앙지 신문을 읽으며 경악을 금치 못했다. 반기문 사무총장이 한국 국적을 가진 대한민국의 자랑스러운 지도자이기 때문이다. 반 총장의 이번 선언으로 전 세계 4만삼천명의 유엔 직원들은 본인의 국적과 관계없이 동성결혼을 허용하는 곳에서 혼인신고를 할 수 있게 되고, 동성 결합을 한 모든 커플은 유엔 내 기혼 직원들이 받는 근무상의 혜택을 똑같이 받게 된다는 것이다. 또한 비자 문제 때문에 동성 배우자와 떨어져 살아야 했던 유엔 직원들에게 가장 큰 혜택은 이제 파트너와 함께 뉴욕에서 살 수 있다는 것이다. 유엔 직원의 동성결혼자들로부터 환영을 받겠지만 대승적인 면에서는 충격적인 선언으로 볼 수 있다. 그 일련의 배경과 문제점을 살펴보고자 한다.

①현재 동성결혼을 합법화한 나라는 미국, 멕시코의 일부 주(州)와 네덜란드, 브라질을 포함해 18개국이라고 한다. "유엔의 동성결혼 인정은 '모든 직원이 동등해야 한다'는 반 총장의 의지가 반영된 것"이며 "세계 4만삼천명의 유엔 직원이 적용 대상이며, 유네스코(UNESCO), 유니세프(UNICEF) 같은 산하 단체의 직원은 해당되지 않는다"고 밝혔다. 유네스코와 유니세프 등은 독자적 조직을 갖추고 있기 때문에 유엔 사무총장의 결정을 일방적으로 따를 수는 없는 구조라는 것이다. 비록 유엔직원에 국한시켰지만 세계적인 동성결혼의 추세에 한층 탄력을 받게 될 것 같다.

②반 총장의 유엔 직원들의 동성결혼 인정을 선언함으로써 국제사회에서 게이, 레즈비언 등 성 소수자의 인권 보호운동은 한층 활발해질 전망이며 동성결혼 및 동성애에 반인권적 태도를 보이는 국가들에게 동조 촉구의

영향을 미칠 수도 있다. 현재 18개 국과 미국 및 멕시코 일부 주에서 동성
결혼을 법적으로 허용하고 있어 영향이 클 것 같다. 우리나라에도 반 총장
의 유 엔직원들의 동성결혼 인정은 반 총장이 한국인이라는 점에서 직간접
적인 적지 않은 영향이 있을 것이다.

③한국에서도 1997년에 각 대학교의 대학생 성 소수자의 모임이 결성되
었다가 1998년에는 범 성 소수자 권익운동 단체로 조직을 확장 개편하여
'동성애자 인권연대'로 명칭을 바꾸어 게이, 레즈비언, 양성애자, 트렌스젠
더, 인터섹슈얼 등이 모여 미미하게 활동해 왔다. 이들은 성 소수자 권익
옹호, 권익침해 구제활동과 상담활동을 추진하며, 청소년 성 소수자 상담,
성 소수자의 노동권 등에 대한 상담, 성 소수자 노동권 침해 구제활동을 구
실로 활동하고 있지만 활성화 되지는 못했다.

④특히 '동성애자 인권연대'는 모든 사회적 소수자들에 대한 차별에 반대
하고 노동자들이 자기 권리를 찾기 위한 행동을 지지하고 있다. 이러한 불
건전한 정신에 따라 반미, 반전운동, 한미 FTA반대운동, 2008년 촛불운동
을 비롯해 여러 반사회적 저항운동에 동참했다는 사실은 동성애자 인권운
동은 반정부적인 불만 표출과 반국가적인 종북활동에 동참할 가능성도 배
제 할 수 없다.

⑤성경에 소돔과 고모라가 성적으로 타락하여 멸망했다. 당시 남색(男
色) 사건과 수간(獸奸)의 퇴폐사건이 있었다. 소도미(sodomy)는 '남색(男
色)과 계간(鷄姦)'을 뜻하며 그런 행위를 하는 자를 소도마이트(sodomite)
라고 한다. 오늘날 한국에도 사창(私娼)이 있을 뿐 아니라 남창(男娼)도 있
으며, 부부가 자신의 배우자를 다른 부부의 배우자와 맞바꾸어 성 관계를
갖는 스와핑(swapping)의 사이트가 존재하고 있다는 서글픈 사실이다.

결론을 맺고자 한다. 반기문 유엔 사무 총장의 고뇌에 찬 동성결혼 인정
선언은 불가피한 대책의 처방이라 할 수 있겠지만 인류 종말 현상의 징조

이며 한국의 미래에도 먹구름이 몰려 올것 같다. 이번 동성결혼 인정의 선언은 유엔 직원에 국한된다고 하지만 동성결혼의 파급효과는 급속하게 지구촌에 전파될 것이다. 이미 창조과정에서 인간은 남녀로 구분하여 부부가 되도록 창조되었다. 인간은 생육하고 번성하여 만물을 지배하도록 특권을 부여받았다. 그러나 동성결혼은 근본적인 절대자의 창조질서를 파괴하는 것이다. 또한 제2세의 생명체를 만들수 없는 남녀 염색체의 결합이 불가능하다. 결국 생육하고 번성할 수 있는 기능이 없어 당대의 동성 결합으로 종지부를 찍고 말 것이다. 특히 한국은 옛부터 동방 예의지국이라 자랑해 왔고. 남녀 신분의 성별이 엄격했고 결혼은 인륜대사였다. 또한 삼강오륜과 장유유서의 질서는 확고했다. 그러나 오늘날 인륜 도덕이 사라지고, 많은 가정도 파괴되었으며, 사회질서도 붕괴되어 버렸다. 특히 한국의 대도시는 밤만 되면 현대판 소돔과 고모라의 현상을 방불케 하고 있다. 한마디로 미래가 암담할 뿐이다.

(2014. 7. 9. 김흔중)

'사랑주의'의 진실과 오해를 성찰한다

사회주의 국가인 중국과 북한에 외국인이 국제대학을 세울 수 있으리라 생각한 사람은 아무도 없었다. 금년('14년)에 연변과기대는 개교 22주년, 평양과기대는 개교 5주년을 맞이했다. 이념과 사상, 불가능의 벽을 뚫고서 얼어붙은 땅에 기적의 깃발을 꽂은 김진경 총장(79세)은 남북과 동서 교류를 증진시키며 남북통일을 준비하는 이들에게 분명한 길과 방향을 제시해 주고 있다.

그러나 긍정적인 면과 부정적인 면의 양면성이 교차되고 있다. 평양과기대 건립에 한국의 대형교회 수명의 목사들도 협력관계를 유지해 오면서 여론의 찬반 논란도 많았다. 오직 평양과학기술대학은 적화통일을 위한 "사이버 전사 양성소"라는 오해를 받게 되었기 때문이다. 김진경 총장(목사)은 미국 시민권 소지자로서 평양 명예시민권과 서울 명예시민권을 가지고 남북을 왕래하며 제시하고 있는 "사랑주의(Loveism)"라는 핵심 가치에 대한 진실과 오해를 살펴보려 한다.

①김진경 총장은 "나는 공산주의자도 자본주의자도 아니다. 오로지 사랑주의자일 뿐이다"라고 주장했다(조선일보, 최보식과의 인터뷰, 2014.7.7) 김 총장은 목사로서 성경 중심의 진리인 사랑을 실천하기 위한 '사랑주의'를 주장하고 있는 것 같다. 그러나 공산주의자도 자본주의자도 아니라는 주장의 이론은 궤변이다. 공산주의, 자본주의, 사랑주의 등 삼자가 동등한 이념적인 독립개념으로 구분될 수 없기 때문이다.

②자본주의와 공산주의는 경제적인 이념적 가치체계의 구분이다. 또한 민주주의(개인주의)와 전체주의(전제주의, 독재주의)는 정치적인 이념적 가치체계의 구분이다. 민주주의와 자본주의 국가의 시민(미국, 서울)이 독재 봉건주의적 사회주의(공산주의) 국가(중국,평양)에 왕래하며 "사랑주의

자"로 자처하는 것은 자가당착의 모순인 것이다. 오직 성경적인 진리의 복음전파를 위한 선교사로서 사랑을 강조해야 한다. 성경적인 순수한 '사랑주의'라면 목사의 신분이기 때문에 공감이 가지만 '사랑'의 본질적인 진리의 순수성을 상실한다면 수긍하기 어렵다. 오직 목사의 신분을 은폐시키고 위장된 '사랑주의'로 호도될 수가 있다.

③중국 연변과학기술대학의 설립은 부정하고 싶지 않다. 그러나 평양에 과학기술대학을 설립하기 보다는 인문계의 언어, 문화예술계 대학을 설립하여 이질화된 동족의 언어 및 문화를 동질화시켰어야 했다. 북한의 핵무기 개발 등 비대칭군사력의 위협에 설상가상으로 평양과기대에서 사이버전에 결정적으로 기여할 수 있는 헥커를 양성한다면 도저히 용납할 수 없는 것이다. 그래서 임기응변적인 '사랑주의'는 죽음을 초래하는 마왕을 사랑하겠다는 궤변일 수 있다. 따라서 '사랑주의'에 대한 가장 큰 오해가 있게 된다.

④북한 권력자와 결탁하거나 신임을 받지 않고는 사라남을 수 없다. 김일성이 김진경 총장을 좋아했다고 한다. 김정일에 이어 김정은의 신임이 없다면 오늘날 건재할 수 없는 것이다. 오직 북한 정권이 아니라 북한 주민을 위해 일했다고 김 총장은 역설하고 있지만 향후의 귀추가 주목이 된다. 북한에 왕래하는 종교지도자는 이용가치가 있으면 묵인하고 그렇지 않으면 구속하여 정치적으로 이용하고 있음을 종종 보게 된다. 김진경 총장도 언젠가는 토사구팽의 존재가 되지 않을까 염려된다.

결론을 맺고자 한다. 한반도 주변 4강세력의 급변하는 정세에 부응하여 한·중 정상 회담(7월 4일)에서 박근혜 대통령과 시진핑 주석은 외교안보, 경제발전, 문화협력에 성과를 보였다. 이와 때를 같이하여 김진경 총장의 '사랑주의'는 지구촌의 공산주의자와 자본주의자를 공히 변화시키며 우선적으로 북한의 봉건적인 독재 세습체제를 변화시킬 수 있는 진리의 복음에

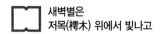

의한 '사랑주의'로 발전되기를 바란다.

하나님께서 한반도 통일과 남북 한민족 통합을 재촉해 섭리해 주실 것이다. 최근 북한 동포들의 통일 염원은 어느 때보다도 절실한 것 같다. 오직 하나님께서 국가의 흥망성쇠를 주관하시는 가운데 김정은 세습체제의 급변사태는 통일의 첩경이 될 것이다.

끝으로 간절히 바라건대 오해가 있을 수 있는 인간적인 '사랑주의'가 아닌 이스라엘 백성을 선택하여 출애굽 시킨 하나님의 구원사역과 같이 북한 땅에서 엑소더스(Exodus)의 사태가 일어나기를 간절히 기원한다.

(2014. 7. 7. 김흔중)

동북아 정세변화를 전망해 본다

(한 · 중 정상회담을 바라보며)

한반도를 중심으로 한 최근의 동북아 정세는 급변하고 있다. 남북 분단 70주년을 1년 앞두고 주변 4강세력이 상충되고 있고 북 · 중 혈맹 관계가 약화되면서 한 · 중 협력 관계는 밀접해 지며, 일본은 집단 방위권을 각의에서 결의해 미국에 접근하고 있다.

중국은 북한의 핵보유로 장래에 불장난 하리라 전망할 것이다. 한반도 비핵화는 장기적으로 중국에 유리한 전략 가치가 되고 북 · 중 혈맹관계는 중국 국익을 위해 불가피한 변화의 추세이며, 중 · 일간 갈등이 심화되면서 한 · 중 협력관계는 견고해 질것이다.

미국의 동북아 전략은 일본과 협력관계를 강화하게 될 것이다. 일본의 집단 방위권에 동조하며 중국을 견제하고자 할 것이고, 중국의 군사대국화에 일본 군사력의 협공은 불가피할 것이며, 한 · 미 · 일의 협력관계는 중단없이 긴밀한 관계를 유지해야 한다.

러시아는 국제 정세를 관망하며 일본과 북한에 접근할 것이다. 북한에 경제지원, 송유관 원유지원, 개발사업을 지속할 것이고, 러 · 중 협력은 미국의 견제정책과 UN을 통하여 공조할 것이며, 한국과 북한에 등거리의 외교를 취하며 국익을 추구할 것이다.

한국의 4강 세력의 외교전략은 미국, 중국이 두 축이 될 것이다. 한반도 통일에는 중국 협력이 절대적으로 영향을 미칠 것이고, 미국과 중국의 협력을 통해 결정적 통일실현이 가능할 것이며, 국제법상 일본군의 한반도 개입은 한국의 동의를 받아야 한다.

북한은 일본, 러시아에 접근해 체제유지, 경제회생을 획책한다. 김정은이 고모부 장성택을 처형한 이후 체제 정비의 상황이고, 강요된 핵폐기는 벼랑끝 체제붕괴에 직면할 것으로 판단되며, 남침 도발의 으름장을 놓고 있으나 급변사태로 자멸할수 있다.

동북아는 한반도 중심으로 전운의 먹구름은 걷히지 않고 있다. G2의 세력간 양극 판도가 서서히 Pax Sinica 시대로 변화되고, 김정은의 핵무기 보유의 비대칭군사력은 동북아의 화약고이며, 박근혜 정부는 주변 4강세력과 국익의 전방위 외교가 절실하다.

한·중 정상회담은 외교안보, 경제발전, 문화교류에 공헌을 했다. 박근혜, 시진핑, 오바마는 비핵화 남북통일에 빗장을 풀어가고. 아베는 전범국의 과거사를 반성, 전쟁의 꿈에서 깨어나야 하며, 김정은은 적화 통일의 망상 청산, 핵 포기, 개방개혁이 시급하다.

(2014. 7. 4. 김흔중)

연평해전 제13주년에 당시 참상을 회고해 본다

〈연평해전〉 영화가 5일 전 개봉되었는데 벌써 13만 여명 이상이 관람했고, 극장마다 표를 사기 위해 장사진을 이루고 있다. 특히 젊은 청년층이 많이 관람하고자 한다니 고무적인 현상이다.

오늘이 마침 제2연평해전 제13주년이 되는 날이기에 관심을 가지고 친구와 함께 영화관에 가서 관람했다. 벌써 13년이 지났지만 연평해전으로 전사한 희생자들의 처우는 전사자의 예우도 떳떳이 받지 못하고 있다. 당시의 참혹했던 상황의 영화를 보면서 세월호 참사자들과 비교하게 보게 되었고, 영화를 보면서 가슴이 무척 아팠다. 세월호 참사는 해난사고(海難事故)이며, 연평해전은 적과의 해상전(海上戰)이다. 적과 싸우다가 전사한 호국영령에 대한 명예는 고사하고 처우마저 세월호 참사자만도 못하며 전사자를 순직자로 처리했다는 것은 어불성설이다. 대한민국을 위한 국방의 의무와 사명 그리고 애국심은 어디서 찾겠는가. 누가 국가를 위해 생명을 바치겠는가. 한마디로 통탄할 일이다. 대한민국 정부는 대오각성해야 한다. 당시의 연평도 해전을 상세히 회고해 보고자 한다.

1999년 6월 15일에 제1차 연평해전이 있었고, 2002년 6월 29일 제2차 연평해전이 있었다. 오늘은 악몽 같았던 제2차 연평해전이 북한 경비정에 의해 발생한 지 13주년이 되는 날이다.

2002 한일 월드컵이 막바지에 이른 시점에서 북한은 1차에 이어 다시 2차 북방한계선을 침범하여 도발했다. 이날 오전 대한민국 해군의 참수리 357호는 근접차단을 하며 NLL 선을 사수하려고 노력했다. 북한 경비정은 9시 54

분부터 NLL을 넘기 시작, 10시 25분 참수리 357호에 집중사격을 가했다. 이때 참수리 357호와 358호가 대응사격을 개시해 연평해전의 숨막히는 해상전이 벌어졌다. 한편 인근 해군의 제천·진해함(PCC)과 참수리급 경비정 4척을 투입해 집중사격을 실시했다. 교전은 오전 10시 56분까지 31분간 진행되어 북한 SO·1급 초계정 등산곶 684호가 반파됐다. 북한의 경비정과 초계정이 반파된 채 북으로 퇴각하게 되어 제2차 연평해전이 종결되었다.

북한 경비정으로부터 기습공격을 받은 우리 해군 참수리급 고속정 357호가 침몰되고 말았다. 정장인 윤영하 대위, 한상국·조천형·황도현·서후원 하사, 박동혁 상병 등 6명이 전사했고, 18명이 부상을 당했다. 한편 북한은 약 30여 명의 사상자를 낸 연평해전의 비극적 참사였다.

나는 월드컵 기간 중에 북한의 도발이 있을 것을 예견 하고 특별기도회를 계획했었다. 월드컵 개막 3일전에 광화문 새문안교회에서 월드컵 성공 및 국가 안보를 위한 기도회를 가졌다.

당시 〈기독 한국〉 신문 1면에 5단의 광고를 통해 집회에 많이 참석하도록 널리 광고를 했었다. 새문안교회는 한국에 기독교가 전래된 이후 언더우드 선교사에 의해 최초로 세워진 교회다. 새문안교회 이수용 담임목사의 설교와 특별 기도의 순서에 의해 월드컵 성공을 기원했었다. 대표기도는 필자(김흔중 목사), 안보를 위해 조주태 장로, 월드컵 성공을 위해 박환인 장로, 축도는 최해일 목사가 했다.

새문안교회에서 특별기도회를 가진다는 것은 쉬운 일이 아니었다. 교회 당회의 승인을 요했다. 그래서 임시당회를 통해 월드컵 성공 및 국가안보를 위한 특별기도회의 필요성을 피격한 것이다.

故 이인수 장로, 故 이종완 장로, 필자(김흔중 목사) 3인이, 이수용 목사와 절실한 긴급 합의가 있었다. 월드컵 성공과 국가 안보를 위한 특별기도회를 가졌지만 폐막 하루 전에 〈연평해전〉이 있었다. 북한의 도발이 있을 것이라는 예견을 하고 특별기도회를 가졌으나 해상 도발을 막지 못해 아쉬움만을 남겼다.

당시 뜻을 같이한 故 이인수 장로, 故 이종완 장로, 故 최해일 목사를 생각하면 가슴이 아프다. 김정은은 천인공로할 전면전 및 국지도발 그리고 테러를 획책하지 말아야 한다. 두 번 다시 〈연평해전〉같은 도발이 없어야 한다.

그간 박근혜 대통령과 시진핑주석은 정상회담에서 한반도 비핵화의 선결요건에 대한 합의가 있었다. 또한 박근혜 대통령은 독일을 방문하여 드레스덴 선언을 했다. 김정은이 핵무기를 폐기하고, 개방과 개혁을 통해 폐쇄된 문을 여는 것이 체제붕괴를 막는 길이며, 평화통일로 가는 첩경이 될 것이다.

(2014. 6. 29. 전 해병연평부대 부대장 김흔중)

연평도 당섬 모퉁이의 제1연평해전 전승비이다.
(2012. 11. 23. 김흔중 촬영)

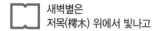

흠집의 보응

흥부는
제비의 골절된 다리를
치료해 주고 복을 누렸고

놀부는
제비의 다리를 흠집 내어
치료해 주고 화를 당했다.

세상에
정의의 가치가 사라졌고
불의가 판치는 세태지만

만사에
인과응보는 순리적이며
반드시 심은 대로 거둔다.

사랑은
온정의 베풂이 근본되어
흠집의 마음을 치유한다.

(2014. 6. 21. 김흔중)

해 맞이

이른 아침 전철에 앉아
동쪽의 창문을 바라 보니
둥근 해 오롯이 솟는다.

컴퍼스로 동녘의 하늘에
굵은 선을 둘러 놓은 듯
붉으레한 얼굴 선명하다.

모진 돌이 정 맞는 건데
마음이 둥글고 천진하면
사랑이 거울에 비쳐진다.

둥근 해 닮은 예쁜 모습
손녀의 얼굴이 스치는데
낯설어 애미품에 안긴다.

손녀 하늘이가 보고파서
 (2014. 5. 19. 김흔중)

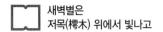 새벽별은
저목(樗木) 위에서 빛나고

재선충
(材線蟲)

소나무 속을
갉아 먹는 벌레들

낙락장송도
쓰러뜨리는데

총체적으로
깊숙히 스며든

부정부패에
나라가 쓰러진다.

(2014. 5. 23. 김흔중)

※ 박근혜 정부는
부정부패를 근절하여
국가를 바로 세워야 한다.

구원파의 정체를 알아야 한다

종교(宗敎)는 정교(正敎), 유사종교(類似宗敎), 사이비종교(似而非宗敎), 사교(邪敎)로 분류된다. 정교(正敎,canon)는 바른 종교로서 한국에서 기독교, 천주교, 불교가 대표적인 3대 정교이다. 정교는 사교(邪敎)가 아니어야 한다. 그리고 정교의 본질을 왜곡하며 내용과 형식을 비슷하게 드러내는 유사종교 또는 사이비종교를 이단종교라고 한다. 또한 정교별 이단종파가 있다. 한국은 정교가 아닌 사교(邪敎)와 이단종파(異端宗派)가 순수한 종교를 혼란스럽게 하고 있다.

원시신앙으로 시작된 애니미즘(Animism, 만유정령신앙), 토테미즘(Totemism, 조상숭배상징신앙), 샤머니즘(Shamanism, 샤먼무속신앙)으로 발전하여 오늘날 우리나라는 정교가 아닌 이단종교와 무속의 무당(巫堂)이 득실거리는 나라가 되고 말았다.

특히 구원파는 기독교복음침례회라는 간판을 붙인 이단종파로서 정교(正敎)인 기독교의 본질(진리)을 왜곡하여 신학적, 교리적인 오류를 범하고 있는 사이비종교의 종파이다. 즉 구원파의 신학 교의적 구원론의 왜곡과 모순이 문제이다. 그들의 한번 구원 받으면 죄악을 범해도 천국을 갈수 있다는 교리는 모순이다. 이는 잘못된 구원론의 오류이다. 인간의 원죄(原罪)는 예수 그리스도를 믿어 거듭남(重生)으로 죄사함을 받는다. 그러나 자범죄(自犯罪)는 죽을 때까지 자백(自白)하고 회개(悔改)하며 성화(聖化)되어야 한다. 성화는 한생을 마칠 때까지 예수 그리스의 성품과 인격을 닮아가고 예수 그리스도의 향기를 드러내야 한다.

대한민국을 뒤흔들고 있는 세월호 참사는 유병언 교주가 직간접적으로 밀접하게 관련되어 있다. 구원파는 물질만능에 침면(沈湎)한 혹세무민(惑世誣民)의 기독교 이단종파로 지탄을 받고 있다. 구원파 유병언 교주의 각

계 고위층 인사와 결탁한 범법 행위, 불법 금융거래, 변칙적 재산형성, 해
외 돈세탁 등 위법행위는 국가의 실정법으로 엄단해야 한다. 특히 유병언
교주와 구원파는 궁극적으로 하나님의 이름과 성령을 망령되게 한 죄악은
반드시 하나님께서 징책(懲責)하실것이다.

(2014. 5. 21. 김흔중)

종북 세력에게 보내는 메시지

대한민국은 심히 혼란스럽다. 광우병 촛불집회로 재미를 본 종북 좌파세력들이 또다시 세월호의 참사를 구실로 집단적으로 촛불을 들고 거리에 나오고 있다. 그들은 사회혼란을 조성하는 동시에 반정부 활동 및 반국가 활동을 전개하려는 것이다.

6·4 지방선거에 세월호 참사를 악용하여 득표 공작을 하는 후보자들의 작태는 마왕보다도 더 추악하고 악랄한 행태이다. 정치인들이 세월호 참사를 악용하는 정략은 자멸을 자초할 뿐이다. 정치인들이 책임을 통감하며 반성해야 함에도 불구하고 자과부지의 철면피한 행위는 지탄을 받아 마땅하다.

세월호 참사는 역대 정권으로부터 누적된 문제점이 많다. 그러나 현 국정 최고책임자인 박근혜 대통령은 전적인 사태수습에 대한 책임이 있다. 오늘 박근혜 대통령의 대국민담화를 통한 사과는 통치자로서 진정성 있는 적절한 사과였고 해양경찰 해체라는 극약 처방의 강경조치와 국가 안전을 위한 구조개혁의 강조는 타당한 조치였다. 박 대통령은 값비싼 눈물을 흘렸다. 그 눈물이 헛되지 않아야 한다.

그러나 박근혜 정부의 퇴진을 강조하는 세력은 대한민국에서 퇴출시켜야 한다. 왜냐하면 나라가 위기에 처해 있을 때 서로 돕고 협력하여 위기극복에 총력을 경주해야 하는데 국가전복 세력을 이롭게 하기 때문이다. 종북 좌파세력이 세월호 참사를 계기로 물귀신같이 물밑에서 잠행하다가 수면 위로 나와 활동하고 있는 것 같다. 국가위기에는 여와 야가 따로 있을 수 없고 서로 협력해야 한다. 야당은 통치권자에 대한 무조건적인 반대를 위한 반대만이 능사가 아니다. 여·야 공히 대오각성해야 한다.

사회혼란은 국가안보를 위태롭게 한다. 내우외환은 국가 붕괴의 결과를 초래한다. 세월호의 희생자들에게 진심으로 명복을 빌며 유가족에게 충분한 위로가 되도록 해야 한다. 벌써 세월호 참사는 1개월이 지났다. 이제 박근혜 대통령의 대국민담화를 통한 사과를 계기로 국민들이 울분과 분통을 자제하고 세월호 참사의 위기가 국가개조의 기회가 될 수 있도록 해야 하며 범국민적으로 심기일전해야 한다. 대한민국이 재도약하는 계기가 되어야 한다.

(2014. 5. 19. 김흔중)

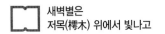
세월호 침몰의 충격적인 참사를 성찰한다

세월호는 인천-제주를 오가는 6,825톤 급으로 정원이 921명이나 되고, 차량 180대와 컨테이너 150개를 선적할 수 있는 대형 여객선이다. 또한 게임룸, 레스토랑, 샤워실도 갖추고 있는 국내 두 번째 최대 크루즈 선박이다.

2014년 4월 16일 오전 8시 55분 바람도 강하지 않고 파도가 잔잔한 편인데도 전남 진도 인근 해상에서 침몰하는 대형 참사가 발생했다. 1993년 10월 전북 부안 격포 앞바다에서 사망자 292명이 발생한 서해훼리호 침몰사건 후 21년 만에 또다시 참변이 일어났다. 온 국민이 정신적인 충격으로 페닉상태에 빠졌다. 벌써 8일째인데 실종자 인양에 총력을 기울이고 있다. 세월호 참사의 전말을 성찰해 보기로 한다.

여객선 내에 3박4일 제주도 수학여행을 떠난 안산 단원고교 2학년 학생 325명, 교사 15명 그리고 일반승객 136명 총 476명이 승선했다. 당시 선체가 왼쪽으로 기울어지긴 했지만 완전 침몰되지 않고 일부 선체가 보이며 2시간 반 가까이 바다 위에 떠 있었다.

선장은 선박이 침몰 위기에 처했을 때 긴급조치의 명령으로 재빨리 승객 전원에게 구명 조끼를 입혀 조기에 퇴선시켜야 했다. 더욱 여객선이 침몰할 때 연결 고리만 끊으면 자동적으로 펼쳐질 수 있는 15인승 60여 척의 구명보트가 있었기 때문에 구명보트에 전원 올라 탈 수 있도록 했어야 했다. 그러나 선장은 승객을 탈출시키지 않았고, 선박에 설치되어 있던 구명보트는 무용지물이 되었다. 그 구명보트는 900여명이 탈 수 있었으나 쇠줄로 묶여져 있었고, 한 척만 여객선 밖에 떠 있었다.

선장이 침몰위기를 신속히 판단하여 승객 전원에게 구명조끼를 입혀서 1단계로 퇴선시켰어야 했다. 2단계로 구명보트에 태웠어야 했다. 3단계로

422

인접해 있던 구조 선박에 의한 구조를 받을 수 있도록 했어야 했다. 그러나 선장은 선장실에서 잠을 자고 있을 때 선박이 기울기 시작했고 사태가 위급하자 선장은 승객들을 선박 안에 대기시켜 미적거리다가 퇴선시켜 구출할 시기를 놓치고 말았다.

선장은 침몰하는 선박 안에 승객을 남겨두고 무책임하게 선장과 선원들은 맨 먼저 선박을 빠져 나와 사라 남았다. 그래서 승객 476명 중 302명이 익사하고 겨우 174명이 사라 남았다. 오직 선장의 무책임으로 참사가 빚어졌다. 또한 2차적인 침몰의 원인이 있다. 그 원인을 전문적인 지식은 없지만 언론 보도와 검색 자료를 통해 성찰해 보기로 한다.

세월호 여객선은 일본에서 건조되어 18년간 운항하여 수명이 다한 중고 선박이었으나 청해진해운에서 2012년 10월 말 도입했다. 당시 선박 수명 20년으로 2년이 남았으나 7년 연장의 자료도 있으나 30년으로 수명을 연장조치 및 선박구조의 변경으로 참사를 유발했다. 즉 객실 증설, 선수램프제거 등 여객 설비 증설공사에 의해 총 톤수는 239톤을 늘린 6,825톤이 되었고, 여객 탑승 인원은 117명이 증가한 921명이 되었으며 무게 중심은 51cm를 높인 11.78m가 되었다. 구조변경 승인 조건으로 복원성 유지를 위해 화물 987톤만 싣도록 허용했으나 참사 당시 세월호는 허용량의 3배인 자동차 180대를 포함하여 화물 3,608톤을 실었다.

선내 화물의 질서 있는 적재는 필수 조건이다. 또한 결박을 튼튼히 해야 한다. 결박을 허술하게 하면 선박이 갑자기 급선회하게 되면 화물이 무너져 무게중심의 변화를 초래하게 된다. 이때 복원성을 상실하게 되면 선박이 전복되고 결국 복원 되지 못하면 침몰하게 된다. 세월호는 화물의 적재 및 결박에 문제가 있었다. 쿵하는 소리를 들었다는 증언이 있었는데 적재된 화물이 무너졌을 것으로 판단된다. 외부의 암초나 어떤 충격이 없었다는 사실은 화물이 무너졌다는 것을 입증해 준다.

423

결론을 맺는다면 청해진해운에 전적인 침몰 참사의 책임이 있다고 본다. 첫째, 여객선의 수명이 다한 중고 여객선을 일본에서 도입한 것이다. 특히 구조를 변경하여 가장 중요한 무게중심의 복원성 회복의 문제점과 화물을 많이 선적하기 위한 평행수의 양을 줄인 것이다. 둘째, 대타의 대리 선장 등 선원들이 정식직원이 아니라 임시직으로 인력관리에 허점이 있었다. 따라서 전문성이 부족했고 책임감이 없으며 안일 무사주의로 근무했다. 셋째, 승선 인원의 입출입과 화물 선적의 통제가 전연 되지 않았다. 넷째, 여객선박의 메뉴얼에 의한 안전 대책은 전무였다. 다섯째, 긴급사태에 따른 해경 등 관계기관의 조기 경보조치 및 긴급구조가 미흡했다. 여섯째, 해운항만의 통제 및 협력업체의 협조체제에 문제점이 있었다. 즉 해양 마피아로 인한 예상 밖의 부작용이 컸다. 일곱째, 청해진해운의 실소유주인 철면피한 악덕 기업주 유병언의 이단 종파의 부패에 기인 되었다. 여덟째, 세월호의 참사는 대한민국에 전반적으로 만연된 안전 불감증으로 야기된 총체적인 부패 및 비리의 대명사였다.

끝으로 나의 손자 손녀와 같은 꽃다운 수많은 어린 학생들을 바다의 깜깜한 찬 물속에서 숨지게 한 죄책감을 억제치 못하며 무력감에 빠져 심장이 터질 것만 같다. 오직 유명을 달리한 어린 학생들의 시신이 빨리 수습되어 전부 인양되기 바라며 모든 요절한 학생들에게 눈물이나, 고통이나, 아픔이나, 절망이나, 원망이 없는 영생의 소망을 기원한다.

또한 몸부림치며 오열하는 유가족 부모들에게 진심으로 위로를 드리며 각필한다.

(2014. 5. 10. 김흔중)

초혼(招魂)

바다는 어린 생명 삼키고 의젓하며
세월호의 양심은 끝내 찾을 수 없고

추모의 행렬이 끝없이 장사진 이뤄
분향소 제단에 흰 국화송이 쌓인다.

노오란 리본이 수없이 나부끼는데
단원 고등학교에 먹 구름만 덮였고

바다에 잠들어 불귀객이 왠 말이냐
너희들의 엄마, 아빠가 탈진해 있다.

통곡의 소리에 목이 쉬고 안타까워
오열의 눈물도 나올 눈물이 말랐고

어린이 날, 너희 이름 불러 보아도
대답없는 이름만 허공에 흩어진다.

(2014. 5. 5. 김흔중)

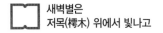
저주의 바다

누구든 바다를 좋아한다.
마음이 한없이 넓어지고
낭만의 정서를 넘치게 한다.

그러나 성난 폭풍은
집채덩이 파도를 몰아와
삽시간에 무엇이든 삼킨다.

세월호의 참변으로
바다의 공포에 사로잡혀
탄식의 슬픔이 가슴 찢는다.

구원파 악의 세력들이
천진한 어린 생명들을
바다에 제물로 바친 것인가.

검푸른 바다는
뭇 생명을 삼키고도
시치미를 떼며 침묵한다.

저주의 바다를
오열의 눈물로 덮으며
칠야의 밤은 깊어만 간다.

(2014. 4. 27. 김흔중)

426

세월호 참사 학생 추모사

사랑하는 손자 손녀들아!
단원고등학교 학생들아!
"창의지성교육"을 목표로
"더불어 꿈을 이루어 가는
즐거운 교실, 행복한 학교"를
만들기 위해 선생님들이
너희들을 무척 사랑하였다.

너희들 학교
校花가 "장미꽃"이며
校木이 "소나무"이구나.

장미꽃 봉오리가
피워보지도 못하고
소나무처럼 청청하게
자라지도 못하고
어린 희망의 새싹들이
말없이 멀리 멀리 떠났구나.

제주도 수학여행이
그리 좋아 조잘대던 대화를
그 발랄하고 순진한
얼굴의 미소를
어디서 찾아 볼거나.

바다가 무서운 지도 모르고
천진한 낭만에 부풀어
그저 선생님 따라 배를 탔던
순진한 너희들이었다

지상의 청천벽력처럼
바닷속 깊은 선실
암흑의 차디 찬 물속에서
마지막 숨을 거둘 때
엄마 아빠 얼굴을 떠올리며
얼마나 몸부림을 쳤겠느냐?

엄마 아빠들이
가슴을 치며 오열하는
통곡의 소리가 하늘을 찌르고
눈물이 흘러 바다를 덮으며
가슴에 대못 통통 박고 말았다.

깜깜한 어둠의 선실에서
너희들을 구출하지 못한
선장의 무능함을 통탄하며
우리 모두 큰 죄인이 되었다.

불쌍한 손녀 손자들아!
차라리 우리 늙은이들이

새벽별은
저목(樗木) 위에서 빛나고

대신 죽었으면 좋았을 것을
미안하다. 참 미안하다.

제주도가 아닌 저 멀리
하늘나라로 수학여행을
그리 훌쩍 떠나버렸으니
엄마 아빠 뒤에 가도 되는데
너무 성급히 떠났구나.

빨간 장미꽃 봉오리
피지도 못하고
떠나는 너희들의 머나먼 길에,
육신의 겉옷 벗어 버리고
영혼의 영생길을 향하여
조심 조심 잘 가거라.

그곳은
어둠이나, 고통이나, 아픔이나
슬픔이나, 미움이나, 다툼이나
온갖 더럽고 추한 것들이 없고

회전하는 그림자도 없는
이 세상보다 밝은 세상이란다.

해도 달도 별도 없지만
참 빛의 밝은 세상이 분명하다.
바다의 두려움도
무서운 광풍도 없단다.

사랑하는 손자 손녀들아!
엄마 아빠와 두손 꼭 잡고
환한 얼굴로 다시 웃으며
새 하늘과 새 땅에서
우리 다시 어서 만나자.
부디 그날을 꼭 약속하자.
(2014. 4. 24. 김흔중)

〈참고사항〉
세월호 여객선 탑승 총 476명중 304명 익사
단원고학생 325명, 선생 15명, 탑승(260명 익사)

▲ 젝슨 목련

오바마 대통령이 보내 온
"젝슨 목련"이 단원고 교정에
심어져 있다.
(2015. 4. 26)

428

망국적인 여론조작의 선거판

여론조사가 선거의 당락을 좌우하게 된다.
국민들은 여론조사를 신뢰해 투표하므로
입후보자 여론을 무시할 수 없는 현실이다.

최근 신문을 읽으면서 깜짝 놀라게 되었다.
여론조사는 얼마든지 조작 가능하다 한다.
고차원의 부정선거로 발전되어 가고 있다.

오늘날 돈선거가 당락을 좌우하기도 한다.
더욱 여론조사를 조작하는 선거판이 되면
썩은 정치는 본질적으로 부정선거에 있다.

크루즈 여객선 세월호의 침몰에 분개한다.
선장 무책임으로 충격의 참사를 유발했고
고교생 등 승선476명중 304명이 익사했다.

대한민국호의 침몰 예방에 철저해야 한다.
세월호 참사보다 무서운 재앙이 예감되며
사회안전,국가안보의 불감증이 큰 문제다.

총체적 불감증은 국가의 위기를 초래한다.
각종 선거판에서 교묘한 사전 여론조작을
반국가 세력이 자행하면 나라가 침몰한다.

(2014. 4. 19. 김흔중)

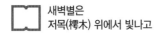

밥상 문화

밥상 위의 그릇 중에
밥 그릇이 왕이던
그 시대는 냇물로 흘러 갔다.

국 그릇까지 퇴출시키고
접시 위 쇠고기를 칼질하여
네 발 포크로 꾹 찍어 먹는다.

밥상 문화의 풍요 속에
반사회적 인격 장애자들이
감옥과 병실에 초만원이다.

밥상 위의 그릇 안에는
유해 음식이 판치며
너무 많이 먹어 비만이 많다.

굶기를 밥 먹듯 했어도
가난을 끝까지 이겨내며
나라와 이웃을 퍽 사랑했다.

꽁보리밥 고봉 담아주신
어릴적 어머니의 사랑이
흰 목련꽃처럼 피어난다.

(2014. 4. 15. 김흔중)

조약돌

올망졸망 닮은꼴의
수많은 조약돌은
사랑의 밀어를 속삭이며
해변에서 서로 어우러져 산다.

서로 미아가 되어도
해변의 고향 찾아 되돌아 온다.

성난 파도가 밀려 와도
광폭의 품에 안겨
미워하거나 저항하지 않고
이리 딩굴고 저리 딩군 후
세련된 얼굴에 미소를 짓는다.

세월이 억만겁을 흘러도
파도에 씻길 둥근 얼굴들은
초롱 초롱한 눈망울에
인내의 강인한 생명력이 있다.

다시 밀려갔다.
밀려 오는 파도에 휩쓸려

하늘이 무너질 때 까지
끝까지 굴복하지 않을
무저항의 끈기를 간직한
해변의 조약돌이 대견스럽다.

(2014. 4. 4. 김흔중)

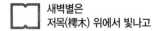

국민들의 격앙된 분노의 분출
(하루 5억 노역과 연봉 301억 보수)

자본주의(資本主義) 국가에서 부의 축적을 부정하고 나무랄일은 아니다. 자본을 투자하여 손익계산에 의한 잉여가치의 창출에 있어서 자본가의 합법적인 수단과 정당한 노력에 의한 수익의 보장은 제한 또는 억제될 수 없는 자유시장 경제체제의 장점인 것이다.

공산주의(共産主義)는 사유재산의 불허 및 계획경제체제의 통제구조이다. 자본주의는 개인소유를 인정하지만 공산주의는 국유화에 있고 국유화는 독재자 권력에 지배되고 개인 소유권이 박탈되므로 공산주의와 자본주의는 경제적 체제에 있어 양극화 되고 있다.

자본주의는 경제적(經濟的), 민주주의는 정치적(政治的)인 개념(概念)으로 구분(區分) 된다. 민주주의(民主主義)와 전체주의(全體主義) 자본주의(資本主義)와 공산주의(共産主義)는 상대(相對) 개념(概念)으로 전체주의(全體主義)는 독재주의(獨制主義)와 전체주의(專制主義)의 통념적(通念的)인 관념의개념(概念)이며, 사회주의는 공산주의 전(前) 단계(段階)라는 주장이 지배적인 이론이다.

남북한은 정치적 이념 대립과 경제구조가 상반된 상태에 있다. 북한은 변형(變形)된 사회주의(社會主義)로 3대 세습(世襲) 왕조(王朝)의 독재정치(獨制政治)를 하면서 인권을 말살하고 공개처형을 자행하여 아비규환(阿鼻叫喚)의 현실에 있고 대한민국은 천민 자본주의 물질만능으로 부패가 극에 달했다.

대한민국은 가치관의 혼돈사회이며 총체적 부패에 침몰됐다. 재벌 회장이 감옥에 누워서 연봉 301억원의 보수를 받고 있고, 법관이 재벌 전 회장에게 하루 5억 노역으로 벌금을 때우도록 판결 조치하여 국민들이 분노하며 사법부를 불신하게 되었다.

대한민국은 비정상인 것이 정상인 것을 지배하는 현실이 됐다. 그레샴 법칙은 경제뿐 아니라 입법, 사법, 행정 등 각 기관 까지 번져나가 서민계층과 청빈 공직자들에게 큰 상처를 주고 있고, 평생 공직생활과 서민생활로 주택 마련이 쉽지 않은 현실이다.

쓰레기통에 들어간 공산주의가 되사라나지 않도록 해야 한다. 불법 부당소득이 원천봉쇄되며 땀 흘린 자가 땀의 대가를 찾고 상대적 불만과 빈곤 정서의 서민분노가 분출되지 않아야 하며, 망국적인 물질만능의 부정부패는 조속히 발본색원되어야 한다.

국가안보와 경제발전은 수레의 양 바퀴와 같이 굴러가야 한다. 안보 태세를 더욱 강화하며 부정부패가 없이 경제발전이 되고 한반도 통일 대박을 성취하기 위한 대비책을 철저히 강구하며, 박근혜 정부는 분단된 역사의 청산에 지혜를 총동원해야 한다.

(2014. 4. 3. 김흔중)

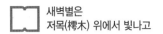

팔달산 기행
(八達山 紀行)

역사가 사라 숨쉬는
사통팔달의 팔달산은
수원 중심지에 솟은 명산이다.

세계문화유산 화성은
팔달산을 성곽으로 감싼
성벽의 석축이 역사의 맥박이다.

정조대왕의 화성행궁과
옛 성곽에 역사가 꿈틀대고
산비탈에 진달래꽃이 화사하다.

즐비한 노송이 춤을 추며
반기는 정겨움이
마음속으로 깊숙히 스며든다.

산새와 풀벌레들도
이곳 저곳 숲속에서
서로 흥타령으로 어울어진다.

정상의 서장대에 올라
이마의 땀을 훔치고
사방을 굽어보면 마음이 탁 트인다.

저 멀리 거침없는 시야를
팔벌려 마음껏 가슴에 품으면
우뚝 선 개선장군이 부럽지 않다.

산등성 종각에서 효원의 종 치면
은은한 종소리의 산울림은
정조대왕의 효심을 일깨워 준다.

성곽의 남쪽자락에 위치한
화양루에 올라 앉으면
소나무 가지의 춤사위에 매료된다.

저녁 노을이 붉어지면
홀로 산비탈 오솔길을 따라
석별의 노래를 부르며 하산한다.

(2014. 4. 2. 김흔중)

434

통곡하며 오열하는 어머니를 바라보라
[천안함 폭침 제4주기를 맞으며]

해군 초계함인 '천안함'이 폭침 당해 침몰을 당했다.
서해상에서 작전임무 수쟁중 4년전 발생한 사건이다.
104년 전 오늘 안중근 의사가 순국한 날이기도 하다.
안중근 의사는 "爲國獻身軍人本分"의 유묵을 남겼다.

군인의 사명은 오직 국토방위의 신성한 의무에 있다.
서해에서 희생된 해군수병은 군인의 본분을 다했다.
순국한 46명의 영령들 사진 액자가 선하게 떠오른다.
나라 위해 몸 바친 자랑스러운 병사는 호국용사였다.

국방의 의무를 면탈하고 기피하는 무리들이 꽤 많다.
군대 안가려고 이를 악물고 금메달 땄다는 자가 있다.
어깨뼈를 고의로 탈골시켜 의사 진단서를 위조한다.
온갖 병무비리는 병역의무 면탈수단의 종합수법이다.

군 입대에 유전면탈, 무전입대의 유행어까지 생겼다.
부잣집 어머니는 미국에 원정분만하여 면탈을 한다.
미국에 장기 유학해 고령으로 고의적 면제를 받는다.
편법을 써서 병역을 면탈한 고위공직자가 너무 많다.

정치인,고위공직자는 병역의무를 반드시 필해야 한다.
국가 요구의 병력의무는 국민의 기본적 양심인것이다.
총 한방 쏘아 보지도 못한 자가 군부대를 방문을 한다.

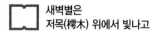

그들이 철면피하게 군복 입고 장병들 앞에서 설친다.

병역의무 미필자들은 전부 재 신체검사 받아야 한다.
신체에 이상이 없으면 입영가능 판정을 내려야 한다.
단기복무의 특례조치법을 만들어 입영조치 해야 한다.
단기 신병훈련과 전방경계근무를 체험토록 해야 한다.

경제민주화 보다 더욱 중요한 것은 오직 국가 안보다.
경제는 안보를 튼튼히 하는 기본 요건이 되는 것이다.
국가안보의 경시는 국가위기를 자초하게 되는 것이다.
중도실용정책으로 천안함 격침의 올무에 걸려 들었다.

천안함 폭침이 북한의 만행이 아니라는 세력이 있다.
북한의 어뢰, 기뢰 보다 무서운 위협은 종북세력이다.
국가 위해 희생된 순국선열들이 목숨바쳐 나라 지켰다.
천안함 참사가 또다시 발생하지 않도록 대비해야 한다.

대한민국이 두동강이 나면 저절로 적화통일 되고 만다.
대한민국 호의 부동함은 절대로 파선되어선 아니 된다.
빨리 삼천리 금수강산에 무궁화꽃을 활짝 피워야 한다.
백두산에 태극기를 펄럭일 때가 반드시 도래해야 한다.

(2014. 3. 26. 김흔중)
<병역의무미필근절대책협의회 대표회장>

우주탄생 비밀의 빅뱅(Big Bang)

미국의 하버드. 스미스소사이언 천체물리센터 연구진에서
2014년 3월 17일 남극의 전파망원경 "바이셉(bicep)"으로
3년간 추적한 끝에 우주가 팽창했음을 입증한 중력파의
흔적을 처음 발견하여 우주탄생 비밀에 흥분을 하게 됐다.

아인슈타인 상대성이론부터 100여년 만에 구체화 되면서
우주 급팽창은 138억년전 빅뱅이 일어나 우주가 탄생하여
"10의 33제곱의 1초"라는 찰라 동안 우주가 "10의 20제곱"
배(100억 곱하기 100억배) 이상으로 팽창했다는 이론이다.

마치 원자보다 작은 소립자가 순식간 축구장 처럼 커진다.
급팽창 근거의 이론은 초기 우주의 빛에서 나온 것으로써
현재의 관측할 수 있는 가장 오래된 우주의 빛은 빅뱅 후
38만년만에 나왔고, 그 전에 빛 입자가 나타나지 않았다.

빛이 나타나기 전에 빛 입자가 뜨거운 우주에서 마음대로
돌아다니는 전자 포위막에 가려 밖으로 빠져 나오지 못해
빅뱅 발생 38만년이 지나서 우주의 온도가 내려가자 빛이
전자의 방해를 받지 않고 움직일 수 있는 상태로 변화됐다.

이때 온 우주로 퍼져 나간 빛이 지금 우리가 볼 수 있게된
"우주 배경 복사"라는 "전자기파"로 우주 어디에서나 같은

온도를 가진 균일한 상태로 관측됐다. 이러한 연구결과는
미국 MIT연구소의 1980년대 "우주 급팽창" 이론이었다.

빅뱅 직후 아주 작은 우주에선 모든 물질이 균일한 상태로
뭉쳐 있어, 이 상태에서 순식간에 급팽창해야 모든 물질이
처음처럼 균일한 상태를 유지하며 우주 급팽창으로 나온
중력파를 역추적하면 빅뱅지점까지 알아낼것으로 전망한다.

중성미자정체가 밝혀지면 우주를 구성하는 기본 물질들을
모두 파악, 우주가 어떻게 구성되고, 어떻게 만들어졌는지
연구가 전망되며, 암흑물질은 밤 하늘의 은하, 별을 제외한
우주공간을 메우고 있어 우주생성의 열쇠가 된다고 한다.

천체물리과학자들이 주장하는 우주 탄생의 빅뱅은 성경의
창세기 1장에 기록된 하나님의 천지 창조과정을 밝혀주는
단초를 제공하며 땅이 흑암의 깊음 위에 있었던 암흑물질
상태에서 최초 빛이 있으라 하시매 빛이 있게 된것이리라.

성경은 태초의 우주만물 창조기록에서 진화론을 부정한다.
6일간의 우주만물의 창조사역과 7일째 안식일을 제정하여
오늘날까지 한치의 오차 없이 시공을 주관하고 섭리하며
해, 달, 별 등 우주공간의 지구에서 인간은 은총이 넘친다.

(2014. 3. 22. 김흔중)

주말의 산책

모처럼 주말에 찾은 곳이 수원 중앙도서관이었다.
시민들에게 필요한 많은 양서가 서가에 꽂혀있어
각종 서적을 대여 받아 시민들이 읽을 수 있기에
여직원이 친절하게 시집 두권을 대여하여 주었다.

도서관 열람실을 떠나 팔달산을 산책하고자 했다.
도청을 왼편에 바라보며 숲속길 따라 올라가는데
산 비탈의 무성한 소나무들의 푸르름이 짙어있고
삽상한 봄바람이 감미롭게 얼굴을 스치고 지났다.

늘 사랑하는 팔달산은 평화로운 마음의 안식처다.
그래서 팔달산 노옹이라는 나의 닉 네임이 붙었고,
멀리서 팔달산을 바라볼 때면 항상 다정해 보이며
水原城의 華陽樓에 앉아 있는 나를 연상하게 된다.

오늘도 화양루를 향하여 홀로 서서히 올라 갔었다.
친구와 같이 정담을 나누며 산책을 할수 있었다면
무척 좋았을 걸 까치들이 지저귀며 반겨주고 있어
친구를 대신한 다정한 정감에 안긴 산책길이었다.

화양루에 올라 앉아 푸르른 노송에 감싸여 있었다.
많은 등산객이 화양루를 한바퀴 돌아서 나가는데

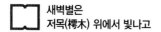

새벽별은
저목(樗木) 위에서 빛나고

간혹 몇명은 내 옆에 앉아 세상이야기를 나누면서
교감한 후 사진도 찍자며 헤어지기를 아쉬워 했다.

해는 서산에 머뭇거리고 하산할 시간이 다가 왔다.
〈오늘의 좋은 시〉의 시집을 뒤적이며 몇편 읽고서
하루의 감사한 일들을 찾아 눈감아 묵상을 마치고
가벼운 마음으로 하산한 주말의 하루가 뜻 깊었다.

(2014. 3. 15. 김흔중)

봄의 향연

봄이 온다.
오지 말라 해도
봄은 다시 오는 것

매화 꽃망울이
그리 보고 싶어
애타게 기다렸고

산골짝에
계곡 물 흐르니
개구리 기지개 켜고

겨우 내내
사랑이 잉태되어
봄의 태가 열리니

수줍은 매화는
화사한 미소로
새봄을 맞이하는데

산천 초목도
봄향기 풍기고
산새도 봄맞이 하며

봄, 봄, 봄
노래 부르며
마음껏 환호하노라

(2012. 3. 11. 김흔중)

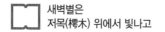

안철수의 무모한 정치도박

안철수는 새정치연합 창당을 추진중에 있었다.
창당을 앞두고 돌연 민주당과 통합을 선언하며
술취한 갈지자의 걸음을 걷고 있어서 안타깝다.

국민들의 새정치 열망의 새싹을 짓밟아 버렸다.
기성정치인들을 불신하며 새정치를 기대했으나
안철수 신당은 창당도 못한체 실종되어 버렸다.

공격을 한번도 못하고 철수하는 철수가 되었다.
안철수의 이름에 걸맞는 撤收 政治의 연속이며
김한길에게 백기들고 투항한 패장이 된것이다.

지난 대선에 대비하여 독자적 창당이 필요했다.
창당하여 당대당 합당을 했다면 승산이 있었고
문재인 후보를 능가한 여론의 상승이 기대됐다.

이제 새정치연합을 창당하여 재 도전하게 됐다.
창당하기도 전에 민주당을 압도한 여론이었고
창당 후의 정치적 순풍이 국민들의 염원이었다.

그간의 안철수 현상은 또다시 실종되고 말았다.
박원순에게 양보했고, 문재인에게 양보했지만
김한길에게 양보가 아닌 삼투적 흡수일 것이다.

제18대 대선에서 용단을 내리지 못해 좌절했다.

박원순에게 서울시장을 양보한것도 순진했지만
문재인에게 뒷바라지 하다 독일로 훨훨 떠났다.

판단력, 결단력이 부족하고 미적거리는 자세다.
박력과 추진력이 부족하며 우유부단한 성격인
지도자로서 강력한 리더십을 갖추지 못하였다.

안철수는 현실정치의 돌파력이 절대 부족하다.
권투 링에서 아마추어가 프로에게 도전을 하듯
정치 초년생은 정치 구단에게 백전 백패 한다.

새정치를 하겠다며 구태정치에 침몰해 버렸다.
거짓말 정치를 탓했지만 거짓말쟁이가 되었고
고장난 형광등 처럼 오락가락의 모습이 전부다.

2017년의 대권도전에 먹구름이 덮이고 말았다.
해불죽한 입술로 중얼거리는 태도를 벗어나서
주먹 불끈 쥐는 사자후의 용기가 필요한 것이다.

김한길과 안철수의 통합정치는 첩첩 산중이다.
6·4지방선거에 패배할 경우 부작용이 클것이며
후폭풍과 계파 갈등이 한층 증폭되고 말것이다.

안철수는 야바위 정치판의 살얼음 위에 서 있다.
순한 양이 이리 동굴에 들어가서 동거할 것인지
21세기 샌님 학자의 품격인데 대단히 안타깝다.

(2012. 3. 5. 김흔중)

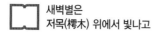

경칩(警蟄)

오늘이
개구리가 겨울잠에서 깨어난다는 절기인 경칩이다.
사람은 엄동설한의 추위에 고통스럽게 살고 있지만
겨울이 오면 개구리는 잠을 잘수 있어 다행스럽다.

겨울에
뱀도 개구리처럼 겨울잠을 자며 추위를 잘 피한다.
포유동물인 박쥐, 고슴도치, 다람쥐도 동면을 하고
곰은 동면을 하며 먹지도, 마시지도 않는다고 한다.

사람은
3일 굶으면 성현, 군자도 남의집 담을 넘는다 했다.
萬乘天子도 食以爲大이며, 金剛山도 食後景인것을
먹기 위해서 어쩔 수 없이 살고 있다면 동면이 좋겠다.

경칩에
인간의 생존경쟁에 갈등, 투쟁, 전쟁을 상고해 본다.
365일 중에 겨울 3개월간 자유와 평화를 선포하며
살육의 피를 흘리지 않는 겨울 잠을 잤으면 좋겠다.

봄철에

날 짐승과 뱀으로부터 환경 적응의 교훈을 배운다.

날짐승은 강풍바람을 예측해 낮은 가지에 둥지틀고

뱀과 개미는 비 올 것을 알고 미리 대비한다고 한다.

우리는

스승에게 또 짐승에게도 배울것은 잘 배워야하겠다.

사람은 영장이지만 穴居知雨, 巢居知風이라 했으니

경칩 절기에 국가발전과 사회변화의 봄을 맞이하자.

(2014. 3. 6. 김흔중)

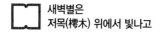

황홀한 은하계의 신비

오래전에
허블망원경으로 직접 촬영된
신비한 태양계를 잘 보았고
황홀경의 은하계에 감탄했다.

기존 행성이 1천여개 되는데
케플러 망원경으로
또 715개 행성과 지구 닮은
행성 4개를 발견했다고 한다.

창공에
유사 태양계가 3백여개 되며
그토록 꽉 들어 찬 행성이
항상 충돌 없이 운행하고 있다.

그렇게
황홀한 은하계의 신비장관은
누구의 오묘한 걸작품일까
오직 한 분인 창조주 솜씨이다.

그래서
우주만물은 진화한 것 아니라
존재의 실체가 실존해 있으며
태초의 창조 질서가 존속한다.

이제껏

내 눈으로 한평생 통찰했지만
퇴화된 것은 발견할 수 있으나
창조의 신비는 늘 변함이 없다

나에게
내 자신을 분명 발견하게 하고
좁쌀에 불과한 지구일 뿐인데
그 속에 한 점의 존재인 나이다.

인간은
뚜렷한 존재감을 찾지 못하며
생노병사의 질곡 속에 살지만
미래의 고차원적 소망이 있다.

오늘도
불가시적인 우주의 신비속에
태양은 수평선에 솟아 오르며
우리 위해 빛과 열을 발산한다.

우리에게
해와 달과 별이 삶의 동력이며
공기와 물이 무상 배급이 되어
한평생 은총속에서 사라 간다.

신비의
창조물은 태초로부터 영원토록
불변하겠지만 언젠가는 종말에
만물의 영장은 곧 부활하리라.

(2012. 3. 3. 김흔중)

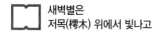

대성통곡(大聲痛哭)

살다보면 눈물 날 때가 많다.
부모님 돌아가시면
당연히
딸들이 대성통곡을 하였다.

자녀들이 많으면 많을수록
초상집은 시끄럽고
왁자지껄
조객들이 많이 몰려 들었다.

이제 초상집의 통곡소리가
어언 사라져 버렸고
영안실의 상주는
화장장에 운구에 바빠진다.

금강산은 명산중 명산이다.
이산가족 상봉장의
금강산 호텔에는
기쁨과 슬픔이 교차되었다.

이산가족의 울음바다 됐다.
부둥켜 몸부림치고

얼굴을 맞부비며
64년간 참았던 한을 풀었다.

한살 딸이 64세가 되어서
처음 홀아버지를 상봉해
대성통곡하니
남북분단 비극의 참상였다.

분단세대는 노령이 되었다.
눈감기 전에 혈육을
만나고 싶어도
수명은 기다려 주지 않는다.

이제 결자해지를 해야한다.
분단과 6 · 25의 책임이
누구에게 있든
통곡의 한을 풀어 줘야 한다.

겨울은 가고 봄이 찾아 온다.
동토의 땅 북한 땅에
매화가 미소짓고
무궁화 꽃도 피어야 하리라.

　　(2014. 2. 26. 김흔중)

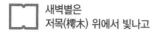
통일될 때까지 죽지 말자

통일될 때 까지 죽지 말자는 말에 심장이 멈출것 같다.
이산가족 상봉시 93세 아버지가 두 딸에게 남긴 말로
이산가족도 울고 금강산도 운 상봉의 애절함이었다.

나도 6세 위의 친형님과 헤어진 지 벌써 64년이 되었다.
아직도 생사확인이 되지않고 소식 없어 답답할 뿐이며
통일될 때까지 서로 죽지 말아야 할텐데 한숨뿐이다.

김일성의 남침 도발로 1천만명의 이산가족이 발생했다.
남북한 3천만 인구 3분의 1의 이산가족이 발이 묶였고
64년이 지났지만 많은 사람이 아직도 생사조차 모른다.

6·25남침 전쟁은 피아간 250만명의 인명살상이 있었다.
이산 가족들의 분단 고통은 형언할 수 없는 아픔이었고
벌써 80대-90대의 잔여수명이 얼마 남지않아 안타깝다.

금강산 호텔에서 부둥켜 안고 흐느끼며 울음바다 됐다.
서로 만나 기뻐 울고 헤어질 때 울며 이별하는 현실인데
민족통일의 주장은 한갓 통일의 환상적 춘몽일 뿐이다.

통일의 급선무는 이산가족의 통신,통행,통상의 3통이다
하루속히 이산가족의 한을 풀어주고 통일을 앞당기려면

450

이산가족 상봉을 자주 정례화하고 3통을 실현해야 한다.

북한은 64년간 분단 고착화 자물통을 꼭꼭 잠궈 놓았다.
통일의 키는 한반도 비핵화와 적화통일전략의 포기이며
위장 평화통일을 주장하는 상투적인 버릇을 버려야한다.

북한이 핵무기를 폐기하고 개방개혁을 서둘러야만 한다.
적화통일을 포기하고 한민족통일의 공동 목표를 향하여
공동선의 자유, 평화 통일의 목적을 빨리 성취해야 한다.

통일의 대박은 갑자기 찾아오는 행운이 따라야만 한다.
김정은 세습체제 붕괴의 요행 보다는 서로 뜻을 같이해
통일을 앞당겨야 하지만 그렇지 않으면 붕괴되어야한다.

오늘 박 대통령의 통일준비위원회 발족선언을 환영한다.
통일이 늦어질수록 통일여건이 악화돼 통일이 어려우니
영구분단의 고착화를 막기 위해 통일대박이 절실해졌다.

〈박근혜 대통령 취임 1주년/이산가족 상봉을 바라보며〉

(2014. 2. 25. 김흔중)

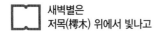
동계올림픽은 '소치'에서 '평창'으로

2014년 소치 동계올림픽 개막식이 장엄하게 펼쳐졌다.
2월 7일 20시 14분 소치 올림픽스타디움에서 개막되었고
푸틴 대통령은 지구촌을 향하여 힘찬 개회선언을 했다.

소치 대장정에 이어 4년 뒤 평창 동계올림픽이 열린다.
나는 밤잠을 자지 않고 시종일관 개막식을 시청하였고,
2018년 평창 동계올림픽 개막식을 상상해 볼수 있었다.

소치 동계올림픽은 평창동계올림픽에 교훈이 될것이다.
잘된것들은 받아들이고 실수한 것에 관심 가져야 하며
개막일 부터 17일간의 경기를 철저하게 분석해야 한다.

소치의 개막식에 오륜 마크 한개가 펼쳐지지 않았었다.
옥에도 티가 있다고 하겠지만 실수의 변명은 안통하며.
한가지의 실수는 백가지의 성공에 나쁜 영향을 미친다.

소치 개막식에 나타난 문화코드는 홍보의 무대가 됐다.
고전 발레와 첨단 영상기술의 접목은 대단히 돋보였고.
음악, 문학, 우주를 망라한 자랑거리의 총집합체이었다.

바닥 영상과 무용수들의 군무가 어울어져 관심이 컸다.
유라시아를 비롯해 광활한 국토의 역사성을 강조하였고

전쟁과 평화, 백조의 호수, 유리가가린 등 자랑이 많았다.

공산주의 혁명을 포장하여 러시아 혁명으로 과시하였다.
러시아의 자연환경이 다체로운 영상으로 한몫을 하였고,
러시아 출신 세계적인 예술가가 총 출동, 묘기백출했다.

러시아의 강대국 복귀의지의 상징물은 "트로이카"이었다.
트로이카 공연은 러시아의 겨울 침묵기 종식의 상징이며
개막식은 시종일관 강한 러시아 부활에 초점을 맞추었다.

얼음판과 설원에서 펼쳐진 각종경기에 관심이 집중됐다.
선수들이 금메달을 딸 때에 경기는 숨막히는 순간이었고,
우리선수들의 경기 장면은 조마 조마하며 아슬 아슬했다.

금메달에 갈증을 느끼다가 이상화의 금메달에 환호했다.
박승희의 금메달과 넘어졌지만 동메달에 다시 환호했고
심석희의 마지막 반바퀴 추월의 금메달은 환상적이었다.

피겨의 여왕인 김연아의 금메달 획득 확신은 빗나갔다.
심판들의 불공정했던 채점은 소치 올림픽의 불명예였고
김연아의 은메달은 금메달 못지않게 높이 평가되었다.

러시아에 귀화한 안현수가 금메달 3관왕을 차지했었다.
빅토르 안이란 안현수가 러시아 유니폼을 입고 출전해

두 손 들어 환호하는 모습이 장했지만 대단히 씁쓸했다.

우리나라는 소치 동계올림픽에서 13위 순위로 부진했다.
금메달의 수상은 국위의 선양이며 국력으로 평가되므로
금메달 선수양성에 정부와 체육계가 최선을 다해야한다.

소치올림픽에 55조의 거액투입은 손익계산을 할 것이다.
평창올림픽은 경기장, 선수촌, 주변환경, 안전 등 잘 갖춰
개, 폐막식은 사치성을 배제하고 알차게 준비해야 한다.

소치 올림픽의 폐막식에 아리랑이 온세계에 울려퍼졌다.
평창 군수가 동계 올림픽기를 인수 받아 힘껏 흔들었고,
2018년 평창 올림픽은 국력증진의 체전이 되어야 한다.

(2014. 2. 24. 김흔중)

면류관(冕旒冠)

올림픽은
4년 주기로 열리며
각 종목의 경기에
금메달이 최종목표이다.

금메달을
쟁취하기 위해
어떠한 역경에도
온갖 고통을 이겨 낸다.

금메달은
전 세계에서
1등한 선수들에게
명예와 영광을 안겨준다.

금메달은
인생의 경주에서
소중한 생명의
면류관으로 상징된다.

금메달은
4년 노력의 대가지만

충성의 면류관은
평생 헌신의 표징이다.

금메달은
목에 걸지만
찬란한 면류관은
머리에 씌워진다.
면류관은
신앙의 금메달이며
낙오자에게는
은메달과 동메달도 없다.

오직
천상의 푯대를 향한
인내의 경주에
영광의 면류관이 있다.

〈소치 동계올림픽을 바라보며〉
(2014. 2. 18. 김흔중)

456

부채 1000조의 거품경제시대

대한민국은 세계경제 10위권 진입을 자랑하고 있다.
1인당 국민소득이 2만3천$의 세계 33위에 속하지만
국가 부채가 눈덩이 처럼 늘어나 1천조를 넘어 섰다.

역대 정부가 빚을 내서 경기부양하여 함정에 빠졌다.
공기업은 눈덩이 처럼 천정부지로 빚이 늘어 났으며
박근혜 정부는 거품 경제의 대책 수립이 시급해졌다.

대한민국은 세계속에 G20국가의 대열에서 약진했다.
60년대는 북한보다 못살았으나 경제가 급성장 했고
박정희 대통령이 경제발전의 기틀을 만들어 놓았다.

박정희 대통령의 군사정변은 경제혁신으로 발전했다.
독일에 광부, 간호사 파송, 중동지역에 근로자 파송,
월남에 원정군 파송, 울산과 포항에서 불씨를 지폈다.

한강의 기적은 박정희 대통령의 위대한 치적이었다.
대한민국은 이승만 대통령이 아니면 건국될 수 없고
G20 국가 반열에 든 것은 박정희 대통령의 공적이다.

역대정부의 부채가 누적되어 매우 심각한 현실이다.
김영삼 정부말기에 IMF사태로 인해 혼쭐이 났었고
노무현, 이명박 정부 공기업 부양책은 부채를 키웠다.

457

노무현 정부의 혁신도시 건설로 부채138조가 되었다.
이명박 정부의 4대강추진에 부채가 62.4% 늘어 났고.
공기업 부채 및 가계 부채가 1천조원을 넘고 말았다.

가계부채는 천정부지로 늘어나 경제를 위협하고 있다.
박근혜 정부는 부동산 정책을 현실 감각에 적응토록
활성화시키고 가계부채 경감대책을 강구해야만 한다.

기존부채 상환, 증가율 대책의 특단 조치가 시급하다.
전 공기업의 월봉을 하향, 재조정의 대책을 강구하고
전문직 사장의 임명과 청렴한 직무 수행이 우선이다.

12대 공기업은 무책임하게 두리뭉술 넘어갈 수 없다.
역대 공기업사장은 연대적 책임의 자구책을 찾아내고
임직원들의 부정축재를 조사해 국고로 환수해야 한다.

경제가 무너지면 국가 안보와 통일대박은 물거품이다.
부정부패가 청산되고, 경제의 정의, 윤리가 실현되며
망국적인 물질만능의 풍조가 조속하게 사라져야 한다.

(2014. 2.17. 김흔중)

〈追記 : 2015년 4월 30일 현재, 부채 1,100조로 늘어났다.
1년여 동안 100조의 부채가 증가했다. 걱정스럽다.〉

바다의 수호신이 된 신라 문무대왕

신라 제30대 문무왕은 태종무열왕의 맏아들로 고구려를 통합했다. 당나라 군사를 몰아내 삼국통일을 완성한 위대한 통일왕이 되었고, 문무대왕은 죽어서 해룡(海龍)되어 나라를 지키겠다며 대왕암 밑에 묻혔다.

경북 경주시 감포읍 봉길리 앞바다에 대왕암이 가까이 바라보인다. 봉길리 해안에서 200m가 되는 해역 가까이 봉우리만 노출되어 있고, 대왕암은 50m 둘레에 십자가의 수로가 있어 중앙에 석관이 놓였다.

파도칠 때마다 대왕암에 파도가 밀려와 물살이 솟구쳐 부서진다. 파도가 잔잔할 땐 십자가 통로로 바다물이 쉴사이 없이 들락거리고 선박을 타고 들어가 바위에서 왕릉을 내려다 보면 가슴이 찡해진다.

나는 35년 전 감포지역 해안 방어 책임의 대대장 직무를 수행했었다. 당시는 간첩을 해안으로 자주 침투시켜 항상 긴장된 해안 방어였고, 79년 10월 4일 대왕암 위에 올라 내려다볼 때 고개가 절로 숙여졌다.

남북 분단에 의한 동족상잔의 전쟁은 지금도 끝나지 않았다. 북한은 핵무기, 미사일, 대량살상무기를 가지고 우리를 위협을 하고, 일본은 급진 우경화에 의해 독도를 일본 영토라고 주장을 하고있다.

김일성은 남침전쟁을, 김정일은 테러를, 또한 300만명을 굶겨 죽였다. 김정은(28세)이 3대 세습하여 고모부 장성택을 총살하여 처형했고, 죽은 김정일의 72번째 생일을 맞아 미라에 참배하며 떠들썩하다.

김정은과 아베는 문무대왕 수중릉 앞에서 무릎 꿇고 참회해야 한다. 동족간의 6·25 전쟁과 대동아 전쟁의 침략의 만행을 청산해야 하고, 대한민국은 참혹한 전쟁으로 다시 수난을 당하는 일이 없어야 한다.

대한민국을 전복하려는 종북 좌파세력은 국가안보를 파괴하려 한다. 문무대왕 수중왕릉은 반정부, 반국가 세력에게 경종이 되어야 하며, 공의를 사랑하는 절대자는 반드시 김정은과 아베를 징책할 것이다.

(2014. 2. 16, 김흔중)

수중에 있는 문무대왕 릉이다.
(중앙에 석관이 보임)

460

남북통일의 대박론과 쪽박론

한반도 분단의 70주년이 내년이면 성큼 다가온다.
6 · 25 남침의 동족상잔이 벌써 65주년이 도래하고,
30년이 지나면 남북 분단 100주년이 되는 것이다.

남북 통일은 빠를수록 민족의 소원에 바람직하다.
최근에 통일 대박론이 관심거리로 회자되고 있고,
한편 잘못된 통일 쪽박론에도 귀를 기울여 본다

통일 대박이 될 수 있지만 그렇지 않을 수도 있다.
북한의 급변사태가 없으면 대박의 실현이 어렵고,
김정은 세습체제가 공고히 되면 더욱 불가능하다.

남북 공히 통일은 우리의 소원이라고 노래 부른다
평화를 위장하며 비대칭군사력을 계속 강화하였고,
김정은 세습체제는 장성택 처형 후 재정비를 했다.

남북 통일은 노래 부른다고 실현되는 것은 아니다.
통일의 노래 속에 핵과 대량살상무기가 숨어 있고,
이석기 같은 내란음모 세력의 RO가 조직화되었다.

김정은도 적화 통일의 대박을 획책하려 할 것이다.
한반도 주변과 중국의 눈치를 보며 움추리고 있고,

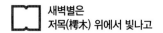
개구리가 멀리 뛰려 하듯 뒷다리를 움츠리고 있다.

신문보도에 급속한 통일로 화폐통합에 3년 걸린다.
경제통합에 최소 10년 걸린다는 KDI연구가 있고,
수치상의 3년-10년은 통일 대박의 경우일 것이다.

나는 독일, 스위스, 스웨덴, 이스라엘을 답사하였다.
통일 대박과 쪽박의 양면성에 촛점 맞춰 연구했고,
이념, 정치, 문화 동질화에 70년이상 필요할 것이다.

늦기전 분단70주년에 통일 문을 활짝 열어야 한다.
온갖 악조건에서도 쪽박 아닌 대박을 이뤄야 하고.
이승만, 박정희 같은 통치자의 통치력이 기대된다.

건국의 통치이념과 경제발전의 통치력이 요망된다.
종북적인 지도자와 종북세력은 대오각성해야 하고
남남갈등을 부추기는 대남전략에 속지 말아야한다.

통일대박은 국민총화에 의한 국론 통일이 우선이다.
반국가적인 내란 음모세력은 핵무기 보다도 무섭고,
못먹는 밥에 재를 뿌리는 조직이 국가전복세력이다.

종북세력이 건재할 경우 대박의 가능성은 퇴색된다.
더욱 김정은 세습체제가 강화될수록 통일은 어렵고

대박은 행운도 따르지만 대박의 기회를 잡아야 한다.

갑오년 동학 혁명은 중·일 전쟁을 유발하고 말았다.
한반도가 교두보 되도록 일본에게 발판을 제공했고.
내우외환의 역사에 무지해 수난의 역사를 초래했다.

김정은과 종북지도자 그리고 아베 총리를 주시하자.
120년 전 갑오년 수난의 치욕적인 역사를 상기하며,
통일역량을 집대성해 통일 대박을 실현해야만 한다.

(2014. 2. 13. 김흔중)

통일은 대박

대박이란 말은 항간에 흔히 쓰는 말이다.
복권에 십억원이 당첨되면 어쩔줄 몰라
대박이 터졌다고 누구나 흥분할 것이다.

어떤 흥행에 성공하여 대박 터졌다 한다.
투기하여 큰 돈을 벌으면 대박이라 하고
대박은 노력을 초월한 행운이 뒤따른다.

박근혜 대통령이 통일은 대박이라고 했다.
내년에 남북한이 분단된지 70년이 되는데
대박은 김정은 세습체제가 무너져야한다.

통일의 모델은 독일, 예멘, 베트남이 있다.
예멘 통일은 내전으로 4년뒤 재통일 됐고,
독일 통일을 교훈으로 삼을 필요가 있다.

베트남통일은 북 베트남에 의해 적화됐다.
북한은 적화통일을 집요하게 획책했으나
공산권의 몰락으로 적화 기회를 상실했다.

통일은 저절로 굴러서 들어 오지 않는다.
북한의 적화통일전략에 속아서는 안 되며

오직 자유, 민주, 평화의 통일이어야 한다.

통일이 시급하지만 졸속한 통일은 안된다.
국론이 통일되고 경제의 역량이 우선이며
통일에 대비하여 철저한 준비가 필요하다.

통일대박은 한반도 주변국가에 달려 있다.
미, 중, 러, 일의 공동이익이 있어야 하며
중국이 북한을 버리면 통일대박이 터진다.

통일의 문에 빗장이 풀려 문이 열릴것이다.
155마일 휴전선은 무용지물이 되어야 하고
열린문을 향해 진군하여 총 매진해야 한다.

금년은 갑오년 청마 기상이 넘치는 해이다.
청마처럼 통일을 향하여 백두산까지 뛰어
민족 통합을 이루고 통일 대박을 터뜨리자.

(2014. 2. 6. 김흔중)

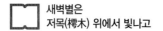

새해 아침

靑馬인 駿馬가
어둠을 헤치고
새 아침에 기지개 펴니

달리는 말들은
좌우로 일탈해
주행선 침범을 하겠고

지난 묵은 해의
무거운 짐 벗고
365일 줄곧 뛰어야 한다.

골인의 전방에
장애물이 많아
뛰어 넘어야만 하리라.

甲午年 競馬의
출발선에 서서
서로 기상을 뽐내지만

갑오 경마장에서
불의를 미워하고
公義만을 갈구할 때에

불의에 찌든
騎手들마다
갖은 加鞭을 꾀하리라.

소망의 태양이
중천에 떠올라
광명의 세상 밝으리라.

청마의 새해
甲午年 元旦
(2014.1.1. 김흔중)

466

'워낭소리' 할아버지가 세상을 떠나 화제가 되었다
(다큐멘터리 영화 주인공의 별세에 애도를 표하며)

2009년 1월 개봉한 화제의 영화 〈워낭소리〉는 평생 농사를 지어온 시골 할아버지와 수십년간 가족처럼 지낸 늙은 소의 삶과 이별을 그린 농촌을 배경으로 한 다큐멘터리 영화이다. 다큐멘터리는 가공된 허구의 세계가 아니라 실재의 현실을 다룬다. 영화 〈워낭소리〉는 개봉 후 입소문을 타며 독립영화로는 보기 드문 300만 관객을 동원해 화제가 되었다. 나는 초야우생의 농촌태생으로 소가 쟁기로 논밭을 갈고, 구루마(달구지, 수레)를 끄는 소를 예사로 보지 않는다. 그래서 〈워낭소리〉 영화의 주인공 최원영 할아버지가 10월 1일에 향년 85세로 별세했다는 비보의 신문기사를 읽으며 남달리 애석함을 금할 수가 없었다.

도시에서 태어난 사람은 '워낭'이 무엇인지 잘 모른다. 이 '워낭'이란 마소(牛馬)의 목에 둥근 나무를 구부려 귀 밑에 늘인 굴레에 단 방울을 말한다. 그 방울은 누런 놋쇠로 컵처럼 만들어 그 속에 쇠방울을 달아 소가 움직일 때마다 소리가 나게 된다. "워낭"을 달지 않는 경우도 있지만 "워낭"은 양쪽 귀 밑의 한쪽에 달리는 경우가 대부분인데 양편에 두 개를 다는 경우도 있다. 큰 사찰에 가면 추녀에 달아 놓은 컵 모양의 풍경이 있다. 사찰의 풍경은 바람이 불면 정적을 깨뜨리며 풍경소리가 들린다.

영화에서 풍기는 테마의 촛점은 할아버지가 워낭을 단 소와 함께 40년을 같이 사라왔으나 그 소가 죽으니 40년 동안 항상 듣던 워낭소리가 그립다는 진실한 사랑의 애절함이다. 드디어 죽은 소가 친구처럼 정겹게 느껴지고 친구의 죽음을 슬퍼하며 애도하는 소리이자 그 소를 기억하며 보이지 않게 몸부림을 치는 그리움의 워낭소리가 할아버지의 애절한 심경에서 은은히 풍겨난다. 그런 애절한 팔순 농부와 마흔 살 소가 맺은 삶의 인연이

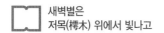

리얼하게 영화의 스크린에 투영되었다.

그러나 '워낭 소리'의 최원균 할아버지는 85세를 일기로 10월 1일 세상을 떠나 생전에 자신이 아끼던 누렁이 소와 함께 묻어 달라는 유언에 따라 누렁이가 묻힌 봉화군 상운면 하눌리 "워낭소리 공원묘지"의 소가 묻힌 곁에 조용히 묻히게 되었다. 오직 농촌의 늙은 할아버지와 늙은 누런 소와의 사랑에 얽힌 순애보적인 다큐멘터리의 영화가 픽션의 현실화가 된 것이다.

나는 농촌집에서 소와 함께하는 가정에서 성장했다. 어릴 때 소의 꼴을 베었고, 소를 끌고 나가 풀밭에서 풀을 뜯겼다. 소가 새끼를 낳는 모습도 볼 수 있었다. 송아지가 태어나자마자 양수가 터지고 태(胎)에서 터져 나온 송아지를 어미소가 물기를 혀로 핥아 말려 준다. 사자성어의 '지독지애(舐犢之愛)'는 어미 소가 새끼 송아지를 핥아 주는 사랑을 말한다. 지독지애는 통상 부모의 지극한 사랑을 비유로 말하는 것이다. 나는 학교 다닐 때 송아지가 태어나자마자 어미가 송아지 새끼 몸에 젖어 있는 물기를 핥아주는 모습을 기억하며 지독지애의 참 사랑을 깨닫게 되었다. 송아지는 어미 소가 열심히 핥아 물기가 다 마르면 일어나려고 몸부림을 친다. 이렇게 여러 번 시도하다가 벌떡 일어나 걸어 다닌다. 너무나 신기했다. 개 새끼의 강아지는 여러 마리(5-6)를 낳지만 눈을 감은 상태로 태어나며 일주일 가까이 되어야 눈을 뜬다. 그래도 눈을 못뜬 채로 어미 젖꼭지를 잘 찾아 젖을 먹는다. 돼지와 토끼도 비슷하다.

우리집은 부잣집은 아니었지만 그런대로 시골에서 중류정도는 되었다. 3천평의 과수원도 있었고, 전답도 꽤 있었다. 농촌에서는 소를 먹이게 되면 호구지책(糊口之策)은 그런대로 유지할 수 있었다.

그런데 아버지께서는 선비이며 한학자이셨다. 나는 7남매 중 막내로 태어나 주로 형님(3명)들이 논밭에서 일을 하셨다. 그러나 내가 학교 다닐 때 학자금(수업료)을 내지 못해 어려움도 많았다. 고등학교시절에는 수업료를

随想文集

내지 못해 수업을 받지 못하고 교실에서 쫓겨날 때가 많았다. 그래서 고등학교시절 마음에 상처를 많이 받았다. 대학교에 다닐 때는 더욱 어려웠다. 등록금을 내지 못해 두 번 휴학을 할 때도 있었다. 그렇게 어려울 때 큰 소를 팔아 작은 소로 바꾸면 등록금을 보탤 수가 있었다. 작은 소를 일 년 간 잘 키우면 많이 자란다. 또 다시 자란 소를 우시장에 가서 팔기 위해 친구 아버지가 소를 팔려고 가는 길에 함께 동행했다. 내가 직접 우리집 소를 끌고 뒤따라 약 5킬로미터 되는 우시장에 가고 있었다. 마침 중간 지점인 산속의 숲이 우거진 오솔길을 따라 가는데 우리집 육중한 소가 무릎을 딱 꿇고 앉아서 가려 하지 않는다. 아무리 채찍을 가해도 큰 눈만 휘둥그레져 나를 바라보며 꿈쩍도 하지 않았다. 친구 아버지께 혼자 가시라 하고, 나 혼자 소만 바라보고 있었다. 나는 한참동안 숲속에서 소를 바라보며 눈물을 흘렸다. 할 수 없이 소에게 집으로 돌아가자 일어나라며 고삐 줄을 흔드니까 냉큼 일어나는 것이다. 우리 집을 떠나기 싫어했던 소의 감정을 이해할 수가 있었다. 그래서 소를 끌고 집으로 돌아 왔던 기억이 생생하다.

어언 55년전 한편의 잊지 못할 나의 인생 드라마였다. 그 외에도 우리집 소와 얽힌 애환이 서려있는 사연은 너무 많았다.

나는 국립대학교(충남대)를 선택했다. 사립대학교 보다 등록금이 절반 정도밖에 되지 않았기 때문이었다. 그래도 시골에서 대학을 졸업하려면 논도 팔고 소도 팔아야 졸업을 할수 있었다. 오늘날 대학생들은 등록금 융자, 반값 등록금, 장학금제도 등 각종 혜택을 받을 수 있다. 그러나 1950년대 말, 내가 대학교에 다닐 때는 성적 우수자 등록금 면제 혜택이 고작이었다. 요행히 졸업년도에 등록금 전액 면제(1학과 1명)를 받게 되는 행운을 얻었다. 지금의 내가 존재할 수 있기까지는 고진감래의 결과라는 사실을 뒤돌아 보며, 크게 입신양명은 못했지만 부모님께 감사해야 할 조건들이 너무나 많다. 그래서 시골 태생으로서 '워낭' 다큐멘터리 영화에 누구보다도 관

469

심이 많았고, 주인공 최원균 할아버지가 세상을 떠났다는 신문 기사의 비보에 가슴이 무척 아팠다. 그토록 최 할아버지가 사랑했던 소의 옆에 조용히 묻힌 '워낭소리 공원 묘지'를 기회 있으면 가 보고 싶다.

나는 지난 6년 전 가을에 워낭소리 공원 지역은 아니었지만 산수가 무척 수려한 봉화지역을 돌아본 후 태백시에서 1박을 했었다. 숙박했던 호텔에서 아침 일찍이 일어나 일행과 함께 민족의 영산인 태백산의 정상에 올라가 천제단을 답사한 적이 있다. 어느덧 나도 7년만 있으면 85세가 되는데, 과연 인생은 무상한 것인가? 그렇지 않다. 오직 저 밝은 미래의 세상을 소망하며, 남에게 지탄받지 않고, 이웃을 사랑하며, 매사에 떳떳하고, 후회 없이 보람 있게 고종명(考終命)의 삶을 사라야 한다. 다시 한번 '워낭소리' 할아버지의 별세에 애도의 뜻을 표하며 애절한 감회의 난필을 맺고자 한다.

(2013. 10. 6. 김흔중)

초가을

지난 여름에
시골 개들도
감기 안 걸렸는데

환절기에
몸조심하라고
건강을 경고한다.

솔바람이
얼굴을
감미롭게 스치면

늘 계절의
변곡점에서
불청객이 괴롭힌다.

삼복 혹서에
건강을 지켰으니
갈 바람의 감기에도

노익장의
훈장을 자랑하며
건강을 지켜가리라.

(2013. 9. 2. 김흔중)

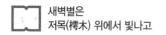

민주당은 노무현 망령과 단절해야 산다

노무현 −김정일 대화록을 가지고 여 · 야 간에 이전투구로 격돌하고 있다. 여 · 야간에 국가는 안중에도 없고 당리당략에 올인하는 치졸한 행태이다. 노무현 전 대통령을 옹호하고 면죄부를 주겠다는 것은 타당성이 있는가.

노무현 대통령이 김정일에게 저자세로 위상추락의 태도를 보인 것 같다. 대통령은 국가를 대표하고 국위를 존중해야 함에도 이를 무시해 버렸다. 노무현 대통령은 자가당착의 언어구사로 국민들이 자주 당혹스러워했다.

노 전 대통령은 무덤속에서도 국론 분열과 정치적 혼란을 야기하고 있다. 서해 해역을 남북 정상 간에 흥정의 도마에 올려 놓았다는 자체가 문제다. 해군, 해병대가 목숨 바쳐 지켜온 NLL을 땅따먹기식으로 경홀이 여겼다.

국정원장의 노무현 − 김정일 대화록 공개로 여 · 야간에 싸움이 치열하다. 노 전 대통령의 NLL포기선언이라는 여당의 주장에 확증이 있어야 한다. NLL포기의 의심이 충분한 말 실수의 경거망동된 체통의 상실일 것이다.

민주당은 노무현 전 대통령을 옹호하면 할수록 그의 망령에 포로가 된다. 그 대화록에 NLL 뿐아니라 반미, 종북적인 냄새가 많이 난다는 것이다. 민주당은 차기 정권을 잡으려면 과감히 노무현 망령과 단절해야만 산다.

노무현 전 대통령은 봉하마을의 묘소에서 평안히 안식하고 있을 것이다. 여, 야 간에 노무현 전 대통령을 더 이상 욕되게 하지 말고 속전속결하라. 봉하마을 뒷산 부엉이 바위의 부엉이가 다시 슬퍼하지 않도록 해야 한다.

(2013. 6. 30. 김흔중)

472

자성해야 할 교육현실
(스승의 날을 맞으며)

우리 조상들은 백의민족의 순결성과 동방예의지국이라는 자부심을 가졌다. 군사부일체(君師父一體)를 강조하여 국가, 학교, 가정을 핵심체로 삼아 왔다.

모든 교육은 가정, 학교, 사회의 3단계로 고유의 정신문화를 형성하게 된다. 군사부일체는 삼위일체의 책임을 강조하며 변혁을 주도하는 요체가 되었다. 임금과 백성이 하나되고 스승과 학생이 하나되고 부자(父子)가 하나되는 것이다. 지금은 봉건주의 답습이 아닌 자유민주주의 체제의 군사부일체의 혁신이다.

5월은 가정의 달이다. 5월 5일 어린이날, 5월 8일 어버이날 기념일을 가졌다. 오늘은 스승의 날이다. 캘린더다에 오늘이 가정의 날로 되어 있어 관심이 간다. 사회공동체의 기본적 혈연 조직인 가정의 중요성은 백 번 강조해도 부족하다.

오늘날 핵가족화, 이혼율 증가, 고령화 현상이 사회질서를 무너 뜨리고 있다. 결혼하면 부모를 외면하고 부부들이 서로 이혼하며 독거노인들이 증가한다. 패륜의 청소년들이 속출하고, 염세적인 자살율이 높아져서 사회문제가 된다.

지난날 선생님의 그림자를 밟지도 않았고, 선생님이 가장 존경의 대상이었다. 스승을 선망하여 우수한 학생이 사범학교를 선택했으나 지금은 그렇지 않다. 학생이 선생을 폭행하고 욕지거리하며 선생에게 대드는 풍조가 만연해 있다. 학교 교풍도 많이 달라졌다. 학생들간 폭력사건이 다반사로 발생하고 있다. 왕따를 견디지 못한 학생들이 자살하는 경우도 있어 학교가 위기에 처해 있다.

473

학부모가 교사에게 찾아가 항의하고 폭행과 욕설을 퍼부어 교권을 침해한다. 교육계 지도자인 교육감, 장학사, 교장, 교사들이 부정과 비리에 많이 연류되어 있다.

교사들의 자질향상이 시급하며 멸사봉공의 사도정신을 조속히 회복해야한다. 모든 학생의 가치관 도착상태를 바로 잡아 참된 교육풍토를 조성해야 한다.

한국교육단체총연합회(교총)와 전국교직원노동조합(전교조)이 상충되어 있다. 교사가 노동자로 자처하는 전교조 노동단체가 존재하여 교권을 뒤흔들고 있다. 전교조의 반국가적, 반교육적인 노동운동은 교권회복을 위해 자성해야 한다.

(2013. 5. 15. 김흔중)

스승의 그림자는
제자들이 밟지 않았다

반구대 암각화(盤龜臺 岩刻畵)의 문화유적

나는 20년 전(1993년)에 선사시대의 문화적 가치가 있는
반구대 암각화 유적 현장을 답사했다.
반구대란 이름은 거북이 한 마리가 엎드린 형상의 바위에
암각화가 새겨져 있기에 연유되었다.
울산시 언양읍 대곡리 바위에 새겨진 그림으로 신석기말
청동기 초의 암각화로 추정되고 있다.
암각화는 폭 10m, 높이 4m 정도의 바위 평면에
고래, 물개, 사슴, 호랑이 등 300여점이 새겨져 있다.
동물의 사냥과 고래잡이 장면의 선사시대의
생활상을 볼 수 있어 문화적 가치가 높이 평가된다.
암각화는 선사시대 조상들의
마음속의 내면과 정신 문화 유산을
후손들에게 잘 전해 주고 있다.
반구대 암각화는 국보 제285호로 지정 보호하고 있지만
비가 오면 물 속에 잠겨 손상되고 있다.
오래 전부터 관계기관에서 보존 대책을 연구하고 있었지만
말만 무성했고 실적이 없어 안타깝다.
문화재청의 '수위 조절안'과 울산시의 '생태제방안'이
서로 맞서 있어 주목을 끌고 있을 뿐이다.
5000년 전 조상들의 생활상을 보여 주는 반구대 암각화는
침수뿐 아니라 풍마우세도 막아야 한다.
최근 신문에 보도된 트랜스포터블(Transportable)댐인

이동, 해체가 가능한 댐(안)에 공감한다.

트랜스포터블 댐은

폴리카보네이트를 이용, 투명 인공막을 만들어

주변의 물을 차단하는 것이다.

박근혜 대통령도

"반구대 암각화를 생각하면 가슴이 아프다"('13.03.20)는

관심을 표명한 바 있다.

나 같은 무명인도 관심을 가질 정도로 '반구대 암각화'는

문화적 유산의 가치가 대단히 큰 것이다.

문화재청과 울산시의 상호 협의로 반구대 암각화를

영구 보존토록 하는 시급한 대책이 요망된다.

(2013. 5. 9. 김흔중)

김일성 꽃 / 김정일 꽃

남북 분단이 되기 전에 태극기, 애국가, 무궁화가
오직 국가 정체성을 상징했다.
남북 분단 후에 북한은 인공기, 애국가, 목련을
그들 정치집단의 상징물로 만들었다.
김일성 화(花), 김정일 화(花)까지 만들어
김 부자의 우상화에 극치를 보이고 있다.
김일성의 생일인 4월 15일을 '태양절'이라 부르며
김일성 생일 잔치에 광분해 왔다
김정일의 생일인 2월16일을 '광명성절'이라 불러
김정일 생일을 추켜 세우고 있다.
김일성, 김정일의 영생탑을 건립하여 김일성 부자의
우상화가 하늘을 찌르고 있다.
북한은 김일성, 김정일, 김정은 3대 세습에 의해
봉건적인 왕조정치를 하고 있다.
김일성, 김정일 부자의 우상이 지배하며
굶어 죽고, 자유가 없는 생지옥이 되었다.
그간 300만명 이상이 아사했고,
6개소 정치범수용소에 20만여 명이 수용되어 있다.
김일성, 김정일 부자의 시체는 금수산태양궁전에
미라를 만들어 우상으로 모신다.
북한을 방문하는 종북 인사는
반드시 만수대 김일성 동상에 헌화하고 참배를 한다.

477

성경에 우상을 섬기지 말라 했으나
종북 목사들도 불신자들과 동일하게 참배한다.
김일성, 김정일의 기마동상이
위풍당당하게 만수대창작사에 건립되어 뽐내고 있다.
어버이 수령(김일성)과 위대한 장군(김정일)의
기마동상을 세워놓고 자랑하고 있다.
그들 기마 동상을 김일성민족, 김정일조선의
크나큰 영광이고 자랑이라고 밝혔다.
김정은 3대 세습체제는 지구촌에서
가장 패역한 김일성, 김정일 우상화 집단이다.
김정은이 핵무기, 미사일, 생화학무기 등
비대칭군사력으로
공갈치며 협박하고 있다.
국가 흥망성쇠를 주관하는 절대자는
세상권세 잡은 마왕들을 반드시 진멸할 것이다.
한반도에 자유, 민주, 평화, 복지의 통일 국가를 건설,
한민족이 대통합을 해야 한다.
삼천리 금수강산에 목란꽃, 김일성 · 김정일 꽃을
뽑아 내고 무궁화꽃을 피워야 한다.
동해물과 백두산이 마르고 닳도록
태극기 흔들며 대한민국만세를 꼭 불러야 한다.
오늘은 어버이 날이다.
북한에서는 김일성을 어버이 수령으로 우상화하고 있다.
오늘은 한 · 미 정상회담이 있었던 뜻깊은 다음 날이기도 하다.

(2013. 5. 8. 김흔중)

숭례문(崇禮門)

서울 도성의 남쪽 정문이여서 통상 남대문(南大門)이라고 불린다. 1395년(태조 4년)에 짓기 시작하여 1398년(태조 7년)에 완성되었다. 1447년(세종 29년)에 개축했고, 1479년(성종 10년)에 보수공사를 했다.

현존 서울의 목조건물(木造建物) 중 가장 오래된 역사적 건물이다. 민족의 얼굴이며 민족혼이 서린 장안 4대문 중 대표적 정문이다. 창건된 이래 임진왜란, 병자호란, 6·25 전쟁에도 꿋꿋이 견뎌냈다. 1962년 1 2월 20일 중수한 후, 국보 제1호로 지정, 민족혼을 살렸다. 2008년 2월 10일에 방화로 불타는 광경을 보는 국민의 가슴도 탔다. 2013년 5월 4일 복원공사가 준공되어 국민의 품에 다시 돌아왔다.

박근혜 대통령은 다시 세워진 숭례문 준공식에서 기념사를 했다. 박 대통령은 우아한 한복을 입고 복구에 힘쓴 노고에 감사를 했다. 숭례문은 육백 년을 맞이해 6천년의 역사를 자랑할수 있어야 한다.

숭례문이 한 사람의 방화범에 의해 불길이 솟아 오르며 불타 버렸다. 김정은의 대남도발에 의해 서울 4대문이 불타는 일이 없어야 한다. 한·미 정상회담을 위한 출국 하루 전 준공식은 좋은 길조로 보였다.

제18대 대통령으로 박근혜 대통령을 선택한 것은 절대자의 뜻이다. 한·미 정상회담에서 박근혜 대통령에게 지혜가 넘치기를 기원한다. 박근혜 정부는 출범 초기이지만 시종일관 성공한 정부가 되어야 한다.

(2013. 5. 4. 김흔중)

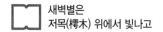

부엉이 바위(1)

그놈의 바위 이름을 부엉이 바위라 불렀구나.

부엉이란 놈이 63년간 그렇게 밤마다 울었나 보다.

기뻐서 울더니 슬퍼서 울고 있구나.

나라의 체면은 아랑곳 없이 죽음을 택한

전직 대통령이 야속하지만

비극적인 죽음에 비통할 뿐이다.

아내와 아들 딸은 아픔이 더하리라

노사모들의 울부짖는 함성은 허공에 메아리칠 뿐이다.

흥분을 가라 앉히고 냉정을 찾아야 한다.

죽음을 정치적으로 악용하지 말아야 한다.

자살의 충동으로 모방하지 않토록

경종을 울려야 한다.

(2009. 5. 24. 김흔중)

제16대 대통령 노무현

480

부엉이 바위(2)

오늘(5월 1일) 신문을 읽으며 마음이 찡했다.

2009년 5월 23일 부엉이 바위에서

노무현 전 대통령이 투신 자살한 9일 뒤인

2009년 6월 6일 밤, 사이비 목사 강희남이 자기 집에서

자살 했고,

2010년 11월에 남성 1명, 2012년 4월에 여성(70대) 1명,

2013년 4월 29일에 남성(화물차 기사) 1명이

그간 부엉이 바위에서 4명이 투신 자살을 했다.

참으로 안타까운 비극이다.

잊을만하면 또다시 자살자가 발생하고 있다.

나는 노무현 전 대통령이 자살한 다음날

〈부엉이 바위〉라는 제목으로 칼럼을 간략하게 썼다.

"자살의 충동으로 모방하지 않도록 경종을 울려야 한다"는

기록을 남긴 바 있다.

나의 예측했던 염려가 적중하고 있는 것 같다.

향후 부엉이 바위에서 투신 자살자가

발생하지 않았으면 좋겠다.

(2013. 5. 1. 김흔중)

481

김정은의
무모한 당랑거철의 도전

당랑거철(螳螂拒轍)은 사마귀가 수레를
막는다는 말로 자기 분수를 모르고 상대
가 되지 않는 사람이나 사물과 대적한다
는 뜻이다.
김정은이 오바마와 박근혜를 상대하여
아래와 같이 무모한 당랑거철에
유사한 도전을 하고 있다.

① 어린애가 어른들에게 도전하고 있다.
② 고양이가 호랑이에게 도전하고 있다.
③ 못된 쥐가 고양이에게 도전하고 있다.
④ 나약한 송사리가 고래에게 도전한다.
⑤ 겁없이 참새가 독수리에게 도전한다.
⑥ 개구리가 악어에게 날뛰며 도전한다.
⑦ 잠자리가 헬기를 향해 도전하고 있다.
⑧ 탁구선수가 축구하려고 도전을 한다.
⑨ 게이트볼선수가 골프치려 도전한다
⑩ 장기선수가 바둑을 두자고 도전한다.
⑪ 주먹으로 바위를 깨뜨리려고 도전한다.
⑫ 계란으로 바위를 치려고 도전을 한다.
⑬ 승용차 면허로 항공기를 조종하려 한다.

⑭ 손자가 버릇 없이 할배 수염 잡는다.
⑮ 참새가 봉황의 뜻을 모르고 설친다.

지난 좌파정부 10년간에 호랑이 새끼가
입을 벌리면 고깃덩이를 입에 던져 주어
넙죽 넙죽 잘 받아 먹고 피둥피둥 살이
쪄서 고기를 던져준 은인을 해치려 한다.
이러한 양호유환(養虎有患)의 사자성어
가 분명하게 해답을 주고 있다.
쥐새끼인 김정은에게 코끼리인 오바마가
불안해 하고 있다. 혹시라도 해서다.
궁지에 몰린 쥐새끼가 코끼리의 콧구멍
으로 들어가면 코끼리의 생명이 위태롭
게 될 수 있다.
김정은이 핵 전쟁 엄포를 놓는 당랑거철
의 무모한 단말마적(斷末魔的)인 도전을
이번 기회에 한·미 공조로 단호하게 대처
해야 한다.

(2013. 4.28. 김흔중)
충무공 이순신 탄신 제468주년 기념일에
개성공단 철폐를 우려하며

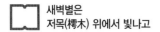

벚꽃의 낙화

봄이 오면
꽃 축제에 넋을 잃고
벚꽃에 정신을 빼앗긴다.

벚꽃 송이 송이
흐드러지게 피었던
어제의 화사함이 아쉽다.

활짝 피었다가
벌써 술에 취한 듯
맥 없이 꽃잎이 휘날린다.

왜놈의 나라꽃이
속성속패의 기질을
분명하게 닮아 가고 있다.

보도를 뒤덮어
벚꽃 잎이 쌓이는데
지르 밟으며 걸어야 한다.

쪽발이 꽃보다는
무궁화를 많이 심고
잘 가꾸며 사랑해야 한다.

(2013. 4. 26. 김흔중)
일본 아베 총리의 망언을
상기하며

늦깎이 사춘기의 '김정은'과
때 이른 치매의 '아베'

사춘기 청소년들의 심리상태는 매우 불안정하다.

그래서 항거하거나 분노를 한다.

사춘기는 반항하며 성장하는 시기이다.

이 시기를 질풍노도의 시기라고도 한다.

청소년들이 삶을 포기하고 자학하며 자살을 많이 해서

사회적 물의를 일으킨다.

프랑스 일간지 르몽드가

김정은을 '늦깎이 사춘기 소년'이라 힐난하게 비판했다.

국제사회에 가장 젊은

불과 30세(29세)의 국가 수반인 김정은과 상대해야 한다.

늦깎이 소년이 한 손에

핵무기 버튼을 쥔 채 사춘기적 도발을 일삼고 있다 했다.

김정은이 핵카드를 들고

평양 카지노에서 통큰 도박을 하며 사춘기 모험을 한다.

장성택을 비롯한 늙은 측근에 휩싸여

김정은이 꼭두각시 되어 칼춤을 추고 있다.

김정은은 사춘기 저항과 대결을 포기하고

개방과 개혁의 길로 나와야 생존한다.

인민군은 '48년 2월 8일 창건되었으나

김일성의 항일 혁명군 창설일로 바꾸었다.

오늘(25일) 김정은이 인민군 창건일 81주년 기념식의 군열병식에서 사열을 했다.

군 복무도 하지 않은 29세의 김정은 원수가 사열을 받는

모습이 참으로 가관이었다.

일본 아베 총리는 59세에 너무 빨리 정치적 치매가

찾아 온 것 같아서 안타깝다.

총리를 두 번 하면서 극우로 선회해 망언을 일삼고

침략의 역사를 부정하고 있다.

부총리인 아소 다로는 총리를 했는데 다시 총리가 되려고

공작정치를 하고 있다.

일본 아베 정권이 한국과 중국에

사실상 외교 전면전을 선포한 것으로 판단된다.

수일전 각료 3명에 이어 국회의원 168명이

야스쿠니신사의 참배로 도전을 했다.

평화헌법을 개정하여 군사대국화를 하겠다는 망상은 분명히

자승자박일 뿐이다.

한국은 북한의 사춘기 김정은, 일본의 치매환자 아베에게

양면협공을 받고 있다.

김정은의 늦깎이 사춘기 도발 및 아베의 때 이른 치매 망언은

철회되어야 한다.

박근혜 정부는

원칙적이고 실리적인 대북, 대일 외교정책을

강력하게 추진해야 한다.

(2013. 4.25. 김흔중)

한국경제의 위기진단

박근혜 정부가 출범한 지 불과 2개월만에 경제가 꼬여간다.
글로벌 컨설팅업체 맥킨지가 내놓은 제2차 한국 보고서에
"멈춰버린 한강의 기적"이라는 비관적인 기사를 발표했다.

사교육비, 가계 부채로 인해 중산층이 붕괴되어 가고 있다.
대기업 공장 해외 이전으로 국내 고용 없는 성장이 문제다.
자동차를 제외한 전 기업들의 경쟁력이 크게 떨어지고 있다.

그간 낮은 출산율, 고령화로 '한강의 기적'은 작동이 어렵다.
지금 한국 경제를 뜨거워지는 물속의 개구리로 혹평을 했다.
한국은 경제 성장이 멈춰버려 진짜 위기라고 비아냥 거렸다.

나는 최근에 신문을 읽다가 가슴이 철렁 내려 앉기도 했다.
맥킨지의 평가는 구구절절 옳고 핵심을 찌르는 경고로 본다.
경제민주화는 다시 한강의 기적을 목표로 발전되어야 한다.

외상이면 소도 잡아 먹는다고 했듯이 국가의 부채가 문제다.
국가 부채가 발생주의 기준으로 900조원을 돌파하고 있다.
현금주의 기준의 국가 부채는 443조 원으로 매년 증가한다.

또한 8대 공기업의 빚이 올 국가 예산(342조)에 맞먹고 있다.
국민 1인당 부채가 650만원꼴의 빚더미에 짓눌려 살고 있다.
국가 부채와 기업 부채를 해결하지 못하면 부도가 나고 만다.

개인 가계 부채가 눈덩이처럼 불어나 총 959조원에 달했다.
가계 부채의 핵심은 주택담보대출로 하우스푸어에 기인한다.
금융,통화 정책으로 부동산 시장의 붕괴를 먼저 막아야 한다.

가계 부채의 누증은 정부의 정책과 금융 관리의 허점에 있다.
가계 부채의 위기 상황은 경제적인 뇌관으로 작용되고 있다.
국민행복기금 18조원으로 32만명의 빚탕감은 빙산 일각이다.

1997년 김영삼 정부 말기에 있었던 IMF 사태를 상기해야한다.
가계, 기업, 국가의 상관적 부채구조 개선의 정책은 시급하다.
복지정책의 자충수 탈피, 추경예산 17.3조원 적절한 집행이다.

국가 경쟁력 향상을 위한 FTA 효율성, 통화정책이 필요하다.
부채 총화의 리스크 완화 금융정책은 경제회생의 급선무이다.
창조경제 위한 ICT의 개발정책, 일자리 창출을 병진해야 한다.

만성적 경제 침체에 빠져 있는 아일랜드,스페인을 보게 된다.
급성 경제위기의 그리스, 키프로스를 교훈으로 삼아야 한다.
경제발전 없는 국가안보 없고, 국가안보 없는 경제발전 없다.

(2013. 4.22. 김흔중)

진달래꽃 / 철쭉꽃

인간에게 참된 사랑을 가르치는 꽃축제가 많다.
꽃이 좋아서 사랑스럽고 사랑스러워 꽃이 좋다.
아름다운 꽃을 보면 가슴벅차 사랑이 넘쳐난다.

봄철만 되면 이곳 저곳에서 꽃축제가 한창이다.
진달래가 연분홍색을 뽐내며 시선을 유혹한다.
철쭉은 짙은 분홍색으로 산비탈을 덮어 버린다.

함박 웃음 터뜨린 진달래 꽃에 초점을 집중한다.
가슴에 품어 마음을 뜨겁게 사랑의 입을 맞춘다.
오직 사랑을 깨닫게 해준 창조 섭리에 감사한다.

그 아름다운 철쭉꽃의 축제를 보며 매료되었다.
나의 컴퓨터 바탕 화면에 철쭉꽃 사진을 옮겼다.
멀리 산골짝의 구름이 꽃들의 사랑을 감싸준다.

진달래꽃은 독이 없어 술이나 전을 부쳐 먹었다.
독이 있는 철쭉꽃은 먹으면 안 된다는 경고였다.
아카페 사랑은 진정한 독이 없는 사랑일 것이다.

진달래 먹고 물장구 치던 어린 정감이 떠오른다.
내 마음속의 꽃 축제에 감동적인 선률이 흐른다.
봄은 갈지라도 사랑의 흔적은 깊어만 갈 것이다.

(2013. 4. 21. 김흔중)

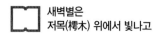

한국은 '철의 여인'을 대망한다
(영국 대처 수상의 타계를 애도하며)

마거릿 대처 전 영국 총리가 2013년 4월8일 애석하게 타계하였다. 그의 장례식은 17일 11시 런던 세인트 폴 대성당에서 엄수되었다. 여왕 엘리자베스 2세를 비롯해 170여개국, 2000여명이 추모하였다.

1925년 영국에서 출생해 청년기에 2차 세계대전을 직접 경험했다. 옥스퍼드대에서 화학, 법학을 전공한 후 7년 뒤에 변호사가 되었다.
1980년대 냉전시기 세계에서 가장 강력한 여성지도자로 부상했다.

1959년 보수당 소속으로 정계에 입문하여 하원의원에 당선되었다. 교육부장관('72년)시 초등학교 우유무상공급 중지로 인기가 없었다. 1975년 영국 최초의 보수당 당수로 1979년 최초 수상에 선출되었다.

대처의 11년간 "대처리즘"의 정치 이념과 경제 철학은 빛을 발했다. 강성 노조 해체, 과잉복지 삭감, 조세 감면, 중산층과 중소기업육성, 공무원 감축을 통해 작고 강한 정부를 흔들림 없이 소신껏 추진했다.

총리로 당선된 2년 후 경제학자 364명이 경제정책에 반기를 들었다. 그는 책임을 동반하는 개인의 자유, 법의 평등 원칙, 자유방임적인 시장경제를 고전경제학파 이론에 근거했으나 사회주의를 거부했다.

2차대전 이후 득세한 사회주의자의 케인스이론 왜곡을 바로 잡았다. 도덕적 보수이념을 분명히 하며 케인스주의 사회주의자를 비난했다. 케인스

490

이론으로 빚어낸 '영국 병'을 치유했고 시장경제로 전환했다.

그는 고집불통이라는 비난에도 인기에 영합하지 않고 소신을 지켰다. 모든 도전에 맞설 것을 강조했으며 대규모의 폭동에도 굴하지 않았다. 실업자가 증가하고 사회가 혼란하여 국민 20%의 지지를 받게 됐다.

1982년 포크랜드 전쟁의 승리로 일약 국민 68%의 지지를 받게 되었다. 1983년 총리로 재선되어 영국의 정치를 바꾸고 새역사를 창조하였다. 대처는 로널드 레이건 전 미국 대통령과 함께 냉전을 끝낸 주역이다.

철의 여인 대처 총리는 87세로 세상을 떠났지만 역사에 살아 숨쉬고 있다. 21세기의 철의 여인은 갔지만 그 배턴을 이어받을 지도자가 부상한다. 영국에 대처가 있고 독일에 메르켈이 있고 대한민국에 박근혜가 있다.

대처는 옥스퍼드대에서 화학, 법학을 전공해 정치에 입문한 총리이다. 메르켈은 라이프치히대에서 물리학을 전공, 통일독일의 총리가 됐다. 박근혜는 서강대에서 전자공학을 전공해 대통령이 된 공통점이 있다.

독일 메르켈과 한국 박근혜는 전 대처수상과 공통점이 많이 발견된다. 독일 첫 여성 총리로 '철의 여인'의 지도력을 세계에 과시하고 있다. 한국 첫 여성의 대통령으로 '철의 여인'으로 부상할 수가 있다.

정치적 목적 달성에 카리스마가 넘치는 여성 리더십의 공통점이 있다. 남성들이 지배했던 영국에 이어 독일과 한국의 정계는 변혁될 것이다. 메르켈은 오는 9월 총선에서 3선에 도전해 승리하면 탄력이 붙게 된다.

대처 및 메르켈은 11년 통치기간인 반면에 박근혜는 5년의 단임이다. 박근혜 대통령은 대처, 메르켈의 카리스마에 두배의 도전이 필요하다. 마라톤 선수가 아니라 단거리 육상선수의 통치력을 집중시켜야 한다.

대처는 레이건과 손 잡고 고르바초프에 영향을 미쳐 냉전을 종식했다. 박근혜는 오바마와 손 잡고 시진핑의 협조로 비핵화를 풀어야 한다.
박근혜는 남북 통일의 문을 열면 철의 여인의 반열에 서게 될것이다.

(2013. 4. 19. 김흔중)
4 · 19 혁명 제53주년 기념일에

태양절의 자가당착

평양이 동양의 예루살렘이라 할 정도로 성역화 되었었다.
기독교인들이 3 · 1운동을 비롯해 독립운동의 선봉에 섰다.
북한은 해방후 종교를 부정하고 신앙의 자유를 억압했다.

김일성은 세례 받고 청년기에 교회에서 신앙생활을 했다.
그의 어머니는 강반석이며 베드로를 상징하는 반석이다.
김일성의 외종조부 강양욱도 목사로서 정치지도자 였다.

고대 이집트에서 태양신을 숭배하며 태양을 숭상하였다.
동족상잔의 6 · 25 전범자 김일성을 태양으로 신격화 하며
우주만물을 창조한 절대자의 창조 섭리를 부정하고 있다.

북한에서 김일성의 생일인 4월 15을 태양절이라 부른다.
김일성을 민족의 태양으로 추앙하며 무조건 섬기고 있고,
권력에 의존한 우상화로 자가당착의 오류를 범하고 있다.

 나라꽃인 목란이 있고 심지어 김일성, 김정일 꽃도 있다.
김정일 부자는 금수산태양궁전에 미라로 나란히 누었고
백성 300만명을 아사 시켰으며 인권을 탄압한 폭군이다.

김정은이 28세에 세습하여 집권한지 벌써 1주년이 됐다.
정전협정을 파기하며 전시사태에 돌입 했다고 선포하며
핵 보유국의 인정을 받고자 미사일 발사 엄포를 놓았다.

서울뿐 아니라 워싱턴까지 불바다 만들겠다고 위협했다.
방아쇠만 당기면 끝난다고 긴박한 사태 조성에 광분하며
무수단 발사대를 숨겼다 옮겼다 하는 기만전술을 펼쳤다.

북한의 6 · 25 남침전쟁은 종전이 아닌 휴전상태일 뿐이다.
평화협정으로 바꿔 미군을 철수시킨 후 적화를 획책하며
핵보유와 경제회생으로 체제 유지를 위한 발악인 것이다.

햇볕정책의 퍼주기에도 배은망덕한 철면피한 족속이다.
김정은이 하룻강아지 범 무서운 줄 모르고 까불어 대고
불장난을 하면 즉각 응징하여 본때를 보여 주어야 한다.

평양 방송 앵커의 전쟁 엄포에 대한 독설에 소름 끼친다.
서울이 불바다 되기 전에 평양이 먼저 초토화될 수 있고
김일성의 미라 및 동상 3만5천개가 파괴되면 통일 된다.

(2013. 4. 15. 김흔중)
북한의 태양절이자
한국해병대 창설 제64주년기념일에

사월의 함박눈

봄의 전령인 벚꽃이 4월초부터 소담스럽게 폈다.
유채꽃, 개나리, 진달래, 산수유, 목련도 활짝피고
방방곡곡의 공원과 가로변에 꽃향기 물씬 풍긴다.

사월의 봄소식을 무색케하는 날씨가 변덕스러워
계절이 거꾸로 가는 듯이 서울에 함박눈 내리며
나뭇가지에 흰 눈꽃이 피어 장관을 이루고 있다.

저온 현상의 기압골이 이례적으로 몰려 오게 돼
모든 꽃송이가 흰눈 면사포 쓴듯 수줍어 하면서
잔인한 사월에 침묵을 지키며 숨박꼭질을 한다.

봄의 꽃동산에는 미움과 갈등이 존재할 수 없고
평화를 찬미하는 미소가 화사하게 피어 오르니
나비는 춤추고 꿀벌들은 바삐 사랑을 전파한다.

기상 이변을 무색케하는 미사일 발사의 공포는
한반도에 요동치고 지구촌에 벌집을 쑤셔대니
전쟁엄포의 위기에 검은 폭설이 내릴까 두렵다.

봄의 계절이 왔으나 봄에 함박눈이 내린 사월에
인류의 공포와 불안이 아닌 평화의 꽃을 피우고
자유와 행복이 넘쳐날 따뜻한 봄날을 기다린다.

(2013. 4. 10. 김흔중)

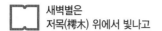

유채꽃

삼다도 들판의
유채꽃
황금 물결에
봄의 정취 넘치니

꽃 향기의
유혹에 빠진
꿀벌들
날개치고 춤추며

이곳 저곳
꽃술 찾아
꽃가루 옮겨
사랑을
열심히 배달하니

유채꽃은
화사한 미소로
달콤한 정 쏟아
사랑을 잉태하고

벌떼들은
쉴새 없이
바쁘게
발에 꽃가루 묻혀

벌통에 들어가
꿀을 만들고
여왕벌을
마음껏 사랑한다.

(2013. 4. 2. 김흔중)

496

석양(夕陽)

동산에
둥근 해 솟아
수줍은 얼굴로
미소 짓더니

벌써
다정한 얼굴
석양의 노을에
숨으려 하네.

하루의
외길 인생이
부질 없이
저물어 가고

밤 하늘의
잔 별들이
사랑의 밀어로
속삭이리니

황혼의
인생 여로에
화신의 내일이
희망의 꿈이다.

(2013. 3. 28. 김흔중)

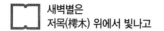

자랑스러운 김연아 선수였다

2013년 3월 17일 피겨의 여왕 김연아가
캐나다 런던의 세계피겨선수권대회에서
신들린 듯한 환상적인 묘기를 연출하며
빙판의 요정답게 무실점의 경기를 했고
레미제라블 선률에 기량의 극치를 보였다.

경기장 관중들이 묘기에 전부 매혹되어
함성과 함께 기립 박수로 환호를 했으며
우리는 TV 화면을 통해 솟구치는 기쁨을
억제치 못하며 감동적인 박수를 치면서
세계속에 국위 선양한 쾌거에 감사했다.

김연아는 연기로 관중들 정신을 홀렸으며
대한민국의 자랑스러운 낭자의 승리였고
시상식 목에 건 우승메달은 영광이었으며
태극기 올라갈 때 캐나다의 합창단들이
우리의 애국가를 불러주어 가슴 뭉클했다.

캐나다 하늘에 태극기가 힘차게 올라가고
애국가가 울려퍼질 때 축복의 시간이었고
김연아의 정신과 대한민국의 혼이 사라서
세계만방에 코리아의 위상을 선양하게 된
이날은 김연아와 대한민국의 축제날이었다.

(2013. 3. 17. 김흔중)

김정은이 자승자박의 올무에 걸렸다

자신이 만든 줄로 제 몸을 묶는 것이 자승자박이다.
자승자박(自繩自縛)은 자기 잘못으로 인한 것이다.
김정은이 핵무기, 미사일로 자승자박이 되어 있다.

핵 보유국 인정을 받기 위해 전쟁엄포를 놓고 있다.
전쟁에서 필패를 예견한다면 선전포고는 할 수 없다.
김정은이 전쟁도발을 허풍치며 자승자박하고 있다.

북한은 세계 세 번째 생화학무기 보유국이 되었다.
생물무기를 개발하여 14개 종류를 생산할 능력있다.
김정은이 형체없는 살상무기로 자승자박 되어 있다.

2차대전을 종식시킨 원자탄 2발의 위력은 무서웠다.
생화학무기는 원자탄 못지않은 끔찍한 살상무기다.
김정은이 무서운 생화학 무기에 자승자박되어 있다.

백성 300만명을 굶겨 죽인 대가로 무기를 만들었다.
핵무기, 각종 미사일, 생화학무기는 저주의 무기다.
김정은이 전쟁을 호언장담하며 자승자박하고 있다.

대남 적화통일의 유훈실천을 위하여 광분하고 있다.
국지전, 테러전, 비정규전, 정규전 등의 배합전술이다.
김정은이 속전속결 적화 망상에 자승자박되어 있다.

우리를 독 안에 든 쥐처럼 착각하며 위협하고 있다.
애숭이 불장난 핵공갈에 두려워 할 필요가 없다.
김정은이 불바다 협박의 엄포에 자승자박되어 있다.

김정은은 사면초가로 고립되어 허우적 거리고 있다.
단말마적으로 도발하면 평양이 초토화가 될 것이다.
김정은이 죽기 살기로 발악하며 자승자박되어 있다.

김정은은 우선적으로 백성을 잘 먹여 살려야 한다.
인권을 보장하여 자유를 누릴 수 있도록 해야 한다.
김정은이 인권 탄압의 자승자박에서 벗어 나야 한다.

핵을 포기하고 개방개혁의 방향으로 선회해야 한다.
협박성의 일방적 정전협정의 파기는 자멸일 뿐이다
김정은이 각종 자승자박의 올무에서 풀려나야 한다.

(2013. 3. 14. 김흔중)

핵 전쟁의 불장난은 자멸이다

최근에 화재사고가 너무 자주 일어나고 있다.
인명, 주택, 공장, 상가, 차량, 시설등 피해가 크다.
최근 이틀간 전국에서 산불 26건이 발생했다.

화마는 인명과 재산의 많은 피해를 속출한다
포항의 중학생 불장난으로 화마가 휩쓸었다.
철없는 어린 아이들이 불장난 하면 위험하다.

지도자의 불장난은 의도적 망상의 소행이다.
김일성 남침전쟁은 반민족적 역적의 행위다.
김정일 천안함폭침, 연평도포격은 만행이다.

김정은의 3대세습은 불장난 세습의 극치이다.
29세 원수 김정은의 협박은 최악의 현실이다.
철부지 핵 전쟁의 불장난은 남북이 공멸한다.

정전협정 60년간에 470건을 위반했다고 한다.
공비침투, 암살, 테러, 해상도발, 포격등 다양했다.
전쟁 공갈치며 정전 협정까지 파기선언 했다.

어린 아이들에게 성냥, 라이터를 주지 않는다.
불장난으로 불을 내지 않도록 하기 위함이다.
김정은 핵전쟁 불장난을 반드시 막아야 한다.

(2013. 3. 11. 김흔중)
북한의 정전협정 파기선언에 즈음하여

핵 전쟁은 남북한이 공멸한다

할아버지, 아버지 대를 이어 김정은이 세습왕조를 계승했다.

군대밥도 한 그릇 먹지 않고서 28세 애숭이가 원수가 되었다.

백성을 굶겨 죽이는 독재자는 천벌 받아야 마땅한 대상이다.

정치범으로 백성을 목조이며 수용소에서 짐승 취급을 한다.

지구상에서 가장 잔악무도한 공개처형의 총살을 감행한다.

탈북자가 속출 압록강을 넘고 중국을 거쳐서 자유를 찾는다.

동토의 땅에서 북한 동포들은 먹구름 속 생지옥에 갇혀 있다.

마왕 김정은이 핵과 미사일로 서울과 워싱톤을 겨누고 있다.

핵 공갈치는 무모한 불장난을 절대로 묵과해서는 아니 된다.

깡패의 손에 칼을 쥐도록 하면 칼을 휘둘러 피 흘리게 된다.

미친개는 사람을 물지 못하게 몽둥이로 때려 잡으라고 했다.

미친 개 처럼 핵장난하는 자는 주저하지 말고 박살내야 한다.

자유, 민주의 통일을 위해서는 핵전쟁의 공멸은 막아야 한다.

불바다 공갈에 주눅들지 말고 한미공조로 통일을 해야 한다.

(2013. 3. 7. 김흔중)

502

잠 못이루는 밤

해 저물어
정적이 흐르니
밤은 안식의 고향이다.

땀을 씻고
밤을 사랑하면
엔돌핀 솟아 오를 것을

홀로 앉아
잠 못 이루며
창 밖 매화꽃이 연인되니

낮이 있고
밤이 없다면
별들의 미소는 어찌하리.

심야의
야상곡에 감싸여
신비의 자연에 탐닉하련다.

(2013. 3. 5. 김흔중)

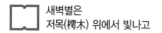

사랑하며 둥글게 사라 가자

인간은 우주공간에서 나그네로 사라 간다.
태양이 둥글고 지구가 둥글며 달이 둥글다.
우리의 삶을 둥글게 살라고 암시하고 있다.

둥근 사람이 되어야 한다.
친절한 마음에는 친구가 찾아 오며
모난 마음에는 찾아 온 친구가 떠나 간다.

둥글게 일하며 사라야 한다.
모진 돌이 정 맞는다고 했으니
모나게 일하면 사람이 등 돌리고 도망간다.

둥글게 말을 해야 한다.
항상 칭찬과 감사를 해도 부족한데
모난 말은 다른 사람이 상처받고 돌아선다.

둥글게 늘 즐거워야 한다.
강강술래는 손에 손 잡고 즐겁지만
모나게 즐기면 끝에 가서 싸우고 헤어진다.

둥근 태양같이 빛을 발해 따뜻하게 사랑하자.
둥근 지구 같이 해가 뜨고 질 때까지 사랑하자.
둥근 달같이 티 없이 맑고 깨끗하게 사랑하자.

(2013. 3. 3. 김흔중)

현충원에서 이색적인 입학식이 있었다

(3·1절을 앞두고)

순국선열과 호국 영령이 잠든 현충원에서 입학식을 가졌다.
충남의 한 영재교육원 학생들이 대전현충원을 찾은 것이다.
손에 손에 태극기와 꽃을 든 학생들 모두 경건한 자세였다.

국가를 위해 목숨 바친 선열의 묘역으로 줄 지어 이동했다.
세워진 묘비를 정성스럽게 닦고 태극기와 꽃을 꽂아놓았다.
국가안보 실종을 어린학생들의 참된 애국심에서 찾게 된다.

국가안보의 산 역사교육의 현장이 있다.

남한산성을 한 바퀴 돌아보며 병자호란을 꼭 기억해야 한다.
한산도를 찾아가 임진왜란을 뒤돌아 보며 교훈삼아야 한다.
강화도를 돌아보며 일제강점의 치욕적 역사를 알아야 한다.

판문점을 방문해 북한땅을 바라보며 6·25를 상기해야 한다.
백령도, 연평도에 가서 호전적 도발현장을 바라보아야 한다.
국가 정체성과 국토방위는 총화 안보태세로 확립해야 한다.

〈안보 없는 평화가 없고, 평화 없는 행복이 없다〉

(제94주년 3·1절에 즈음하여. 김흔중)

505

3·1절의 단상

태양이 없으면 암흑 속에서 얼어 죽는다.
공기가 없으면 숨쉬며 사라갈 수 없고
물이 없으면 모든 생물은 말라 죽으며
먹이가 없으면 동물은 굶어서 죽는다.

국토를 잃으면 강국의 식민지에 속한다.
주권을 잃으면 자유가 없는 노예가 되고
언어를 잃으면 앵무새 신세로 지꺼리며
문자를 잃으면 민족의 정체성을 잃는다.

조국이 있기에 해가 동녘에 다시 솟는다.
애국자들이 있어 주권을 찾을 수 있었고
언어의 독창성을 다시금 구사하게 되며
한글이 있어 민족의 긍지를 다시 살렸다.

한반도 통일과 한민족 통합을 해야 한다.
자유, 평화, 복지, 행복의 새 시대를 열고
한글, 언어, 예술, 문화 한류를 전파하며
아시아태평양시대 종주국이 되어야 한다.

(2013. 3. 1. 김흔중)
제94주년 3·1절을 맞으며

506

청 문 회

그 慾心
죽을 줄 모르고
꿀물을 마시듯
삼키고 탈나는
그 비리의 탐욕

그 貪慾
이제 노출되어
정의 와 정도를
뒤늦게 깨닫는
그 후회의 참회

그 懺悔
부끄러워하며
하늘을 향해서
두 무릎 꿇는
청문회가 되라.

(2013. 2.28. 김흔중)
각료 청문회를 바라보며

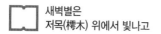

박근혜 대통령 취임식은 장엄한 축제였다

제18대 대통령 취임식에 7만여명이 구름떼 처럼 모여서
새 희망의 새 시대에 새 여성대통령 시대를 활짝 열었다.

역대 대통령을 비롯해 외국원수들과 많은 외교사절
국내외 귀빈들이 입추의 여지없이 운집하여 경축했다.

국회 의사당 광장에 태극기 물결치며 애국가 우렁찼고
푸른 하늘에 아리랑 판타지의 화음이 높이 울려퍼졌다.

국민들이 신뢰하여 박근혜를 선택, 통치자로 세웠기에
대한민국에 국민행복과 대통합의 새시대가 열리게 됐다.

온 국민들의 희망시대가 국회 의사당에 뿌리를 내렸고
청와대 상공에 축복의 서광을 부챗살처럼 널리 펼쳤다.

대한민국의 정체성과 정통성은 필사적으로 지켜야 하며
자유민주주의, 시장경제체제가 확고히 보장되어야 한다.

군 통수권자로서 강력한 외유내강의 리더십을 견지하여
핵을 비롯해 비대칭군사력에 적극적으로 대처해야 한다.

적화통일의 전략, 전술에 말려든 종북세력을 척결하고
자유와 평화의 한반도 통일 시대를 서서히 열어야 한다.

국가 안보와 경제 부흥은 견고한 수레의 두 바퀴가 되고
전방위 국익 외교와 한·미 동맹관계는 강화되어야 한다.

헌정질서를 바탕으로 법치주의를 기본적으로 실천하고
보안법을 엄격하게 적용하며 공권력은 회복되어야 한다.

대통합을 위해 우선하여 전교조 좌파세력을 순화시키고
남남갈등이 해소되도록 종북세력을 발본색원해야 한다.

공직자들에게 만연된 물질만능의 부패의식이 청산되고
망국적 금권정치가 근절되며 정치인들이 거듭나야 한다.

경제적부흥을 위하여 실용적FTA, 금융정책, 노동정책을
철저히 내실화하여 경제 위기극복에 총력을 쏟아야 한다.

빈부격차의 양극화 해소를 위하여 조세정책을 개선하고
세습의 부익부, 빈익빈의 불평등을 적법하게 풀어야한다.

현실적인 시급한 과제인 일자리 창출은 3D현상을 극복해
적재적소의 일터를 선호토록 하는 대책을 마련해야 한다.

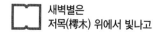

사회통합을 위해 이념적 좌경의 진보 세력을 순화시키며
세대간,계층간,지역간,국가관 등 대립의 해소가 시급하다.

창조적 미래를 위해 첨단 두뇌의 과학자를 많이 기용해
세계화에 부응토록 선진화 기반을 공고히 구축해야 한다.

한국형 천민 자본주의 병폐를 근본적으로 뿌리 뽑아 내며
정경유착 고리를 끊고, 권력형 부정부패를 청산해야 한다.

경제 민주화를 위해 경제정의, 기업윤리를 실천강령으로
생산성증대,균형분배가 조화된 기업육성이 우선과제이다.

복지정책은 풍요속에 상대적인 빈곤 체감의 의식구조를
불식시키며 땀의 대가를 찾도록 복지혜택을 주어야 한다.

백년대계의 교육정책은 정권이 바뀔 때마다 혼선이 있어
가정,학교,사회의 삼위일체 교육개혁이 절실히 요망된다.

참신한 능력위주 인재들을 새포도주를 새부대에 담듯이
지연,학연,혈연을 초월한 실질적 탕평책을 적용해야 한다.

싸이의 강남스타일 말춤의 한류가 온 지구촌을 뒤흔들며
취임식에 싸이 말춤이 흥겹게 전파를 타고 소용돌이 쳤다.

문화융성으로 대통령의 한류가 지구촌 곳곳에 전파되어

대처, 메르켈 못지않는 여성 통치자로 부상되기를 바란다.

취임사에서 천명한 제2의 한강의 기적을 반드시 이루고
모든 公約이 성실하게 추진되어 空約이 되지않아야 한다.

모든 일은 시작이 반이지만 더 중요한 것은 마지막이기에
초지일관해 국민행복의 알찬 열매를 풍성히 맺기 바란다.

박 대통령은 아시아 태평양시대에 종주국이 될 수 있도록
5년 아닌 5백년의 새역사 창조에 웅비의 나래를 펴야 한다.

(2013. 2. 25. 김흔중)
박근혜 대통령 취임식에 즈음하여
성공한 여성 대통령이 되기를 기원한다.

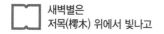
〈追記〉

이명박(李明博), 대통령(大統領),
취임식(就任式)을 별견(瞥見)한다.

제17대 대통령 취임식에 5만여 명이 운집한 가운데
역사의 새로운 장을 펼쳐 이명박 시대가 열렸다.

역대 대통령과 외국원수와 사절들이 많이 참석하여
식장은 국내외 귀빈과 국민들로 파도를 이루었다.

좌파정권을 청산한 승리의 함성이 하늘에 치솟고
여의도의 국회의사당을 환호속에 뒤흔들어 놓았다.

국민들은 이명박을 선택하여 대통령으로 세웠으며
이명박 대통령은 섬기는 낮은 자세를 강조하였다.

대통령 취임식에서 천명한 국민과의 모든 약속을
철저히 준수하고 신뢰성을 반드시 견지해야 한다.

역대 정권의 실정(失政)을 반면교사로 교훈 삼아
국가의 정통성과 정체성을 확고히 회복해야 한다.

대한민국이 헌법에 기초한 법치국가로 변화되어서
자유민주주의 시장경제체제로 발전이 되어야 한다.

한미 동맹관계가 회복되고 한반도 주변국가들과의
외교강화로 국가안보와 선진경제를 이룩해야 한다.

대북지원의 햇볕정책은 실용적 차원으로 수정하여
통일정책과 남북관계는 종북에서 탈피되어야 한다.

정당정치의 기본질서 확립을 위해 당적의 변경은
탈당후 6 개월내에 타당에 입당이 불가해야 한다.

전반으로 만연된 물질만능의 국민의식을 쇄신하며
망국적인 금권정치(Plutocracy)는 근절이 되어야 한다.

빈부의 격차를 좁혀서 계층간의 갈등을 청산하며
복지우선의 정책을 세워 사회를 안정시켜야 한다.

교육정책은 정권이 바뀔 때마다 빚어진 혼선으로
물의가 없도록 백년대계의 정책을 수립해야 한다.

참신한 인물을 새부대에 새포도주를 담듯이 하여
지연, 학연, 혈연을 타파해 인재를 등용해야 한다.

권력형 정경유착의 악순환을 답습치 않도록 하며
공직자들의 부정부패를 근본적으로 척결해야 한다.

대통령의 고유 권한인 사면의 남용을 억제하면서

권력형 친인척 부정부패의 온상을 제거해야 한다.

정치적 보복은 용납되지 않지만 좌경 친북세력의
척결은 불가피하며 보안법 폐지는 막아야만 한다.

경부운하건설 등 주요 공약사업은 여론을 수렴하여
불도저식으로 밀어붙인다는 오해가 없어야 한다.

취임사에서 제시된 모든 약속은 단계적 실천으로
실질적 公約이 추진되어 空約이 되지 않아야 한다.

모든 일에는 시작이 중요하지만 더 중요한 것은
마지막이다. 이명박 정권 5년의 결산이 중요하다.

(2008. 2. 25. 김흔중)

한해를 넘기며

요지경의 세상
야수보다 더 무섭게 살육하여 죽이고 짓밟는
민족의 분쟁과 전쟁의 포연은 멈추지 않았고
세상 권세 잡은 자들에게 수난을 당하고 있다.

혼탁한 사회
삼강오륜은 쓰레기통에 버려진 지 오래이며
가치관의 도착으로 사회질서는 파괴되었고
배불러 배터지고 배고파 굶어 죽는 세상이다.

자연의 순리
호박의 넝쿨에서는 호박이 주렁 주렁 열리고
고구마 줄기에는 고구마가 탐스럽게 달리며
우물가의 앵두나무 가지에는 앵두가 열린다.

역천의 원리
팥 심은데 팥이 나고, 콩 심은데 콩이 나지만
도라지가 돌연 양귀비의 꽃을 피우지 못하며
배나무에서 홍옥의 사과를 절대로 딸 수 없다.

인과의 응보
마음에 악을 가득 심으면 언젠가 독사를 낳고

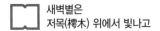
선하고 인자한 마음은 아름다운 열매를 맺으며
용서는 생명을 찾고, 저주는 생명을 빼앗는다.

인간성 회복
자연의 순리는 아름답고 사람의 본심은 선하다.
열반고승이 남긴 "산은 산이요 물은 물인 것"을
새삼스레 포장해석할 필요성은 전연 없으리라.

多事多難 했던 壬辰年을 보내며
(陰) 섣달 그믐날 김흔중

노인들의 목욕탕 교훈

겨울철의 목욕이
고령자들의 고귀한 생명을 앗아가는
경우가 놀랍게도 빈번하다.

일본인이 즐기는 목욕 문화에 관련한 사망자 수가
연간 1만7천명이나 되어 교통사고의 4배가 넘었다고 한다.
우리나라도 예외가 아니다.

온천을 자주 찾고 사우나탕을 애용하며
휴식의 사랑방으로 삼기도 한다.
나는 팔달산 하록에 위치한 성균관대 전철역 부근
북수원 온천을 월 1회 정도 찾아가 피로를 풀 때가 있다.

작년 겨울철 어느 날이다.
먼저 들어가는 저온인 39도의 온탕에
4명이 몸을 담그고 있었고,
다른 열탕과 밖에는 40여명이 넘었다.

온탕안의 나와 불과 1미터 전방 물속에서 검정 머리가
떠오르더니 이어 상체가 떠올랐다.
기절한 상태의 노인을 최초 발견한 자는 나였다.

깜짝 놀라 소리지르며 구급을 요청한 다음

휴게실로 옮겨져 청년이 심폐소생술을 시도했다.
그러나 소생이 불가해서 119를 통해 병원으로 후송했다.

다음날 확인해 보니 불귀의 객으로 세상을 떠나고 말았다.
나는 북수원 온천에 가는 횟수도 줄였고
그 온탕에는 꺼림칙해서 들어가지 않는다.

노인 친구들에게 경고한다.
추운날 옷을 벗으면 체온과 외부 온도 차가 커지면
혈관이 축소되어 혈압이 상승한다.

온탕 속에 들어간 직후에도 뜨거운 물의 자극으로
혈압이 다시 올라 간다. 하지만 뜨거운 물속에
계속 있으면 혈관이 넓어지면서 혈압이 급강하게 된다.
이러한 혈압의 급격한 변화로 고령자들이
기절하면서 익사한다.

입욕 사망자는
뇌졸중, 뇌출혈, 심근경색, 골절후유증 등 다양하다.
혈압이 급속히 올라가서 혈관이 터지면 뇌졸중이 올 수 있다.
갑자기 혈관이 확장되어 저혈압으로 뇌에 피가 가지 않아도
순간적으로 뇌졸중이 올 수도 있다.

입욕전 대비가 있어야 한다.
온탕에 들어가기 전에 온몸 체조를 통해 혈액순환을 돕고

몸의 근육을 적당하게 풀고 샤워를 해야 한다.
그리고 온탕에 들어가 몸을 서서히 덥혀야 한다.
온도 차가 큰 냉탕과 온탕을 번갈아 들어가는 것은
삼가야 한다.

특히 고혈압 약을 복용하거나 심장이나 뇌질환을 앓고
있으면 조심해야 한다. 노인은 혼자 목욕탕에 들어가는 것을
피하고 친구와 함께 탕에 들어가야 한다.

고귀한 생명을 단축시킬 수도 있고 연장시킬 수도 있다.
자주 목욕탕을 찾는 것보다는 적절한 운동을 해야 한다.
높은 산의 등산보다는 산책의 길을 택해야 한다.

누구든 장수를 하려거든
뇌기능을 활성화시키며 정신적인
스트레스를 피하고 적절하게 여가선용을 해야 한다.
더욱 중요한 것은 평상시에 식생활의 섭생(攝生)과
욕심을 버리고 자족(自足)하는 일상생활이 필요하다.

(2013. 2. 5. 김흔중)

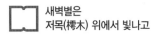

연두 초야
(年頭 初夜)

癸巳年
소망이 넘치는
새 아침이
찬연히 밝아 왔다.

혹한의
날씨를 무릅쓰고
장엄한 일출
해맞이에 열광했다.

초하루의
해가 저물어
함박눈이 내리며
대지를 깨끗이 덮는다.

뱀의 해에
더럽고 추했던
허물을 벗고
새롭게 거듭나야 한다

365일
어둠이 사라지고
빛의 세상으로
밝아 오기를 기원한다.

(2012. 1. 1)
저녁에 김흔중

520

새해 아침(壬辰年)

격동의 한해가 저물어
역사의
뒤안길로 멀리 사라지고

이제
어둠의 장막이 걷히니
수평선에
서광의 햇살이 퍼진다.

동산 위에
찬란한 꿈이 솟구치고
부푼 소망이
무지개처럼 펼쳐지며

매화의
미소에 오롯이 숨겨진
오상고절의 기상은
밝은 햇살에 화사하다.

온누리에
은혜와 축복이 넘치며
소망의 문이
새해 아침에 활짝 열린다.

(2013. 1. 1. 김흔중)

癸巳 元旦

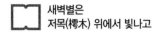
새벽별은
저목(樗木) 위에서 빛나고

박근혜(朴槿惠), 대통령(大統領)
당선인에게 바란다

外柔內剛 初志一貫, 　憲政基本 法治重視.

安保于先 經濟最善, 　社會統合 國論統一.

國土守護 戰力增强, 　四强重視 實利外交.

從北勢力 早期退治, 　理念馴化 價值共有.

保守進步 葛藤解消, 　南北對話 漸進拍車.

福祉置重 貧富緩和, 　階層打破 衡平增進.

勞使協力 不滿解消, 　企業育成. 生産增大.

百年大計 敎育革新, 　文化暢達 韓流振興.

不正腐敗 完全一掃, 　正義社會 積極實現.

約束實踐 政策貫徹, 　初心不變 最後勝利.

壬辰年 歲暮에

김흔중

522

흑룡의 비상
(黑龍의 飛上)

용호상박(龍虎相搏)이 아닌
흑룡과 두꺼비의 싸움에서
승패를 결정짓는
決戰의 날이 다가왔다.

두꺼비에 편들며
吸血鬼의 이빨로
흑룡을 할퀴려 하지만
그들은 무기력할 뿐이다.

두꺼비가 독을 내뿜어도
흑룡의 밥이 되면
독이 약이 되어
흑룡의 꼬리에 활력이 넘친다.

흑룡이 푸른 하늘 높이 솟구쳐
새누리에 소망을 안기고
새시대의 무지개 꿈을 펼치리니

흑룡의 해 12월 19일에
북악산 상공에 瑞雲이 퍼지니
흑룡이 한강에서 비등(飛騰)하여
힘차게 꿈틀대며 飛上하리라.

대통령선거 투표일 새벽에
　(2012.12.19. 김흔중)

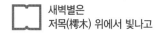
이런 대통령 후보에게 투표하자(시리즈-15)

① 대통령은 국가 발전의 백년대계를 위한 교육정책을 대폭수정하고, 교육혁명으로 의식구조 개혁 및 국민정신을 쇄신하여 정신문화를 창달해야 한다.

② 대통령은 가정교육, 학교교육, 사회교육의 삼위일체 교육 시스템을 구축하여 21세기 교육혁신연구원을 설치. 내실 있는 교육혁명을 추진해야 한다.

③ 대통령은 가정교육의 문제점을 해소하기 위해 맞벌이 부부의 어린이는 국영 및 기업체 탁아소 설치의 의무화로 어린이 100% 수용, 유아교육를 실시해야 한다.

④ 대통령은 교사 질적 향상, 교사 처우개선, 전교조 척결, 교과서 대폭수정, 인격 및 도덕성 함양, 역사교육 강화, 학원비리 및 학교폭력 근절에 역점을 두어야 한다.

⑤ 대통령은 가정파탄의 예방책, 사교육비 근절, 가치관혼란의 정화, 사이비 종교의 척결, 문화 및 체육생활화, 취미생활의 정착 등에 관심을 기울여야 한다.

(2012. 12. 15. 김흔중)

524

이런 대통령 후보에게 투표하자(시리즈-14)

① 대통령은 북한의 핵, 미사일, 대량살상무기를 보유한 비대칭군사력을 극복할 수 있도록 전력증강에 박차를 가하고 테러전과 국지전에 철저히 대비해야 한다.

② 대통령은 주한 미군철수, 한미연합사 해체, 전시작전권 환수는 남북간 비대칭군사력이 상쇄될 때까지 현재의 한미연합군 체제를 유지토록 해야 한다.

③ 대통령은 북한이 정전체제를 평화체제로 전환하여 주한미군을 철수시키겠다는 위장전략에 의해 서해5도서를 점령, 수도권 위협의 획책에 대비해야 한다.

④ 대통령은 북한의 후방 간접(間接) 침투전략에 의해 남한내에서 내란, 폭동, 봉기, 불법시위 등 내부 교란을 획책하는 국가조직을 발본색원해야 한다.

⑤ 대통령은 그간 반국가 행위로 인해 전과자였던 종북 주사파 세력들이 국회에 진출했으나 국회에 프락치가 둥지를 틀지 못하도록 대책을 강구해야 한다.

(2012. 12. 14. 김흔중)

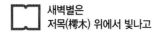

이런 대통령 후보에게 투표하자(시리즈-13)

① 대통령은 이스라엘의 수난사와 이스라엘 정신을 교훈으로 삼아 국토
방위와 민족 통합을 우선 과제로 삼아 세계화 시대에 부응하는 국가
중흥의 역사를 창조해야 한다.

② 대통령은 이스라엘이 북 이스라엘과 남유다 국가로 분열된 후 북 이
스라엘이 앗수르에게 패망하고, 남 유다가 바벨론에게 패망, 공멸한
사실을 교훈으로 삼아야 한다.

③ 대통령은 이스라엘의 디아스포라(diaspora)들이 게토(ghetto)생활
을 하며 민족의 수난청산과 고토수복의 시온니즘(zionism)을 상기,
이스라엘 건국('48.5.14)의 역사를 재조명해 보아야 한다.

④ 대통령은 이스라엘이 건국과 동시에 4차중동전쟁의 수난에 이어 팔
레스타인 자치정부의 요르단강 서안 및 가자지구와의 영토전쟁을 타
산지석으로 삼아야 한다.

⑤ 대통령은 이스라엘의 4차중동전쟁의 연승과 피해를 당했을 때 반드
시 보복하는 군사력의 힘과 이스라엘 남녀노소의 애국정신을 교훈삼
아 국가안보를 튼튼히 해야 한다.

(2012. 12. 13. 김흔중)

이런 대통령 후보에게 투표하자(시리즈-12)

① 대통령은 전쟁사의 흐름이 무력전, 경제전, 문화전으로 점차 전이 (轉移)되는 국제적 역학관계가 G2 중심으로 재편되는 현실에 적극 대처해야 한다.

② 대통령은 국방력에 의한 영토보존의 기반구축은 경제와 문화에 중점을 두어 국력신장에 총력을 경주하며 물질만능과 가치관 혼돈을 바로잡아야 한다.

③ 대통령은 G2의 패권국가에 실리적 외교관계를 유지하며 북한의 적화통일전략과 통일전선전술에 능동적으로 대처하면서 자유민주의 통일국가를 건설해야 한다.

④ 대통령은 국가안보 없는 국가경제는 사상누각이기에 총화안보의 요체인 정치, 경제, 사회, 문화, 교육, 종교, 군사 등의 총체적 총화안보체제를 구축해야 한다.

⑤ 대통령은 미국의 국가정책과 군사전략에 능동적으로 대처하며 북한의 무력적화통일을 억제할 수 있도록 우선적으로 한미동맹관계를 공고히 유지해야 한다.

(2012. 12. 12. 김흔중)

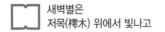
이런 대통령 후보에게 투표하자(시리즈-11)

① 대통령은 한반도 주변강국의 전쟁원칙을 분석하여 우리나라의 전쟁
원칙을 심층 연구, 우세를 유지할수 있는 군사전략가의 군통수권자
가 되어야 한다.

② 대통령은 한국의 전쟁 12개 원칙인 목표, 정보, 공세, 기동, 집중, 기
습, 경계, 통일, 절약, 창의, 사기, 간명 등의 원칙을 적용할 수 있는 전
략과 전술의 용병술에 능해야 한다.

③ 대통령은 북한군의 전쟁 5개 원칙인 집중과 분산, 기습, 기동성, 기
민하고 영활한 전술, 비밀보장 등에 의한 제2의 6·25와 같은 기습
도발이 있을 경우 개전초기에 완전히 무력화(無力化)시켜야 한다.

④ 대통령은 중국의 전쟁 10개 원칙인 전략과 작전의 일관성, 유격전과
운동전의 조화, 유생역량 섬멸, 무적정신과 연속전투, 집중, 포위섬
멸, 속전속결, 소모전 회피, 전약적선공, 포로우대 등에 의한 동북공
정과 북·중의 혈맹관계에 적극적으로 대비해야 한다.

⑤ 대통령은 일본의 전쟁 9개 원칙인 목표, 공세, 집중, 절약, 지휘통
일, 기동, 기습, 경계, 간명 등에 의한 우리의 영토인 독도의 침범에
대비하고, 북, 중, 러, 일 4강의 협공을 철저히 억제해야 한다.

(2012. 12. 11. 김흔중)

전쟁원칙의 정의 및 도출을 알아야 한다

1. 전쟁원칙(戰爭原則)의 정의(定義)

① 전쟁원칙이란 전쟁의 제반 현상에서 나타나는 공통되는 법칙이다. 이는 인류가 역사상의 여러 전쟁경험을 통하여 귀납법적으로 도출한 군사운영상의 원칙이다. 또한 전쟁수행 전반을 지배하는 기본원리이다.

② 따라서 전쟁원칙은 전략·작전·전술·전투를 수행하는 기준이며 결과를 평가하는 준거(準據)이다.

③ 즉 전쟁의 주체(主體)가 전쟁승리를 위하여 수단과 방책을 효율적으로 통할(統轄)하는 기본원리(基本原理)이다.

2. 전쟁원칙(戰爭原則)의 도출(導出)

① 전쟁원칙을 역사상 최초로 제시한 군사이론가는 조미니(Jomini:1779. 3. 6 스위스 파이에른(Payerne) 출생 ~ 1869. 3. 24 파리에서 사망)였다. 조미니는 1806~1816년 어간에 「대군사 작전론」, 1829년 「전략전술에 관한 소개」, 「1838년 전술개론」에서 전쟁원칙을 소개했다.

② 중세(中世) 이전까지만 해도 대부분의 군사 전문가들은 전쟁원칙의 존재자체를 부정하였다.

① 그 대표적인 예로, 프랑스의 삭세(Saxe) 장군은 "전쟁은 암흑으로
  덮힌 과학이다. 모든 과학은 원칙을 갖고 있지만 전쟁의 경우에만
  없다."라고 극단적인 부정을 했다.

② 나폴레옹은 "전쟁원칙이란 청사에 불후(不朽)의 무훈(武勳)을 세운
  명장들의 제법칙(諸法則)이다."라는 견해를 내세워 전쟁원칙의 존재
  를 암시했다.

③ 마침내 조미니(Jomini)가 나폴레옹의 천재적 용병을 연구함으로써
  체계화된 전쟁원칙을 제시하였다. 조미니(Jomini)는 연구결과 "사
  실에 의해서 증명된 참된 전쟁원칙은 어느 시대를 막론하고 존재하
  였다. 그리고 그 원칙은 불변이다."라고 전쟁원칙의 존재에 대하여
  분명한 입장을 밝혔다.

④ 또한 클라우제 비츠(Clausewitz : 1780~1837 프러시아)는 전쟁론
  (클라우제 비츠가 사망한 후 1832~1837 사이에 10권으로 출판됨)
  제3권의 첨부책자「프레드릭 황태자(皇太子) 전하에게 군사학 강의
  를 요약해 드리는 전쟁수행의 중요한 원칙」에서 전쟁원칙을 소개하
  였다.

이런 대통령 후보에게 투표하자(시리즈-10)

① 대통령은 국민의 왜곡된 이념과 사상을 바르게 순화시켜 무형의 국력으로 승화시켜야 한다.

② 대통령은 반국가적인 조직과 단체는 결사의 자유를 제한하여 건전한 애국단체로 변화되도록 계도해야 한다.

③ 대통령은 국민의 굴절된 이념과 사상은 학교교육 및 사회교육을 통해 민주시민 의식 구조로 순화시켜야 한다.

④ 대통령은 합법적인 결사 및 군중시위의 자유는 허용하되 불법적인 각종 집단행위는 책임을 물어 엄단해야 한다.

⑤ 대통령은 국가안보, 국가치안, 사회질서의 회복을 위한 보안법 및 공권력 행사를 적법하게 집행해야 한다.

(2012. 12. 10. 김흔중)

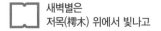
축복의 기원

아침 햇살에 떠오른 무지개여!
동녘 하늘에 펼쳐진 꿈이
백성들에게 단비가 되게 하소서.

황혼에 이글대던 태양이
아름다운 꿈으로 잉태되어
새 아침에 큰 소망이 되게 하소서.

새누리를 밝혀 줄 뭇 별들도
그토록 아침을 기다렸으니
그 꿈이 백성의 꿈이 되게 하소서.

동토의 어둠속에서 방황하며
헐벗고 굶주리는 백성에게도
기름진 양식을 먹일 수 있게 하소서.

새로운 기적의 꿈을 이루리니
오십년이 아닌 오백년을 향해
새로운 역사를 창조하게 하소서.

새 시대의 큰 소망을 펼치리니
온 백성이 벌떼처럼 모여 들어
승리의 개가를 힘차게 부르게 하소서.

(2012. 12. 10. 김흔중)
박근혜
18대 대통령 당선을 기원하며

이런 대통령 후보에게 투표하자(시리즈-9)

① 대통령은 인류역사의 전쟁과 평화의 양면적 역사의 흐름을 냉철히 간파하여 평화를 위한 전쟁에 대비해야 한다.

② 대통령은 패권국가들의 핵 및 첨단 군사력에 의한 약육강식(弱肉強食)의 영토확장 전략에 주도면밀하게 대비해야 한다.

③ 대통령은 전쟁은 연기할 수는 있어도 전쟁을 피할 수 없다는 엄연한 역사적 사실에 능동적인 전략으로 대처해야 한다.

④ 대통령은 연성(軟性)인 국론통일과 안보의식을 기반으로 하여, 경성(硬性)인 적정수준의 군사력 증강을 가속화 해야 한다.

⑤ 대통령은 대치하고 있는 적에 우선하여 내부의 적을 척결해서 내우외환(內憂外患)이 없도록 조기에 조치해야 한다.

(2012. 12. 9. 김흔중)

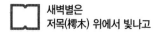

이런 대통령 후보에게 투표하자(시리즈-8)

① 대통령은 대한민국 법통과 건국이념을 계승하여 국가 정체성과 정통성을 확고히 해야 한다.

② 대통령은 자유민주주의의 정치체제를 확립하고 좌파세력의 공산주의 이념을 교화시켜야 한다.

③ 대통령은 대한민국의 헌정질서를 파괴하는 반국가적 범법행위는 단호하게 의법 처리해야 한다.

④ 대통령령은 헌법을 기본으로 한 실정법을 엄중히 집행하여 각종 범죄를 근절하고 사회질서를 회복해야 한다.

⑤ 대통령은 인치주의를 철저히 배격하고 법치주의를 기본으로 하여 정의사회를 건설해야 한다.

(2012. 12. 8. 김흔중)

이런 대통령 후보에게 투표하자(시리즈-7)

① 대통령은 국제시장을 확장하고 시장경제체제를 적극적으로 확립, 유지, 발전시켜 경쟁력 있는 경제대국을 건설해야 한다.

② 대통령은 대, 중, 소(영세) 기업을 균형적으로 발전시켜 삼각 기업구조의 종속적 모순과 경영지배의 세습을 막아야 한다.

③ 대통령은 경제질서 유지를 위해 개인 및 기업의 경제적 자유와 창의를 존중하고 경제 정의와 기업 윤리를 확립시켜야 한다.

④ 대통령은 경제 자유화에 입각하여 지속적으로 성장을 촉진시키고, 적정한 소득 분배에 의한 복지국가를 건설해야 한다.

⑤ 대통령은 빈부격차 완화, 중산층 확대, 저소득층 보호 등 시민 사회구조를 개선하여 국민행복을 공유토록 해야 한다.

(2012. 12. 7. 김흔중)

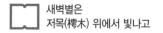

이런 대통령 후보에게 투표하자(시리즈-6)

① 대통령은 헌법 제3조의 "대한민국의 영토는 한반도와 그 부속 도서로 한다"의 영토 조항을 지속적으로 지켜야 한다.

② 대통령은 한반도를 통일하고, 한민족을 통합할 수 있는 자유민주적 기본질서에 입각한 통일정책을 제시해야 한다.

③ 대통령은 군사력에 의한 흡수통일이 아니라 북한의 개혁, 개방을 위한 정치, 경제적인 변화를 촉구하고 협력해야 한다.

④ 대통령은 북한이 최악의 경우 붕괴된다면 능동적인 대북 지원으로 신속히 평화적인 통일기반을 구축해야 한다.

⑤ 대통령은 종북적 자세가 아니라 인도주의적 차원에서 식량, 의료지원 등 민생분야는 투명성 있게 지원해야 한다.

(2012. 12. 6. 김흔중)

536

이런 대통령 후보에게 투표하자(시리즈-5)

① 대통령은 한반도 주변 4대 강국과의 실리외교를 통해 국익을 선점하여 아시아 태평양시대의 종주국을 건설해야 한다.

② 대통령은 G2의 Fax Americana 및 Fax Cinica 시대의 국가정책과 군사전략에 능동적으로 대처하고, 한미동맹관계는 공고히 해야 한다.

③ 대통령은 독도와 이어도의 영토주권을 수호하고, 해양전략을 발전시켜 반도국가로서의 해양세력을 확장해야 한다.

④ 대통령은 동해와 서해의 전관수역, 해양자원, 어로작업 등 수중, 수역 보호와 해상충돌 방지를 위한 대책을 강구해야 한다.

⑤ 대통령은 해양보호와 안전을 위한 해군함정과 해양경찰의 긴밀한 지휘 통제체제와 해양 전력 증강에 관심을 기울여야 한다.

(2012. 12. 5. 김흔중)

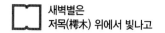
이런 대통령 후보에게 투표하자(시리즈-4)

① 대통령은 헌법 제1조의 "대한민국은 민주공화국이다"라는 국체와 정체
를 수호하고 반국가 단체를 집권초기에 발본색원해야 한다.

② 대통령은 주적 개념을 정립하고 전면전과 국지전, 정규전과 비정규전,
각종 테러전의 배합에 의한 속전속결의 대남전략에 대비해야 한다.

③ 대통령은 보안법과 공권력을 엄격히 집행하여 국가를 전복하려는 세력
(간첩침투, 고정간첩 활동, 프락치 활동, 불법시위 등)을 척결해야 한다.

④ 대통령은 종북 좌경화 세력(노동자, 대학생, 종교인, 도농빈민 등)의
반국가 활동을 근절할 수 있는 근본적인 대책을 철저히 강구해야 한다.

⑤ 대통령은 반국가 활동방법인 합법, 반합법, 비합법, 폭력, 비폭력의 각
종 투쟁을 미연에 방지할 수 있는 원천적인 조치를 해야 한다.

(2012. 12. 4. 김흔중)

이런 대통령 후보에게 투표하자(시리즈-3)

① 대통령은 6 · 25남침전쟁으로 피아 250만명 이상 인명 피해를 발생케 한 전범자 김일성을 유엔의 ICC에 재소해야 한다.

② 대통령은 KAL기 폭파, 아웅산 테러, 무장공비 남파 등 각종 테러의 원흉인 김정일을 유엔의 ICC에 재소해야 한다.

③ 대통령은 300만명 이상의 북한 동포를 아사시킨 책임을 물어 김정일을 민족 반역자로 역사적 심판을 해야 한다.

④ 대통령은 김정은 3대 세습체제의 왕조체제, 봉건체제, 독재체제, 무단정치의 선군정치를 철저히 규탄해야 한다.

⑤ 대통령은 북한 6개소 정치범 수용소에서 200만명 이상이 인권을 탄압받고 있어 인권법을 통과시켜 자유를 누리도록 해야 한다.

(2012. 12. 3. 김흔중)

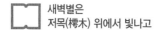
이런 대통령 후보에게 투표하자(시리즈-2)

① 대통령은 종북 좌파가 아닌 헌정질서를 확립할 수 있는 지도자가
되어야 한다.

② 대통령은 군 통수권자로서 국토 방위와 국가 안보를 최우선으로 해
야 한다.

③ 대통령은 국가 안보와 경제를 두 수레바퀴로 하여 국력을 신장시켜
야 한다.

④ 대통령은 배달민족의 혼과 국민 정신문화 창달에 혼신의 노력을 해
야 한다.

⑤ 대통령은 국민의 가치관 혼돈을 바로잡아 사회질서를 시급히 확립
해야 한다.

(2012. 12. 2. 김흔중)

이런 대통령 후보에게 투표하자(시리즈-1)

① 대통령은 대한민국의 정체성과 정통성을 반드시 지킬 수 있는 지도 자이어야 한다.

② 대통령은 국가관, 세계관, 역사관, 통일관, 도덕성, 신뢰성, 진취성, 청렴성을 두루 갖춰야 한다.

③ 대통령은 지연, 학연, 혈연을 떠나 국민의 대표성을 상징하는 통치 자의 자질이 있어야 한다.

④ 대통령은 국민들이 오직 인물 중심으로 신중하게 평가하여 선택을 해야 한다.

⑤ 대통령을 뽑아 놓고 한탄하며 후회하는 어리석은 국민이 되어서는 안 된다.

(2012. 12. 1. 김흔중)

통치자가 갖춰야 할 덕목을 제시한다

① 국가관과 세계관이 투철해야만 한다.

② 도덕성과 윤리적으로 무흠해야 한다.

③ 합리적으로 신속한 판단을 해야 한다.

④ 솔선수범을 하며 모범을 보여야 한다.

⑤ 보수와 진보의 사회통합을 해야 한다.

⑥ 관대한 포용력으로 소통을 해야 한다.

⑦ 국방을 위해 병역의무를 마쳐야 한다.

⑧ 화해와 용서로서 화평하게 해야 한다.

⑨ 정직과 신뢰를 투명하게 보여야 한다.

⑩ 물욕과 탐심을 버리고 깨끗해야 한다.

⑪ 정의를 우선하며 불의를 버려야 한다.

⑫ 인사는 반드시 탕평인사를 해야 한다.

⑬ 정경 유착의 고리를 단절해야만 한다.

⑭ 부정 부패를 근본부터 척결해야 한다.

⑮ 권력의 남용은 절대로 없어야만 한다.

⑯ 논공행상, 신상필벌이 엄격해야 한다.

⑰ 인치가 아닌 법치로 통치해야만 한다.

⑱ 인권 존중과 인권보호를 해야만 한다.

⑲ 박애 정신으로 복지를 우선해야 한다.

⑳ 자유와 민주를 기본가치로 해야 한다.

* 통치자는 철저히 검증해서 선택해야 한다.

(2012. 11. 30. 김흔중)

김영화 박사의 저서(높은 오름 도서출판)
「꽃으로 검을 베다 박근혜 리더십」의 표지 사진이다.

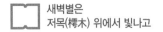
꽃으로 검을 베라(박근혜 리더십)

위 저서를 친구로부터 선물로 받았다.
이 책을 읽으면서 왜 박근혜가
제18대 대통령으로
당선되어야 하는가의
명확한 해답을 이 책 속에서 분명히 찾았다.

나는 대한민국의 역대 대통령 가운데 이승만 건국 초대 대통령과 경제발전의 초석을 놓았고 한강의 기적을 일으킨 박정희 대통령을 가장 존경한다. 박근혜 새누리당 대통령 후보는 정치적 격변기와 소용돌이 치는 혼란 속에 평범치 않은 가정에서 태어났고, 청와대에서 학창시절을 보내며 남들이 체험할 수 없는 희비(喜悲)가 교차되는 성장기의 생활을 했다.

특히 어머니 육영수 여사가 시해된 후, 퍼스트레이디의 역할, 그리고 아버지 박정희 대통령 서거의 청천벽력 같은 급변사태는 그녀에게 충격과 상처를 안겨 주었다. 그러나 좌절하지 않고 꿋꿋하게 독신으로서 웅비의 나래를 펼친 것을 국민들이 누구나 격찬하고 있다.

그녀가 정치에 입문, 국회에 진출하여 한나라당 대표가 되었고, 노무현 대통령 탄핵소추로 인한 후폭풍으로 한나라당이 위기에 처해 있을 때 당당히 당을 재건했으며, 한나라당 비상대책위원장을 맡아 당명을 새누리당으로 바꾸면서 제18대 대통령 후보의 기반을 구축하는데 성공했다.

박근혜 후보는 국가관, 세계관, 안보관, 통일관, 정치철학, 사생관 등이 투철하며 타의 추종을 불허하는 원칙과 신뢰성을 국민들의 마음속에 분명하게 각인시켰다.

민주당 문재인 후보와 무소속 안철수 후보의 단일화에 의한 정치공작은 박근혜 후보에게 유리하도록 그들이 손잡고 필패의 수순을 밟고 있다. 민주당이 종북세력을 규합하여 통합진보당(대표:이정희) 등 야권연맹으로 정권을 창출하겠다는 망상의 정치 공작을 국민들이 절대로 용납해서는 안 된다.

왜 박근혜 후보가 당선되어야 하는가의 해답은 간단 명료하다. 과거 잃어버린 10년의 김대중, 노무현의 좌파정부를 계승할 좌파정권을 다시 허용해서는 안 되기 때문이다.

대한민국의 정통성과 정체성을 확립하고 자유민주주의와 시장경제체제를 확립할 수 있는 통치자를 국민들은 갈망하고 있다. 대한민국의 헌정질서는 반드시 확립되어야 하며 대한민국의 국호와 애국가, 태극기, 무궁화는 영속적으로 존재해야 한다.

끝으로 바라건대 한반도를 둘러싼 열강들의 자국 이익을 위한 역학관계와 김정은 세습체제의 대남적화통일전략에 의한 불확실한 시대에 위기극복의 해법을 찾아야 한다. 또한 국내 정치권에 대한 불신과 첨예화된 계층 간의 갈등을 해소시키며 국가안보와 경제발전의 두 축을 정상화시키는 동시에 통일을 앞당길 수 있어야 한다. 그래서 준비된 박근혜 여성대통령 후보의 탁월한 리더십이 현 비상정국의 상황하에 있어서 절대적으로 필요한 안성맞춤이 될 것으로 확신한다.

(2012. 12. 1. 김흔중)

안철수 풍자비판이 폭주하고 있다

1. 동해바다에서 고래가 뛰니 한강에서 망둥이가 뛰려고 한다.
2. 독수리가 창공을 날으니 부엉이도 창공에 날려고 착각한다.
3. 수영장의 초보선수가 우매하게 태평양을 횡단하려는 것이다.
4. 테니스선수가 복싱 선수가 되려고 한다면 적성에 맞지 않다.
5. 뻐꾸기가 다른둥지를 찾지만 알을 맡길 둥지가 마땅치 않다.
6. 의사가 메스를 들고 적의 대포에 맞서면 백전백패하고 만다.
7. 어리석게도 범 무서운 줄 모르고 설치면 범에게 물려 죽는다.
8. 온실에 있는 화초를 밖에 내놓으면 햇볕에 말라 죽고 만다.
9. 몸은 우파인데 정신은 좌파라는 것은 지조가 없다는 것이다
10. 장군의 목소리는 크고 우렁차며 졸개는 새 소리로 가냘프다.
11. 항상 히죽히죽 웃고 해불죽한 입술로 왜 중얼거리고 있는가
12. 황제처럼 사라온 사람이 전셋집에 살았다면 누가 믿겠는가.
13. 룸싸롱에 가서 술을 마시지 않으면 구경꾼으로 참석했는가.
14. 돈,술,여자가 따라 다니는데 여자 있다는 지적은 거짓인가.
15. 경영인은 결단력이 있어야 하는데 통치자는 없어도 되는가.
16. 주식장사하여 부자 되고서 진보행세하면 소도 안 웃겠는가
17. 경제는 진보이고 안보는 보수라는 이론은 어디서 배웠는가.
18. 뇌물을 주지도 않고 받지도 않았다는 것은 교수의 양심인가.
19. 대한민국에 빨갱이가 없다면 종북 주사파는 빨갱이 아닌가.
20. 정치적 천자문 읽고 사서삼경 읽은 조조들과 겨룰 수 있는가.
21. 노벨과학상의 메달보다 레스링의 금메달이 좋아 보이는가.
22. 샌님 학자가 통치자가 되겠다는 변신은 너무 탐욕이 아닌가.
23. 통치자가 항상 나도 모른다면 국민은 누구말을 믿을 것인가.

24. 여론상승에 환호하다가 여론 추락에 허탈감은 없을 것인가.

25. 권모 술수의 정치인들에게 속아서 발을 찍히지 않을 것인가.

26. 해는 서산에 지려하고 갈길이 바쁜데 어찌 뭉그적 거리는가

27. 대장부가 칼을 뺏으니 모기라도 치려 기회를 엿보는 것인가.

28. 밥이 되던 죽이 되던 출마를 하겠다면 어떤 열매를 맺겠는가.

29. 흑룡과 두꺼비의 싸움판에 누구에게 박수를 쳐야 할 것인가.

30. 365일 天機가 중요하지만 하루 天機가 국운을 좌우할 것이다. .

 * 大韓民國에 太極旗, 愛國歌, 無窮花는 永存해야 한다.

(2012. 9. 11. 김흔중)

짜증나는 단일화의 정치놀음이 가소롭다

이제 대선일을 불과 1개월여를 남겨 놓고 있다. 지금 국민의 관심은 문재인 후보와 안철수 후보의 단일화 여부에 쏠려 있다. 야당은 온통 단일화에 올인하고 있다. 어쩌다가 대한민국의 대통령 선거판이 이 모양이 되었는지 한심스럽다.

야당과 무소속과의 단일화 정치 놀음은 국민을 우롱하는 것이며 정당정치의 틀을 파괴하는 행위이다. 오직 정당 간의 합당 또는 단일화를 하겠다면 일찍이 안철수 측에서 창당을 했어야 했다. 더욱 대선일에 임박하여 민주통합당이 무소속 안철수와 연대 또는 단일화를 획책한다는 것은 치졸한 정치공학의 선거도박이다. 국민들은 정치 도박판을 관전하며 짜증을 내고 있는 것이다. 이러한 정치 도박에 속아서 국민들이 통치자를 잘못 선택해서는 안 된다.

이제 정당의 후보 간에 정책 대결을 서둘러야 한다. 통치자로서 대한민국을 어떻게 끌고 가겠다는 통치자의 청사진을 내놓고 국민들에게 엄중한 심판을 받아야 한다. 여·야간의 후보들은 철저하게 검증을 받아야 한다. 각종 정책의 제시와 철저한 검증을 받아야 하는데 검증받을 시간이 실종되고 있다. 문재인 후보와 안철수 후보가 계획적으로 단일화 정치 놀음을 통해 검증기간을 단축시키고, 검증을 희석시키며, 검증을 회피하려는 전략을 구사한다면 국민을 기만하는 행위이다. 최근 항간에 떠도는 야권 단일화는 "대선일 1주일 전후에 깜짝 쇼로 단일화 할 것이다"라는 여론이 난무하고 있다.

　문재인 후보와 안철수 후보의 단일화는 어느 일방이 되었든 순탄치 못할 것이다. 문재인 측으로 단일화 된다면 안철수 현상은 물거품이 될 것이며 정치 초년생의 시행착오를 감수해야 할 것이다. 따라서 안철수 신드롬에 현혹되었던 순수한 세력들이 중도세력으로 전락하여 박근혜 후보측으로 기울어질 가능성이 크다. 반면에 안철수 후보측으로 단일화가 된다면 민주통합당은 대통령 후보를 내지 못한 불임정당으로 정당정치를 포기하는 분열의 파열음이 가중될 것이다. 그런고로 두 후보중 누구로 단일화 되든 정치적 혼란을 감수해야 할 것이다.

　결론을 맺고자 한다. 대선일을 얼마 남겨 놓지 않은 시점에 정당 간의 합당, 연대, 단일화는 정치공학의 망국적인 정치놀음이다. 더욱 정당과 무소속 간의 연대 또는 단일화는 정당정치를 후퇴시키는 악덕 정치인의 선거도박이다. 서울시장 보궐선거와 같은 정치적 마술은 통하지 않을 것이다.

　안철수 후보는 정치 쇄신을 주장하고 있으나 오히려 구태의연한 단일화의 낡은 정치를 답습하고 있다. 후보자들의 평가기준이 증발해 버리고 여론에 편승해서 어리벙벙한 후보자들이 경합하여 단일화 한다면 그 결과는 어떻게 되겠는가? 반드시 초보 운전자와 같은 급조된 대통령 후보가 아닌 숙달된 운전자와 같은 준비된 대통령 후보가 정당을 초월하여 통치자로 선택되어야 한다.

　제18대 대통령은 국가관, 세계관, 역사관, 안보관, 통일관이 투철한 인물 본위, 능력 중심, 통치역량, 통합능력, 강력한 추진력, 초지일관의 신뢰성 등 강력한 리더십이 골고루 갖춰진 후보자가 통치자로 선택되어야 한다.

(2012. 11. 13. 김흔중)

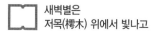
전쟁은 없어야 한다

인간에게 전쟁은 왜 있어야 하나
전쟁이 없으면 평화롭게 살텐데
고귀한 생명을 짓밟고 살육하며
선한 양심이 짐승보다 악해 진다.

흡혈귀의 세상 권세 잡은 괴수가
피흘리는 산골짝을 즐겨 찾으니
머리 속에 박힌 이념과 사상으로
동족들 간에 반목하며 싸워댄다.

62년 전에 아레스神은 전쟁으로
무참히 금수강산을 초토화 했고
말 없이 산화한 무수한 영령들이
호국의 증인되어 빗돌로 서 있다.

월남땅에 원정군으로 파병되어
동족이 아닌 적과 전쟁을 했으며

정글속의 베트콩들과 싸우면서

나는 전쟁의 참혹함을 체험했다.

이제 동족간의 전쟁은 두번 다시

한반도에서 일어나선 아니 되며

평화를 가장한 전쟁에 속지 말고

고귀한 생명을 빼앗기면 안 된다.

호국보훈의 달을 보내며
(2012. 6. 30. 김흔중)

전사자 유가족의 눈물도 닦아 주어야 한다.

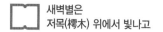
호국의 묘비

(護國의 墓碑)

선열들이 지불한 피값으로
조국은 이렇게 발전을 했고
한강의 기적을 이루어 내어
세계속에 우뚝 솟아 올랐다.

붉은 장미 수 많은 봉우리들
피어 보지도 못한체 꺾이고
동작동 국립묘지에 묻혀서
세월 따라 빗돌만 외롭구나.

역사 왜곡의 붉은 무리들이
종북의 깃발을 흔들어 대며
국회를 점령하는데 성공하니
국가안보는 위태롭게 되었다.

현충원의 말없는 외론 묘비는
애국정신의 충혼이 서려 있어
조국의 수호신이 되어 주리니
악마의 적은 혼비백산 하리라.

(2012. 6. 6. 김흔중)
현충원에 다녀와서

552

선견적 위기진단 및 올바른 통치자 선택

① 김정일의 선군 정치로 아사자, 탈북자가 속출하며
   공개처형과 정치범수용소에서 인권을 말살하고 있다.

② 북한의 적화통일전략, 통일전선전술의 대남공작이
   잘 먹혀들어 남한은 국가안보 위기에 직면해 있다.

③ 국가 정체성을 부정하고 보안법철폐와 주한미군철
   수를 주장하는 세력을 척결 못하면 나라가 망한다.

④ 서울시장을 종북세력의 손에 넘겨주면 수도 서울이
   언젠가는 적화 통일의 교두보가 될 것이 분명하다.

⑤ 총선과 대선의 승리를 위한 반미, 종북좌파 세력의
   위장된 전략과 전술에 국민들이 속지 말아야 한다.

⑥ 베트남이 적화통일 된 후에 친월맹 지도자 전부가
   숙청됐다. 반미, 종북세력은 교훈으로 삼아야 한다.

⑦ 온 국민들은 투철한 국가관, 세계관, 역사관, 안보관,
   경제관, 통일관을 겸비한 통치자를 선택해야 한다.

(2011. 10. 11. 김흔중)

> ## 統治者는
> ## 國家의 興亡盛衰를 左右한다

어머니들의 오열하는 몸부림

해병대 전우 2명이 적의 포격에 전사를 했다.
연평부대에서 작전임무 수쟁중 발생한 사건이다.
군인의 사명은 오직 국토방위의 신성한 의무다.
국가를 위해 희생된 영령들의 명복을 기원한다.
안중근 의사는 '爲國獻身軍人本分'이라고 했다.
감옥에서 애국충정의 민족혼을 유묵으로 남겼다.
연평부대의 희생된 해병은 군인 본분을 다했다.
나라를 위해 몸 바친 자랑스러운 호국용사이다.

국방의 의무를 면탈하고 기피하는 무리가 많다.
군대에 안가려 치과에 가서 생니를 몽땅 뺐다.
어깨 뼈를 고의로 탈골시켜 진단서를 위조했다.
온갖 병무비리는 병역의무 면탈수단의 수법이다.
군입대에 유전면탈, 무전입대의 유행어가 생겼다.
부잣집 어머니는 미국에 원정분만하여 면탈했다.
미국에 장기 유학하여 고령으로 면제를 받았다.
합법적으로 병역을 면탈한 고위공직자들이 많다.

정치인, 고위 공직자는 병역의무를 필해야 한다.
국가 요구의 의무는 기본적인 국민의 양심이다.
총 한방 쏴보지도 못한 자가 연평도를 방문했다.
그들이 군복입고 보온병, 소주병을 들고 웃겼다.
해병대 전사자 어머니의 오열하는 모습을 보라.

554

어머니의 아들이자 국민의 아들이라는 사실이다.
또한 아버지의 아들이자 대한의 아들인 것이다.
애국애족의 청년들은 순국하여 조국을 수호한다.

정치인들은 병역 의무를 반드시 필해야만 한다.
연령고하를 막론하고 재신체검사를 받아야 한다.
단기복무의 특례조치법을 만들어 입영해야 한다.
단기 신병훈련과 전방경계근무를 체험해야 한다.
세종시, 4대강보다 중요한 것은 국가 안보이다.
경제는 안보를 떠받치는 버팀목이 되는 것이다.
안보의 경시는 국가위기를 자초하게 되고 만다.
중도실용정책은 적화통일 전략의 올무에 걸린다.

연평도의 참사는 두번 다시 재발해서는 안된다.
보수와 진보, 여와 야, 지역간에 대립하고 있다.
적의 어뢰, 폭탄보다 무서운 것은 친북세력이다.
서해의 5도서가 무너지면 적화통일 되고 만다.
연평도의 부동함은 절대로 파선되어선 안 된다.
삼천리 금수강산에 무궁화꽃 활짝 피워야 한다.
백두산에 태극기를 펄럭일 때가 꼭 와야 한다.
오열하는 어머니 한을 풀어줄 결의가 필요하다.

통곡하며 오열하는 어머니를 바라보며
(2010. 11. 27. 김흔중)

새벽별은
저목(樗木) 위에서 빛나고

고 황장엽 선생을 애도한다

謹　弔

人生無常　先生生涯,
自由渴求　脫北歸順,
南北分斷　歷史遺産,
民族哀歡　公憤痛恨,
南北統一　故人未完,
遺志傳承　期必成就.

故, 黃長燁先生　靈前에
(2010. 10. 10. 김흔중)

2010년 10월 12일 서울 아산병원 고 황장엽 선생 빈소에 가서 국화 한송이로 헌화하고 위의 근조의 뜻을 복사하여 봉투에 넣어 영정 앞에 놓고 머리숙여 애도의 뜻을 표했다. 파란만장했던 고인의 평안한 안식을 위해 간절히 기도를 했다. 그리고 상주를 만나 수고에 대한 노고와 위로의 인사를 나눴다.

그후 점심시간이 되어 식탁에서 식사를 하게 되었다. 공교롭게 박관용 전 국회의장(장례위원장)과 식탁에 나란히 앉아 오른편 옆 가장 근접에서 탈북자의 처우문제, 위장망명의 문제 그리고 고 황장엽 선생의 현충원 안장 문제 등 현안 문제에 대해 대화를 나눈 후 무거운 발걸음을 돌려 장례식장을 뒤로하고 떠났다.

여주 세종대왕 릉(陵)

세종대왕 릉을
오래전부터 답사하려고 했으나
기회를 갖지 못했다.

마침 이천에 용무가 있어
절친한 친구와 함께 가게 됐다.

여주의 세종대왕 릉을 찾아가
옷깃을 여미고 묵념을 했다.

우리의 문자인 한글을 창제하시고
많은 업적을 남기셨다.

조선조의 역대 왕 가운데
세종대왕을 가장 숭모하게 된다.

세종시의 문제점으로 세종대왕의
이름에 먹칠을 하는 것 같다.

세종대왕께서 지하에서
노하시지나 않을지 염려된다.

하루속히 세종시 문제가
국론분열의 사태에서
벗어나 잘 수습이 되기를 바란다.
세종대왕 릉에 다녀 와서

(2010. 3. 17. 김흔중)

조선왕조의 세종대왕과 정조대왕을 가장 숭모한다.
세종대왕(4대) 릉 앞에서 (2008. 11. 25. 김흔중)

557

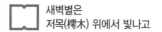

새벽별은
저목(樗木) 위에서 빛나고

안보의 불감증을 개탄한다

바다 지키던 해군용사가 졸지에 희생됐다.
이제사 우리옆에 적이 있다고 깨달았는가.
청와대는 유비무환이란 말 못들어 보았는가.

국토방위의 사명을 모르던 청와대 참모들
오직 먹는 것만 챙기던 경제적인 식충이들
안보에 까막눈 되어 허둥대다 놀랐으리라.

안보 없는 경제는 사상누각이 되고 만다
어리석게 모래위에 고층빌딩을 세워놓아도
한번 파도가 밀려오면 삽시간에 무너진다.

북한의 도발을 응징하여 재발을 막아야 하고,
대한민국을 튼튼한 안보의 반석위에 세워
국민들이 평화를 누리고 살게 해야 한다.

합동분양소 4 6용사의 사진을 바라 보면
가슴이 터지고 억울해서 차마 못 참겠고
분통 터지니 누구를 원망해야 할 것인가.

오열하는 어머니들, 아내들, 자녀들, 형제들
화랑무공훈장 받아 참된 위로 될 것인가.
그 고귀한 생명은 훈장과 바꿀수는 없다.

호국용사들이 생명을 바쳐 나라를 지키며
안보경시의 잠자던 국민에 경종을 울렸고
다시 비참한 희생이 없기를 교훈해 준다.

(2010. 4. 27. 김흔중)

천안함 46용사 합동분양소

호국의 용사 4 6위 꽃봉오리여!
그토록 나라와 해군을 사랑하고
바다를 지키다 목숨을 바쳤구나.

가슴이 설레던 약혼녀를 버리고
천진한 아들 딸들은 어찌할거나.
오열하던 어머니 가슴은 멍들었다.

한송이 국화로 조의를 표했지만
순국용사들을 위한 애도의 기도는
무엇 보다도 엄숙하고 간절했다.

악마의 세력이 저지른 만행인데
그들은 반드시 저주를받아야 하며
아레스 신은 영영 소멸되어야 한다.

합동분향소에 다녀와서

(2010. 4. 25. 김흔중)

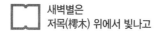

철면피한 정치인들을 개탄한다

종북세력의 정당은 반국가적 암적인 조직이다.
북풍을 은폐하면서 정치적으로 악용하려 한다.
인명구조가 시급한데 정치생명이 더 중요한가.
노동당의 2중대라는 오해를 받기에 충분하다.

천안함이 정치적 흥정거리가 돼서야 되겠는가.
국방장관을 국회에 불러 보고 받는 것은 성급했다.
초상집 상주를 호통치는 것이 옳은 처사인가.
초동조치 추궁이 구조지원 보다 우선이란 말인가.

사고원인 진상조사가 그렇게 성급해야 하는가.
실종자 4 6명 구조가 시급한데 무슨 짓인가.
정치인들이 구조작업을 도울 수는 없단 말인가.
목숨이 경각에 달려있는 모습 보이지 않는가.

호흡을 멈출 실종자 생각하면 심장이 조인다.
선체를 크레인으로 성큼 들어 올릴 수 없을가.
구조장비가 아쉽고 조류와 파도가 원망스럽다.
준위 한명이 수색활동중에 장렬하게 순직했다.

함정이 침몰한 원인은 철저히 규명될 것이다.
사고발생 후에 함장의 상황조치는 적절했는가.

함대지휘부 구조지원의   허실도   밝혀질   것이다.
해경의 신속한 구조 역할도   높이 평가되어질 것이다.

천안함이 두 동강 난 것이 관심의   초점이   된다.
내부적   요인과   외부적   충격이   사고의   단초다.
외부의   어뢰, 기뢰의   공격이면   적의   소행이다.
김정일의   만행이라면 단호하게 응징을 해야만 한다.

(2010. 3. 31. 김흔중)

폭설(暴雪)

병인년의 새해 벽두의 아침에 모두가 출근길의
바쁜 시간이다. TV 화면을 통해 보니
최근에 볼수 없었던 100년 만에 쌓인 폭설이라
모든 시민이 어리둥절하고 있다.
폭설로 버스들이 거북이 걸음을 하고 있으며
공항에 항공기 운항이 곤란하여 결항은 불가피하다.
눈이 쌓여 승용차 바퀴가 굴러갈 수 없어
어쩔 수 없이 차를 도로변에 방치하고
돌아가는 경우가 많다.
각종 차량의 교통사고가 여러 곳에서 발생하고
비닐 하우스 지붕이 무너져 내려 농민들은 울상이며
창문 밖을 내다 보니 세상은 온통 흰 눈으로 덮였고
온 종일 눈이 내려 삼라만상이 흰 옷으로
갈아 입어 별천지가 되었다.
교회 지붕에는 흰 눈이 두텁게 덮였고
지붕위의 십자가는 외롭게 세상을 내려다 보고 있다.
세상의 악하고 더럽고 추하고 냄새나는 것들을
흰 눈으로 온통 덮어 버렸다.
이 세상에 불의와 불법이 사라지고
흰 눈이 덮인 깨끗하고 성결한 정의사회로
변화가 되었으면 좋겠다.

(2010. 1. 5. 김흔중)

백호(白虎)의 새해

2010년 60년만에 백호의 해를 맞이 했다.
정월 초하룻 날부터 섣달 그믐날까지
상서로운 기상을 펼치며 승리해야 한다.

지난 한해는 우직한 누런 소의 해였다.
소는 논밭 갈고 수레 끌며 수고했으나
여·야 정치인은 투우장에서 잘도 싸웠다.

백호는 새끼를 어루만져 무척 사랑한다.
고슴도치도 제 새끼 사랑한다고 했는데
우리는 이웃을 내 몸처럼 사랑해야 한다.

용호상박의 싸움판은 청산 되어야 한다.
가정,이웃,사회,국가의 질서가 회복되고
자유, 민주,평화가 필히 실현되어야 한다.

부디 사랑을 실천하는 해가 되어야 한다.
백호의 기상으로 도약하는 해가 되어서
비호같이 달려가 승리의 개가를 부르자.

〈경인년 벽두에〉

김흔중

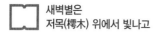

팔달산 등정

팔달산에 올라 사방을 내려다보면 훤하게 트였다.
사통팔달의 산이라서 정조대왕이 팔달산이라 불렀고.
나는 팔달산이 퍽 좋아서 "팔달산 노옹"이 되었다.

병인년 첫날 팔달산에 올라 뜻깊은 새날을 맞았다.
호랑이 해에 맹호의 기상으로 꼭 발전해야 하겠고
국가의 안보와 사회의 질서가 확립되었으면 좋겠다.

팔달산 정상의 서장대는 성곽의 지휘통제소 위치다.
서장대 옆의 서노대에 올라가 사방을 돌아본 다음
두팔 높이 들고 동쪽을 향해 국가안녕을 축원했다.

오늘도 십년을 넘게 찾았던 화양루에 다시 앉았다.
이곳은 휴식하며 명상할 수 있는 명소이기 때문에
외국 관광객도 많이 찾아와서 담소를 나누게 된다.

눈 내린 후라 성곽 담장 위에 눈이 소복이 쌓였다.
까치가 눈위에 앉아 나를 반기며 지저귀다가 날았고
참새떼들도 공중쇼를 하며 몇번을 날더니 사라졌다.

팔달산의 역사를 대변하는 노송들은 사철 푸르르다.
노송의 꼿꼿한 기상은 만고불변의 고절을 자랑하며

새해에 힘과 용기와 투지의 교훈을 감지하게 했다.

해가 서산에 뉘엇하여 혼자서 하산을 해야만 했다.
소나무 숲속의 산책길에 눈이 쌓이지 않아 좋았고
까치가 산 끝자락까지 따라와 석별을 아쉬워 했다.

(2010. 1. 1. 김흔중)

수원성, 서장대이다.
(지휘소)

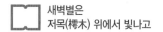

새해 아침

금년에 호랑이 해가 밝아 왔다.
호랑이는 억세어 百獸의 왕이라.
뭇 짐승을 움추리고 떨게 한다.

호랑이는 咆哮의 기상을 펼친다.
강하고 날쌔어 먹이를 발견하면
얼마나 빠른지 飛虎라고 부른다.

한반도의 땅은 호랑이 형상이다.
잠 자던 猛虎가 기지개를 켜고
꿈을 펼칠 새해 아침을 맞는다.

칠천만 동포들에게 희망은 있다.
한 마리의 호랑이가 힘이 세면
두 마리의 산양을 잡을 수 있다.

호랑이가 서로 싸우면 안 된다.
아무리 힘이 세고 강하다 해도
싸우면 산토끼도 잡지 못 한다

龍虎相搏의 싸움은 없어야 한다.
여야의 정치인도 거듭나야 하고

분단된 남북도 통일을 해야 한다.

호랑이 주인은 사람이어야 한다.
배가 고파 사람을 잡아 먹으려
송곳니 보이면 포수가 기다린다.

자유, 민주, 평화가 넘쳐야 한다.
온 백성들이 풍요롭고 넉넉해서
３６５일 두둥실 춤을 춰야한다.

　　　　　庚寅年 元旦에
　　　　　김 흔 중

나의 주례사
(개 요)

사랑의 종류에는
에로스, 스톨게, 필리아, 아카페가 있습니다.
〈 결혼하여 부부가 되면 4단계로 사랑의 옷을 껴
입어야 합니다.〉

– 사랑의 발전단계로서 –

첫째 : 부부에게만 비밀이 허용된 에로스 사랑의 펜티를 입어야 합니다
　　　(법적 보장).

둘째 : 가족들과 함께 누릴수 있는 스톨게 사랑의 내복을 입어야 합니다
　　　(가정생활).

셋째 : 이웃 및 친구들과 잘 어울릴 수 있는 필리아 사랑의 정장을 입어
　　　야 합니다(사회활동).

넷째 : 누구에게 든지 무조건 줄 수 있는 아카페 사랑의 외투를 입어야
　　　합니다(총체적 사랑의 극치).

– 사랑의 실천단계 로써 –

첫째 : 모든 일에 협력하고 화합하며 조화를 이루어야 합니다.

둘째 : 환란이 오면 인내의 연단으로 소망을 이루어야 합니다

셋째 : 허탄한 욕심을 버리고 분수에 맞도록 사라가야 합니다.

넷째 : 향내가 나는 인생의 꽃을 피워 좋은 열매를 맺어야 합니다.
　　　고린도전서 13장은 사랑장입니다.

믿은, 소망, 사랑, 이 세 가지가 항상 있을 것인데
그 중에 제일은 사랑이라고 했습니다.

〈성경에서 말하는 사랑은〉

아가페 사랑이며 받기에 앞서 무조건 베푸는 사랑입니다.
부부 간에 베풀고, 부모와 가족에게 베풀고 , 친구와
이웃에게 사랑을 베풀어야 합니다.
오늘 신랑, 신부는 사랑의 팬티와 사랑의 내복에
사랑의 정장을 입고
사랑의 외투를 입은 후
즐거울 때나 고통이 있을 때나 항상 참고 인내하며
사랑을 실천하며 사라가기 바랍니다.
이제 서로 손 꽉 잡고 웨딩마치에 맞춰 첫 행진을
하나님의 은총 가운데 당당하게 출발하기를 바랍니다.
주례로서 마지막 간절히 바라건대
한평생 가정에 행복과 평안이 넘치고 영육간에
항상 강건하기를 바라며
자손만대에 만복이 넘치기를 간절히 축원합니다.

—신랑 신부 발맞춰 출발 —
하객 여러분들께서 수고스럽지만 전부 일어나셔서
뜨거운 박수로 축복해 주시기 바랍니다
(하객으로 전두환 전 대통령 일행이 참석했다)
(2009.10. 25. 주례 김흔중 목사)

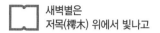

단풍의 짙은 사랑

가을 단풍이 붉게 타오르고
단풍속에 사랑이 물들어 있어
가을은 한결 행복하다.

가을 하늘을 붉게 물들이고
사랑을 채색하는 모습 바라보니
연모의 정을 느낀다.

가을이 아름다운 것은,
사랑을 토해 내고
열정이 솟구치기 때문이다.

꽃보다 더 아름다운 단풍이
자연의 용광로에서
사랑을 뿜어 내고 있다.

단풍이 대지를 붉게 물들이고
하늘을 뒤 덮으니
나무는 땅에 뿌리박고 의젓하다.

붉게 타오르는 단풍은
세상을 속이지 않고,

진실한 사랑을 속삭이고 있다.

산천은 붉은 옷으로 갈아 입고
흥겹게 노래하고 춤을 추고.
구성진 가락에 어울어진다.

가을이 가기 전에
자연에서 삶의 가치를 깨닫고
진실한 행복을 듬뿍 찾게 된다.

산골짝의 계곡에 쌓인 단풍잎은
부질없다 말이 없지만,
정열적인 흔적으로 남아 있다.

산사에 오르내리는 발걸음이
경쾌하면 경쾌할수록
단풍의 아름다움이 더해진다.

산사의 종소리가
은은히 울려 퍼질 때면
진실한 사랑이 가슴에 스며든다.

붉은 단풍이 아름답고
바람에 흔들리는 가지에

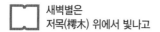
정열을 토하며 서로 춤을 춘다.

푸른 하늘에
단풍과 어울리는 꿈이 있고
진실한 사랑이 하늘에 펼쳐진다.

가을은 뜨거운 정열에 물들고
단풍은 사랑의 미소를 지으며
볼에 화끈한 입맞춤을 한다.

쌓였던 그리움의 한을
붉게 물들여 토해 내고
새 생명을 다시 잉태한다.

가을의 단풍을 예찬하고
뜨거운 열정으로 포옹하니
진실한 자연은 짙은 사랑이다.

  소요산에 다녀와서
  (2009. 10. 22. 김흔중)

10월의 기도

진실한 사랑으로 사라가며
미소의 얼굴에 꽃이 피고
항상 향기 풍기게 하소서.

넓은 가슴을 열게 하시고
서로 마음에 행복 넘치며
기쁜 마음 샘솟게 하소서.

사랑에 목말라 하지 않고
진정한 사랑이 넘쳐 나며
불변의 사랑 되게 하소서.

팔달산 푸른 소나무 처럼
까치와 더불어 늘 살면서
기쁘게 사라 가게 하소서.

자나 깨나 이웃 생각하며
마음속 깊이 사랑을 심어
가을에 열매 맺게 하소서.

고통의 아픔이 있을 지라도
조개가 진주를 만들듯이
늘 인내를 배우게 하소서.

10월에는 지난해 가을보다
더욱 사랑이 풍성하게 익어
열매를 듬뿍 거두게 하소서.

(2009. 10. 4. 김흔중)

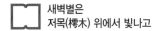

가을 맞이

저 하늘에
흰 구름 흘러가고
소슬한 바람이
솔솔 불어 오며
벌써 가을이
성큼 찾아 온다.

오솔길 노변에
코스모스 꽃 피고
잠자리들
이리 저리 나르니
그 천진했던
동심이 그리워진다.

가을이 좋아
마음문 살며시 열고
그 사랑의
꽃향기에 취하니

가슴속엔
벌써 소담스런
열매 영글어 간다.

(2009. 10. 16. 김흔중)

운길산 산행
(雲吉山 山行)

운길산(雲吉山)은 경기도 남양주시 조안면에 솟은 높이 610.2m의 명산이다. 북한강과 남한강이 만나는 두물머리(양수리) 북서쪽 지점에 솟아 있다. 수종사(水鐘寺)는 1890년(고종 27년)에 건축된 사찰로 산수가 수려하고 교통이 편리하여 가족 산행이나 등산 모임의 가벼운 주말산행지로 널리 알려져 있다.

해병대 청사포럼(청사 : 청용회사랑)산악회 회원들의 산행에 동참하게 되었다. 2009년 8월 8일 7시 30분경 수원에서 도시락을 준비해서 넣은 배낭을 짊어지고 스틱을 짚고 1호선 전철에 올랐다. 용산역에서 바꿔갈아 탔으며 국수행 종점을 향해 전철은 질주했다. 팔당역 다음의 운길산역에서 하차하여 일행 회원 28명이 모였다. 10시경에 승용차 6대에 분승하여 水鐘寺로 올라가는 중턱의 중간 지점에서 하차하여 도보로 걸어서 등산을 시작했다.

비가 내린 뒤라서 미끄러웠지만 스틱을 짚으며 상쾌한 숲속의 맑은 공기를 들여 마시면서 계속 걸어 올라갔다. 일행들과 대화를 나누며 이윽고 30여분 올라가니 '雲吉山 水鐘寺'라는 기와로 된 정문이 보였다. 그곳을 통과하여 들어가니 두 번째의 '不二門'이 있었다. 그곳을 스쳐서 산비탈길로 한참 올라가니 수종사 사찰이 있는데 조그마한 대웅전과 부속 사찰 건물이 있었다.

대웅전 앞의 넓다란 마당에서 내려다볼 수 있는 전망의 장소가 있었다. 그러나 구름이 산허리를 감아 뒤덮여서 시야를 가로 막고 말았다. 참 아쉽게 생각하며 일행들과 서성이며 한참 대화를 주고받는 가운데 시간이 20여분 지났다. 그런데 놀랍게도 서서히 구름이 걷히며 두물머리(양수리)가

보이고 북한강과 남한강 그리고 여주에서 흘러 내려오는 세 줄기 강물이
합수하여 팔당댐으로 흐르는 모습이 장관을 이루고 있었다.

얼마동안 운길산 계곡의 푸른 숲을 따라 펼쳐진 경관을 바라보고 있노라
니 한 젊은 분이 다가오며 산세를 설명해 주는 것이다. 오른편 산줄기에 연
하여 독립된 산세가 유독 시선을 끌었는데 그 지역이 정다산 선생의 생가
가 있는 곳이라고 했다. 정다산 선생 생가는 20여 년 전에 방문한 적이 있
다. 그곳이 용머리 형상이며 두물머리 쪽으로 용이 입을 벌리고 있는 형국
인데 입을 벌린 앞 지역에 조그마한 섬이 있었다. 나는 여의주 같다고 했
더니 그분 말이 쥐의 형상이라고 하며 용이 쥐를 잡아 먹으려고 기상을 하
며 용이 입을 벌리고 있다고 설명을 해 주었다.

내가 그분에게 풍수지리의 대가인 것 같다고 했더니 조금 안다며 대학에
서 강의를 하고 있고 부동산 TV에서 풍수지리에 관한 강의를 매주 2회에
걸쳐 방송하고 있다는 것이다. 그의 명함을 받아보니 동방대학원대학 풍수
지리학과 교수였다.

그 교수와 많은 대화를 나누며 청와대, 계룡산, 마니산 등 주고받은 대
화가 나와 죽이 맞아 흥미가 있었다.

운길산 정상까지 등산을 마친 일행과 수종사 정문 인근의 평지에서 점심
식사를 마치고 하산을 했다. 다시 일행은 승용차편으로 이동하여 양평의
황순원 문학관을 방문하여 관람하게 되었다. '소나기마을'이라는 명칭이
붙은 황순원 문학관을 관장하고 있는 촌장 김용성 박사의 안내를 받아 전
지역을 뜻 있게 관람했다. 김용성 박사는 인하대학교 국문학과 명예교수로
서 소설가이며「리빠똥 장군」등 소설을 써서 널리 회자되었고 현상공모에
수차례 입선을 했으며, 영화화된 작품도 있다. 그는 한마디로 소설의 대가
로 널리 알려져 있다. 특히 나의 1기 후배(33기) 해병장교 출신이기에 남달

리 정감이 넘쳐 났다.

오늘은 해병대 청사포럼 회원들과 보람있는 산행을 한 날이었다. 소나기마을 황순원 문학관을 방문하여 관람한 기억이 오래 남을것 같은 하루였다.

(2009. 8. 8. 김흔중)

황순원 문화관을 방문했다(2007. 5. 10. 청사포럼).
(관장 : 김용성 박사(해병사관 33기) 2011. 4. 28. 별세했다)

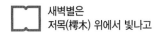

예측 할 수 없는 죽음
(박세직 장로 별세)

죽는 것은 인생 종말의 시점이다.
자신은 죽을 시기를 알지 못하며
주님만 아시는 나그네 인생길이다.

권력, 명예, 물질은 마약과 같아서
움켜잡으면 생명이 위협받게 되고
무지의 방심은 수명을 단축하게 된다.

우리 삶을 하나님께 맡겨야 한다.
범사에 감사하고 기도에 힘쓰면서
허탄한 욕심을 버리고 살면 된다.

장수하려면 심신을 수련해야 한다.
육체적인 건강이 우선하게 되지만
신앙적인 기쁨과 평안이 중요하다.

이 세상 것에 너무 집착하지 말자.
허무한 인생이라고 한탄하지 말고
새 하늘, 새 땅에 소망을 두고 살자.

=1933. 9. 18. - 2009. 7. 27. 향년76세=
(2009. 7. 27. 저녁에 김흔중)

우이암 등정기
(牛耳岩 登頂記)

내 일생에 잊을 수 없는 등산이었다.
오전 10시에 우이동 입구의 그랜드파크 호텔 앞에
해병대 청사포럼 산악회원 14명이 모였다.
내가 가장 연장자였고 평균 연령은 67세 정도 였다.
이정신 산악대장의 뒤를 따라 올라 가는데
오르면 오를수록 힘들었다.
곡예를 하는 듯
바위 틈 사이를 빠져나가야 하고 바위를 기어 올라가야 했다.
또한 오르면 다시 내려가는 것도 험한 편이었다.
거의 정상에 오르기 직전 갑자기 배가 아프며 정신이 혼미해졌다.
내 자신을 의심하게 되었다. 이러다가 큰 사고라도 날것 같았다.
바위 위에 앉아 정신을 가다듬고 있었다.
내가 위험하고 힘들 때마다 앞에서 손을 잡아 끌어 주던 장병찬 후배장교
가 뒤에서 붙들어 주었고, 또한 조력해 주던 김동원 후배장교가 있었다.
이 두 후배장교를 보며 어려울 때 친구가
참 친구라는 사실을 실감했다.
도저히 참을 수없이 배가 아파서 비상대책을 강구했다.
염치 불구하고 김동원에게 보초를 서게 하여 등산객을 차단 시켰다.
마침 올라오는 등산객이 뜸 했다. 신속히 좁은 골짝에서 응급조치의 배설을
하고 나니 머리가 맑아지고 정신이 회복되었다.
내 일생에 있어 기록에 남을 황당한 사건이었다.
급기야 정상에 올라가서 기념사진을 촬영하면서 마음에 "후유"하는 안도
의 한숨이 일었고, 정상을 정복했다는 만족감도 있었다.

우이암 등산 코스는 70이 넘은 노인들에게는
난코스인 것 같았다.
하산하는 도중 중턱에 원통사 사찰이 있었는데 인접지역에서
점심을 먹게 되어 대표로 식기도를 하고
식사를 맛있게 먹고 친목을 도모하다가 하산했다.
15시경 일행과 함께 맥주집에서 고봉훈 후배장교가 한턱 내어 갈증을 풀
게 되었다. 나는 얼마나 갈증이 심했던지 사이다 두 병을 들이켰다. 맥주
가 갈증해소에 좋겠지만
목사의 신분이기에 마시기를 사양했다.
휴식을 취한후 도봉 전철역에서 전철에 몸을 싣고 피로를 잊은체 차창
밖을 바라보며 하루의 등산 과정을 재음미하게
되었으며 성균관대 역에서 하차하여
북수원 온천에서 몸의 피로를 완전히 회복하고 돌아왔다.
평생동안 잊혀지지 않고 기억에 남을
우이암 등정의 하루였다.
(2009. 7. 4. 김흔중)

청사포럼 산악회원들이 도봉산 등산에 참여했다(2008. 8. 6. 김흔중)
(애석하게 유화선 회원이 2015년 1월 6일에 별세했다.)

폭력의 발달 단계

理念은 사고로 부터 시작된다.
사물을 보고 느끼고 체험하며
사람은 각각 깨닫고 생각한다 .

思考는 생각의 최초 과정이다.
심리적인 현상에 영향을 주며
정서의 작용에 변화를 보인다.

心理는 마음의 근본적 요체다.
인간은 감정에 영향을 받으며
본심에 선과 악이 작용 된다.

感情은 마음에 정서의 요소다.
갈등이 심하면 서로 분노하고
분노는 대립과 충돌을 유발한다.

對立은 상대편을 제압하려고 한다.
소외계층은 대중을 자극, 선동하고
공산 세력들은 투쟁이 상습적이다.

鬪爭은 감정이 폭발해 공격한다.
좌파세력들은 폭력을 수반하면서
물질만능의 부패에 표적들이 된다.

暴力은 혁명의 상투적 수단이다.
국시인 자유, 민주주의를 수호하고
좌파들과 싸워서 승리를 해야 한다.

(2009. 6. 10, 김흔중)

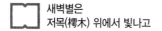

새벽별은
저목(樗木) 위에서 빛나고

현충일을 맞이하며

순국선열들이 나라를 위해 산화하여
국립현충원의 묘역에
한줌의 재가 되어 흙에 묻히고 수많은 묘비만이 질서있게
오직 계급과 이름만을 남기고 말없이 묵묵히 서 있다.
나라를 지키려 목숨을 바쳐 피를 흘린
호국선열의 고귀한 희생이 없었다면 대한민국에
자유, 민주, 평화, 번영이 결코 있을수 없었을 것이다.
순국선열들의 묘비 앞에 설 때 마다
머리를 숙여 진심으로 추모하며
애국적인 숭고한 희생정신이 계승되고
흘리신 피가 헛되지 않도록
온 국민과 더불어 굳건히 다짐하게 된다.
대한민국은 날로 위기에 처하여 혼돈이 계속되는데
애국시민들은 좌경세력의 촛불에 놀라지 말고
북한의 적화통일의 전략, 전술에 의해
전쟁이 재발되지 않도록 정신무장을 철저히 하여
유비무환의 대비태세를 갖춰야 한다.
국가 지도자들을 비롯하여 모든 국민들이
나라를 위해 피흘린 순국선열들을 기억하며
세상권세 잡은 어둠의 세력을 물리칠 수 있도록
〈잠에서 깨어나〉
두 무릎 꿇고 참회하며 결의를 다짐해야 할때이다.

(2009. 6. 6. 국립현충원에 다녀와서김흔중)

582

병상 친구를 심방하며

우리는 정말 감사하게 사라가자.
고귀한 생명을 찾았으니까.
미래의 소망을 가꾸며 사라가자.
영원한 행복을 누리며 사라가자.

서로 마음속 깊이
사랑의 친구가 되어
때때로 힘겨운 인생일지라도
우린 서로 위안이 되는
그런 친구가 되어야 한다.

어떠한 조건 없이
무조건 신뢰하는
그런 사랑이 아가페사랑이다.
우리의 소망은 지극히 작은 것에서
시작되어야 한다.

그리하여
어떠한 악조건에서도
이겨낼 수 있는
인내의 고통이 필요하다.
우리 서로 손잡고 힘을 내야 한다.

이런 뜻밖의 사고에도
마음을 기댈 수 있는 친구가 되고.
서로 사랑할 수 있는 친구가 되어
견디기 힘든 고통과 슬픔이 있을 때
언제나 달려갈 수 있어야 한다.

만나는 시간이
더 소중하게 생각되는
병상에 누워 있는 친구이기에
나의 간절한 기도를 통해
하루 속히 완쾌되기 바란다.

빠른 시일에 퇴원하여
이 생명 다할 때까지 영원토록
하나님의 은총으로
우리 서로 건강하게 사라가야 한다.

(2009. 5. 20. 김흔중)
병상 친구를 심방하고 나서

만추의 소고
(晩秋의 小考)

설악산의 오색 단풍은 극치를 이루고 점차 남하 하는데
아름다운 단풍을 시샘하는 듯이 서리가 내리는가 하더니
기온이 영하로 떨어져 얼음이 얼고 마음을 차갑게 한다.

서울의 북악산과 남산에도 단풍이 점차로 채색되어 가고
시가지 가로수 낙엽이 애처롭게 춤추며 보도에 떨어지며
환절기의 고갯길에 겨울을 맞이하는 마음이 조급해진다.

팔달산 기슭에도 어김없이 가을이 찾아와 단풍이 물들고
친구와 숲속의 산책로를 따라 걷던 발걸음이 경쾌했지만
가을을 보내는 아쉬움은 절친한 친구와 석별의 심경이다.

자연의 사계절을 예찬하며 가을을 기쁨으로 찬미를 하고
오색 단풍이 만산에 채색되며 풍성한 결실을 맺게 되면
겨울 설경에 희열이 있고 꽃피는 봄도 미구에 찾아오리라.

(2008. 10. 25. 김흔중)

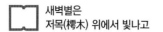

팔달산 운무(八達山 雲霧)

동산에 붉은 해가 솟아 올라 아침이 밝았다.
활짝 열어 놓은 창문으로 가을 바람 스치고
운무 덮인 팔달산 봉우리의 운치를 감상하며
붙박이 자전거 페달 돌리는 순간이 행복하다.

인생의 행복은 보고 느끼고 체험으로 찾는다.
소나무 잣나무 참나무 밑에 칡넝쿨이 덮였고
무성한 소나무 사이의 오솔길을 따라 걸으면
숲속에서 까치들 소리가 한결 정감이 넘쳐 난다.

팔달산이 좋아 산자락에 우거하기로 결심했다.
등산을 하면 먼저 화양루에서 명상에 잠기고
노송의 청청한 가지의 기상들이 활력을 주며
연인의 숨결처럼 마음 푸르고 사랑이 넘친다.

화성 성벽을 수많은 관광객들이 돌아 보고 간다.
정조대왕의 화성행궁의 역사와 성벽 건축으로
수원 화성은 유네스코의 문화유산이 되었으며
팔달산에 서려있는 역사적 가치는 매우 높다.

운무가 정상을 감싸니 팔달산은 더 아름답다.
명산에 매료되고 수목에 반하여 산에 오르고

친구와 자연을 예찬하는 노래를 흥얼거리면서
까치와 친구되어 풀벌레의 합창으로 여울진다.

그 이름이 팔달산이니 산성이 둘려있어 좋고
홀로 산에 오를 때는 신선이 되는 것 같고
친구와 손잡고 둘이 걸으면 수목이 축복하며
환희의 기쁨을 선물로 주는 운치가 아름답다.

(2008. 10. 3. 김흔중)

수원, 팔달문이다.

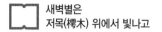

민초들의 사계절(民草들의 四季節)

자연은 계절을 속이지 않으며 스스로 변화한다.
계절에 순응하며 사람은 철따라 옷 갈아 입고
저마다 참신한 마음에 진실한 행복을 갈구하며
봄, 여름 가을, 겨울 번갈아 한평생을 사라간다.

봄에 온통 눈덮인 산아는 흰옷을 벗어 버린다
얼음장 밑의 조잘대는 물소리에 귀를 기울이고
매화의 방긋 웃는 미소에 마음이 절로 설레며
유채꽃, 벗꽃, 목련꽃, 철쭉이 강산을 물들인다.

여름에 녹음방초는 푸르르게 대지를 뒤덮는다.
만물이 생동감에 넘쳐 힘차고 무성하게 자라며
팔달산의 소나무 숲속에 풀벌레소리가 구성지고
생명을 활기차게 해주는 맑은 공기는 상쾌하다.

가을에 흰구름 하늘 높이 떠 정처없이 흘러간다.
산 비탈에 단풍나무는 붉은 옷으로 갈아 입고
도심의 보도에 가로수 낙엽이 발길에 짓밟히며
처마의 제비집은 텅 비고 기러기소리 요란하다.

겨울에 흰눈 내려 대지는 깨끗한 이불 덮는다.
함박눈 내리면 소나무가지에 소담한 눈꽃 피고

산골짝의 조약돌 사이 깊숙이 개구리는 잠자며
눈속에서도 모든 생명체는 봄 소식을 기다린다.

인간은 자연의 사계절에 순응하면서 사라 간다.
씨뿌리고 땀흘려 가꿔 열매를 곡간에 거둬들이고
민초들은 행복을 추구하려 흙에 몸을 맡기면서
사계절에도 불변하는 수석송죽의 절개 닮아간다.

(2008. 10. 1. 김흔중)

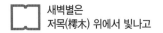

산책유감(散策有感)

고희를 넘긴 두 친구가 정답게 대화를 나누며 걸었다. 오랜만에 만나 산책로의 숲속에서 웃음의 꽃을 피우고 자연의 싱그러움과 정취에 흠뻑 젖으며 시간을 보냈다.

세상만사 다 뒤로하고 숲속에 파묻혀 흥얼대고 있었다. 자연과 벗을 삼아 친구와 함께 정담을 계속 나누면서 영원히 까치소리와 풀벌레의 코러스에 심취하고 싶었다.

늙을수록 동심으로 변화하듯이 마음은 청춘과 같았다. 인생관록인 이마의 주름은 인생의 훈장으로 변명되지만 친구를 만나면 즐거워서 주름살이 펴지고 젊어져 간다.

오는 세월을 막을 수 없고 가는 세월 잡을 수 없다 했다. 세월은 병들지도 않고 죽지도 않는다는 친구의 농이며, 시계는 고장나는데 시간은 고장나지 않는다는 푸념이다.

산새들도 저물면 둥지 찾으니 우리도 안식처로 떠났다. 친구가 좋아 만나서 아름다운 자연과 서정시를 읊었고 인생의 황혼기에 아름다운 인생 드라마를 각색해 보았다.

<역사적 아픔의 숨결이 서려있는 정조대왕과
사도세자 왕릉(健陵과 隆陵) 뒤의 산책로를 다녀와서>
(2008. 9. 14. 김흔중)

건릉(健陵)(정조대왕)이다.
(2013. 6. 22. 김흔중 촬영)

융릉(隆陵)(사도세자)이다.
(2013. 6. 22. 김흔중)

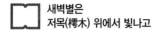

가을이 오는 소리

햇살을 피하여 무성한 소나무 숲속에서
숨을 몰아쉬며 헐떡이던 여름을 보내고
이마에 흠뻑 젖은 땀을 손으로 훔치며
하늘 높이 떠 가는 흰구름을 바라 본다.

여름을 노래하던 매미와 풀벌레 소리는
구성진 가락을 거두려 채비하고 있으며
다정한 친구와 나란히 바위위에 앉으니
굽이진 계곡 따라 흐르는 물 소리도 아쉽다.

산자락의 단풍나무도 옷을 갈아 입으려
분홍색, 빨간색 채색옷이 재단되어 지고
낙엽 지는 가을이 오면 겨울도 오겠지만
다시 꽃피는 봄의 소망이 있어 즐겁다.

(2008. 9. 10. 김흔중)

천안 삼거리와 호두과자

천안삼거리 흥 능수버들은 흥 제멋에 겨워서 흥
휘늘어졌구나 흥 에루화 에루화 흥 성화가 났
구나 흥의 구성진 가락은 경기민요에 속하며
천안삼거리와 호두과자는 천안의 자랑거리다

갑오개혁 이후 명창 보패(寶貝)가 불러 유명해진
흥타령으로 굿거리 장단에 맞추어 불렀으며
전설에는 인체를 비유하여 상체와 양다리를
삼거리로 상징했고 남근을 흥겹게 묘사했다.

호두과자라는 이름은 천안을 상징하게 된다.
열차를 이용 경부선과 호남선을 타게 되면
천안역을 지날 무렵에 상인들이 천안명물인
호두과자를 사라고 외치는 소리가 생생하다.

일년전에 친구와 천안을 찾은 적이 있었다.
천안 동부 역전에서 우측으로 굽어 돌아가면
태극당 호두과자점이 있어 호두과자를 직접
굽는 모습을 보니 호기심을 가지게 되었다.

친구와 식탁에 마주앉아 호두과자를 맛있게
먹었던 기억이 마음속에 자리잡고 있었기에
그렌드 웨딩홀에서 동료목사 영식의 결혼식에
참석 후 태극당에서 호두과자 한봉을 사왔다.

(2008. 4. 19. 김흔중)

정해년 제야에
(丁亥年　除夜에)

모든 추억들의 시간이 주마등 처럼 스쳐가며

굵은 새끼동아줄 처럼 꼬여져 마음속 깊이

기억에 남는 한 해가 되었다.

그믐날에 좋은 추억을 영원히 남기고

나쁜 기억을 깨끗이 마음속에서 씻어내며

새해에 좋은 작품을 많이 쓰기 위하여

마음을 추스르고 싶다.

나의 다정한 친구와 만나

차 한잔 나누는 자리에서

대화를 주고 받으며

새해의 삶에 활력소를 공급받을 시간이 무척 아쉽다.

나에게 한 해가 간다는 것은

또 한해가 성큼 다가 온다는 것을

예고하고 있기에

새해에 더 큰 희망을 가지게 된다.

새해에는 좀 더 시간을 알차게 보내고

친구와 자주 만나고 좋은 추억을 만들며

우정의 흔적을 많이 남기고 싶다.

내 마음의 행로는 나도 내 마음대로 못하지만

절대자의 섭리와 인도하심에 순종하면

남다른 축복이 임하리라 확신한다.

높은 산을 넘는 흰 구름과 함께

한 해를 넘기고

산 넘어 행복의 초야에 새해의 추억이 넘칠

알뜰한 둥지를 틀고 싶다.

오늘 보다는 내일에 진솔한 뜻을 두고,

지난해 보다는 새 해에 참 소망을 두며

열심히 사라가면

만사에 축복이 넘칠 것이다. 꼭 그리 되리라 확신한다.

(丁亥年 除夜에 김흔중)

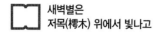

감사의 기도

하나님의 오묘한 솜씨로 빚으신
해와 달과 무수한 별들이 있어
주야로 밝혀 주시니 감사합니다.

밤 하늘에 무수히 뿌려져 있는
별들과 정답게 미소로 대화하며
제야에 주님께 영광을 돌립니다.

세상을 흑암의 죄악이 짓누르고
붉은 사탄의 권세가 뒤 흔들던
한해가 저물어 가니 감사합니다.

길을 잃은 백성들이 부르짖으며
절망의 나락에서 간절한 참회의
기도를 들어 응답해 주셨나이다.

어둠속의 거칠은 광야의 세상이
소망이 넘치는 축복의 낙원이 되어
새해 아침이 밝아 오게 하소서.

만물이 새롭게 새 옷을 입으며
온 누리에 전쟁과 테러가 없는

평화의 지구촌을 이루게 하소서.

인류들의 반목과 갈등과 싸움이
사라져 미움이 사랑으로 변화된
주님의 백성들을 축복해 주소서.

길이요 진리요 생명의 참빛으로
세상을 밝히고 이웃을 사랑하며
시온성을 향해 달려가게 하소서.

(丁亥年을 보내고 戊子年을 맞으며)

김 흔 중

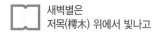

정신병자만이 핵무기로
선제공격을 할 수 있다

노무현 대통령은 해외순방을 역대 대통령보다 가장 많이 했다고 한다. 대통령의 해외순방은 방문한 국가원수와 덕담을 나누고 국가발전에 기여할 수 있는 현안문제에 대한 협력증진 방안을 논의한 후에 동포들을 위로, 격려하고 사기를 높여 주는 것이 순방의 목적이 되어야 할 것이다.

그러나 노 대통령은 지난 4년간 순방 국가에 가서 다반사로 자가당착의 말을 해서 대통령 얼굴에 ㄸ칠을 하고 국가위상을 추락시켰다. 그러한 대통령의 무책임한 실언과 최근 북핵과 관련한 정신병자론까지 국민들의 입에 회자(膾炙)되고 있어 화제가 된 네 가지를 살펴보기로 한다.

①2003년 6월 13일 일본에 가서 "나는 한국에서 공산당을 합법화 하는 최초의 대통령이 될 것"이라고 했다. 세계를 미국과 소련이 지배하던 동서 냉전체제가 1990년대 초에 붕괴되어 Fax Americana 시대가 되었다. 그래서 공산주의는 지구상에서 사라져 가고 공산주의 종주국가인 구소련의 마지막 서기장 고르바초프(Mikhail Sergeevich Gorbachyov, 1931~)에 의해 러시아 민주주의 국가를 출범시켜 초대 대통령이 되었으며 시장경제체제의 국가로 변화되었다. 중국도 자본주의식 시장경제체제로 변하여 한국을 위협하고 미국을 추격하며 경제대국으로 급성장을 하고 있다. 그런데 정신병자가 아니고서야 시대착오적인 공산주의를 거론하며 공산당을 인정하여 합법화 하겠다는 것은 도저히 이해할 수 없는 일이다.

대한민국의 정당사에 초유의 급진적 진보의 민노당이 출현했다. 공산당 성향의 정강을 가진 민노당을 선거에 의해 합법적으로 출현시킨 국민들은 불안하게 생각하고 있다.

그런데 노 대통령은 민노당으로 만족하지 않고 공산당을 합법화를 하겠다는 저의는 풀리지 않을 숙제로 보여진다.

역사의 뒤안길로 사라지고 있는 공산당은 바다로 흘러 내려간 죽은 고기와 같은데 바닷물을 강으로 역류시켜 죽은 고기를 강에서 그물로 건지려는 어리석은 행위와 다름이 없다.

노무현 대통령은 자유민주주의 국가인 대한민국의 대통령이라는 사실을 망각하고 있는 것 같다. 혹시라도 공산주의 세력에 비호(庇護)를 받고자 하는 아부성의 발언이 아니면 좌파정권의 실상을 노출시킨 어리석은 주장으로 볼 수도 있다.

오늘날 좌경화된 386세대가 대한민국을 장악했고, 북한의 김정일이가 핵보유의 힘을 과시하며 노무현 정부를 핸들링하고 있다는 오해를 받고 있다는 사실이다.

중국의 등소평(鄧小平, 1904~1997)의 경제정책을 교훈으로 삼아야 한다. 그의(50. 9. 15) 흑묘백묘론(黑猫白猫論)은 1980년대 중국식 시장경제를 대표하는 용어이다. 흑묘백묘는 '흑묘백묘 주노서 취시호묘(黑猫白猫 住老鼠 就是好猫)'의 줄임말이다. 검은 고양이든 흰 고양이든 쥐만 잘 잡으면 된다는 뜻이다. 중국의 개혁과 개방을 주도한 등소평이 1979년 미국을 방문하고 돌아와 주장하면서 유명해진 말이 흑묘백묘론이다.

즉 고양이 빛깔이 어떻든 고양이는 쥐만 잘 잡으면 되듯이, 자본주의든 공산주의든 상관없이 중국 인민을 잘 살게 하면 그것이 제일이라는 뜻이다. 부유해질 수 있는 사람부터 먼저 부유해지라는 뜻의 선부론(先富論)과 함께 등소평의 경제정책을 가장 잘 대변하는 용어이다.

등소평의 이러한 개혁·개방정책에 힘입어 중국은 비약적인 경제발전을 거듭했다. 다시 말해 경제정책은 흑묘백묘식으로 추진하고, 정치는 기존의

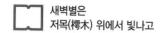
공산주의 체제를 유지하는 정경분리의 정책을 통해 등소평은 세계에서 유례가 없는 중국식 사회주의를 탄생시켰다.

그러나 노무현 정부는 등소평의 흑묘백묘론(黑猫白猫論)에 배치(背馳)되는 흑묘탐식백묘론(黑猫貪食白猫論)으로 흑묘가 백묘를 잡아 먹는 경제정책으로 편향되어 빈부격차가 더 커졌고, 시대착오적인 공산주의의 귀소본능에 의한 세력들에 의해 공산주의를 흠모하는 친북정책으로 경도(傾倒)되어 민주주의를 흔들어 놓고 흠집을 내고 말았다.

②노 대통령은 2003년 7월 10일 중국에 가서 칭화대학 학생이 존경하는 인물을 묻자 '모택동이라고 답변을 했다.

모택동은 어떤 인물이며 누군인가? 모택동'은 6·25의 남침전쟁의 동조자이다. 남침으로 3일만에 서울이 인민군에 의해 함락 되었고, 낙동강 전선에서 저항하면서 인천상륙작전 (50. 9. 15)에 성공하여 수도서울을 탈환(50. 9. 28)한 후 계속 북진하여 압록강 연안의 초산전투(50. 10. 26)를 감행하여 북진통일의 일보직전에 있었다. 그러나 모택동은 압록강을 건너 중공군 약 13만명을 북한에 지원하여 파상적인 인해전술로 야간에만 피리 불고 꾕과리 치며 징을 울리면서 까마귀떼 처럼 공격해 오자 국군과 유엔군은 혼비백산하여 후퇴하게 되어 중공군에게 서울이 다시 함락(1951. 1. 14)되어 소위 1·4후퇴라는 이름이 붙여졌다. 그러나 3개월만에 다시 서울을 수복하고 북진을 했지만 3·8선 일대에서 일진일퇴의 공방전이 계속되다가 정전협정(53. 7. 27)으로 155마일 휴전선이 설정되어 금일에 일으고 있다.

모택동은 한국전쟁에 중공군을 투입하여 피아간 무려 250만 여명의 인명피해와 1천만 이산가족의 한을 초래케 한 끔찍한 인물이다. 그런데 모택동을 존경하는 인물이라는 칭송의 말은 한국 사람이라면 정신병자가 아니고서야 어찌 그러한 말을 할 수 있겠는가!

노무현 정부의 과거사청산위원회에서 우선적으로 취급되어야 할 과제는 한국의 정당한 역사를 왜곡하는 인사부터 색출해서 밝혀야 한다.

③노 대통령은 2006년 12월 20일 캄보디아를 방문하여 동포 간담회에서 6·25는 내전이라고 말해 아연실색케 했다. 6·25전쟁은 북한이 남침하여 남반부 해방의 적화통일획책에 의한 동족간의 전쟁이었으며 북한과 중국이 일방이 되고, 남한과 미국을 비롯한 참전 16개국이 일방이 된 국제전의 양상이었다. 한반도를 3년 1개월 동안 피로 물들인 인명피해와 무수히 이산가족을 내게 했다. 그런데 남한의 대통령 입에서 6·25는 내전이라고 하면 남한의 정통역사를 왜곡하여 반국가적인 주장을 서슴치 않고 토로한 것이다. 오직 북한의 남침을 긍정적으로 생각하며 김일성, 김정일을 두둔하는 이적의 행위일 뿐이다.

전쟁(戰爭)은 경쟁관계에 있는 국가 또는 정치집단 간의 침략적 무력충돌인 반면, 내전(內戰)은 한 국가 안에서 지역적, 정치적, 파벌적인 투쟁의 무력충돌인 것이다.

또한 반란(反亂)은 기존 정권이나 권위에 도전하는 폭동을 말한다. 2003년 12월 5일 JP는 노 대통령의 아마추어리즘을 비판하며 "대위를 사단장시킨다면 그 사단 어떻게 되겠나"라고 힐난하게 꼬집었다. 노 대통령은 대위출신이 아니라 육군상등병 출신으로 전쟁을 체험하지 못해 전쟁을 내전이라 말한 것인지 그렇지 않으면 고의적으로 전쟁을 내전으로 호도한 것인지 노 대통령 자신만이 알 일이다.

지난 무력충돌에 의한 동족상잔의 역사적 관점에서 6·25전쟁이냐? 6·25내전이냐?의 양면적 이분법의 역사관은 이미 청산되어야 할 냉전적 논리로 볼 수밖에 없다. 이에 따라 5·18광주 시민항쟁이 군부독재에 저항한 순수한 광주 시민의 의거냐? 그렇지 않으면 내란의 폭동이냐? 하는 논란의 불씨도 완전히 제거되지 않았다. 오직 정치인들에 의한 역사적 악순환이 반복되고 있기 때문이다.

④노 대통령은 2004년 11월 LA발언에서 "북한의 핵개발주장은 여러 가지의 상황에 비추어 자위수단이라는 주장은 일리가 있는 측면이 있다"고 밝혔다.

그리고 지난해 재향군인회 박세직 신임회장과 회장단 초청간담회(2006. 5. 29)에서 "북한의 핵개발은 방어용"이라고 말을 했다.

노 대통령은 최근 인터넷 매체와의 합동 인터뷰(2007. 2. 27)에서도 북한의 핵이 방어용이라고 했다. "북한이 먼저 공격받지 않고 핵무기를 선제적으로 사용한다는 것은 정신병자만 할 수 있는 일"이라면서 "누구를 언제, 어디로 공격한다는 뜻이냐"고 했다. 이어 공격용이라고 보는 것은 너무나 상상을 할 수 없다"면서 "상대방이 나를 위협할 때 대응하기 위해서 또는 위협을 아예 못하도록 협상하기 위해 개발할 수 있는것"이라고 했다.

그러면서 "북한이 핵을 포기하고 개혁, 개방의 길로 들어 설것"이라고 했다. 또한 "개혁, 개방할 것이라고 믿는다"면서 "북한도 제정신으로 국가를 운영하는 사람들이라면 그 외에 아무 길이 없기 때문"이라고 했다. "개혁, 개방으로 성공할 것이라고 본다. 속도의 문제"라고 했다.

2007년 2월 15일, 베네딕토 16세는 로마 교황청을 방문한 노무현 대통령에게 전한 메시지에서 "북한 핵 문제의 위협은 로마 교황청도 충분히 이해하고 있는 우려 사항"이라며 "협상을 위험하게 하는 제반 조치들을 삼갈 것을 촉구한다"고 말했다. 교황도 노무현 정부의 협상에 대한 위험한 상황을 알고 경고의 메시지를 전달한 것으로 보여진다.

602

2007년 2월 16일 노 대통령은 로마를 방문한 다음날 이탈리아를 방문하여 동포간담회에서 북핵 2·13협의에 대해 설명하면서 "자꾸만 퍼준다고 하는데 미국이 전후(戰後) 여러 정책도 펴고 투자도 하고 했지만 가장 효과적인 것은 마샬플렌이었으며 미국이 막대한 원조로 유럽경제를 살렸기 때문에 그 이득을 가장 많이 본 나라가 미국이 되었다"고 덧붙여 말을 했다.

노 대통령은 오직 견강부회(牽强附會)의 부적절한 마샬프렌을 언급했다. 그리고 핵무기는 방어용으로 명시되어 개발되지 않으며 어떠한 협상용만을 위하여 보유하는 것이 아닌 것은 상식에 속한다.

오직 핵무기를 실험하고 보유를 선언하는 것은 공격을 전제로 한 잠재적 방어력으로 군사력의 우위를 점유하여 국제정치적 외교력을 확보하는 것이지만 모든 무기와 장비는 1차적으로 전쟁 억제력을 가지는 동시에 유사시의 전쟁에 대비하여 생산하고 보유하는 것이다.

미국 해군분석센터의 마이클 맥데빗 전략문제연구소장은 "북한의 핵무장으로 실제 위협을 받게 된 나라는 한국밖에 없다"고 말했다. 그는 "북이 핵무기를 미사일에 장착할 만큼 소형화하려면 몇 년이 더 걸릴 것"이라면서 "현 단계에서 북한 폭격기나 트럭에 실을 수준의 핵무기를 사용할 수 있는 곳은 한국뿐"이라는 말에 관심을 가질 필요성이 있다.

1950년 6월 25일 남침전쟁을 위해 북한은 소련에서 도입하여 T-34전차 242대를 보유했다. 그러나 우리 한국에서는 전차 한 대도 보유하지 않고 있었다. 그 당시 소련제 전차가 남침을 하기위한 기동장비라고 표면에 공개했었는가? 그렇지 않았다. 6·25남침시에 소련제 전차를 앞세우고 파죽지세로 3일만에 수도 서울을 점령하고 이어 낙동강전선이 형성되었던 사실을 기억해야 한다.

오늘날 북한의 핵보유는 6·25남침 당시의 북한의 전차와 비교할 수 없는 남한을 일시에 초토화시킬 수 있는 비대칭(asymmeetric)군사력을 확보하게 된 것이다. 최소 600기의 스커드 단거리탄도미사일(SRBM)과 좀더 짧은 사거리와 높은 정확도의 미사일들, 1990년대 말 비무장지대(DMZ) 근처에 장사정포를 전진 배치했다. 또한 인민군 117만명(한국군 : 67만명)을 보유하여 평양-원산선 이남에 70%를 배치시켰고, 유사시 남한에 침투시킬 수 있는 10만명의 특수전부대를 보유하고 있다.

노 대통령은 북한의 군사력을 과소평가하고 있는데 미군의 철수시기인 2012년 4월 17일까지 비대칭군사력을 어떻게 극복하며 대비할 것인지 대책이 있어야 한다.

북한의 핵무기는 방어용이라는 명시된 무기가 아닐 뿐 아니라 방어용으로 한정되어 있다면 종이 호랑이에 불과한 것이다. 북한의 핵보유는 일본이나 미국이 핵무기의 표적이 될 수 있다는 위협의 가능성과 연쇄적으로 대만이나 일본의 핵무장에 촉매작용이 되는 것이다. 그래서 중동국가에 핵무기 부품과 미사일수출을 금지하는 동시에 보유한 핵무기를 폐기하도록 6자회담에서 강력하게 압박하고 있는 것이다. 그러나 북·미협상이 급진전되고 평화협정 후 수교의 기대가 크지만 김정일이가 완전히 핵폐기를 하고 백기를 든다는 것은 녹목구어(綠木求漁)에 불과할 것으로 예측이 된다.

노 대통령은 6자회담에 관련하여 "북한이 달라는 대로 주고 문제를 해결해야 한다. 그래도 남는 장사다"라는 장사꾼의 논리를 폈다. 옛 속담에 주관이 없고 염치없는 사람을 창아리 빠진 사람 또는 쓸개없는 사람이라고 지칭한다.

북한의 핵에 대한 노무현 정권의 인식이 얼마나 현실과 거리감이 있는

가를 보여 준다. 노 대통령부터 "북의 핵개발은 선제공격용이 아니라 방어용"(5월 29일)이며 "안보 불감증도 곤란하지만 안보 민감증도 위험한 것"(10월 9일)이라고 했다. 심지어 "북핵 문제도 잘 관리하면 전화위복이 될 수 있을 것"(10월 18일)이라는 위험한 발상의 말을 했다.

아무리 핵맹(核盲)이라 할지라도 북한이 미국과 일본을 때리기 위해 핵을 개발하지 않았다는 것쯤은 알아야 한다.

노 대통령은 "정신병자가 아니면 핵 선제공격을 할 수 없다"고 했는데 김정일을 정상인으로 보는 것 자체에 문제가 있다.

북한 땅은 3대 악인 인권탄압, 기근과 아사, 탈북자 속출 등의 아비규환의 생지옥이 되었다. 이렇게 동포들을 무수히 굶어 죽이고, 탈북자를 학살하며 짐승처럼 인권유린을 하면서 핵개발을 하고 대량살상무기를 보유한 김정일을 누가 정신병자가 아니라고 부인할 수 있겠는가?

결론을 맺고자 한다. 최근 북한은 정규군뿐만 아니라 대량살상무기(핵무기, 화학무기, 생물무기)와 운반수단을 모두 구비한 명실공히 최강의 군사강국이 되었다. 2006년 7월 5일 대포동 2호 미사일을 발사하는 대규모 무력시위를 통해 급기야 그들은 미국영토를 대량살상무기로 공격할 수 있는 장거리 타격능력을 전 세계에 과시했다. 또한 10월 9일 핵무기를 실험 발사하여 핵무기보유를 자임하기에 일으렀다.

북한은 우리와 반대로 한국전쟁 이후 4대 군사노선을 기치로 국가예산의 20~25%를 매년 군사 분야에 중점 투자하여 오늘날 막강한 군사력을 보유하게 되었다. 대량살상무기를 가지지 못한 나라가 가진 나라와 군사력과 외교력을 상호 비교한다는 자체가 가소로운 것이다. 큰 고양이 앞에 공포에 떠는 쥐의 모습을 상상해 볼 필요성이 있다. 그래서 북한은 툭하면 "서울 불바다"를 강조하면서 위협하고, 지난해 7월 부산에서 개최된 남북장관급회담에서는 "북한의 선군정치가 남한의 안전을 지켜주고 있으니 쌀과 비료를 우리 요구대로 보내라", "한·미 연합 군사훈련 중단, 국가보안법 폐지, 북한성지 참관에 대한 남한의 제한을 철폐하라"는 등의 협박을 하는데도 우리 대표들은 호랑이 앞에 개가 꼬리를 서리듯 위축되고 말았다. 대량살상무기가 갖는 유·무형의 위력의 군사력이 실제적으로 작용되는 국제정치의 현실이다. 국가안보는 적국의 군사능력에 대비(對備)하게 된다는 것을 대북관계에서 실증으로 보여 주고 있다는 사실이다. 유사시 미국이 핵우산을 제공하리라는 보장이 점차 희박해져 가고 있다. 현재의 한미 군사동맹이 해체가 된다면 북한의 핵 위협에 굴복하고, 남북연방제에 말려들어 노예가 되는 수밖에 없다. 한미연합사 해체와 전시작전통제권 단독 행사로 "한미동맹"과 "전쟁억지력"을 약화시켜 정전협정의 와해에 의한 평화협정의 수순을 밟아 남한을 김정일의 수중으로 접수하겠다는 전략에 속고 있는 것이다.

노무현 정부가 북한의 전략을 모르고 속으면 국민들로부터 치소(嗤笑)거리가 될 것이며, 그들의 획책에 알고 속으면 정신병자들의 비 오기 전 날궂이처럼 망국적 앙천대소(亡國的 仰天大笑)일 뿐이다.

오직 하나님께서는 평화를 누리게도 하시고, 죄악이 관영할 때 전쟁을 통해 다스리기도 하신다. 그러나 전쟁의 승패는 하나님 장중의 권한에 속해 있다는 사실이다.

세상권세를 잡은 자들이 하나님을 두려워하여 위엄과 진노의 하나님 앞에 무릎을 꿇어야 할 때이다.

(2007. 3. 8. 김흔중)

제3장 부 록

(참고자료)

1. 제18대 대통령 출마준비선언, 주요실천과제

2. 국가 안보 및 통일 전망 (교육자료)

3. 김흔중의 저서목록 (총 10권)

4. 김흔중의 노래작사 모음집

5. 김흔중의 서예대전 입선작품

6. 축도(祝禱)

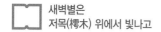

새벽별은
저목(樗木) 위에서 빛나고

1. 제18대 대통령 출마준비선언, 주요실천과제

새시대 새사람 연합

주요정책 실천과제

새시대 새사람 연합 본부

서울시 마포구 도화동 51-1 성우빌딩 807호
Tel : 02-707-3929,   Fax : 02-707-3929

2011년 10월 15일 작성

(총재 김 흔 중)

새시대 새사람 연합

연 합 기

새시대 새사람 연합 본부

새시대 새사람 연합

노 래

1. 새 하늘이 밝아 오고 새시대 문이 열리니
   동방의 새 아침에 붉은 태양 솟아 오른다.
   새 시대 창조할 새 사람들 모여 다 함께
   손에 손잡고
   새 나라 새 역사의 푸른 꿈을 펼쳐 나가세

2. 새 하늘에 밤은 깊어 새시대 별이 빛나니
   대한의 새 나라에 밝은 샛별 솟아 오른다.
   새 시대 창조할 새 사람들 모여 다 함께
   손에 손잡고
   새 나라 새 역사의 푸른 꿈을 펼쳐 나가세

새시대 새사람 연합

구 호

안되겠다 "확" 바꾸자

Ⅰ. 표　지
Ⅱ. 새시대 새사람 연합, 연합기
Ⅲ. 새시대 새사람 연합, 노　래
Ⅳ. 새시대 새사람 연합, 구　호

목　　차

끝.

1. 새시대 새사람 연합

결집의 필요성

◆ 새 포도주를 낡은 가죽 부대에 넣지 아니 하나니
그렇게 하면 부대가 터져 포도주도 쏟아지고
부대도 버리게 됨이다. 새 포도주는 새 부대에 넣어야
둘이 다 보전 되느니라   (마 9 : 17)

◆ 너희는 유혹의 욕심을 따라 썩어져 가는 구습을 좇는
옛사람을 벗어 버리고 오직 심령으로 새롭게 되어
하나님을 따라 의와 진리의 거룩함으로 지으심을
받은 새 사람을 입으라   (엡 4:22 - 24)

새 술(포도주)은 새 부대에 넣어야 한다.

대한민국은
새시대 새사람으로 거듭나야 한다.

총 결집
새 시대 새사람 연합

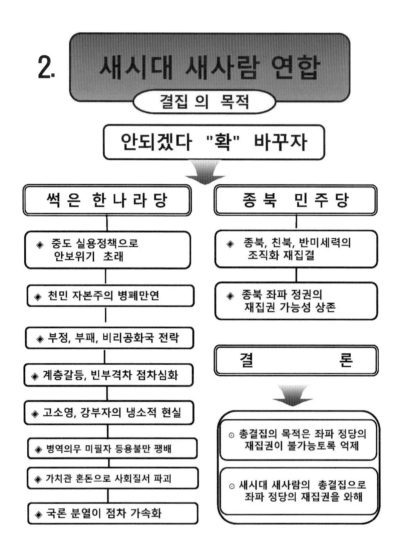

2. 새시대 새사람 연합

결집 의 목적

안되겠다 "확" 바꾸자

썩은 한나라당	종북 민주당
◆ 중도 실용정책으로 안보위기 초래	◆ 종북, 친북, 반미세력의 조직화 재집결
◆ 천민 자본주의 병폐만연	◆ 종북 좌파 정권의 재집권 가능성 상존
◆ 부정, 부패, 비리공화국 전락	
◆ 계층갈등, 빈부격차 점차심화	**결론**
◆ 고소영, 강부자의 냉소적 현실	
◆ 병역의무 미필자 등용불만 팽배	⊙ 총결집의 목적은 좌파 정당의 재집권이 불가능토록 억제
◆ 가치관 혼돈으로 사회질서 파괴	⊙ 새시대 새사람의 총결집으로 좌파 정당의 재집권을 와해
◆ 국론 분열이 점차 가속화	

3. 새시대 새사람 연합

기본 목표

1. 새 시대를 활짝 연다

2. 새 사람을 결집한다

3. 정신혁명을 성취한다

4. 사회통합을 이룩한다

5. 자유통일을 완성한다

4. 최우선 당면과제
국가 정체성 확립

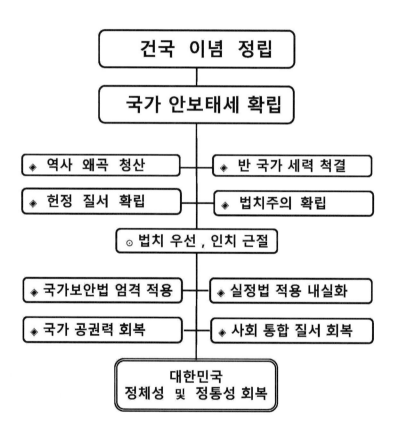

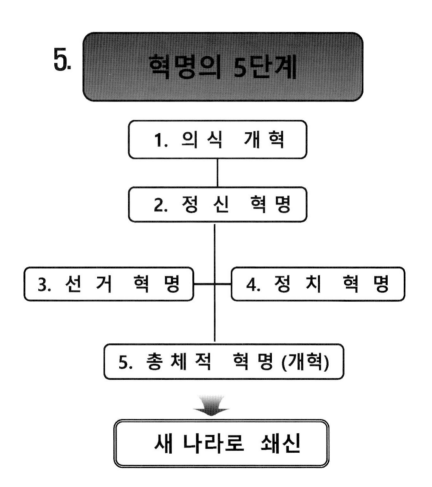

5. 혁명의 5단계

1. 의 식 개 혁

2. 정 신 혁 명

3. 선 거 혁 명   4. 정 치 혁 명

5. 총 체 적 혁 명 (개혁)

새 나라로 쇄신

6. 의식개혁

1. 도덕심과 윤리의식을 회복한다

2. 공사(公私)를 확실히 구별한다

3. 멸사봉공에 솔선 수범한다

4. 준법정신을 철저히 고양한다

5. 물질만능에서 반드시 탈피한다

6. 국가관과 역사관을 확립한다

7. 애국 애족 정신을 발양한다

7. 정 신 혁 명

1. 민주 시민 의식을 발양한다

2. 헌법에 보장된 의무를 다한다

3. 반 국가적 이념에서 탈피한다

4. 종북적인 행동을 지양한다

5. 반미적인 망상에서 해방된다

6. 위장된 민족, 평등에 속지않는다

7. 참된 자유, 민주, 평화를 이룩한다

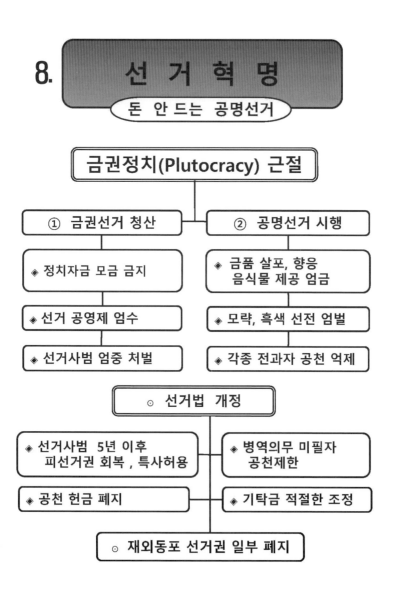

8. 선 거 혁 명

돈 안 드는 공명선거

금권정치(Plutocracy) 근절

① 금권선거 청산

◈ 정치자금 모금 금지

◈ 선거 공영제 엄수

◈ 선거사범 엄중 처벌

② 공명선거 시행

◈ 금품 살포, 향응
   음식물 제공 엄금

◈ 모략, 흑색 선전 엄벌

◈ 각종 전과자 공천 억제

◦ 선거법 개정

◈ 선거사범 5년 이후
   피선거권 회복, 특사허용

◈ 공천 헌금 폐지

◈ 병역의무 미필자
   공천제한

◈ 기탁금 적절한 조정

◦ 재외동포 선거권 일부 폐지

9. 정 치 혁 명

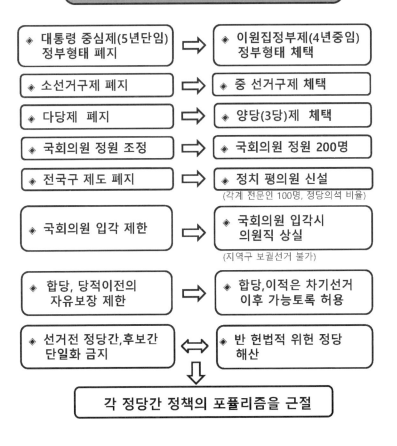

◈ 대통령 중심제(5년단임) 정부형태 폐지	◈ 이원집정부제(4년중임) 정부형태 체택
◈ 소선거구제 폐지	◈ 중 선거구제 체택
◈ 다당제 폐지	◈ 양당(3당)제 체택
◈ 국회의원 정원 조정	◈ 국회의원 정원 200명
◈ 전국구 제도 폐지	◈ 정치 평의원 신설 (각계 전문인 100명, 정당의석 비율)
◈ 국회의원 입각 제한	◈ 국회의원 입각시 의원직 상실 (지역구 보궐선거 불가)
◈ 합당, 당적이전의 자유보장 제한	◈ 합당,이적은 차기선거 이후 가능토록 허용
◈ 선거전 정당간,후보간 단일화 금지	◈ 반 헌법적 위헌 정당 해산

각 정당간 정책의 포퓰리즘을 근절

10. 지방 자 치 제 개 혁

지방자치의 제도적 혁신

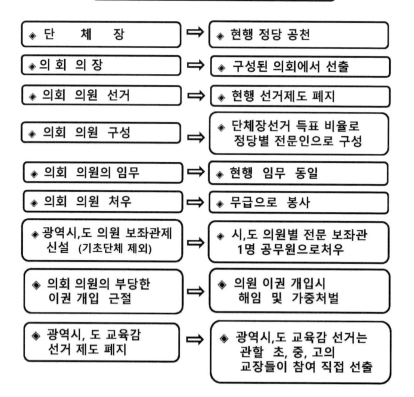

◆ 단 체 장	⇒ ◆ 현행 정당 공천
◆ 의 회 의 장	⇒ ◆ 구성된 의회에서 선출
◆ 의회 의원 선거	⇒ ◆ 현행 선거제도 폐지
◆ 의회 의원 구성	⇒ ◆ 단체장선거 득표 비율로 정당별 전문인으로 구성
◆ 의회 의원의 임무	⇒ ◆ 현행 임무 동일
◆ 의회 의원 처우	⇒ ◆ 무급으로 봉사
◆ 광역시,도 의원 보좌관제 신설 (기초단체 제외)	⇒ ◆ 시,도 의원별 전문 보좌관 1명 공무원으로처우
◆ 의회 의원의 부당한 이권 개입 근절	⇒ ◆ 의원 이권 개입시 해임 및 가중처벌
◆ 광역시, 도 교육감 선거 제도 폐지	⇒ ◆ 광역시,도 교육감 선거는 관할 초, 중, 고의 교장들이 참여 직접 선출

11. 사회 통합 대책

양극화, 편가르기, 소외계층 해소

1. 이념과 가치의 갈등, 대립 해소

2. 종북적 남남 갈등의 청산

3. 물질만능의 부패 , 비리 근절

4. 사회계층, 빈부격차 해소

5. 저출산 고령화 사회 해소

6. 원호 대상자 보호, 처우개선

7. 장애자 인권보호, 취업기회 부여

8. 세대, 성(性), 인종, 다문화간 소통 활성화

9. 지연, 학연, 혈연의 밀착 고리 청산

10. 종교의 자유 보장, 종교간 갈등 해소

11. 탈북자 처우 개선, 직장 알선 조치

12. 언론의 신속, 정확, 신뢰, 공정한 정보전달

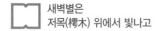

12. 호환작용의 사회통합 실현
교육 중심으로

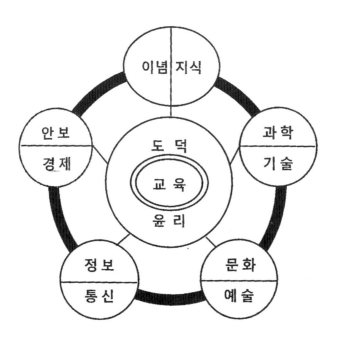

도덕과 윤리 기반으로 한
총체적 교육 개혁이 왕도이다

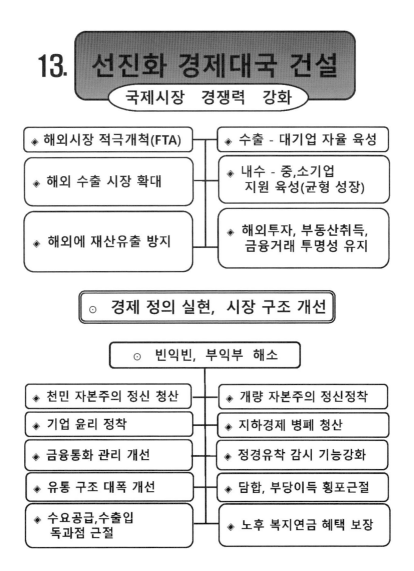

13. 선진화 경제대국 건설

국제시장 경쟁력 강화

- ◈ 해외시장 적극개척(FTA)
- ◈ 해외 수출 시장 확대
- ◈ 해외에 재산유출 방지

- ◈ 수출 - 대기업 자율 육성
- ◈ 내수 - 중,소기업 지원 육성(균형 성장)
- ◈ 해외투자, 부동산취득, 금융거래 투명성 유지

⊙ 경제 정의 실현, 시장 구조 개선

⊙ 빈익빈, 부익부 해소

- ◈ 천민 자본주의 정신 청산
- ◈ 기업 윤리 정착
- ◈ 금융통화 관리 개선
- ◈ 유통 구조 대폭 개선
- ◈ 수요공급,수출입 독과점 근절

- ◈ 개량 자본주의 정신정착
- ◈ 지하경제 병폐 청산
- ◈ 정경유착 감시 기능강화
- ◈ 담합, 부당이득 횡포근절
- ◈ 노후 복지연금 혜택 보장

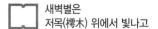

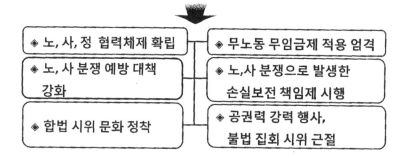

14. 노사분규 예방으로
생산성 대폭 증대

◈ 노, 사, 정 협력체제 확립

◈ 노, 사 분쟁 예방 대책
강화

◈ 합법 시위 문화 정착

◈ 무노동 무임금제 적용 엄격

◈ 노,사 분쟁으로 발생한
손실보전 책임제 시행

◈ 공권력 강력 행사,
불법 집회 시위 근절

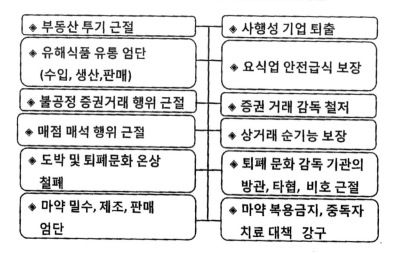

불법투기, 퇴폐, 유해 상거래 근절

◈ 부동산 투기 근절

◈ 유해식품 유통 엄단
(수입, 생산,판매)

◈ 불공정 증권거래 행위 근절

◈ 매점 매석 행위 근절

◈ 도박 및 퇴폐문화 온상
철폐

◈ 마약 밀수, 제조, 판매
엄단

◈ 사행성 기업 퇴출

◈ 요식업 안전급식 보장

◈ 증권 거래 감독 철저

◈ 상거래 순기능 보장

◈ 퇴폐 문화 감독 기관의
방관, 타협, 비호 근절

◈ 마약 복용금지, 중독자
치료 대책 강구

15. 국토의 균형 발전 대책

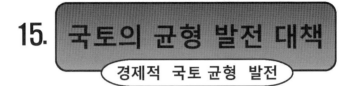

경제적 국토 균형 발전

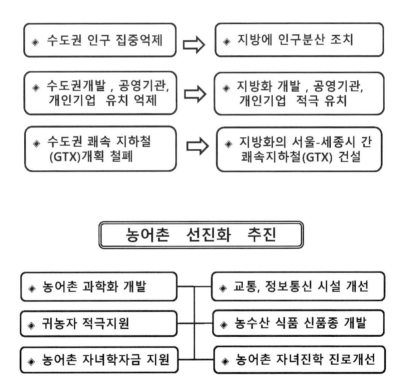

◈ 수도권 인구 집중억제	⇨ ◈ 지방에 인구분산 조치
◈ 수도권개발 , 공영기관, 개인기업 유치 억제	⇨ ◈ 지방화 개발 , 공영기관, 개인기업 적극 유치
◈ 수도권 쾌속 지하철 (GTX)개획 철폐	⇨ ◈ 지방화의 서울-세종시 간 쾌속지하철(GTX) 건설

농어촌 선진화 추진

◈ 농어촌 과학화 개발	◈ 교통, 정보통신 시설 개선
◈ 귀농자 적극지원	◈ 농수산 식품 신품종 개발
◈ 농어촌 자녀학자금 지원	◈ 농어촌 자녀진학 진로개선

627

16. 일자리 창출 강력추진

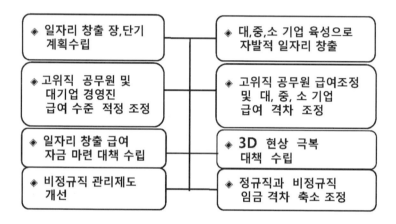

- ◆ 일자리 창출 장,단기 계획수립
- ◆ 대,중,소 기업 육성으로 자발적 일자리 창출
- ◆ 고위직 공무원 및 대기업 경영진 급여 수준 적정 조정
- ◆ 고위직 공무원 급여조정 및 대, 중, 소 기업 급여 격차 조정
- ◆ 일자리 창출 급여 자금 마련 대책 수립
- ◆ 3D 현상 극복 대책 수립
- ◆ 비정규직 관리제도 개선
- ◆ 정규직과 비정규직 임금 격차 축소 조정

군(軍) 산(産) 공동 생산성 확대

- ◆ 군입대 전 사원채용, 복무연장, 3개월간 기업체 견습근무 (전역후 정식채용)
- ◆ 입대 전 후 기업체에서 현역 자원으로 별도관리
- ◆ 견습 근무기간 급여는 기업체에서 정식사원 50% 지급
- ◆ 견습 기간중 비상 사태시 즉각 현역 복귀 (3개월) 노사분쟁에 견습자 개입 엄금

17. 한반도 통일과 민족 통합

주요 핵심 과제

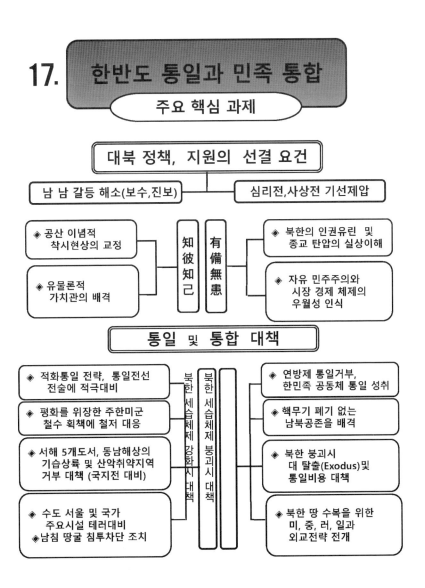

대북 정책, 지원의 선결 요건

남 남 갈등 해소(보수,진보) | 심리전,사상전 기선제압

知彼知己

有備無患

◆ 공산 이념적 착시현상의 교정

◆ 유물론적 가치관의 배격

◆ 북한의 인권유린 및 종교 탄압의 실상이해

◆ 자유 민주주의와 시장 경제 체제의 우월성 인식

통일 및 통합 대책

북한 세습체제 강화시 대책

북한 세습체제 붕괴시 대책

◆ 적화통일 전략, 통일전선 전술에 적극대비

◆ 평화를 위장한 주한미군 철수 획책에 철저 대응

◆ 서해 5개도서, 동남해상의 기습상륙 및 산악취약지역 거부 대책 (국지전 대비)

◆ 수도 서울 및 국가 주요시설 테러대비
◆ 남침 땅굴 침투차단 조치

◆ 연방제 통일거부, 한민족 공동체 통일 성취

◆ 핵무기 폐기 없는 남북공존을 배격

◆ 북한 붕괴시 대 탈출(Exodus)및 통일비용 대책

◆ 북한 땅 수복을 위한 미, 중, 러, 일과 외교전략 전개

18. 국방개혁 및 방위태세 확립

전후방이 없는 속전 속결 전략에 대비

1. 한반도 비핵화 실현 ⇒ - 작계 5027과 개념개획 5029의 구체화 실현

2. 한미 방위체제 강화 ⇒ - 비대칭 군사력에 신속대응 태세 확립
- 2015년 주한미군 철수, 연기 조치

3. 국방부 상부 지휘구조 개편 ⇒ - 현행 군령권과 군정권의 3군 체제 유지

4. 합참의장 중심 통합 지휘체제 강화 ⇒ - 3군 통합지휘 및 전력 강화
-인사,군수,교육 기능은 3군 분권화 (현행 통합기능은 유지)

5. 해군, 공군 병력증원 ⇒ - 해군 함정, 공군 항공기 전력 증강에 병행한 병력증원
(행정요원은 여군 지원병으로 충원)

6. 육군 특전사 및 해병대 군단급으로 대폭 증편 ⇒ - 특전사: 1개사단- 적 내륙 침투전력유지
2개사단- 대테러 대비 후방분산 배치
1개여단- 대테러 대비 수도권에 배치
- 해병대: 2개사단- 동,서해 각1개 상륙 전략 기동 사단배치
1개사단- 김포 반도 배치 (현)
1개여단- 서해5개 도서 배치 (현)

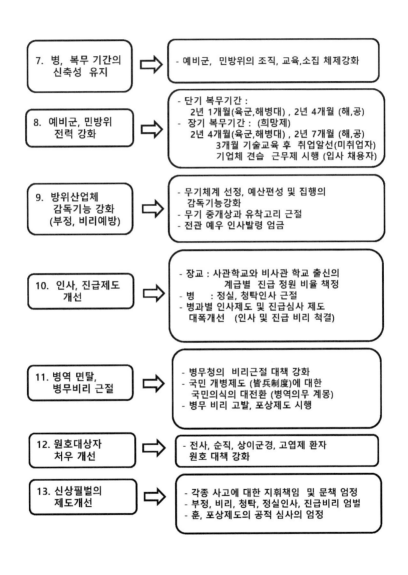

7. 병, 복무 기간의 신축성 유지
- 예비군, 민방위의 조직, 교육,소집 체제강화

8. 예비군, 민방위 전력 강화
- 단기 복무기간 :
  2년 1개월(육군,해병대) , 2년 4개월 (해,공)
- 장기 복무기간 : (희망제)
  2년 4개월(육군,해병대) , 2년 7개월 (해,공)
  3개월 기술교육 후 취업알선(미취업자)
  기업체 견습 근무제 시행 (입사 채용자)

9. 방위산업체 감독기능 강화 (부정, 비리예방)
- 무기체계 선정, 예산편성 및 집행의 감독기능강화
- 무기 중개상과 유착고리 근절
- 전관 예우 인사발령 엄금

10. 인사, 진급제도 개선
- 장교 : 사관학교와 비사관 학교 출신의 계급별 진급 정원 비율 책정
- 병 : 정실, 청탁인사 근절
- 병과별 인사제도 및 진급심사 제도 대폭개선 (인사 및 진급 비리 척결)

11. 병역 면탈, 병무비리 근절
- 병무청의 비리근절 대책 강화
- 국민 개병제도 (皆兵制度)에 대한 국민의식의 대전환 (병역의무 계몽)
- 병무 비리 고발, 포상제도 시행

12. 원호대상자 처우 개선
- 전사, 순직, 상이군경, 고엽제 환자 원호 대책 강화

13. 신상필벌의 제도개선
- 각종 사고에 대한 지휘책임 및 문책 엄정
- 부정, 비리, 청탁, 정실인사, 진급비리 엄벌
- 훈, 포상제도의 공적 심사의 엄정

631

19. 전쟁 승패의 상호 역학 작용론

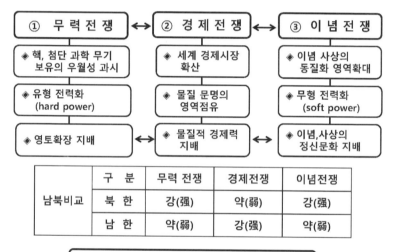

남북비교	구 분	무력 전쟁	경제전쟁	이념전쟁
	북 한	강(强)	약(弱)	강(强)
	남 한	약(弱)	강(强)	약(弱)

총화 안보 체제 강화

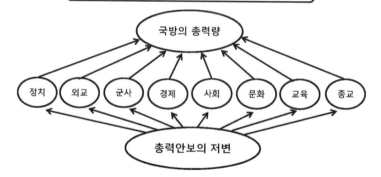

20. 병역의무 미필 근절 대책

5 대 목 표

1. 병역 의무를 다해 국토를 보존한다

2. 병역 의무 미필자를 반드시 색출한다

3. 병역의무 미필자는 선거시 뽑지않는다

4. 병역의무 미필 정치인을 근절한다

5. 병역의무 미필자의 등용을 거부한다

(선거 시 낙선 캠페인 및 서명 운동 전개)

21. 과학기술, 정보통신 첨단화 대책

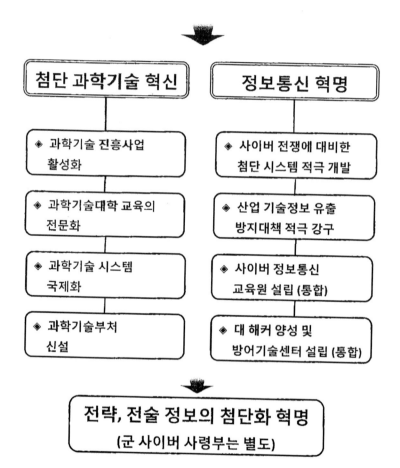

첨단 과학기술 혁신

- ◈ 과학기술 진흥사업 활성화
- ◈ 과학기술대학 교육의 전문화
- ◈ 과학기술 시스템 국제화
- ◈ 과학기술부처 신설

정보통신 혁명

- ◈ 사이버 전쟁에 대비한 첨단 시스템 적극 개발
- ◈ 산업 기술정보 유출 방지대책 적극 강구
- ◈ 사이버 정보통신 교육원 설립 (통합)
- ◈ 대 해커 양성 및 방어기술센터 설립 (통합)

전략, 전술 정보의 첨단화 혁명
(군 사이버 사령부는 별도)

22. 다원적 교육의 혁신

삼위 일체화 교육개선

① 가 정	② 학 교	③ 사 회
◆ 부모 자녀의 가정 보금자리 공동체 형성	◆ 학교 공교육의 제도 개선 (학제 개편)	◆ 도덕, 윤리, 준법 정신 함양
◆ 핵 가정화에 적응할 미풍양속의 가풍 전수 교육	◆ 대학교의 구조조정, 지방대학 육성 (장학금장려,제도개선, 등록금인하조정)	◆ 메스미디어의 저질문화 보도기사 억제 (방송,신문,잡지)
◆ 결손 가정 자녀의 특별 선도책 강구	◆ 학원 구조 조정 과외 교육 내실화	◆ 방송프로그램의 양질방송으로 안방 교육강화 (드라마 등)
◆ 뻐꾸기 아이와 기러기 아빠의 문제점 해소	◆ 학교 보충과외 교육 제도 마련	◆ 국민 정서 순화의 문화 예술 진흥사업 활성화
◆ 기업체별 유아원 (탁아소) 설치 의무화 맞벌이 어머니 육아대책 강구	◆ 군사 교육기관의 정신 교육 강화 (장병)	◆ 각종 인터넷에 음란, 자살, 오락 등 저질싸이트 폐쇄

23. 청년이 살아야 나라가 산다

좋은 나무는 떡잎부터 알아본다

1. 반 국가적 이념에 오염되지 않도록
   교육 환경을 개선해야 한다

2. 왜곡된 국가관과 역사관을 바로잡아
   애국, 애족 정신을 길러야 한다

3. 인생의 삶에 대한 가치관을 바르게
   일깨워 주어야 한다

4. 충, 효, 예, 지, 신, 의(忠,孝,禮,智,信,義)의 덕목이
   교육의 바탕이 되어야 한다

5. 물질 만능의 물질관에서 탈피할 수 있도록
   계도해야 한다

6. 개인주의적 이기심에서 공생적 이타주의로
   의식개혁이 되어야 한다

7. 극빈 가정의 자녀는 우선적으로 일자리를
   마련해 주어야 한다

24. 국토개발 및 자연보호 대책

1. 사유 재산 제도 확립 ⇨
- 사유 재산 철저히 보호
- 국유지 점차 확대 (정부매입)
- 국유지 저리 임대사용 조치
- 전국 토지시가 적정선 조절
- 부동산 투기 완전 근절
- 주택의 임대차 제도 개선

2. 국토 보존 및 개발 정책 억제 ⇨
- 백두대간 원형 보존 (회복)
- 개발 제한 지역 보존
- 무차별 개발 정책 억제

3. 치산 치수 대책 강화 ⇨
- 자연 환경 원형 복구, 관리철저
- 수림 보호, 산림녹화 철저
- 4대강을 비롯 모든 강의 본류, 지류사업 완성
- 홍수 대비 수리 및 관개(灌漑) 시설 완비
- 산불 예방 및 소화대책 철저 대비

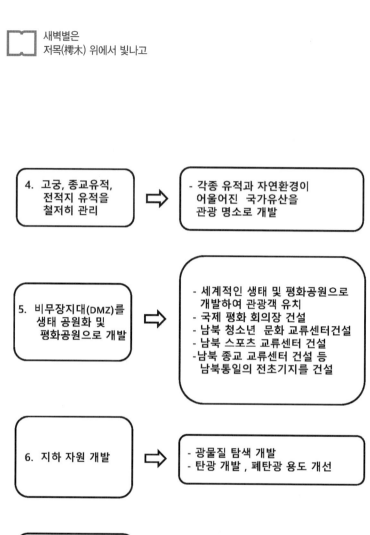

4. 고궁, 종교유적,
   전적지 유적을
   철저히 관리

⇨ - 각종 유적과 자연환경이
  어울어진 국가유산을
  관광 명소로 개발

5. 비무장지대(DMZ)를
   생태 공원화 및
   평화공원으로 개발

⇨ - 세계적인 생태 및 평화공원으로
  개발하여 관광객 유치
  - 국제 평화 회의장 건설
  - 남북 청소년 문화 교류센터건설
  - 남북 스포츠 교류센터 건설
  -남북 종교 교류센터 건설 등
  남북통일의 전초기지를 건설

6. 지하 자원 개발

⇨ - 광물질 탐색 개발
  - 탄광 개발, 폐탄광 용도 개선

7. 상수도 및
   하수도 정비
   환경오염 방지

⇨ - 국민 식수의 수질 개선
  - 하수 처리장 및 오물수거 대책

25. 주요 범죄 근절 대책

정의 사회 실현

법이 살아야 나라가 산다
- 보안법, 실정법의 엄정 집행

각종범죄

1. 반국가적 이적 단체,이적행위	11. 살인 , 유괴, 절도, 성폭력
2. 불법 집회, 거리시위	12. 조직 폭력 (조폭)
3. 군사 기밀 누설, 전파	13. 불법 탈세, 세금 체납
4. 불온 서적 제작, 배포, 판매	14. 유해 식품 수입, 제조, 판매
5. 각종 국제 범죄	15. 권력형 이권개입, 뇌물수수
6. 사이버 범죄, 산업 스파이 활동	16. 공무원, 군인, 인사, 승진 비리
7. 불법 해외 투자, 재산은닉	17. 병역 면탈, 병무 비리
8. 불법 밀수 판매, 마약제조, 복용	18. 상습도박, 퇴폐 영업
9. 증권거래 불법 외풍 조작	19. 공공기관 납품, 후생복지 비리
10. 짝퉁명품, 위조상품 제조,판매	20. 상습적 불법 리베이트 (Rebate)비리

26. 지구촌 변화에 적극 대비

지구촌의 미래 전망

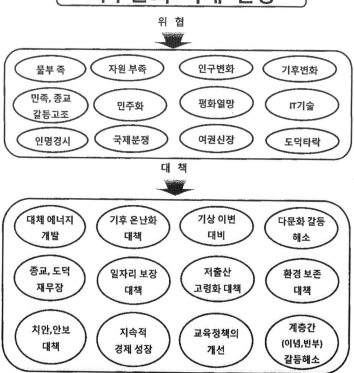

위 협

물부족	자원 부족	인구변화	기후변화
민족, 종교 갈등고조	민주화	평화열망	IT기술
인명경시	국제분쟁	여권신장	도덕타락

대 책

대체 에너지 개발	기후 온난화 대책	기상 이변 대비	다문화 갈등 해소
종교, 도덕 재무장	일자리 보장 대책	저출산 고령화 대책	환경 보존 대책
치안,안보 대책	지속적 경제 성장	교육정책의 개선	계층간 (이념,빈부) 갈등해소

27. 한국형 키프츠 건설

복지 생활 터전 제공

탈북자, 실업자, 제대군인, 노인

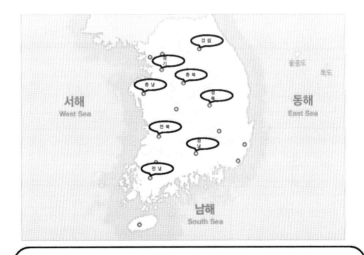

○ 이스라엘 키프츠에 준하는 소도시 건설 (인구 3만 ~ 5만명)
○ 자립, 자급, 자활, 자족의 가족공동체 형성 (탈북자 우선 입주)
○ 유아원, 학교, 병원, 노인정, 종교시설, 아파트 등 공동시설 생활기반 조성
○각 도에 1개 키프츠 건설 (8개 지역)
　　(경기, 강원, 충남, 충북, 전북, 전남, 경북, 경남)

28. 불가피한 기독교 개혁

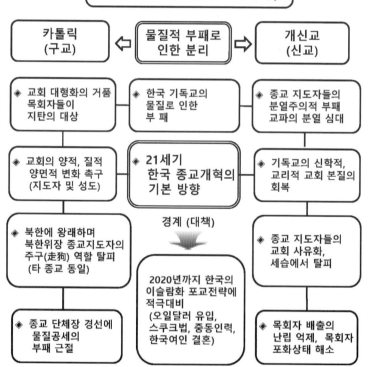

종교 개혁
(1517년 독일 마르틴 루터 주창)

물질적 부패로 인한 분리

카톨릭 (구교) ⇐ ⇒ **개신교 (신교)**

- 교회 대형화의 거품 목회자들이 지탄의 대상
- 한국 기독교의 물질로 인한 부패
- 종교 지도자들의 분열주의적 부패 교파의 분열 심대
- 교회의 양적, 질적 양면적 변화 촉구 (지도자 및 성도)
- **21세기 한국 종교개혁의 기본 방향**
- 기독교의 신학적, 교리적 교회 본질의 회복
- 북한에 왕래하며 북한위장 종교지도자의 주구(走狗) 역할 탈피 (타 종교 동일)
- 종교 지도자들의 교회 사유화, 세습에서 탈피

경계 (대책)

- 2020년까지 한국의 이슬람화 포교전략에 적극대비 (오일달러 유입, 스쿠크법, 중동인력, 한국여인 결혼)

- 종교 단체장 경선에 물질공세의 부패 근절
- 목회자 배출의 난립 억제, 목회자 포화상태 해소

29. 구 호 제 창

안되겠다 "확" 바꾸자

그렇다 "확" 바꾸자

안되면 될때까지

"확"

바꾸자

30. 새시대 새사람 연합

새 시대 새 사람의 노래

김흔중 작시
김헌경 작곡

명랑하게

새 하 늘 이 밝아 오고 새 시 대 문 이 열 리 니
새 하 늘 에 밤 은 깊 어 새 시 대 별 이 빛 나 니

동 방 의 새 아 침 에 붉은 태 양 솟 아 오 른 다
대 한 의 새 나 라 에 밝은 샛 별 솟 아 오 른 다

(후렴)

새 시 대 창 조 할 새 사 람 들 모 여 다 함 께 손 에 손 잡 고

새 나 라 새 역 사 의 푸 른 꿈 을 펼 쳐 나 가 세

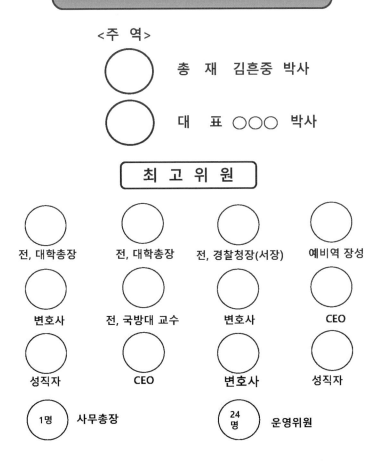

새시대 새사람 연합

<주 역>

총 재 김흔중 박사

대 표 ○○○ 박사

최 고 위 원

전, 대학총장　　　전, 대학총장　　　전, 경찰청장(서장)　　　예비역 장성

변호사　　　전, 국방대 교수　　　변호사　　　CEO

성직자　　　CEO　　　변호사　　　성직자

1명　사무총장　　　24명　운영위원

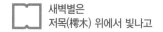
새벽별은
저목(樗木) 위에서 빛나고

2. 국가안보 및 통일전망

국가안보 와 통일전망

김흔중 저

대한민국
새시대 새사람 연합
〈국민계몽교육센터〉

머/리/말

나는 '남북통일'이라는 용어보다는 '조국통일'이라는 용어를 좋아한다. 조국통일은 남북통합이라는 포괄적인 개념의 성격으로 단계적인 변화가 있어야 한다.

세수대야에 담긴 맑은 물에 빨간색 물을 몇 방울만 떨어뜨려도 분홍색으로 변한다. 그러나 세수대야에 담긴 빨간 물에 투명한 맑은 물을 몇 방울 떨어뜨린다 해도 분홍색으로 변하지 않는다. 오직 빨간색에 우성(優性)의 강한 힘이 있기 때문이다.

조국통일은 사상과 이념의 변화에 있어서 중간적인 분홍색의 물리적 또는 화학적인 변화는 있을 수 없다.
세수대야 안에는 깨끗한 맑은 물 그대로 있어야만 정상적으로 세수를 할 수 있기 때문이다.

스펀지와 탈지면은 물의 흡인력이 강하다. 그러므로 맑은 물이나 빨간 물을 구분하지 않고 흡수한다. 이러한 삼투작용(滲透作用)의 적화통일 전략에 흡수되고 속아서는 아니된다.

나는 젊음을 군에 바치고 전역하여 87년부터 금일에 이르기까지 다년 간 현역, 예비군, 민방위, 기업체 근로자 등에게 안보 · 통일교육을 실시해 왔다. 이러한 교육을 위해 91년도에 강의를 위한 체계화된 도표를 만들었으며, 21세기에 접어들어 국제정세의 다변화에 따라 2개 항을 추가하여 활용하고 있다. 국가안보 및 통일교육에 성과가 넘치기를 바란다.

2007년 8월 17일

대한민국 새시대 새사람 연합
총재 김 흔 중 씀

1. 조국분단의 고통

목/차

2. 4강의 역학적 작용

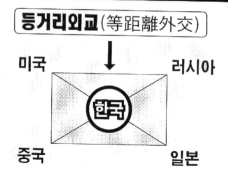

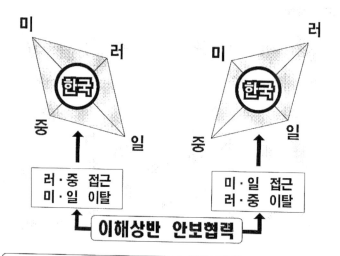

- 믿는 도끼에 발등을 찍힌다.
- 자나 깨나 사면을 돌아보자.

3. 국제관계의 다변화

국제적 역학관계

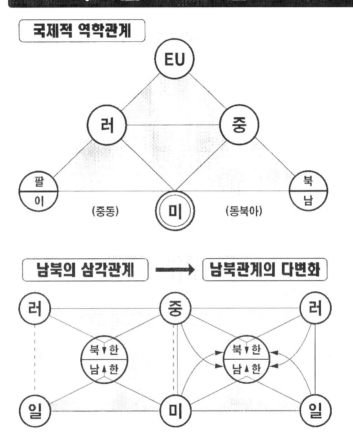

남북의 삼각관계 ➡ 남북관계의 다변화

● 오늘 우방이 내일 적국이 될 수 있고
● 오늘 적국이 내일 우방이 될 수 있다.

4. 대남적화통일 전략

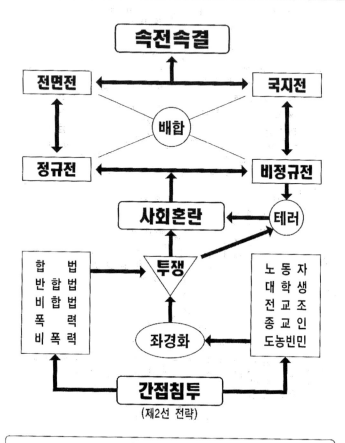

● 정신을 차려야 호랑이에게 물려가지 않는다.
● 호랑이에 물려가도 정신만 차리면 살 수 있다.

5. 남북통일의 양면성

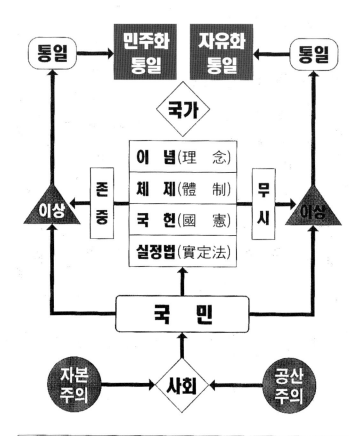

● 적화통일은 절대로 안된다.
● 자유민주화 통일이 목표다.

6. 사회계층의 주요역할

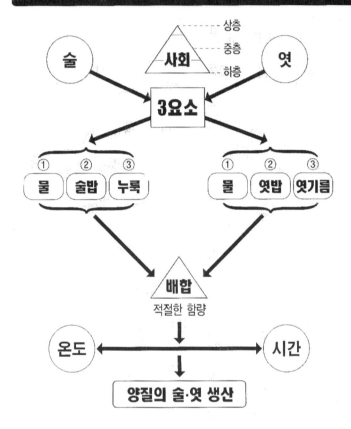

- ● 3요소는 사회계층과 꼭 같다.
- ● 물은 중산층과 같아 양이 많다.
- ● 술과 엿에서 교훈을 찾아야 한다.

7. 조화로운 목적실현

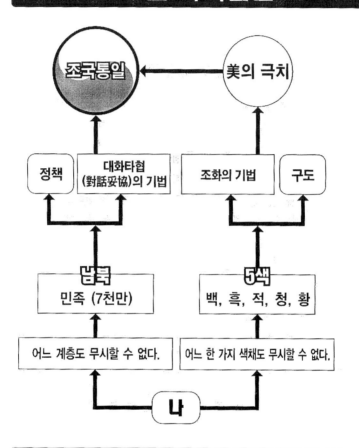

● 통일은 조화와 타협이 필요하다.
● 남남갈등과 파쟁은 암적 요소다.

8. 통일의 이상적 지향

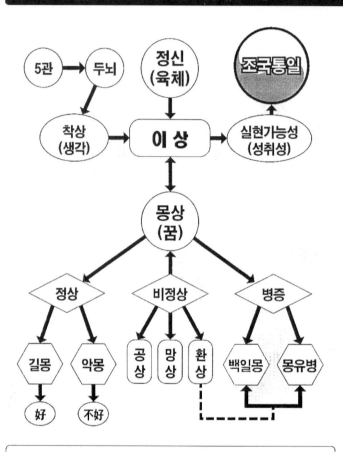

● 한번 환상에 빠지면 헤어나기 어렵다.
● 이상적인 사고의 비전을 가져야 한다.

9. 주체적인 정신자세

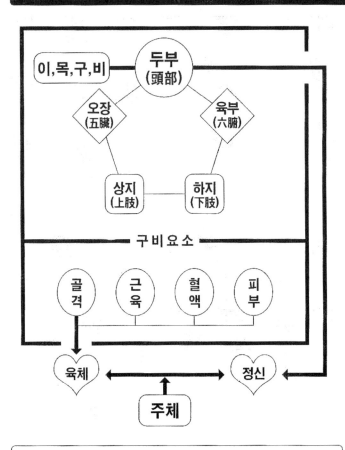

● 정신적 주체상실은 자멸을 초래한다.
● 민주적 주체의식은 절대로 필요하다.

10. 균형적인 문무정책

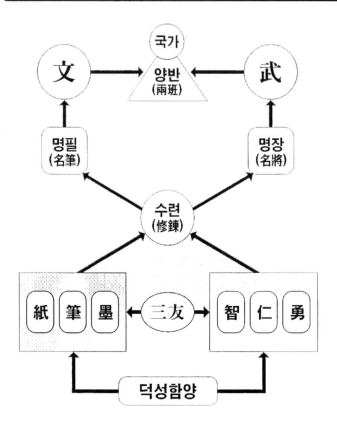

● 문무의 편중정책은 역사적 오류를 범하게 된다.
● 덕성을 갖춘 문무겸전의 지도자가 꼭 필요하다.

11. 통일접근의 우선순위

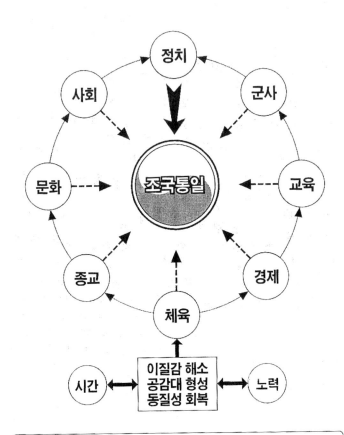

● 통일은 쉬운 것부터 점진적으로 풀어야한다.
● 시내물이 강이 되고 강물이 바다를 만든다.

12. 분단에서 통일까지

방휼지쟁(蚌鷸之爭) ➡ 어부지리(漁父之利)

절치부심(切齒腐心) ➡ 와신상담(臥薪嘗膽)

이전투구(泥田鬪狗) ➡ 생사결단(生死決斷)

궁서교묘(窮鼠咬猫) ➡ 궁구물박(窮寇勿迫)

도로무익(徒勞無益) ➡ 한강투석(漢江投石)

결자해지(結者解之) ➡ 민족화해(民族和解)

경천애민(敬天愛民) ➡ 남북통합(南北統合)

● 한반도의 국토가 하나로 통일이 되어야 한다.
● 남북한의 민족이 하나로 통합이 되어야 한다.

12

660

13. 조국통일의 숙원성취

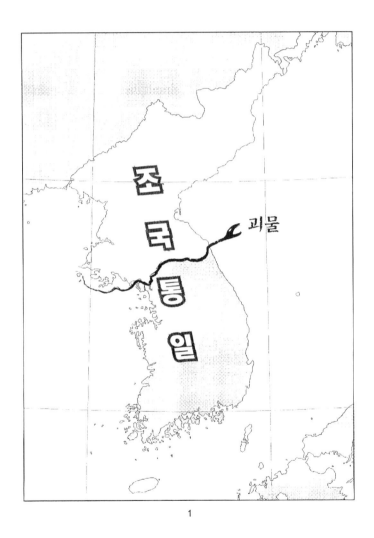

1

3. 김흔중의 저서목록

김 흔 중 저 서

1. 새천년
성지순례의 실제
도서출판 청담

5. 성경말씀
365일 하루한요절 암송수첩
도서출판 청담

2. 성지순례의 실제
점자 번역집(전3권)
한국시각장애인선교회

6. **성경 66권 개설**
도서출판 청담

3. 시각장애인용
점자성서지리 교본
한국시각장애인선교회

7. **선견적 시국진단**
엘맨 출판사

4. 지도.도표.사진으로 보는
성서의 역사와 지리
엘맨 출판사

8. **성서의 성지파라노마
(화보)**
도서출판 세광

9. 예수그리스도를 예표한
성막과 제사
엘맨 출판사

10. **새벽별은
저목(樗木)위에서 빛나고
隨想文集**
엘맨 출판사

4. 김흔중의 작사 모음집

김 흔 중 作詞 모음집

(20편作曲 : 길옥윤외 10명)

```
나 - 의 의로운 손으로 너  를 붙들리 - 라-
나 - 의 이몸을 온전히 주  께 바치리 - 다-
나 - 의 이몸을 온전히 주  께 바치 리 - 다-
```

▲ 베두인이 양떼를 몰고 겟세마네 동산으로
올라 가고 있다.(1997.2.19 :김흔중 촬영)

〈호흡이 있는 자마다 여호와를 찬양할찌어다.(시150:6)〉

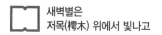
새벽별은
저목(樗木) 위에서 빛나고

목차

나를 택해주신 하나님

김흔중 시 / 김광진 곡

(제1절은 이사야서 41장 9,10절)

새벽별은
저목(樗木) 위에서 빛나고

골고다 언덕의 종소리

김흔중 작사 / 김광진 작곡

Moderato (♩=80)

골 고 다의 언 덕 - -에 울 려 퍼 지는 사랑의종소리는
골 고 다의 언 덕 - -에 울 려 퍼 지는 소망의종소리는
골 고 다의 언 덕 - -에 울 려 퍼 지는 생명의종소리는

시 온 성 의 영 광 이 요 우 리 들 의 은 총 인 데
저 하 늘 의 영 광 이 요 우 리 들 의 기 쁨 인 데
십 자 가 의 영 광 이 요 우 리 들 의 축 복 인 데

사 랑 의 종 소 리 는 이 세 상 땅 끝 까 지 퍼 지 니
소 망 의 종 소 리 는 저 천 국 의 끝 까 지 퍼 지 니
생 명 의 종 소 리 는 새 하 늘 과 새 땅 에 퍼 지 니

1.2.

그 영 원 한 사 랑 은 십 자 가 의 사 랑 이 라
그 영 원 한 소 망 은 부 - 활 의 소 망 이 라
그 영 원 한 생 명 은

3.

참 - 빛 의 생 명 이 라

▲ 예수님 무덤을 중심으로 세워진 교회(성묘교회)

666

저 거치른 광야에

김흔중 작사 / 김선미 작곡

저 거 치 른 광 야 - 에 외 치 는 자 의 소 리 는
저 거 치 른 광 야 - 에 양 치 는 자 의 소 리 는
저 거 치 른 광 야 - 에 부 르 는 자 의 소 리 는

골 짝 에 메 아 리 치 - 는 주 님 의 음 성 이 라 그 그
나 에 게 들 리 는 목 자 의 부 르 는 음 성 이 라 그 그
내 목 자 되 시 는 주 님 의 사 랑 의 음 성 이 라 그

밝 고 빛 - 날 천 국 은 나 의 소 - 망 인 데 천
푸 른 초 장 의 낙 원 은 나 의 소 - 망 인 데 생
빛 이 찬 란 한 천 국 은 나 의 소 - 망 인 데 영

성 의 본 - 향 길 로 나 를 오 라 하 심 일 세
명 의 양 - 문 으 로 나 를 오 라 하 심 일 세
원 한 본 - 향 집 에 나 를 오 라 하 심 일 세

수원　양문교회　"교회가"

(1 9 9 8 년 1 2 월 6 일 : 창립)

667

겟세마네 동산에

김흔중 작사 / 김선미 작곡

겟세마네 동-산에 예수님이 꿇어엎드려
겟세마네 동-산의 바위 위에 꿇어엎드려
겟세마네 동-산에 나-홀로 무릎꿇고서

땀-흘려 핏방울이 맺히도록 기도할 때
십자가에 달리실것 아시면서 기도할 때
감람나무 숲속에서 간절하게 기도할 때

예수님이 깨어서 기도하라 당부했-건만
예수님이 시험에 들지말라 경고했-건만
갈보리산 언덕에 못박히신 주만보-이고

함께한 제자들은 모두가단잠에 빠졌으니
잠자는 제자들은 마귀의올무에 걸렸으니
영원한 길이시요 진리와생명이 되-시니

안타까움은 내마음속에 아픔이되-었-네
그불순종은 내마음속에 상처가되-었-네
늘깨어-서 기도하며-늘경성하-려-네

◄ 예수님이 땀방울이
핏방울이 되도록
기도하신 바위

668

감람산 정상에 올라

김훈중 작사 / 김선미 작곡

감 람 산 정상에 올 라   저 - 하 늘을 향 해   주 님
감 람 산 정상에 올 라   무릎 단 정히 꿇 고   주 님
감 람 산 정상에 올 라   두눈 조 용히 감 고   세 상

을 바 - 라보 며   감 동의 눈물 흘릴 때   구 속
을 바 - 라보 며   간 절히 두손 모을 때   십 자
것 다 - 버 리 고   가 슴을 텅비울 - 때   구 름

의 은 혜 - 베풀 - 어   새 - 생명 주 - 신   예 수 님
가 달 려 - 죽으시 고   부활 승 천 - 한   예 수 님
에 가 리 워 - 하늘 - 로   올 리 워 가 - 신   예 수 님

은 나 의 소 망 이   되 시 네 -   나 는 사 모   하 고
은 나 의 소 망 이   되 시 네 -   나 는 바 - 라 고
은 나 의 소 망 이   되 시 네-   나 는 기 다   리 고

진 실 로 사 모 하 - 니   무 - 리와 제자가 - 본 그 대로
진 실 로 바 라 오 - 니   하 - 늘로 가심을 - 본 그 대로
진 실 로 기 다 리 - 니   약속 한 말씀따라 - 꼭 그 대로

속 히 오 소 서 -   속 히 오 소 서   속 히   속 히
속 히 오 소 서 -   속 히 오 소 서   속 히   속 히
속 히 오 소 서 -   속 히 오 소 서   속 히   속 히

◀ 승천당
에수님이 승천한 곳

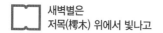
갈릴리 바닷가에서

김흔중 작사 / 김헌경 작곡

보통 빠르게

갈 - 릴 리 바 닷 가 에 서　　예 수 님 얼 굴 을 뵈 올 때
갈 - 릴 리 바 다 가 운 데　　바 람 이 무 섭 게 설 렐 때
갈 - 릴 리 바 다 위 - 에　　어 - 두 운 밤 은 깊 은 데

찬 - 란 한 영 광 은　　하 늘 끝 까 지 퍼 - 졌 네
예 - 수 님 말 씀 에　　성 난 풍 랑 도 잔 잔 했 네
주 - 님 의 참 빛 을　　캄 캄 한 밤 에 등 대 되 어

사 랑 의 음 - 성 으 로　　나 를 오 라 부 - 르 시 니　　예 수
구 원 의 능 - 력 으 로　　오 른 손 을 내 - 미 시 니　　예 수
영 원 한 생 - 명 길 로　　부 르 시 고 인 - 도 하 니　　예 수

님 의 뒤 를 좇 아　　영 원 히　　따 르 리 라
님 의 손 을 잡 고　　힘 차 게　　일 어 서 리
님 만 바 라 보 며　　끝 까 지　　따 라 가 리

아기예수님 피난길 순례

김흔중 목사 작사 / 김광진 목사 작곡

저 하늘에 별들이 베들레헴에 반짝이는데 아기예수는 멀리멀리
저 영롱한 별들이 말구유위에빛 - 나는데 아기예수는 멀고도 먼
반짝이는 별들이 목자들판에 속삭이는데 아기예수는 멀고먼 곳

떠 - 나야했네 마리아의 포근한품에 안겨 요셉이이끄는나귀를타고
타 - 향을향해 그 옛날에 요셉이살던 곳에 요셉이이끄는나귀를타고
애굽 에가시니 그 옛날에 야곱이살던 곳에 모세가이끄는그백성들은

낮설은 애 - 굽땅으로 가셨네 끝없는 사막길을 걸 - 을 때
땅설고 물다 른곳으로 가셨네 뜨거운 햇살이 - 쏟아 질때
가나안 복 - 지땅으로 떠났네 그들의고통과 - 긴한 숨을

천사들이강보를 감싸니 아기예수의 광채는 더욱빛났 네
구름으로지붕을 삼으니 아기예수의 얼굴은 더욱평안 해
하나님이들으신 그곳에 아기예수는 또다시 찾아가셨 네

그 때에 쉬 셨던 곳곳마다 십자가높이 서있고 영광이넘치 네
그 때에 누 이신 곳곳마다 찬송이울려 퍼지고 기쁨이넘치 네
그 때에 머무신 곳곳마다 사랑의종이 울리고 은총이넘치 네

(후렴)

영원하신 발자취의 거룩한곳을 찾아 아기예수를 찬양하리

라 찬양하리라

※가창할 때 주의점

1) 둘째 줄 첫마디 다섯 잇단음을 천천히 할 것

2) 다섯째 줄 둘째마디 다섯 잇단음을 분해하여 와 을 천천히 같은 속도로 부를 것

3) 전체를 천천히 불러도 리듬이 빨라서 빠르게 들림
= 72 를 고수하여 빨리 하지 말 것

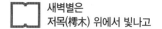
저 산에 해 돋을 때

김흔중 작사 / 김광진 작곡

축복하여 주소서

김흔중 작사 / 오진득 작곡

Slowly

새 아침 이 밝아 오고 동 이 - 트는 데 수평선에
흰 구름 이 흘러 가고 하 늘-푸른 데 숲속에
천 사 들 이 춤을 추며 환 호 - 하는 데 하나님

에 둥근 해는 미 - 소를 짓 - 네 오 늘은 즐거운
서 산새들도 찬 - 미를 하 - 네 오 늘은 즐거운
께 경배하며 감 - 사를 드리 네 오 늘은 즐거운

날 기 - 쁨 이 넘치는 날 주 님 의 은 총 으로 소 -
날 기 - 쁨 이 넘치는 날 주 님 의 사 랑 으로 내 -
날 기 - 쁨 이 넘치는 날 주 님 의 은 - 혜 로 사 -

망 의 돛을 달 고 행 - 복 의 나 - 라 로 두둥 실 - - 떠가 리
일 의 꿈을 싣 고 행 - 복 의 나 - 라 로 꽃수 레 타고가 리
랑 의 나래 펴 고 행 - 복 의 나 - 라 로 힘차 게 날아가 리

1.2.

니 하 - 나 님 아 버 지 여 축복 하 여 주 - 소 서
니 하 - 나 님 아 버 지 여 축복 하 여 주 - 소 서
니 하 - 나 님 아 버 지 여 축복 하

3.

여 주 - 소 서

승리의 노래

김흔중 작사 / 이운환 작곡

힘차고 씩씩하게 (♩=120)

동 해의 푸른바다 우리-의요 람
영 일만 넓은터전 우리-의요 람

성 난파도 헤치며 목숨을걸었 다
힘 -한길 헤치며 피땀을흘렸 다

힘 차게 퍼져라 진군의나팔소 리
드 높이 외쳐라 환호의함-성 을

조 국을 지키러 해병은간 다
무 적의 해병을 누가당하 랴

(후렴)
뭉 처라 돌진이다 3 연대건아 들

승 리-는 우리의것 1 대대용사 들

674

3중대 용사들

김흔중 작사 / 백대웅 작곡

힘차고 씩씩하게

온 세계 주름잡는 대한-의아-들
아 세아 밝은터전 평화-의사-도

무 적의 해-병정신 가-슴에-안 고
조 국의 명-예-를 가-슴에-안 고

정글을 누비-면-서 베트콩찾-아
정글을 헤치-면-서 베트콩찾-아

용 맹을 떨-친-다 청룡의건-아
땀 방울 흘-린-다 정의를위-해

보아라 장-하다 씩 씩한기-상
보아라 장-하다 씩 씩한기-상

승 리는 여기있다 3중대용사들
승 리는 여기있다 3중대용사들

◀ 월남전장의
3중대 상황실
(1968.3.5)

고노이 개선가

김흔중 작사 / 이병호 작곡

썩썩하게 (♩=118)

월 남 땅에 진 군 한   대 한 의   용 사 들
헬 - 기 로 상 륙 한   청 룡 의   용 사 들

상 - 승 의 전 통 으 로   장 글 을   누 비 며
무 - 적 의 용 맹 으 로   장 글 을   헤 치 며

성 난 해 병 가 는 곳 에   오 직   승 리 뿐
베 트 공 을 짓 밟 - 아   승 리   했 으 니

그 이 름   장 하 다   고 노 이 섬 작 전
그 이 름   장 하 다   고 노 이 섬 작 전

베리아 상륙전가

김흔중 작사 / 이병호 작곡

경쾌하게 (♩=118)

월 남 땅을 주름잡는 대한의 - 건 아
성 난 파 도 넘 고 넘 어 상 륙 한 - 청 룡

무 - 적의 해 병 정 신 솟 구 쳐 - 올 라
상 - 승 의 해 병 정 신 용 솟 음 - 쳐 서

베 리 아 반 도 의 베 트 콩 무 - 찔 러

승 리 했 다 베 리 아 상 륙 작 전

정글 속 전선의 밤

김흔중 작사 / 진송남 작곡

인 생 길 이 험 - 한 들 정 글 보 다 더 하 리
높 은 산 이 험 - 한 들 정 글 보 다 더 하 리
파 도 더 미 험 - 한 들 정 글 보 다 더 하 리

부 슬 비 는 - 하 염 없 이 - 철 모 를 적 시 는 - 데
베 트 콩 의 - 총 소 리 에 - 이 가 슴 조 이 는 - 데
함 포 소 리 - 요 란 하 게 - 적 진 에 터 지 는 - 데

포 성 을 자 장 가 삼 아 향 수 에 - 젖 는 다
조 명 탄 쏘 아 울 려 - 밤 하 늘 - 밝 힌 다
정 글 을 지 붕 삼 아 - 이 밤 을 - 지 샌 다

그 리 워 라 고 국 산 천 수 만 리 먼 - 곳 에

이 밤 도 - 잠 못 이 룰 내 사 랑 그 립 다

678

풍어의 연평도

김흔중 작시 / 길옥윤 작곡

바 다 에 우 뚝 솟 은   연 평 섬 마 을
서 해 에 황 금 어 장   연 평 앞 바 다

살 기 좋 은   복 된 터 전   즐 거 - 운 곳 에
풍 요 로 운   삶 의 터 전   낭 만 - 의 고 향

고 기 - 떼   모 여 든 다   배 를 띄 - 우 자
갈 매 - 기   모 여 든 다   노 래 부 - 르 자

어 기 여 차 -   어 기 여 차 -   노 를 저 - 어 라
어 기 여 차 -   어 기 여 차 -   장 단 맞 - 춰 라

오 늘 도 수 평 선 에   회 망 - 은 있 다
영 원 한 회 망 속 에   기 쁨 - 이 있 다

▲ 연평도 앞 바다에서 바라보이는 소연평도 (1983.8.18)

海兵學校 第45期 期歌

김흔중 작사 / 임광원 작곡

새 역사 창조-할 젊은사자-들
새 나라 이룩-할 젊은건아-들

천 - 자봉 정기받아 해병혼길렀네
정 병산 정기받아 무예를닦았네

땀 방울 끓는피로 굳게뭉쳐 서
한 마음 한뜻으로 굳게뭉쳐 서

상 승의 전-통으로 우령찬환-호
필 승의 전-통으로 진군의환-호

지 축-을 흔든-다 정의를위 해

빛 내자 혜성처럼 우리사십오 기

▲ 젊음을 자랑하는 기마전 (1970.5.25)

진혼가

김흔중 작사 / 백태웅 작곡

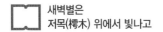

새벽별은
저목(樗木) 위에서 빛나고

캄보디아 하늘에

김흔중 목사 작사 / 김기웅 교수 작곡

March Tempo

캄 보 디 아 하 늘 에   주 의   영 광 빛 나   니   들-
프 놈 펜 의 거 리 에   주 의   사 랑 넘 치   니   곳-
이 땅 위 에 십 자 가   높- 이 서 있 으   니   흑-

- 과   산 - 에   만 물 신 선 하 - 고
- 곳   마 - 다   찬 양 울 려 퍼 지 - 고
- 암   권 - 세   모 두 물 러 가 - 고

주 의 음 성 들 리 네   우 리 를 사 랑 하 사   주-
은 혜 의 단 비 내 려   우 리 는 기 뻐 하 며   주-
사 랑 과 은 혜 넘 쳐   우 리 의 빛 이 되 신   주-

- 여   구 - 원   구 원 하 여 주 소   서
- 께   감 - 사   찬 - 송 을 드 리 세
- 께   영 - 광   영 - 광 을 돌 리 세

십 자 가 군 사 여   일 - 어 나 외 치 세   복 음

의 빛 비 추 고   평 화 의 종 울 리 세

▲ 캄보디아에 선교의 꿈을 심고 (2002.4.20)

682

안경본의 노래

김흔중 작사 / 이병호 작곡

재향 호국 의병의 노래

김 흔중 작사
김 현경 작곡

뭉치자 재향 호국 의병들이여
우리가 조국을 지키자
우리가 향토를 지키자
대한민국 만세 만만세 !

5. 김흔중의 서예대전 입선작품

水國秋光暮驚寒雁陣高
憂心輾轉夜殘月照弓刀
壬午菊秋之節 青波 金炘中

이순신 장군 진중시

물의 고장에
가을 해 저물었는데

추위에 놀란
기러기떼 높이 날고

나랏일 걱정되어
잠 못 이루는데

새벽달은 활과
칼을 비추는구나.

한민족서예대전에서 입선한 작품이다

(2002. 11. 16. 김흔중)

6. 축도(祝禱)

길이요 진리요 생명이 되시는 우리 구주 예수 그리스도의
크신 은혜와 독생자를 십자가에 달려 죽게 까지 하시며 우리를 구원해
주신 하나님 아버지의 극진하신 사랑하심과
보혜사 성령님의 내주, 충만, 교통, 역사, 섭리 하심이
우리 가족위에, 우리 이웃위에, 우리 민족위에, 대한민국위에,
세계 인류와 만방위에 이제로부터 세세무궁토록 영원히 함께
계실지어다.

아 멘

새벽별은 저목(樗木) 위에서 빛나고
(수상문집)

초판1쇄   2015년 8월 31일

지은이 ㅣ 김흔중
펴낸이 ㅣ 이규종
펴낸곳 ㅣ 엘맨출판사
　　　　　서울특별시 마포구 신수동 448-6
　　　　　TEL ;02-323-4060, 02-6401-7004
　　　　　FAX:02-323-6416
　　　　　E-mail:elman1985@hanmail.net
　　　　　www.elman.kr
출판등록 제 10호-1562(1985.10.29.)

값 25,000원